Je parle, tu parles, nous apprenons

Coopération et argumentation
au service des apprentissages

Collection dirigée par Jean-Marie DE KETELE et Antoine ROOSEN.

Tous ceux qui, déjà dotés d'une bonne formation théorique, sont amenés à travailler sur le terrain : formateurs, formateurs de formateurs, chercheurs dans l'action, décideurs ... vont trouver ici des ouvrages qui ne décrivent pas seulement de nouvelles pratiques ou de nouveaux outils, mais qui en exposent aussi les fondements.

Pratiques Pédagogiques

EMMANUÈLE AURIAC-PEYRONNET
(sous la direction de)

Avec la collaboration de
Nicole BOUCULAT
Marie-France DANIEL
Anne GOMBERT
Marie-Christine TOCZEK-CAPELLE

Je parle, tu parles, nous apprenons

Coopération et argumentation au service des apprentissages

Nos meilleures pensées aux collègues qui ont participé de près ou de loin à ce travail, en particulier les enseignants engagés dans la recherche-action :
Amagat S., Ambroise C., Bonnin N., Chavagnac G., Conche V., Connot L., Fèvre L., Gatignol C., Janicot N., Laussine B., Loubet N., Lyan P., Milien A., Rage F., Robin F., Sudre V.,
ainsi que les enseignants des classes contrôles : Beyler M., Bunlon P., Collange R., Sicre L., Tressol J.F., Waldbillig P.

Pour toute information sur notre fonds et les nouveautés dans votre domaine de spécialisation, consultez notre site web : www.deboeck.com

© De Boeck & Larcier s.a., 2003
Éditions De Boeck Université
Rue des Minimes 39, B-1000 Bruxelles

1re édition

Tous droits réservés pour tous pays.
Il est interdit, sauf accord préalable et écrit de l'éditeur, de reproduire (notamment par photocopie) partiellement ou totalement le présent ouvrage, de le stocker dans une banque de données ou de le communiquer au public, sous quelque forme et de quelque manière que ce soit.

Imprimé en Belgique

Dépôt légal 2003/0074/17

ISSN 0778-0451
ISBN 2-8041-4098-9

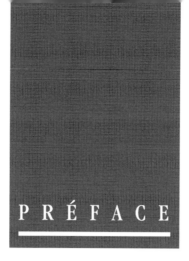

PRÉFACE

Faire de la recherche en psychologie en IUFM

Enfin le genre d'ouvrage que nous attendions. Nous, c'est cette sorte de « communauté » plutôt imaginaire que forment les enseignants-chercheurs en psychologie. Et certainement c'est un ouvrage qui va compter. Déjà, certes, parce qu'il est le premier et qu'il est donc susceptible d'initier une série qu'on espère longue. Mais plus profondément encore parce qu'il a des implications dans différents domaines sensibles de la conjoncture actuelle de la psychologie comme discipline et comme organisation.

Il fut un temps où la psychologie française se définissait par des noms propres. Maintenant, certainement un effet du nombre, c'est plutôt par des lieux d'exercice. Toute une topographie serait à faire, qui s'organiserait sur plusieurs dimensions. Personnellement, je ne saurais pas même l'esquisser (et d'ailleurs je doute que quelqu'un le puisse à l'heure actuelle), mais ce dont je suis sûr c'est que d'une manière ou d'une autre, elle opposerait des lieux d'exercice centraux, comme les départements d'enseignement et de recherche de psychologie, et d'autres périphériques, où l'on situerait volontiers les IUT et les IUFM. Comme le donne à penser le discours compréhensif, voire charitable, qui s'énonce dans les instances d'évaluation vis-à-vis des collègues travaillant dans ces institutions, les IUT et les IUFM ne sont en effet pas parmi les lieux d'exercice les plus valorisés du métier d'enseignant-chercheur en psychologie. Comment peut-on (encore) être un enseignant-chercheur en psychologie en dehors d'un département de psychologie ? se demande-t-on souvent. Grave question et qui n'appelle pas uniquement des considérations théoriques mais aussi des réponses bel et bien concrètes, par exemple en termes de promotion.

Mais voici un ouvrage qui expose huit réalisations didactiques et cinq recherches qui en découlent ; activités qui ont impliqué sur une durée de 2 ans 14 enseignants en formation et 21 classes des cycles II et III, du CP au CM2, ainsi que des élèves en difficultés, afin d'observer comment, dans différentes conditions, ces élèves pratiquent la philosophie, la langue et les mathématiques. Nous disposons donc dorénavant de réponses *concrètes* à ces questions posées dans les instances d'évaluation et qui sont aussi celles des candidats aux postes d'enseignant-chercheur en psychologie offerts dans les IUFM.

Est-il possible de mettre en œuvre une recherche en psychologie dans les IUFM ? Sans aucun doute. Le présent travail, qui nous met en face d'une recherche dont le but est de comparer l'efficience de deux dispositifs de groupe en matière d'apprentissage : la coopération simple et le système « Jigsaw-teaching II », relève manifestement de la psychologie sociale des groupes et plus particulièrement de sa composante qui étudie les effets *individuels* de l'apprentissage en groupe. Il faut alors souligner l'apport du présent ouvrage au domaine. Il innove en effet sur deux plans. Il innove en théorie parce qu'il développe la thèse que c'est au travers de l'interlocution que les dispositifs de groupe acquièrent leur efficience : « *Quand un élève parle à un autre, qu'apprend-il ? à parler ? à interagir ? à mieux connaître les présupposés linguistiques, cognitifs, sociaux de son interlocuteur ? à structurer sa propre pensée ? à performer son mode de régulation sociale ? En substance tout ceci et sans doute bien d'autres choses encore. L'univers langagier étant à la fois le support même de la structuration de la pensée, et la résultante d'une capacité à penser qui se construit développementalement.* » (Auriac-Peyronnet, ici même, deuxième partie, chapitre 2). Il innove aussi en pratique : tandis que la majorité des travaux consacrés à la performance individuelle en situation de groupe privilégient la résolution de problème, c'est à l'argumentation qu'on s'intéresse ici principalement. Appartenant à la psychologie par son thème, le présent travail en ressortit également par sa démarche, parce que c'est à la fois une recherche empirique (les données consistent en une quarantaine de séquences filmées en classe, d'une vingtaine de min. chacune) et une recherche quasi expérimentale.

Est-il possible de mettre en œuvre une recherche en psychologie dans les IUFM et qui soit pratiquement utile aux enseignants ? La réponse est là encore affirmative puisqu'il s'agit finalement d'éprouver des

Préface

dispositifs susceptibles d'améliorer « *le langage tel qu'il est pratiqué par les élèves* », notamment sous la forme de l'argumentation. Celle-ci n'est du reste pas examinée uniquement pour elle-même : « *nous posons (aussi) la question des conditions dans lesquelles le débat argumentatif peut contribuer à la construction des connaissances chez les élèves.* » (Auriac-Peyronnet, ici même), en particulier des connaissances mathématiques. De même, « *trois enseignantes en classe de cours préparatoire et une enseignante prenant en charge des élèves pour un temps de remédiation cognitive (…) ont choisi d'évaluer la progression des élèves sur le thème de la structuration du récit. Les enseignants veulent aussi vérifier si la mise en place d'un apprentissage de type coopérant, en ce qu'il offre la possibilité de donner son point de vue, de le soumettre à la critique des autres, et en ce qu'il ouvre la possibilité d'écouter des pairs justifier leur point de vue, va permettre à des enfants, ciblés en difficultés, de progresser dans leur compétence à mobiliser des capacités d'argumentation lorsqu'on les interroge sur les raisons de leur choix, dans une tâche similaire.* » (Ibid.). D'ailleurs, l'éventail des tâches qui sont proposées aux enfants est largement ouvert et va au-delà des tâches scolaires traditionnelles, jusqu'à des tâches de prise de décision, où « *après avoir recherché différents arguments à propos de quatre projets réalisables par le maire de la commune, (les enfants doivent) opter pour l'un des quatre projets en argumentant leur choix.* » (Ibid.).

Se peut-il qu'une recherche qui satisfait les deux contraintes précédentes ne reproduise pas le clivage traditionnel du chercheur et du praticien ? Certainement. Des démarches, telle la recherche-action, ont été inventées à cette fin il y a plus d'un demi-siècle, dont on a eu tort de se détourner. L'originalité du présent livre est de renouveler cette tradition sous la forme d'un triptyque « dispositif-processus-produit » qui l'adapte à l'univers scolaire et à la formation de ses enseignants. Cela ne va d'ailleurs pas sans contradiction, le livre montrant bien comment des pratiques enseignantes peuvent biaiser les pratiques de la recherche expérimentale, par exemple en suscitant la mise en place d'un post-test plus difficile que le pré-test, « *comme si la vérification de progrès sur une tâche de même nature était en soi incohérente avec une visée de développement des compétences.* ». Cela ne va donc pas non plus sans cette tension subjective qu'évoque l'auteur.

Mais le livre est là, qui témoigne qu'elle peut être dépassée sous la forme d'un travail recevable sur le plan de la recherche et utile au groupe professionnel que l'auteur a quitté en devenant enseignant-chercheur en psychologie. Je lui souhaite un plein succès dans ces deux mondes dont il construit l'interface.

Alain TROGNON
Professeur des Universités,
Directeur du Laboratoire de Psychologie de l'Interaction,
Université Nancy 2.

AVANT-PROPOS

Dans un article publié récemment à titre posthume, René Zazzo fait le point sur ce qui tiraille la psychologie, en ce que « *depuis plus d'un siècle la question se pose, en termes souvent conflictuels, des rapports entre ces deux vocations de la psychologie : la psychologie comme* **science** *et comme* **profession**. ». Il y précise qu' « *en psychologie la professionnalisation c'est l'irruption du social dans la science pure »*, où *« les barbares, les vandales, ce sont tous ces gens de l'industrie, de la publicité, de l'école qui viennent assiéger les tours d'ivoire où travaillent les psychologues dans un calme parfait. »* (Zazzo, 1997). Nous sommes ici au cœur d'une forme d'invasion de l'école dans le laboratoire du chercheur en psychologie, et vice-versa.

En ce sens, il faut bien dire que cet ouvrage est d'abord un « dérangement » où la figure de la barbarie remplit son premier office de lien conflictuel entre chercheurs en psychologie et enseignants. Qu'attendent les uns des autres ? Faut-il attendre des chercheurs en psychologie quelque stratégie d'action pour enseigner ? Faut-il prendre dans le terrain des objets pour rechercher ? Les co-auteurs, chercheurs en psychologie et enseignants du primaire sont des individus, qui, par l'entremise même de l'indivision de leur rôle et de leur statut, ne peuvent, chacun tendu vers leur spécificité, arc-bouté sur des finalités professionnelles moins convergentes qu'il n'y paraît, que ré-affirmer sans cesse des intéressements divergents. Le nier serait occulter ce qui fait *« l'individu comme valeur. Une valeur de dignité et de liberté. »* (Zazzo, 1997). Et c'est au prix de cette alliance de dignité et de liberté que l'on peut concevoir les formules qui consacrent l'appellation de « recherche-action », où certains verront une forme d'aliénation, là où d'autres seront curieux de trouver l'espace d'un intérêt.

Le dérangement se produit à un autre endroit encore. Nous souscrivons au plaidoyer d'une pédagogie (Meirieu, 1998) qui passe par l'abandon de cette locution désastreuse de « psychopédagogie ». Rappelant, le « *modèle périmé de la psychopédagogie* », Meirieu indique : « *Je crois que la psychologie permet de comprendre certains échecs, mais elle ne permet ni de savoir ce qu'il faut enseigner, ni même de dire comment l'enseigner, et c'est la raison pour laquelle je défends fortement la spécificité de la pédagogie* [1] ». Alors si « *professer est un art et en aucun cas une science* » (Ibid.), serait-ce dans l'articulation de l'art, celui d'enseigner, et de la science, celui d'une certaine psychologie, que l'on peut voir se profiler une articulation sereine entre la psychologie et l'éducation ?

Le présent ouvrage est effectivement l'issue heureuse d'un tiraillement pourtant incessant entre l'activité de recherche et l'activité d'enseignement, où chacun aura pris des risques. Si on évoque souvent les risques du chercheur qui sort de son laboratoire, on convoquera conjointement ici les risques de l'enseignant qui ouvre sa classe et sa pratique au regard souvent perçu comme incisif, pointu, finalement perturbateur du chercheur. Se soumettre au jugement scientifique du chercheur, qui en abuse d'ailleurs d'autant plus qu'il s'y retranche, est coûteux pour un enseignant qui ne peut trouver dans cette formule qu'une nouvelle forme de tension entre lui-même et l'objet scolaire. Nous citerons alors Mosconi qui rappelle : « *Quand quelqu'un qui, de par sa position universitaire, peut être situé du côté de la "théorie", affirme la nécessité de celle-ci pour la pratique éducative en général et en travail social en particulier, on peut penser qu'il est tout simplement en train de faire un plaidoyer pro domo, et de justifier son existence. Mais si ce "théoricien" soutient tout à la fois que la théorie est nécessaire à la pratique et que pourtant le théoricien, en tant que tel, n'a rien à dire sur les projets et les pratiques du praticien, on peut penser qu'il montre par là un goût du paradoxe qui le disqualifie doublement aux yeux de l'homme de terrain, affronté aux "vrais" et difficiles problèmes quotidiens.* » (Mosconi, 1998). Puisse cet ouvrage contribuer à affirmer tout autant le paradoxe que la faisabilité des liens théorie-pratique dans le champ social de l'éducation.

Ce texte collectif provient du travail *collaboratif* [2] entre cinq chercheurs et quatorze enseignants. Le travail coopératif filmé en classe représente une quarantaine de séquences d'une vingtaine de min. en moyenne [3].

---

1. « L'art d'enseigner », entretien avec Danièle Sallenave et Philippe Meirieu, *Le monde de l'éducation*, septembre 1998, pp. 43-45.
2. Au sens de recherche collaborative, voir Serge Desgagné (1997).
3. Nous remercions ici Roland Deguirard, Jean Pierre Levrault et Bruno Mastellone pour l'encadrement audio-visuel. Un CD-Rom permettant une présentation plus interactive entre commentaires théoriques et séquences orales est à l'étude, pour rendre compte, en particulier, des aspects non verbaux qui ne trouvent pas leur place dans le présent ouvrage.

Avant-propos

Tous nos vifs remerciements aux collègues qui ont participé de près ou de loin à ce travail, en particulier les enseignants engagés dans la recherche-action : Amagat S., Ambroise C., Bonnin N., Chavagnac G., Conche V., Connot L., Fèvre L., Gatignol C., Janicot N., Laussine B., Loubet N., Lyan P., Milien A., Rage F., Robin F., Sudre V., ainsi que les enseignants des classe contrôles : Beyler M., Bunlon P., Collange R., Sicre L., Tressol J.-F. et Walbillig P.

La présentation d'extraits de corpus oraux jalonne l'ensemble des chapitres. Pour le non-spécialiste ces écrits paraissent byzarres si ce n'est barbares. L'oral est effectivement chose particulière. Aussi, nous référerons aux principes établis par Claire Blanche-Benvéniste (Banche-Benvéniste et al., 1991) pour rendre compte de l'oral dans sa spécificité. Dans le chapitre introductif présentant les « modes de production de l'oral », les auteurs indiquent : « *Étudier le français parlé, c'est étudier des discours généralement non préparés à l'avance. Or, lorsque nous produisons des discours non préparés, nous les composons au fur et à mesure de leur production en laissant des traces de cette production. Ces traces de production une fois transcrites par écrit, rendent souvent insupportable la lecture des productions orales.* » (p. 17). Les auteurs proposent ainsi conformément au travail entrepris dans l'équipe du GARS depuis 1983 le « **respect des données recueillies** » en usant d'un minimum d'intrusion dans la présentation de celles-ci : « *les données devraient en quelque sorte parler d'elles-mêmes* » (p. 9).

Sans nous conformer strictement aux règles établies par l'auteur, car elles collent à leur objet qui est d'étudier les phénomènes exclusivement syntaxiques, nous respecterons pour notre part dans cette présentation les règles suivantes.

- Toute ponctuation, en ce qu'elle est signe de l'écrit, est absente. Nous insérons cependant des points d'interrogation lorsque l'intonation est très équivoque et/ou pour des besoins de meilleure lisibilité en relation avec les commentaires produits.
- Une lettre majuscule, en début de tour de parole désigne une personne. Certains extraits n'impliquent pas de différencier le statut des personnes ; en ce cas les tours se suivent de la manière suivante : M : — ; J : — ; M : —… etc.
- Un numéro assortit généralement cette lettre majuscule en démarrage de tour. Il s'agit du repérage, en référence au corpus entier, du numéro de tour de parole émise par la personne considérée en lettre majuscule. Ainsi : J6 indique qu'il s'agit de la 6e prise de parole de J dans l'interaction verbale complète. Certains corpus, n'ayant pas fait l'objet d'une numérotation d'ensemble des tours de paroles, sont exempts de cette indication.
- Certaines abréviations sont intégrées pour donner quelques indications concernant le contexte de l'interaction. Nous utilisons :

- (dIr) pour indiquer que le locuteur adresse spécifiquement son propos en direction d'une autre. Ainsi J1 (dir M) signifie que J s'adresse spécifiquement à M, bien que l'on soit dans une interaction à trois personnes. J8 (dir exp) signifie que J s'adresse spécifiquement à l'expérimentateur.

- / ou // indique les interruptions ou chevauchements de paroles. Ainsi bien souvent l'interruption marquée par // clôt le tour de parole. Mais nous ne produisons pas pour autant un retour à la ligne lorsque l'interruption se produit en chevauchement. Ainsi dans l'enchaînement : L5 : — non mais attends//(dir H)//mais bon// ; H8 : //Jean Pierre// ; L6 non attends euh ; L5 est interrompu deux fois et les propos en chevauchement sont ceux de H8.

- xxx indique les éléments inaudibles. Le nombre de croix donne une indication approximative sur la longueur du passage inaudible. Ainsi xx concerne un mot, xxx généralement plusieurs mots.

- La mention « (...) » insérée à l'intérieur d'un extrait signifie que l'on a coupé, pour les besoins d'économie de présentation, une partie des propos effectifs.

• Certains renseignements sont notés entre parenthèses pour éclairer le lecteur sur des éléments para-verbaux comme des rires, ou encore indiquer à quoi se rapporte le propos : « patafix » par exemple. Ces commentaires sont généralement écrits en italiques pour les distinguer des données verbales.

Pour clore maintenant, à qui s'adresse ce livre ? Il est plus particulièrement destiné aux enseignants du primaire en général et aux enseignants-chercheurs des IUFM en particulier. Pourquoi ? Parce qu'il est conçu comme le témoignage actuel de la mutation de la formation continue des enseignants, sur la voie prudente et risquée d'une filiation entre « recherche universitaire » et « action de terrain ». Cette forme d'alternance souple permet, pensons-nous, une bonne alliance entre l'intérêt général que nous incitons à porter à la psychologie, en tant que science générique, et l'intéressement que nous portons aux ponts qu'il y a à « écouter » entre terrain et recherche, sur un réseau porteur qui reste autant à construire qu'à méditer pour l'avenir...

Nos remerciements distingués à Mmes Auriac Éliane et Boussion Jacqueline pour leur relecture attentive du manuscrit final qui permit la traque à de nombreuses coquilles en tout genre !

Emmanuèle AURIAC-PEYRONNET

SIGLES

CP cours préparatoire — élèves de 6-7 ans — cette classe ouvre le cycle « primaire ».

CE1 cours élémentaire 1re année — élèves de 7-8 ans.

CP et CE1 dits apprentissages fondamentaux, font partie du deuxième cycle d'apprentissage. Une classe du cycle « maternelle », la grande section — élèves de 5 ans — fait aussi partie de ce cycle en France.

CE2 cours élémentaire 2e année — élèves de 8-9 ans.

CM1 cours moyen 1re année — élèves de 9-10 ans.

CM2 cours moyen 2e année — élèves de 10-11 ans — cette classe clôt le cycle de l'école primaire.

CE2, CM1 et CM2 constituent les trois classes du cycle des apprentissages dits d'approfondissement.

IUFM Institut Universitaire de Formation des Maîtres.

IUT Institut Universitaire Technologique.

ZEP Zone d'Éducation Prioritaire.

PREMIÈRE PARTIE

HISTOIRE D'UNE RECHERCHE-FORMATION

1. Le couple « enseignant-chercheur » est-il « maudit » ?

Le couple « enseignant-chercheur » est-il « maudit » ?

Emmanuèle Auriac-Peyronnet [1]

L'alliance entre enseignants et chercheurs a, dans le cadre d'un partenariat institutionnalisé (formation continue), abouti à fixer une thématique de travail ainsi qu'à travailler au pas à pas la faisabilité des liens entre chercheurs et enseignants. Au fil des rencontres, le partenariat s'est rodé, heurté à des impasses, rétabli après des errances moindres puis sécurisé dans des repères fiables.

1

QU'EST-CE QUE LE PARADIGME DE RECHERCHE-ACTION ?

On jonglera avec deux formules proches, compatibles et complémentaires : celle de la recherche-action et celle de la recherche-formation. Le terme de recherche-action est actuellement consacré. Il apparaît, par exemple, dans la page des mots clés de la revue *Sciences humaines*[2], sous la rubrique *de « la petite panoplie des outils d'intervention en sciences humaines »*. Nous reprendrons sa définition, en raison de sa clarté, de sa complétude, de la justesse de vue et de son actualité :

---

1. Maître de Conférences, IUFM d'Auvergne, 20 avenue Raymond Bergougnan, Clermont-Ferrand (epeyronnet@auvergne.iufm.fr)
2. « À quoi servent les sciences humaines ? », *Sciences humaines*, Hors série, n° 25, juin/juillet 1999, p. 54.

« *C'est une démarche qui associe la recherche et l'intervention selon un processus expérimental. Par exemple un enseignant-chercheur met au point une nouvelle méthode d'apprentissage du français fondée sur la rédaction du courrier, de la tenue d'un journal... plutôt que sur la dictée et la rédaction. Mais il s'attachera à mesurer en même temps les effets de sa méthode en comparant avec d'autres groupes témoins utilisant une méthode traditionnelle, en faisant varier les paramètres... Cette recherche pourra donner lieu à publication. L'expérience pratique et la théorie éducative doivent donc ici s'éclairer mutuellement.* » Tel se décline le paradigme de la recherche-action. Apparemment, sous le lissé de cette définition n'apparaît aucun point d'ombre. Et pourtant, Weiss développe l'idée du « couple maudit » pour qualifier les relations chercheurs-enseignants (Weiss, 1996, 1998 [3]). C'est en fait que la position de chercheur face à celle d'enseignant ne saurait se poser aussi facilement que cela, en termes de mise en place d'une nouvelle méthode d'apprentissage, où l'on se demande alors à quoi ressemble le rôle de l'enseignant si ce n'est qu'en termes d'exécutant, de relais d'accès au terrain, bref cimentant une forme de partenariat bien déséquilibré.

2

PEUT-ON SE FORMER PAR LA RECHERCHE ?

La locution recherche-formation, sans abandonner la perspective déclinée plus haut de recherche-action, met l'accent sur le fait que l'enseignant doit, *a minima* en tirer bénéfice. Nous pousserons même l'idée du minimum vers le retournement de situation, en nous rapprochant du point de vue de Mosconi (1998). Elle indique que l'articulation théorie-pratique doit réunir trois conditions : « *1) Si la théorie est nécessaire à la pratique, la pratique est aussi nécessaire à la théorie, 2) il n'est pas suffisant non plus de parler d'articulation de la théorie et de la pratique, et, 3) il faut parler d'investissement de la théorie dans la pratique ; ce qui suppose une réappropriation de la théorie par le praticien et donne l'initiative au praticien et non au théoricien.* » Nous partageons avec l'auteur qu'il faut « *dénoncer cette illusion idéologique selon laquelle sa théorie fonderait le savant à commander au praticien ou même à le conseiller* » (Ibid.) En ce sens, « *le théoricien donc ne commande pas, il se met au service de la pratique et des praticiens* » (Ibid.). Nous nous appliquerons à illustrer ce qui correspond à notre propre approche, singulière donc, de ce processus complexe de recherche et d'actions *avec* et de formation *pour* les enseignants.

---

3. On se reportera ici à l'idée d'un statut du chercheur qui pratique un « métier entre science et action » ; cf. J. Weiss (à paraître).

De la classe, décrite à l'heure des IUFM, comme un « *lieu de forte incertitude* » où l'enseignant est assimilé à « *un pilote* » d'avion utilisant la psychologie comme discipline ressource (Gaonac'h, Golder, 1995), à la réminiscence, sous la plume de Defrance, de la réalité des stages de formation continue en École Normale (Defrance, 1992, 1997 : cf. encadré ci-dessous), on jauge tout le fossé culturel sur lequel certains décideurs politiques ont parié pour que vivent les IUFM.

> Me voilà donc, ignorant à peu près tout de ce qui se passe à l'école primaire, chargé de « recycler » une vingtaine d'instituteurs et institutrices, du débutant aux vieux routiers. Parmi ces vieux routiers, madame l'épouse du directeur de l'école d'application : c'était l'année de sa retraite, je ne voyais pas bien en quoi ce stage pouvait être pour elle d'une quelconque utilité, mais bon… Sa présence ne me gêna pas le moins du monde. Assise trois heures de rang, elle tricotait. À la fin du stage, nous procédons au rituel de « l'évaluation » : et je demande, sur le ton le plus neutre possible, si le tricot avait bien avancé. J'entends alors pour la seconde fois, il y avait eu en septembre, le son de sa voix : « Monsieur Defrance, j'attendais que vous me l'interdisiez ! »

Que l'on conçoive avec amertume ou nostalgie l'obsolescence du régime de l'École Normale, que l'on déplore avec ambition ou inquiétude la démesure du U des instituts universitaires de formation des maîtres, le fossé est d'autant plus malsain qu'il nous semble que, de toutes façons, la solution passe par une autre voie. C'est à Piaget, cet incontournable [4], que l'on emprunte la voie, tracée, depuis 1935, d'impliquer les acteurs de terrain dans un travail de recherche :

> « En un mot, c'est dans et par la recherche que le métier de maître cesse d'être un simple métier et dépasse même le niveau d'une vocation affective pour acquérir la dignité de toute profession relevant à la fois de l'art et de la science, car les sciences de l'enfant et de sa formation constituent plus que jamais des domaines inépuisables… »

> « En psychologie encore moins qu'ailleurs, on ne comprend réellement les faits et les interprétations qu'en s'adonnant soi-même à une recherche. » (Piaget, 1935)

Les termes de recherche-action et de recherche-formation, introduits plus haut, font écho à cet élan de la première moitié du siècle. Et pourtant, où en est-on plus de 60 ans après la déclaration de ces vœux piagétiens ? On est encore loin de l'idée soutenue par Espéret de l'allocation d'un crédit-recherche, « *qui libère totalement ou partiellement l'enseignant de ses charges de cours pendant une période donnée* », et qui serait pourtant garant de la « *concrétis(ation) ou*

---

4. Terme adopté par J.-C. Bringuier, pour réaliser son film de portraitiste sur Jean Piaget, *Piaget va son chemin*, Les mémorables, coll. Un certain regard, Service de Recherche, RTF.

l'osmose de l'enseignement par la recherche » (Espéret, 1995). Si les séquences didactiques et pistes pédagogiques sont présentées, dans cet ouvrage, comme les outils émergents d'une mutualisation des spécificités des chercheurs et des enseignants, la forme de partenariat qui en a permis l'aboutissement repose bien sur une forme de contractualisation entre les deux parties qui réserve à chacun ses prérogatives : « *Recherche et enseignement correspondent (...) à deux pratiques différentes, ayant chacune leur vocabulaire, leurs modalités et critères d'évaluation, et leurs objectifs.* » (Espéret, 1995, p. 565). Au-delà des aléas de vocabulaire qui peuvent prendre l'allure de combat très stérile, il faut signaler que la valorisation du travail commun passe par le sacrifice des uns et des autres. Chaque partenaire travaille à un rythme très différent. La dysharmonie apparente des rythmes trouve cependant dans la mise en projet commun des ressources importantes. Le partenariat, parce qu'il est évolutif, revêt un intérêt formatif.

3

À QUELLES CONDITIONS DES ENSEIGNANTS ET DES CHERCHEURS PEUVENT-ILS S'ENTENDRE ?

Pour que le partenariat soit évolutif, l'échange entre chercheurs et enseignants repose sur un souci de rigueur important. L'objectif d'un projet commun dérive très vite sans les efforts de reformulation, qui évitent en particulier les malentendus inhérents au décalage de vocabulaire, on pourrait dire de jargon, qui caractérisent surtout les formules des chercheurs.

TABLEAU 1.1
Petite illustration du jargon de la recherche

Ne dites pas :	Mais dites :
– J'ai un truc à dire	*Je rebondis sur tes propos en amont*
– Le prof s'absente souvent	*La classe dispose d'une plage de liberté tournante*
– Les parents sèchent les réunions	*Nous n'avons qu'une petite majorité de familles*
– Ramassez les ballons	*Pensez au référentiel bondissant*
– Apprenez à écrire au tableau	*La gestion scripturo-déclarative laisse à désirer*

Tiré de H. Lethierry, « (Se) former dans l'humour, Mûrir de rire », *Chronique sociale*, Juillet 1998, p. 24.

La deuxième année de partenariat a permis d'échanger ses vues, pour rire. L'exemple de quelques réponses de stagiaires indiquent bien que si l'on ne tricote plus dans les stages de formation continue (voir plus haut), on ne pleure pas pour autant !

TABLEAU 1.2
Le jargon pendant le stage… !

Ne dites pas :	Mais dites :
– Je fais travailler mes élèves en groupe	Je divise la classe en sous-ensemble socio-affinitaires de type jigsaw
– Je regarde comment mes élèves se débrouillent quand ils parlent	J'observe chez les participants d'une communauté les processus langagiers, etc.
– Répondez à ce questionnaire	Explorez le champ des possibles inhérents à cet ordonnancement d'items
– Je regarde si Mickaël répond bien à la question	J'observe si Mickaël s'implique dans le post-test de validation
– Je mets Julie avec Paul et avec Pierre	Je constitue mes groupes coopératifs selon les réseaux affinitaires
– Je n'obtiens aucun résultat dans cette classe	Le post-test montre que les interactions groupales n'ont pas favorisé les apprentissages

Réponses de stagiaires, Stage Recherche-Action :
« Travailler en petits groupes : quels effets sur les apprentissages, II », 1998.

Sur proposition des items de la colonne n° 1, les enseignants renseignent la colonne n° 2 par groupe de 2.

Cependant que les enseignants ne tricotent plus, ils s'exposent au contraire dans des mises en projet délicates. Le souci de rigueur scientifique allié avec celui de la liberté pédagogique doit trouver un rythme de croisière qui s'inscrit dans le temps de l'année scolaire : un défi en somme !

COMMENT FAIRE NAÎTRE UN PROJET DE COLLABORATION ?

Deux thèmes ont graduellement permis de cimenter le projet alliant les deux parties : chercheurs-formateurs et enseignants. Le premier, la coopération, est initialement choisi par les formateurs, en raison de leurs compétences. Un thème de stage en formation continue est fixé :

« Travailler en petits groupes : quels effets sur l'apprentissage ? »

Cet espace de questionnement trouve sa source et sa légitimité dans une frilosité/résistance, récemment mise en lumière par les cahiers pédagogiques (Jeannin & Noël, 1997) [5]. Les enseignants reculent encore aujourd'hui face à la complexité de mise en œuvre du travail en/de groupe. Les résistances repérées par les auteurs sont principalement a) le

---

5. *Les Cahiers pédagogiques*, Dossier : « Le travail de groupe », n° 356, septembre 1997.

facteur bruit qui occasionne fatigue, b) le regard désapprobateur des collègues, c) une dévalorisation connexe de l'image du « bon » prof (celui qui sait, au moins, se faire respecter !), d) la perte de temps inhérente à la mise en place et au coût de l'échange verbal, enfin e) le manque de formation. La difficulté à animer des dispositifs de groupe est déjà relevée par Lipiansky (1996). Les résultats d'une enquête plus ancienne (Perret, 1981 [6], rapportée par Vayer & Roncin, 1987) indiquent bien qu'un écart persiste entre les intentions et la pratique.

a) Opinions sur l'intérêt psychopédagogique du travail par groupe (en %)

Tableau 1.3
Les enseignants sont-ils favorables au travail par groupe ?

Années d'expérience	Nombre	De peu favorables au travail par groupe		à	Favorables au travail par groupe	
		1	2		3	4
1 an	239	5	12		36	46
2 ans	228	5	14		42	40
3 ans et plus	315	5	17		40	38

Extrait de Vayer P & Roncin C., (1987), *L'enfant et le groupe*, PUF, Paris, p. 157.

La colonne n° 2 donne le nombre de personnes retenues parmi les personnes interrogées. Les scores sont des pourcentages.

b) Pratique du travail par groupe (en %)

Tableau 1.4
Les enseignants font-ils souvent travailler leurs élèves en groupes ?

Années d'expérience	Nombre	Ne pratiquent jamais		à	Pratiquent souvent	
		1	2		3	4
1 an	233	11	38		48	3
2 ans	237	11	42		42	5
3 ans et plus	316	9	40		46	5

Extrait de Vayer P. & Roncin C., (1987), *L'enfant et le groupe*, Paris, , PUF, p. 157.

La colonne n° 2 donne le nombre de personnes interrogées et retenues pour l'analyse. Les scores sont des pourcentages.

---

6. L'enquête de Perret repose sur un volumineux questionnaire adressé à 1130 personnes, ayant reçu un taux de réponses de 76 %, soit 806 réponses.

Sur cet écart entre intention et pratique, les auteurs indiquent : qu'« *il suffit de comparer les points 4, c'est-à-dire les convictions les plus affirmées et la pratique la plus probable. C'est la contradiction.* » (Vayer & Roncin, 1987, *op. cit.*, p. 158). Nous conviendrons, pour notre part, que ce décalage s'explique puisque l'enseignant favorable à la pratique de groupe, n'en fait pas pour autant une pratique « obligée ». Les enseignants convaincus alternent les modes de travail individuels, collectifs, par tutorat, en groupes. Nous attirons en revanche l'attention sur le fait que, dans la population d'enseignants majoritairement favorables à quasi 80% au travail de groupe [7], on en retrouve une moitié [8] qui ne pratique *jamais* le travail par groupes. De la conviction à l'absence de pratique… se loge peut-être un manque de formation adéquat. Malgré une littérature suggestive les enseignants résistent. Il semble donc que malgré les traces indéniables laissées, en matière scolaire, par les pionniers du conflit sociocognitif, la psychologie sociale ait encore besoin de légitimer ses théories par une inscription plus stable dans les pratiques scolaires.

Le second thème, étudier l'argumentation, est le choix émergent des enseignants-stagiaires après quelques informations théoriques délivrées sur les aspects langagiers. Etudier l'évolution des compétences argumentatives leur est apparu comme une voie incontournable au traitement de la transversalité affichée dans les nouveaux programmes de 1995, suite à la loi d'orientation de 1989. Cette centration sur l'argumentation trouvait là un écho heureux au chantier déclaré ouvert il y a 20 ans par M. Charolles (1980). La coïncidence de point de vue entre ces enseignants et Charolles, vingt ans auparavant, est parlante : « *on ne peut défendre l'idée d'une pédagogie du projet, du contrat, de l'autonomie, de la négociation sans se donner les moyens : — d'appréhender ce qui se passe lorsque l'on crée des situations où les élèves devront justement discuter, s'affronter, argumenter… pour décider ; — d'intervenir avec des outils adéquats pour aider les élèves à affronter ce genre de tâche.* » (Charolles, 1980, p. 5). Le thème de l'argumentation est donc né d'un consensus productif entre les chercheurs et les enseignants. Ce thème consacre le premier pas vers l'unité d'un projet où chercheurs et enseignants vont mobiliser leurs ressources vers une finalité commune : explorer les liens efficaces de croisement entre la coopération, depuis l'expérimentation de différents dispositifs d'apprentissage, et l'argumentation, à travers l'analyse des corpus oraux obtenus lors du travail coopératif. Construire et expérimenter des séquences didactiques favorisant le développement des compétences argumentatives est de même retenu. Le thème d'accroche du stage de formation se trouve reformulé :

« Coopérer pour argumenter, argumenter pour coopérer : quelles voies, quels projets, quelles séances didactiques explorer ? »

---

7. En additionnant les colonnes 3 et 4, on obtient de 82 % à 78 %, selon les années d'expérience dans le métier.
8. Respectivement entre 38 % et 42 %.

Rétrospectivement, on s'aperçoit que le point d'accroche assez large « *Travailler en petits groupes : quels effets sur les apprentissages ?* », ne permettait pas un travail de collaboration. Les chercheurs ont besoin d'objets plus précis pour leurs investigations. Côté enseignant, la perspective envisagée du « travail de groupe » vécue comme une nébuleuse plus contradictoire qu'opératoire, force à la demande de recettes. La notion même d'« apprentissage » (*quels effets sur les apprentissages ?*), couvre de même un champ vaste et multiforme. Aussi l'axe croisant la coopération et l'argumentation n'est pas à lire comme un changement d'intitulé quelconque : il ne s'agit pas d'un exercice de style ! Ce travail de reformulation porte en lui les premières pierres posées du partenariat qui fonde la dynamique de recherche-action-formation. Chaque acteur du projet met un sens « construit » derrière les termes de « coopérer », « argumenter », « projets », « didactiques ». Et l'implication devient possible…

COMMENT SYNCHRONISER LES ACTIONS DES UNS ET DES AUTRES ?

Le temps, grand ennemi d'une articulation fructueuse entre le métier d'enseignant *« qui vise principalement à transmettre des connaissances »*, et celui de chercheur qui *« a pour fonction première de produire des connaissances nouvelles »* (Espéret, 1995), est source de dérapage dans un processus de recherche-action-formation. Les temps de rencontre institutionnalisée permettent de mener à bien une approche formative, au plan théorique d'une sensibilisation aux questions de la recherche, comme au plan didactique. Le chercheur se différencie de l'enseignant parce que le rythme de la recherche est très lent, rapporté au changement de classe qui s'opère annuellement. Les enseignants sont porteurs de projets sur une année et la fidélisation contractuelle du partenariat repose sur un gain de reconnaissance considérée sur cette échelle. Bien entendu, la durée de la collaboration ne saurait correspondre à quelques mois : *« Une collaboration réussie ne peut se mener sur deux mois ou quatre réunions. Éviter le long terme aboutit aux déceptions déjà évoquées et au repli de chacun sur sa vérité. »* (Espéret, 1995). Cette désynchronisation a abouti, dans le cadre de notre expérience, à la conduite intégrale de projets finalisés entièrement de manière consensuelle, dans chacune des classes des enseignants impliqués — et avec même un renfort d'enseignants d'autres classes, lorsqu'on aménage des études comparatives avec classe témoin —. Or ces temps n'ont pas suffi à la valorisation de tous les travaux mis en place. On rentre là dans l'évaluation sans état d'âme des dérives d'un tel système. Bien que les acteurs soient avertis des risques encourus, l'heure des frustrations sonne parfois. Les résultats au plan de la recherche ont été différés sur une durée liée au coût du traitement des données par les chercheurs. Le traitement des évaluations du travail dans chaque classe réclame aussi un temps différé. Or l'enseignant n'en dispose pas, car il s'agit pour lui d'harmoniser un souci pédagogique avec un souci d'évolution de ses représentations sur sa pratique. Il faut laisser la place à des tentatives, des essais qui ne correspondent pas à ses grilles habituelles de fonctionnement.

Aussi la recherche-action-formation ne se dépeint pas tant sous la seule image du chercheur qui quitte le laboratoire, soit le « confort de son bureau », mais aussi comme la disparition progressive et concertée de la sécurité des cadres habituels pour l'enseignant.

Au final, on signalera que si les critères de publication auxquels sont astreints ordinairement les chercheurs réservent la part belle aux seules données résultantes du programme de recherche, c'est parce que c'est à ce niveau que l'échange scientifique fonctionne. Le présent ouvrage consacre plutôt une forme de publication de l'état d'une recherche dont l'aventure n'est pas encore totalement consommée. Sauf, et ce n'est pas la moindre des échéances, qu'il clôt l'espace de rencontre des acteurs impliqués sur les deux années du contrat. Le décalage dans le rythme écologique de chaque acteur, la reconnaissance des spécificités de chacun trouvent dans cet écrit une forme de *manifeste* en faveur de publication hybride.

QUELS TYPES DE PROJETS METTRE EN PLACE ?

Les projets de recherches et didactiques doivent être mêlés. Huit projets didactiques, placés sous la responsabilité des enseignants, et cinq projets de recherche, placés sous la responsabilité des chercheurs ont vu le jour dans la forme de partenariat alternatif aménagé sur les deux années. On entend par projet didactique la mise en place d'une séquence didactique dans le même sens que les didacticiens du français, comme Schneuwly et Dolz la présente récemment (Dolz, Pasquier, 1994 ; Dolz, Schneuwly, 1998). « *Dans une première approximation, on peut définir une séquence didactique comme un ensemble de périodes scolaires organisées de manière systématique autour d'une activité langagière (exposé, débat public, lecture à d'autres, performance théâtrale) dans le cadre d'un projet de classe.* » (p. 94).

Nous nous écartons cependant de ce modèle sur quelques aspects, non d'ailleurs qu'il nous paraisse insatisfaisant, bien au contraire[9], mais parce que la dimension des projets de recherche, qui croise celle des projets strictement didactiques, oblige à quelque contrainte supplétive. Les productions initiale et finale sont intégrées dans le projet de classe, mais encadrent aussi le projet sous forme de pré-test et de post-test, alors pensés par les chercheurs dans une perspective d'évaluation des dispositifs pédagogiques mis en place. On entend par projets de recherche des études qui visent soit à évaluer les effets globaux de l'ensemble des dispositifs coopératifs mis en place, soit à cibler l'étude sur certains éléments à l'intérieur de ces dispositifs pour approfondir les connaissances sur le mode de fonctionnement de ces dispositifs, en terme à la fois résultant et processuel (voir plus bas). On suit alors un schéma d'articulation des projets comme suit :

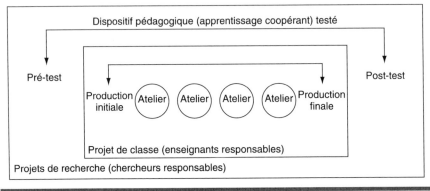

Figure 1.1
Le dispositif de la recherche-action

Toczek-Capelle & Auriac-Peyronnet, recherche-action :
« *Travailler en petits groupes : quels effets sur les apprentissages ?* », 1997, 1998.

Commentaire : le dispositif est inspiré de Dolz & Schneuwly (1998).

Le croisement des projets de recherche et des projets didactiques est la clef sinon d'une réussite assurée, au moins celle qui favorise le plus de conditions pour que cela puisse marcher.

---

9. Une partie du projet didactique n° 3 mis en place reprend la démarche proposée par Dolz et Pasquier en 1994.

À QUOI RESSEMBLE ET COMMENT ÉVOLUE LE PARTENARIAT ?

En tout, sur les deux ans, vingt et une classes ont constitué le « terrain » d'expérimentation de la formation, pris en charge par les quatorze enseignants en formation [10]. La première année, trois groupes d'enseignants, (CP, CE2, CM), mettent au point des projets didactiques (n° 1 à n° 3), qui ont pour base commune de tester l'impact des dispositifs coopératifs sur la qualité des apprentissages. Chaque groupe se détermine, en regard des niveaux de classes, et des intérêts des enseignants, sur des objets disciplinaires différents. La centration des objectifs didactiques est connexe aux intérêts des chercheurs bien que partiellement décalés de la perspective initiale de recherche. Ce sont ces deux axes transversaux (évolution d'un profil social, évolution des compétences argumentatives) qui constituent la raison d'être de l'équipe de recherche-action. Chaque projet débouche aussi sur des intentions de recherches internes différentes (effet de la récompense par exemple).

TABLEAU 1.5
Les axes majeurs de travail sur la première année

Classes	CP	CE2	CM1-CM2
Dispositif pédagogique	Effet du travail coopératif sur les apprentissages		
	Projet n° 1	Projet n° 2	Projet n° 3
Comparaison des dispositifs : tester les effets	Effet de la récompense	Effet d'un entraînement	Différence entre simple/jigsaw
Champ de savoir	Structuration du récit (savoir)	Le conte (savoir)	Projet coopératif (savoir-faire)
Objectif didactique 1	Étude de l'évolution du profil social (savoir-être)		
Objectif didactique 2	Étude génétique des capacités à argumenter (savoir-faire)		
Évaluation des séquences didactiques :	Étude de cas : suivi des performances argumentatives des enfants pré-testés	Étude de cas : évolution des petits parleurs au sein de leur groupe de travail	Étude des modalités de l'enchaînement conversationnel

Toczek-Capelle & Auriac-Peyronnet, Recherche-Action :
« *Travailler en petits groupes : quels effets sur les apprentissages ?* », 1997.

---

10. Le travail proposé dans les classes témoins, lorsque l'étude l'impose, est pris en charge par les chercheurs, ainsi que les tests, films, le lien entre les enseignants en dehors des périodes de rencontre à l'IUFM.

La lisibilité, par tous, du travail entrepris dans chaque classe constitue un point fort de la dimension identitaire du groupe de recherche-formation. Sans des rebours institués sur « ce que les autres » ont prévu dans leur classe et pourquoi ils ont choisi cela, on assiste à un échange unilatéral entre une personne ressource chercheur et un enseignant. C'est une dimension qui s'avère plus importante qu'il n'y paraît, car c'est encore une occasion de confronter sa pratique à la pratique-réflexive des collègues engagés[11], de doser la propre qualité de son engagement. Les espaces « transversaux », qui concernent tout le groupe sont l'occasion de choix consensuels, où l'on s'interroge sur la place que l'on occupe dans cette architecture.

Les espaces plus « individualisés » des projets didactiques ouvrent sur une lecture de l'école comme ce serait le cas dans une équipe d'école : le cycle III se donne le temps et le droit de regard sur et de réponse à ce qui est décidé au cycle II. Aussi trivial que puissent paraître ces faits, nullement réduits à l'espace d'une présentation formelle, la confrontation est bien l'opportunité de s'interroger sur la place de son enseignement sur une échelle qui dépasse son « niveau d'enseignement ». Il est important de signaler que les enseignants se cristallisent souvent dans un seul niveau d'enseignement et finissent par « oublier » comment se comportent des enfants de 6 ans lorsqu'ils enseignent à des enfants de 12 ans, et *vice-versa*[12]. Les résultats, qui seront présentés en troisième partie, concernant par exemple l'étude de corpus oraux du C.P. au CM2 furent riches de commentaires, dans les regards croisés qu'ils ont pu véritablement imposer aux stagiaires. « Ah bon ! En C.P. ils parlent déjà comme ça ! ! »…

Au-delà de la première année, l'articulation avec les travaux de la seconde est cruciale. Dans le cadre de l'expérience menée, les projets se situant historiquement dans la deuxième année de recherche-formation s'inscrivent dans un mode de filiation assez ténue avec les projets menés l'année précédente. L'introduction dans l'équipe de nouveaux membres intéressés, l'impossibilité de certains enseignants à pouvoir participer à la suite du stage (contrainte administrative) imposent des centrations diversifiées. D'autre part, les premiers résultats acquis sur la base

---

11. On rejoint ici R. Goigoux (1999) : « *Je crois aux formations qui ne sont pas des fictions pures, qui travaillent avec les enseignants tels qu'ils sont et non pas tels que les formateurs aimeraient qu'ils soient (...) Je ne crois pas à l'efficacité des actions de formation où les enseignants sont livrés à eux-mêmes sous prétexte de les laisser échanger sur leurs pratiques. Pour que les échanges soient formateurs, il faut que des intermédiaires, des formateurs expérimentés, incitent les maîtres à expliciter les théories sous-jacentes à leurs pratiques et qu'ils favorisent la compréhension des raisons des réussites des uns et des autres. Autrement dit, qu'ils proposent des cadres de travail méthodologiques et théoriques pertinents. Formateur, c'est aussi un métier !* ».

12. On connaît trop bien dans le même sens la coupure entre l'école maternelle et l'école élémentaire où les professeurs des écoles se spécialisent dans une tranche d'âge ce qui est somme toute préjudiciable à l'harmonisation de l'enseignement par cycle.

des projets précédents, permettent à l'équipe de faire des choix « éclairés » quant à l'optique de travail. Une modalité d'organisation coopérative (le dispositif de coopération « jigsaw-teaching II ») fut choisie comme lien fort entre tous les projets mis en place la seconde année. La réflexion à propos du projet n° 2, visant l'étude de cas des « petits parleurs » en CE2, est à l'origine de ce choix. Les enseignantes ont constaté que « former les élèves à devenir experts » n'est pas si facile que cela. L'équipe s'interroge donc sur ce que la notion « d'expertise » désigne. En quoi est-ce une notion facilement opérationnalisable en classe ? Le tableau suivant indique cette filiation.

TABLEAU 1.6

Les axes majeurs de travail de la seconde année

Expérimentation « princeps » (Chavagnac & Toczeck-Capelle, 1997) La comparaison de situations coopératives Les « experts » partagent leurs connaissances dans différents domaines de savoir		
Projet n° 1 : Le récit	Projet n° 2 : Le conte	Projet n° 3 : L'argumentation

Étude de dispositifs de travail coopératif de type « jigsaw-teaching II » Variation — approfondissement				
Projet n° 4	Projet n° 5	Projet n° 6	Projet n° 7	Projet n° 8
Mémoriser	Le jugement moral	Diversifier les situations	La lecture de problèmes en mathématique	Savoir hiérarchiser des informations
Nouveaux membres	En filiation directe avec n° 1	En filiation avec le n° 3 et le n° 2	Nouveaux membres En liaison avec le n° 8	En filiation directe avec n° 3

Toczek-Capelle & Auriac-Peyronnet, Recherche-Action : « *Travailler en petits groupes : quels effets sur les apprentissages ?* », 1998.

Le réseau de filiation permet des échanges nouveaux. L'information circule en confrontant les savoirs théorico-pratiques en cours de stabilisation, les premiers résultats de recherche, les idées nouvelles. La centration sur l'étude d'un même dispositif pour tous (Jigsaw-teaching II) renforce l'unité du groupe sur un objectif commun. C'est indéniablement dans l'articulation de la grande richesse des projets (espace pour la diversité) et de la rigueur (maintien d'un objectif central pour tous) que le dispositif de recherche-action peut tenir.

8

POURQUOI FAUT-IL ÉCRIRE LES PROJETS ?

Nous avons toujours tenu à l'écriture des projets, en insistant, sur la problématique, la méthodologie employée, les effets attendus des dispositifs mis en place, la réalisation de fiches concrètes. Si, dans l'ordre de la recherche, il est nécessaire de disposer de cet espace de contrôle sur les données à recueillir parce qu'elles vont faire l'objet d'un traitement qui dépend de cette rigueur, il s'avère tout aussi important, pour l'enseignant, de disposer des mêmes repères. Ceux-ci sont des gages d'interrogation critique sur l'évolution même du projet, des outils de comparaison avec les projets des autres membres du groupe, des carnets de bord qui assurent de poursuivre les travaux dans une perspective toujours finalisée, surtout lorsque les temps de formation alternent avec le temps de classe. La fiche de déclaration de projet arrive lorsque les enseignants sont suffisamment au clair avec la finalité de leur entreprise pour pouvoir la communiquer synthétiquement.

Cet espace de questionnement mérite un traitement, en termes de réponse de l'enseignant (qui ne s'engage jamais seul mais en partenariat avec au moins un autre enseignant), mais aussi d'exposé oral face aux chercheurs et face aux collègues du groupe, qui sont autant de forces de propositions pour pousser à la justification du projet. On a trop tendance à croire, et de façon encore plus radicale auprès d'un public d'adultes que d'un public d'enfants, que la seule présentation magistrale, la simple écriture de consigne suffit à éclairer un acteur dans sa démarche. Nous avons pu vérifier qu'il n'en est rien, et qu'à chaque rencontre, les idées antérieures ont bougé, d'autant que le processus de formation pousse l'acteur à une activité de travail sur ses représentations qui amplifie le phénomène. Car, le partenariat avec des chercheurs conduit à une dérive d'activisme autant que de contrôle quasi obsessionnel du « tout prévoir au mieux ». C'est là une forme de contagion de régime aussi stimulant que stressant. L'effervescence à comprendre toujours un peu plus, un peu mieux, différemment pousse à davantage d'exigence pour coller au plus serré des nouvelles représentations.

L'EXEMPLE D'UNE FICHE DE DÉCLARATION DE PROJET

Nom de l'équipe :
Nom des participants :
Titre général de l'action :
Type de situations d'apprentissage qui seront mises en place :
Avez-vous une problématique ? Si oui, laquelle ?
Avez-vous des hypothèses de travail ? Si oui, lesquelles ?
Voulez-vous « tester » certains effets de la mise en situation d'apprentissage ?

Type de pré-test souhaité :
    thème des compétences sociales (Personne ressource X)
    thème des compétences argumentative (Personne ressource Y)
Type d'aide à l'observation du travail de groupe souhaitée :

9

QUI RESTE MAÎTRE D'ŒUVRE ?

Au final c'est l'enseignant qui décide. Le carnet de bord (ci-après) est un élément primordial où alternent les choix des uns et des autres dans la mise en place du projet. Le partenariat ne fonctionne bien que lorsque les objectifs sont suffisamment partagés pour être communicables. Or, si formation il y a, en dehors des apports évidents alternant les éclairages théoriques et les présentations d'outils, c'est bien parce que les enseignants s'approprient graduellement ce double étayage théorie-pratique imposé. Là, encore, on se leurre souvent sur le présupposé d'une entente miracle sur la base d'une simple « remise de copie ». Le carnet de bord n'est évolutif que lorsqu'il fait l'objet d'un va et vient entre le chercheur et l'enseignant. Dans le champ d'étude de la logique de la communication, le logicien Grize nomme ces constructions bilatérales des schématisations. Dans toute situation de communication, « *le locuteur A construit une représentation discursive de ce dont il s'agit, par définition une schématisation. Il la fait dans une situation d'interlocution et devant un interlocuteur B qui reconstruit la schématisation qui lui est proposée.* » (Grize, 1990, p. 29).

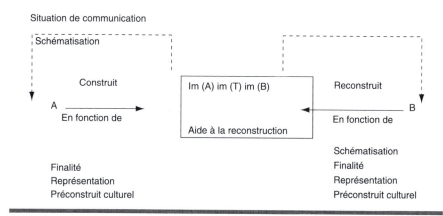

Figure 1.2
Une logique de la communication (Grize, 1990).

D'après J.B. Grize, *Logique et Langage*, Ophrys, 1990, p. 29.

Im (A) = image de A ; Im (B) = image de B ; Im (T) = image du thème.

Dans le cadre du partage des représentations, la finalité et les représentations évoluent comme dans tout processus d'interlocution. Néanmoins, elles sont fixées par le contrat de stage qui lient les partenaires sur l'objectif de « réaliser des séquences didactiques en liaison avec les éclairages théoriques présentés ». C'est alors surtout dans le jeu de resserrement, malentendu sur l'espace des « pré construits culturels » que chacun s'oppose le plus (chercheur/enseignant). Chercheur et enseignant font évoluer leurs représentations du projet, en fonction de leurs ancrages culturels, théoriques et pratiques, singuliers. On ne doit pas négliger de même les images que chaque partie entretient avec l'autre. L'image que les chercheurs se font des enseignants, que les enseignants se font des chercheurs, est lors de chaque échange de document, une source potentielle de réactivation du clivage émanent de la spécialisation des corps. L'écart peut se transmuer en conflit, avec un fort retentissement sur l'espace des finalités contractuellement délimitées.

9.1 – Carnet de bord : Cycle II

L'objectif des quatre enseignantes constituant ce groupe se décline sur deux axes : 1) une participation à la recherche pour étudier l'impact d'un dispositif de coopération de type « jigsaw-teaching II » sur a) l'évolution des compétences argumentatives et b) le profil social ; et 2) une inscription dans une thématique commune choisie par les quatre classes pour vérifier si un dispositif coopératif permet des échanges entre enfants qui favorisent de réels progrès dans le domaine de la structuration récit.

Pré-test et post-test
    Proposition des stagiaires :
        Compétences sur le récit
        Compétences argumentatives
        Profil social
    Nos propositions :
        Compétences argumentatives
        Compétences structuration du récit
        Profil social
La mise en situation d'apprentissage coopératif·
    Proposition des stagiaires
    Nos propositions-rectifications

L'échange entre enseignants et chercheurs est toujours soumis à la liberté de choix de l'enseignant qui au final est le seul décideur de ce qu'il entend pratiquer dans sa classe. L'enseignant est une personne qui oriente de façon décisive le chercheur parce qu'il choisit les thèmes des travaux et force ainsi le chercheur à s'adapter au terrain ; le chercheur est une personne ressource parce qu'il propose, le cas échéant, des outils ou des exemples susceptibles d'être appropriés par l'enseignant, soit directement, soit après un remaniement.

10

COMMENT NÉGOCIER CONCRÈTEMENT L'AVANCÉE DES TRAVAUX ?

L'importance des croisements d'outils entre enseignants et chercheurs sera illustrée sur l'un des projets didactiques. Trois enseignantes de cours préparatoire (cycle II) et une enseignante spécialisée — maître E —, ont choisi d'évaluer la progression des élèves sur le thème de la structuration du récit. Les enseignants veulent vérifier si la mise en place d'un dispositif coopérant, qui ouvre sur la possibilité de donner son point de vue, de le soumettre à la critique des autres, d'écouter des pairs justifier leur point de vue, va permettre à des enfants, ciblés en difficulté, de progresser dans leur compétence générale à argumenter. La mise en accord entre enseignants et chercheurs porte sur le protocole d'évaluation des compétences argumentatives qui encadre l'apprentissage coopérant. Les chercheurs limitent leur rôle social et professionnel à la proposition de conseils, en précisant souvent d'ailleurs les limites propres à leur champ de compétence.

Proposition des enseignants. *Après lecture orale d'un texte par l'enseignant, où l'on vérifie par un QCM*[13]*, le niveau de compréhension du récit proposé, les élèves doivent choisir une image parmi quatre suggérées, entretenant un rapport de moins en moins congruent avec l'histoire. Chaque image est donc l'amorce possible d'un point de vue et d'une justification associée rendant compte de ce rapport de convergence vs divergence avec l'histoire. Pour évaluer les compétences à argumenter, auprès de leur public d'élèves en C.P., les enseignants proposent :*

« Pendant que les enfants colorient les images, on passe rapidement, avec une grille d'évaluation individuelle des compétences argumentatives. » (fiche ci-après, tableau 1.7)

Propositions des chercheurs. *Nous suggérons de garder le test support, entièrement élaboré par les enseignants, mais proposons deux autres formes d'évaluation des compétences à argumenter aux choix :*

Proposition 1 : En liaison avec l'évaluation du récit. Passation d'un entretien individualisé entre un adulte (maîtresse, intervenant extérieur) et chaque enfant, sur la base d'un questionnaire guide (ci-après) qui permet d'interroger chaque élève de la même manière :

---

13. Questionnaire au choix multiple.

Tableau 1.7
Grille d'évaluation des compétences argumentatives proposée par les enseignants

Possibilités	Type d'argument fournis	Oui/Non
1	Pas de réponse	
2	Réponse impossible	
3	Réponse impossible avec essai de justification	
4	Réponse cohérente sans justification	
5	Réponse cohérente avec une justification	
6	Réponse cohérente mais justification erronée	
7	Réponse cohérente avec justification(s) complexe(s)	
Observations diverses		

La passation est orale et individuelle. Les enseignants renseignent la dernière colonne en fonction des possibilités de réponses anticipées (colonne n° 1) en interrogeant les élèves sur l'histoire support.

Questions à l'enfant (proposition 1 des chercheurs)

« Il faut que je sache si on est bien d'accord, et si tu as bien compris, alors je note des petites choses avec toi » :

Tu as mis cette image à la fin. C'est bien. Pourquoi ?
Réponse de l'enfant : ......
Mais tu crois qu'on n'aurait pas pu en mettre une autre ?
Réponse de l'enfant : ......
Ah ! bon. Et celle-là, moi je trouve qu'elle va bien parce qu'on voit bien une grand-mère, un lièvre
Réponse de l'enfant : ....
Et puis celle-là, elle est « jolie » non ?
Réponse de l'enfant : ....

Proposition 2 : Sans liaison avec l'évaluation du récit. Filmer la maîtresse en discussion avec une partie des enfants (1/3 ou 1/4 de classe) pour vérifier si les enfants 1) respectent bien le thème de la discussion (pose d'objet), 2) s'ils complètent bien le thème (étayage), 3) s'ils donnent leur point de vue sur certains éléments (opinion personnelle [14]). Dans ce cas le décryptage du corpus enregistré est à la charge du chercheur qui s'y engage.

Au final, après nouvelle explicitation de notions théoriques, la proposition n° 1 sera remaniée, et adaptée aux conditions d'une passation effectuée par les enseignants eux-mêmes. L'avantage de ce genre de passation prise en charge par l'enseignant tient d'ailleurs pour une large part dans le regard, peu ordinaire dans le temps de classe, qu'il impose sur chaque enfant [15].

GRILLE D'ENTRETIEN ENTRE L'ENSEIGNANT ET L'ÉLÈVE :

Image n° 1 sélectionnée par l'enfant
C1 : Tu as mis cette image à la fin. C'est bien
Q1 : Pourquoi as-tu choisi celle-là ?
C2 : Ah ! bon. D'accord, je comprends.
Image n° 2 → Présenter une autre image possible
Q2 : Est-ce que tu crois qu'on aurait pu mettre celle-là ?
   Réponse : oui
   Q : Pourquoi ? Tu peux m'expliquer ?
   Réponse : non
   C : Ah ! bon. Pourquoi ?
C : Bon d'accord.
Image n° 3 → Présenter une des images contextualisées
Q3 : Et celle-là, moi, je la trouve bien parce qu'on voit bien le (compléter avec un élément de l'histoire). Tu ne trouves pas ?
Image n° 4 → Présenter l'image restante
Q : Et la dernière qu'est-ce que tu en penses ?
C2 : Ah ! bon. D'accord, je comprends.

Les enseignants utilisent la grille-guide. Cet entretien dirigé permet de repérer les différents éléments de réponse correspondant à des capacités argumentatives (se justifier, rester cohérent dans les réponses, envisager d'autres points de vue). Cette grille, jugée trop ambitieuse dans un premier temps, fut l'occasion d'une forme de révision des notions théoriques abordées : étayage, justification, différence entre une opération de justification et de négociation, intérêt à se détacher de la « correction » des propos, évaluer en direct certains éléments plus en rapport avec le niveau cognitif que langagier. L'intérêt d'une passation individualisée (peu pratiquée dans l'ordinaire de la classe) est soumis au

---

14. Nous rappelons que « si le simple énoncé de l'opinion personnelle peut paraître une stratégie argumentative rudimentaire, il constitue néanmoins le point de départ essentiel du discours argumentatif », Golder C., (1990), p. 69.
15. Ce regard est possible dans la mesure où le projet se centre sur l'évaluation particulière des élèves jugés au préalable en difficulté. Huit élèves par classe sont suivis.

débat. Quel est le rapport bénéfice/coût pour l'enseignant ? Pour le chercheur ? C'est dans des espaces de la sorte que le dialogue enseignants-chercheurs progresse.

11

QUELS TYPES DE RÉSULTATS PEUT-ON ATTENDRE ?

L'espace d'ambivalence créé par le double ancrage de la recherche et de l'action de terrain aménage quelque suspicion légitime à l'égard de la pertinence des résultats obtenus à l'issue d'un processus de recherche-action. À qui servent les résultats ? De quel ordre sont-ils ? Sont-ce des éléments directement injectables dans la formation d'autres enseignants ? Sont-ils plutôt des éléments qui servent au chercheur ? Jaugés par des « expérimentalistes » rigoureux, ces résultats peuvent n'apparaître que comme des tendances au mieux, des écarts tels aux conditions de passation de laboratoire qu'ils les jugent finalement irrecevables. Nous tenterons, au contraire, de montrer, à travers un seul exemple, en quoi la démarche de recherche-action-formation croise parfois heureusement des axes de recherche non attendus et pourtant intéressants.

Dans un projet mené sur deux classes, en CE2 et en CM1 (projet n° 7), on peut parler de l'émergence d'un « incident critique », tel qu'il est défini par Flanagan (1954, cité par Mucchielli, 1983). Nous reproduisons la définition complète, parce que cette notion tend à prendre une place prépondérante et opératoire (Sensévy, 1999, par exemple) dans les toutes récentes études sur « le rôle du maître » (voir aussi Margolinas, 1997 pour une revue).

La notion *d'incident critique* a été proposée par Flanagan (1954) pour mettre au point des tests de sélection.
Un incident critique est défini par quatre critères :
- c'est une tranche d'activité humaine professionnelle observable formant un tout isolable du point de vue du compte rendu que l'on peut en faire ;
- la situation ainsi définie doit permettre d'étudier des causes et des effets, des origines et des conséquences, et donc avoir valeur de compréhension du point de vue de l'activité étudiée ;
- la situation ne doit pas être confuse ni douteuse ;
- les incidents rapportés doivent être des cas extrêmes de comportements soit remarquablement efficaces, soit remarquablement inefficaces par rapport aux buts généraux du rôle étudié.

On peut donc parler de "cas significatifs" puisque les observations retenues doivent présenter un aspect typique, positif ou négatif, du rôle professionnel.

Extrait de Mucchielli A, (1983), *Les jeux de rôles*, PUF, *Que sais-je ?*, 2098, pp. 92-93.

Le rôle professionnel d'un enseignant en formation est difficilement « définissable ». L'enseignant est à la fois dans une position réflexive sur sa pratique, (dans les moments de choix de préparation individuelle habituelle, dans les espaces de discussion et de décision plus collective), et dans une position active de praticien (dans ses temps de retour en classe où il retrouve des réflexes). L'incident critique que nous rapportons se situe dans cette tranche de compromis entre la réflexion sur la pratique, l'exigence de l'inscription dans une recherche, et la pratique enseignante habituelle qui sert de repère.

On a volontairement dévolu aux enseignants, au nom d'une répartition écologique, toute la dimension d'évaluation portant sur les acquis touchant au domaine scolaire (production initiale, production finale). Pour exemple, dans le projet n° 1, ce sont les enseignants qui ont construit les Q.C.M., cherché les histoires référentes pour évaluer les progrès des élèves dans le domaine du récit. Dans le cadre du projet n° 7, les enseignantes ont élaboré deux évaluations-tests servant à encadrer l'apprentissage (lecture de problème, tri des informations pertinentes). L'incident critique s'est produit, lorsqu'en fin d'année lors de la présentation des « résultats » pour réfléchir sur les différents dispositifs avec les autres membres du groupe, les enseignantes se sont demandé si leur « évaluation finale » n'était pas plus difficile que leur « pré-test ». On a pu vérifier l'exactitude de cette intuition [16]. On sait que dans le domaine de la recherche les tests sont rigoureusement mis au point par des situations de contrôle auprès d'un échantillon représentatif pour isoler justement ces effets de biais. Il est un fait que dans un processus de recherche-action-formation, si l'esprit d'une telle exigence passe fort bien auprès des stagiaires, la réalité des actions entreprises ne permet, bien sûr et peut-être heureusement, pas toujours de passer par un stade de pré-expérimentations pour ajuster au mieux tous les tests. La solution qui s'offre toujours en revanche est de vérifier à rebours si les deux évaluations en question divergent au point d'expliquer les résultats (attendus ou non). Cette solution, sereinement vécue par un chercheur qui en profite pour le recadrage de ses choix théoriques (anticipation), représente une frustration perturbatrice pour l'enseignant qui a l'impression d'avoir floué ses élèves (culpabilité). Or, c'est lorsque l'heure de la frustration sonne que l'aventure de la recherche-action est la plus sujette à caution.

C'est grâce à cet incident critique que le chercheur a pu rebondir sur un pas de plus en terme de formation. Traiter l'incident revient à mettre le doigt sur des causes, des origines et des conséquences. Or, une pratique bien courante des enseignants est à la source même de l'incident ! Les enseignants ont pour habitude de proposer des exercices toujours un peu plus difficiles que ceux de la veille. C'est une des causes repérées de l'installation du « découragement » chez les élèves (voir Ehrlich, 1988, Ehrlich

---

16. La mise en place d'une comparaison dans des classes contrôles a suffi.

et Florin, 1989). Tout se passe, en classe, comme si la vérification de progrès sur une tâche de même nature était en soi incohérente avec une visée de développement des compétences. On tient là les origines de l'incident : cette habitude séculaire à produire de la difficulté lorsqu'on est enseignant afin de construire son rôle. Les causes d'émergence même de la crise quant à elles s'expliquent bien : il suffit de tenter d'harmoniser l'esprit d'une évaluation didactique avec celui des tests scientifiques pour se pencher finalement à rebours sur l'intérêt de l'évaluation didactique elle-même. Enfin les conséquences sont plutôt heureuses puisque l'incident débouche sur un champ de formation supplétive. Le champ théorique de la motivation, non envisagé dans l'*a priori* d'une recherche sur la coopération et l'argumentation, doit être abordé.

Au final le processus de recherche-action-formation dégage plusieurs strates de résultats, toutes à ne point négliger en ce qu'elles permettent d'explorer, même *a minima* des domaines intéressant alternativement la didactique, la pédagogie, la recherche, la formation des maîtres.

12

QUELLES SONT LES CRAINTES POUR L'AVENIR DES IUFM ?

L'option de croiser des projets didactiques avec des projets de recherche n'est pas sans conséquence pour l'avenir. Si on parle d'avenir c'est à la fois au sens de l'avenir même des IUFM, comme de l'avenir des enseignants qui ont participé au stage de recherche-formation, comme de l'avenir des chercheurs qui se sont impliqués sur le terrain sur deux années en sachant fort bien que cette implication courait sur plusieurs années au-delà, comme enfin, retour sur la formation, à l'avenir même des documents et supports qui ont vu le jour dans ce travail partenarial. À quoi, à qui va servir le matériel recueilli ? À quel type de réseau, le pédagogique ou le scientifique, vont appartenir les futurs résultats ? Si les résultats restent acquis dans le seul cercle des chercheurs, les enseignants y perdent beaucoup. Si les résultats restent prisonniers du seul circuit de la formation des enseignants les chercheurs y perdent aussi une partie de leur âme...sauf à reconsidérer la place des enseignants-chercheurs en IUFM à l'intérieur d'équipes constituées et reconnues.

Concernant la recherche, les perspectives sont assez claires bien que nécessairement liées aux conjonctures même de l'élaboration nécessaire d'équipe de recherche dans les IUFM[17]. Si le matériel dont on

---

17. Le paysage actuel d'élaboration de jeunes équipes entre parfois en concurrence avec ce type de travaux qui pourrait bien « rester isolés » sans autre forme de poursuite... C'est une des conséquences graves de l'isolement de chercheurs dans les IUFM avant même que des équipes ne soient véritablement constituées.

dispose dépasse obligatoirement l'objet de ce seul stage de formation, c'est que les chercheurs ont encore à travailler les corpus, à analyser les impacts des regroupements coopératifs sur le traitement de l'évolution des compétences sociales, à s'engager dans des tests supplémentaires pour parfois encadrer scientifiquement certaines étapes du travail. Aussi paradoxal que puisse apparaître ce dernier effet rebours, il est bien vrai que les contraintes de terrain envahissent à ce point les habitudes de travail du chercheur plus habitué à tout anticiper.

Côté formation, la centration officielle actuelle sur la réflexion théorique et pratique à propos de « la place de l'oral dans les enseignements » (voir Boissinot, 1999) incite à croire que le matériel pourra contribuer à l'encadrement des formations, dans des stages de formation continue. On reste néanmoins sur la réserve quant à la possibilité d'infiltrer la formation continuée telle qu'elle est pour l'instant soumise au régime perturbée d'une séparation des pouvoirs entre prescripteurs administratifs et prestataires pédagogiques... De plus le protocole de formation ici défendu indique bien que l'on croit à une forme d'encadrement qui dépasse largement l'informationnel, technique pourtant admise en formation continue où l'on pense alors que délivrer des méthodes sert à améliorer les pratiques. Quant à l'idée, qui se répand que des enseignants, bien formés, devraient être de bons relais pour former sur le tas leurs collègues, nous rend pour le moins pessimistes ! La démarche de recherche-formation parce qu'elle est longue et régulièrement soutenue par des échanges réflexifs ouvre sur le changement de représentations (voir Doudin, Martin, 1999), participe à l'élaboration pensée d'outils, ce que ne permettent pas, justement, les formations en accéléré, et, encore moins, la seule passation de recette d'un collègue à l'autre... Nous nous rangeons à l'avis de Goigoux, pour méditer un peu sur cette liaison entre recherche et formation où le didactique ne doit pas devenir du prescriptif mais rejoindre la formation pédagogique, avec l'exigence de reconnaître et de soutenir les Sciences ressources pour l'Éducatif dans un cadre qui à l'heure actuelle fait défaut : « *Certaines formations séduisent les enseignants mais s'avèrent ensuite inopérantes pour transformer leurs pratiques, faute d'avoir pris sérieusement en compte leurs savoir-faire présents. Lorsque l'écart est trop grand entre les conceptions des maîtres et les dispositifs de formation, ces derniers sont inefficaces. On dit souvent que les formations sont déstabilisantes et que les maîtres les rejettent parce qu'ils sont frileux, conservateurs. Je ne partage pas cet avis. C'est aussi parce que les formations sont parfois incompréhensibles ou irréalistes que les maîtres n'en veulent pas. Si elles doivent parfois provoquer des ruptures, elles doivent également assurer la continuité entre pratiques nouvelles et anciennes, assurer un équilibre entre les expérimentations contrôlées et les pratiques qui ont fait leurs preuves. Elles doivent être nourries par des recherches, trop rares aujourd'hui, consacrées à l'activité enseignante.* » (Goigoux, 1999).

13

CONCLUSION

Monter des actions de formation de type recherche-action-formation nous paraît être une voie très riche pour la formation des enseignants, parce qu'elle tient compte de cette « réalité » qui fait la classe, et qui fonde la professionnalité même de ceux qui choisissent d'enseigner. Si comme le signale Dubet « *les professeurs des écoles souffrent moins de la distance de leur formation et de leur métier, mais qu'eux aussi apprennent des didactiques et des méthodes parfois bien éloignées de leurs conditions réelles de travail* » (Dubet, 1998), on retient que même ceux-là « souffrent ». Nous pensons que l'articulation théorie-pratique, clamée comme un slogan, est surtout un non-sens. Il n'existe aucune pratique sans représentations associées, même inconscientes. L'articulation théorie-pratique est au cœur des conditions même de fonctionnement de l'enseignant dans sa classe. C'est pourquoi, choisir de partir de ces conditions pour dialoguer entre chercheurs et enseignants pour fonder un « terrain commun » d'action et de réflexion, est une voie, pas la seule bien sûr, mais une direction de formation qui évite en particulier la vision caricaturale et idyllique que construisent bien des enseignants qui imaginent le « monde de la recherche » plus qu'ils ne le connaissent, ce qui cause un effet d'aura assez détestable en somme, et qui ne peut qu'alimenter un clivage...

Connaître le « monde » de la recherche pour les uns, rester en contact avec la réalité du scolaire pour les autres c'est déjà bien. Plus précisément maintenant, l'articulation de projets de recherche et de projets didactiques conduit, au sein du même espace temps, à parler, confronter des niveaux de résultats différents, dont on a pu montrer que ce soit à travers le processus même de guidage dans les projets, de croisement d'intérêt didactique et scientifique ou d'émergence de thématiques, qu'il fonde l'intérêt même du dispositif. La perspective de recherche-action-formation allie un partenariat de proximité avec des effets à court et à long terme, parce que le dispositif permet réellement d'expérimenter, d'ouvrir sa classe, de confronter ses pratiques, de chercher... Les enseignants devraient tous avoir le droit de bénéficier de ces espaces, en lieu et place de journées souvent imposées comme des rituels stériles. Peut-être serait-il temps de réfléchir à une formation continuée [18]. Pour

---

18. « *Une bonne formation est une formation qui facilite les conduites autodidaxiques, qui nourrit le désir d'auto-formation que les maîtres développeront tout au long de leur carrière. (...). Cela suppose d'accroître la capacité d'analyse des maîtres et de développer une formation continue au plus près des pratiques de terrain. La formation continue doit se faire sur le mode de l'alternance parce que les savoir-faire professionnels s'acquièrent dans ce mouvement permanent entre action et réflexion.* », Goigoux R., (1999).

reprendre les propositions de Dubet, « *par ailleurs on voit mal pourquoi les professions de l'enseignement ne seraient pas tenues de participer à des programmes de formation tout au long de leur carrière* ». (Dubet, 1998, p. 5). Nous concluons avec lui : « *bref l'éducation nationale peut apparaître comme l'organisation bureaucratique de professions libérales (...) pour le dire d'un mot il faut plus de politique et moins de bureaucratie.* »

EN BREF
Pour une liaison fructueuse entre chercheurs et enseignants

- Il faut du long terme, au moins 2 à 3 ans de partenariat : une année exploratoire, une année de réflexion et une année de publication.
- La formation continue, qui parie sur la recherche-action, ne doit pas minimiser les dérives possibles du partenariat.
- Des temps de régulation et de reformulation sont nécessaires tout au long du partenariat.
- La thématique d'une recherche-action-formation ne saurait être fixée d'avance : elle émerge de la rencontre enseignants-chercheurs.
- La recherche-action nécessite la mise en place de projets réels dans les classes, qui ont du sens, et, pour l'enseignant, et, pour le chercheur.
- L'enseignant au final décide du projet.
- Il faut nécessairement prévoir des temps d'explicitation du décalage entre l'évaluation à court terme du projet pédagogique et les résultats différés du chercheur.
- Les résultats acquis grâce au processus de la recherche-action se situent aussi au plan de la formation des enseignants grâce à une réflexion permanente sur leur(s) pratique(s).
- La publication représente une étape importante de synthèse, de réflexion et de valorisation.

DEUXIÈME PARTIE

APPRENDRE DANS L'INTERACTION

2. L'APPROCHE DISPOSITIF-PROCESSUS-PRODUIT
3. LA COOPÉRATION EN CLASSE : QUELS DISPOSITIFS ?
   PERSPECTIVE PSYCHOSOCIALE
4. COMMENT ÉTUDIER CE QU'ILS DISENT ?
   PERSPECTIVE PSYCHOLINGUISTIQUE

L'approche dispositif-processus-produit

Emmanuèle Auriac-Peyronnet

La démarche dans laquelle on s'inscrit, dans cette deuxième partie, rejoint les interrogations et recherches de Gauthier (Gauthier *et al.*, 1997 ; Gauthier, 1999) : « *Je pense que les enseignants ont eu longtemps raison de critiquer la recherche en disant qu'elle était déconnectée de la réalité. Je crois cependant qu'ils doivent désormais changer d'avis. À présent, il y a des résultats de recherches intéressants, recherches qui les concernent et qui sont faites dans un contexte réel.* » (Gauthier, 1999, p. 9).

Lorsque l'on tente d'aborder les phénomènes pédagogiques sous l'angle partial et partiel d'un souci de vérification de l'efficacité d'une pratique d'enseignement, il faut à la fois sauvegarder une part de complexité, mais aussi choisir des axes d'investigation. Parce que particulière et relative à la complexité d'ensemble de sa pédagogie, la pratique d'enseignement ne peut se passer, actuellement, de référents théoriques. L'existence de présupposés — fussent-ils implicites — fonde toujours les représentations de l'acte d'enseigner. On doit considérer l'incidence de ces choix plus ou moins « éclairés » donc plus ou moins « discutables » sur les apprentissages des élèves. Le couple enseignement/apprentissage réclame un traitement en amont et en aval de la pratique. Cependant, les résultats, qu'ils soient acquis, dans un contexte scolaire, local, ou dans le champ scientifique parfois moins adapté à la réalité, ne doivent pas faire sombrer dans une systématique de l'efficacité, de l'expertise, de la rentabilité, de l'excellence, du contrôle, de la performance, ce que dénonce fort justement Gauthier *et al.* (1997). On sait trop bien que la pédagogie ne s'épuise pas dans les filets souvent trop scientistes d'une psychologie trop cognitiviste. Que retenir alors dans le champ scientifique pour éclairer les rapports entre apprendre et interagir ?

1

QUELS LIENS PEUT-ON PENSER ENTRE APPRENTISSAGE ET INTERACTION ?

Interaction et apprentissage entretiennent des rapports évidents. L'explicitation de cette évidence, en revanche, est moins stabilisée. En témoignent de récentes publications [1] qui proposent des outils pratiques pour explorer ce champ, et mettent l'accent sur l'effervescence des questionnements.

> **Recherche des conditions d'une interaction réussie :**
> (....)
> Quels sont les préalables didactiques d'une interaction réussie ?
> Ne faudrait-il pas travailler à établir une méthodologie de travail en groupe d'élèves pour poursuivre le défrichement de la didactique de l'oral ?
> N'y aurait-il pas intérêt à planifier les interactions dans toutes situations d'apprentissage en y ménageant par exemple des pauses structurantes où l'on reviendrait sur ce qui a été négocié ?
> Ne faudrait-il pas réfléchir à la structure même des séances d'apprentissage vécues par les élèves durant toute la scolarité ?
> N'y aurait-il pas un scénario minimum à interpréter par chaque enseignant, dans toutes les disciplines, scénario devenant prégnant au point d'être activé automatiquement par les élèves lors des travaux de groupe par exemple ?
> Enfin, ne pourrait-on donner un contenu à l'oral en inscrivant dans les programmes de l'école primaire le prolongement du travail en groupe au-delà de la maternelle, avec comme mission pour l'enseignant de former les élèves aux rôles de médiateur, de négociateur, de rapporteur... ?
> Des réponses à la plupart de ces questions sont, ici ou là, occasionnellement apportées par des enseignants avec plus ou moins de réussite.
> Il est à notre sens dommageable pour les élèves de reléguer ce savoir-faire au rang du « bricolage » éventuel des enseignants.
> Intégrer cet aspect très pratique de la fonction dans la formation des enseignants nous semble aller dans le sens d'une didactique de l'oral efficace pour les apprentissages.
>
> Juving C., (1999)

Toutes ces questions, très actuelles, se centrent sur des aspects cruciaux : les conditions du travail en groupe, l'étude de l'interaction lors du travail en groupe, le rapport entre conditions et réussite, le rôle du professeur comme planificateur, le caractère transdisciplinaire de l'interaction, le lien avec la didactisation de l'oral, la place de la formation des enseignants. Et toutes ces questions trouvent un aboutissement dans l'écart que leurs réponses doivent apporter face au « bricolage ». C'est sur cette base de recherche d'efficacité, que le « travail en groupe » sera

---
1. Nous faisons référence à Gilly, Roux & Trognon (1999), ainsi qu'à Halté (coord, 1999).

interrogé, dans cette deuxième partie, depuis ses conditions jusqu'à ses effets.

Nous présentons donc deux volets distincts et complémentaires. Pour l'un, situé du côté de la psychologie sociale expérimentale, on s'interroge sur les conditions de réussite, d'efficacité du travail en groupe : ce sont les dispositifs de coopération qui sont le centre d'intéressement. Pour l'autre, dans une perspective psycholinguistique, c'est l'univers langagier qui est interpellé, pour juger la qualité de l'interaction langagière quand des élèves « coopèrent » en groupe. Une expérimentation princeps et « prétexte » est exploitée pour illustrer les deux volets présentés par les deux chercheurs, et servir de pont entre les deux champs.

2

QU'EST-CE QUI FAIT L'INTÉRÊT DE L'APPROCHE DISPOSITIF-PROCESSUS-PRODUIT ?

Aborder l'efficacité d'une pédagogie fondée sur la dynamique du groupe implique nécessairement de croiser plusieurs entrées[2]. Nous centrons notre approche sur le triptyque : dispositif-processus-produit. L'approche D.P.P. présente l'avantage de mettre en rapport, au-delà des résultats acquis sur une comparaison entre un groupe expérimental et un groupe témoin, le niveau de résultat atteint par un sujet avec le suivi de son activité réelle dans la phase du travail proposé.

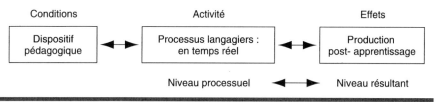

FIGURE 2.1
Le dispositif d'étude processus-produit.
Toczek-Capelle & Auriac-Peyronnet, Recherche-Action :
« *Travailler en petits groupes : quels effets sur les apprentissages ?* », 1997, 1998.

---

2. Gauthier *et al.*, après avoir retracé trois approches des faits éducatifs, l'approche processus-produit, l'approche cognitiviste, l'approche interactionniste-subjectiviste, conclut sur la nécessaire complémentarité des approches : « *Les trois conceptions de recherche que nous venons d'analyser comportent toutes des lacunes qui limitent la portée de leurs résultats Si elles ne peuvent prétendre apporter la solution au problème, elles se limitent simplement à fournir un regard original. C'est pourquoi, l'élément qui nous semble capital de retenir ici est la nécessaire complémentarité des approches dans la recherche d'une base de connaissances en enseignements.* » (Gauthier *et al.*, 1997, p. 122).

L'étude des différents types de dispositifs d'apprentissage coopératif, du point de vue de la psychologie sociale expérimentale, invite à considérer l'enseignement sous l'angle d'une approche stricte dispositif-produit. La voie, manifestement plus clinique (Blanchard-Laville, 1999) [3], d'étude de la dynamique cognitive qui se joue pendant la phase d'apprentissage débouche en revanche sur une étude des processus dans une version plus interactionniste. Le rapprochement des deux perspectives correspond alors à aménager des questionnements au carrefour même de ces démarches. Est-ce qu'un dispositif de coopération simple est supérieur à un dispositif de tournois coopératifs quant aux performances cognitives des élèves concernés ? Est-ce qu'un élève plus qu'un autre (étude de cas) a profité de l'interaction en groupe de coopération simple ? Est-ce que les performances obtenues à l'issue d'un regroupement coopératif type peuvent s'expliquer en regard de la dynamique interactive qui s'est « réellement » produite ? Est-ce que l'approche fonctionnelle de l'interaction, sous l'angle des processus, permet d'expliquer les bons, ou faibles résultats des élèves ? Qui profite d'un dispositif de coopération ? Est-ce que les résultats acquis dans des classes expérimentales aux Etats-Unis sont conformes aux résultats que l'on obtient dans les classes françaises ? Il y aura, comme cela, un nombre incalculable de nouvelles questions, qui tendront toutes à profiter de l'articulation entre une perspective quasi expérimentale et une perspective plus qualitative, « clinique ».

La complémentarité entre des approches expérimentale et interactionniste qualitative est revendiquée comme une condition nécessaire à l'évolution même de la psychologie cognitive. J.-F. Richard (1996) défend l'idée de ce tournant nécessaire en psychologie, auquel nous souscrivons.

> **UN TOURNANT EN PSYCHOLOGIE**
>
> « La psychologie cognitive, j'en suis persuadé, aborde maintenant une phase nouvelle de son développement. On disposait jusque-là d'une méthodologie expérimentale comparative et de méthodes de description et d'inférence statistique qui permettent de tester expérimentalement des hypothèses, comme on peut le faire dans les sciences de la nature ou de la vie. Ces méthodes permettent d'établir des lois générales, en ce sens qu'elles sont valables au niveau des groupes et non des individus. Ces méthodes font des coupes dans l'activité mais ne permettent pas de prendre en compte l'aspect diachronique de l'activité.
>
> On cherche à prendre en compte cet aspect diachronique dans l'analyse des protocoles individuels, qui vise, en outre, à trouver une interprétation des comportements en termes des processus cognitifs mis en jeu. Cette analyse tient compte à la fois des actions et des verbalisations, elle est le prolongement de la méthode clinique de PIAGET. »
>
> Richard, 1996, « Les activités mentales », *Cahiers Pédagogiques*, 344-345, p. 27

---

3. Blanchard-Laville (1999) instruit sur les fondements historiques de la démarche clinique, qui dès l'origine a pour optique d'observer des conduites « concrètes ».

La citation permet de bien comprendre en quoi une approche de type dispositif-processus-produit, qui se situe justement au confluent des deux voies, l'une à tendance expérimentale recherchant des résultats au niveau « des groupes », du « dispositif », et l'autre à tendance qualitative recherchant des résultats au niveau « des individus », dans une perspective de saisie *diachronique* de l'activité, convient à une mutation nécessaire dans le monde de la psychologie. Même si le débat reste ouvert sur le choix, le type, la qualité des inférences que les chercheurs sont de toutes façons amenées à effectuer lorsqu'ils analysent une activité cognitive dans le temps réel de sa production — le fameux suivi *on-line* —, qu'ils se servent comme indicateurs des « temps de pause »[4] ou du « protocole verbal »[5], l'étude de protocole particulier semble pour l'heure une des voies qui permet d'aborder qualitativement les activités cognitives (voir Coirier, Gaonac'h & Passerault, 1996[6]).

Le scolaire est un champ complexe. L'étude qualitative présente l'avantage de se rapprocher encore mieux de la perspective enseignante. Ce qui pose problème est cela même qui fait l'avantage de l'approche qualitative : c'est la complexité du phénomène abordé[7]. Prenez en main un corpus oral d'une dizaine de pages, et vous serez largement débordé par la masse d'informations que l'on peut en tirer, à moins bien sûr de réduire le texte à un filtrage qui en réduit la texture à un objet étranger même à son contenu. Participez en tant qu'acteur ou même observateur à une séquence en classe, et vous vivrez pareillement l'effet de surcharge d'informations qui vous forcera à trier dans cet ensemble, à effectuer des choix, bref à filtrer et projeter vos propres représentations *a priori*. Aussi lorsque l'on confronte des enseignants à la vidéoscopie commentée du travail de leurs élèves, on les plonge dans un univers à la fois moins incongru qu'il n'y paraît, parce que conforme à leur réalité professionnelle, quoi que celle-ci soit paradoxalement plus inconnue d'eux qu'ils ne le pensent. L'intérêt d'une étude processuelle est de mettre le nez dans un espace-temps qui parce que linéaire reproduit à l'identique le temps réel de l'action éducative mais permet heureusement de pratiquer l'arrêt sur image, le retour en arrière, ce qui donne finalement sens à des concepts abstraits qui ont du mal à prendre corps autrement. Placées en regard des repères théoriques qui ont présidé aux choix de situations d'enseignement, ces données qualitatives

---

4. Indicateurs retenus pour étudier plus particulièrement l'activité de planification lors de tâches de production écrite.
5. Méthode répandue pour étudier les procédures de résolution de problèmes en faisant parler les sujets tout haut et simultanément à la résolution ou étude des échanges verbaux non contraints si ce n'est pas la situation. Voir Caverni J.-P. (1988).
6. Voir notamment le chapitre 18 : Les méthodes d'étude de l'activité de production, pour une discussion à ce sujet, pp. 245-252.
7. « La psychologie clinique s'intéresse à l'observation des problèmes des individus en situation naturelle, avec comme double exigence la prise en compte de la singularité de l'individu et celle de la globalité de la situation dans laquelle il est placé. » (Pedinielli, 1998).

font réflexivement écho en particulier aux données expérimentales à disposition. La mise en relation entre la vidéo, la transcription du corpus, les attentes pédagogiques, les concepts théoriques, voire l'exercice d'un travail de repérage sur le corpus forment le regard à la rigueur scientifique qui décale le point de vue.

Les deux chapitres suivants traitent pour le premier une approche stricte dispositif-produit, aborde, pour le second l'activité dans son aspect processuel. Mais le lecteur doit, d'ores et déjà considérer le pont à ménager entre ces deux approches psychosociale et psycholinguistique.

POINT REPÈRE

De la psychosociale à la psycholinguistique

- La pédagogie de groupe gagne à être étudiée en croisant les apports de la psychologie sociale expérimentale et de la psycholinguistique.
- Les dispositifs d'apprentissages coopératifs n'ont pas tous les mêmes effets, mais ils sont supérieurs au mode d'apprentissage individuel.
- Tout individu ne profite pas de la même manière d'un dispositif de coopération. La coopération simple (regroupement d'individus) profite peu à l'individu.
- L'organisation pédagogique en groupes coopératifs doit être structurée et contrôlée par les enseignants pour être efficace auprès des élèves.
- Les dispositifs à répartition des tâches entre les individus favorisent davantage l'utilisation d'habiletés cognitives de haut niveau. L'interdépendance et la responsabilisation y sont accrues. Les interactions sont plus riches, et participent à la structuration des cognitions.
- Concernant l'étude des conversations qui rend compte du temps réel de l'échange (niveau processuel), plusieurs méthodologies et outillages techniques d'analyse langagière sont disponibles et exploitables pour étudier les conversations scolaires.
- L'étude des discours scolaires, menée à l'aide de cet outillage, renseigne sur des aspects qui échappent ordinairement à l'enseignant (complexité et rapidité du « faire classe »).
- Différents niveaux de résultats sont alors actualisables.
- Au plan cognitif, on peut s'attacher à rendre compte de la logique des discours pour démontrer l'efficacité cognitive ou le dysfonctionnement dans la construction des savoirs.
- Au plan social, on peut dégager des résultats concernant la qualité des relations interpersonnelles, dresser des profils d'acteurs (analyse de cas), évaluer les déroutes affective et/ou sociale, individuelle ou collective.

La coopération en classe : quels dispositifs ? Perspective psychosociale

Marie Christine Toczek-Capelle [1]

La réalité des situations scolaires conduit généralement les élèves à travailler individuellement ou en compétition. Les situations de coopération, quant à elles, sont peu fréquentes à l'école bien que les instructions officielles soulignent l'importance d'un apprentissage de la coopération. Il apparaît que les dispositifs d'enseignement de type coopératif posent des problèmes à la fois aux enseignants chargés d'organiser la situation et aux élèves à qui l'on demande de coopérer. Or, certaines recherches issues de la psychologie sociale sont en mesure de fournir quelques informations aux enseignants puisque de nombreux dispositifs d'enseignement ont été étudiés. Notre but n'est cependant pas d'exposer l'ensemble des études du domaine mais de présenter les travaux considérés comme principaux à titre de repère pour l'enseignant.

1

QUE NOUS APPRENNENT LES PREMIÈRES RECHERCHES SUR LA COOPÉRATION ?

L'étude de la coopération et de la compétition est une des plus vieilles traditions en psychologie sociale. En effet, dès 1897, Triplett met en évidence l'impact de la compétition sur des performances sportives. Par la

---

1. Maître de Conférences, Psychologie, IUFM d'Auvergne, 20 avenue Raymond Bergougnan, Clermont-Ferrand (mailto :mctoczek@auvergne.iufm.fr.)

suite, certains chercheurs se sont intéressés au problème de l'efficacité des dispositifs de type coopératif, et c'est en 1938 que Thorndike conclut aux effets positifs de la coopération sur le comportement social. Deutsch (1949) identifie trois structures de but : coopératif, compétitif et individuel. Les définitions avancées par ce même auteur sont désormais une référence partagée par tous. Un dispositif de type coopératif est une situation où les efforts concernant les buts individuels contribuent à la réalisation des buts des autres. En revanche, lorsque les efforts concernant les buts individuels font échouer la réalisation des buts des autres, il s'agit d'un dispositif de type compétitif. L'apprentissage de type individuel, quant à lui, est repéré lorsque les efforts des autres n'ont pas de conséquence concernant la réalisation des buts individuels. La conception de Deutsch a guidé de nombreuses recherches psychosociales sur la coopération et la compétition. Ainsi, certains travaux (Ames, 1984) montrent que dans des situations compétitives — par rapport à des situations individuelles — les élèves se centrent sur leurs performances et non sur les stratégies à mobiliser et s'engagent dès lors à « être les meilleurs » (comportements de « besting »). Si les recherches en psychologie sociale sur la coopération datent des années 1920, les études concernant les applications spécifiques d'apprentissage coopératif en classe débutent vers 1970. Aussi, bien que les principes des structures de buts coopératifs et compétitifs soient établis, leurs applications semblent plus difficiles.

2

QUELS SONT LES ÉLÉMENTS DE BASE POUR INSTALLER UN APPRENTISSAGE COOPÉRATIF ?

L'application des principes de coopération à la pratique de l'enseignement repose sur quelques éléments de base à respecter. Ils sont nécessaires pour installer un apprentissage de type coopératif.

- Tout d'abord, l'*interdépendance positive* : les élèves doivent percevoir qu'ils ont besoin les uns des autres pour mener à bien le travail du groupe. Selon Johnson & Johnson (1983, 1991), les enseignants peuvent structurer cette interdépendance positive en établissant des buts communs, des récompenses collectives ou des ressources partagées.
- L'*interaction stimulante* apparaît également comme un élément fondamental : les élèves se stimulent mutuellement dans l'apprentissage, en participant et s'entraidant.
- La *responsabilité individuelle* est également importante. Chaque membre du groupe a une responsabilité bien définie : rôle, tâche à effectuer, contenu à traiter… De plus, les responsabilités de

chaque élève sont fréquemment estimées et les résultats sont communiqués à l'ensemble du groupe et à chaque élève.
- Les *relations interpersonnelles* sont considérées comme des éléments de base. En effet, « *groups cannot function effectively if students do not have and use the needed social skills* » (Johnson & Johnson, 1991, p. 2). En organisant le dispositif d'enseignement, les enseignants doivent être en mesure de contrôler les prises de décision, le leadership, la communication ainsi que la gestion des conflits au sein de chaque groupe.
- Un dernier point important concerne les *processus de groupe*. La structuration des processus de groupe est nécessaire : « *Teachers structure group processing by assigning such tasks as (a) list at least three member actions that helped the group be successful and (b) list one action that could be added to make the group even more successful tomorrow.* » (Johnson & Johnson, 1991, p. 2). De plus, l'enseignant doit donner un feedback à chacun des groupes et à la classe entière.

Sur la base de ces éléments indispensables, plusieurs modes de regroupement furent expérimentalement testés quant à leurs principaux effets sur les apprentissages. Est-ce qu'un dispositif de coopération simple est plus ou moins efficace qu'un dispositif de coopération compétitif ? Faut-il placer les élèves directement en groupes, ou bien aménager un travail préalable pour qu'ils profitent de la structure de groupe ? Sans prétendre répondre à l'ensemble de ces questions, nous exposerons plutôt, dans ce qui suit, les principes spécifiques, aménagements matériels, et effets attendus possibles de quatre dispositifs coopératifs : la coopération simple, le Jigsaw-teaching (ou enseignement puzzle), une forme de coopération qui intègre la compétition et enfin un exemple d'apprentissage individuel assisté par une équipe. L'enseignant trouvera dans ces développements des espaces possibles de réalisation de projets concrets.

3

QUELS SONT LES EFFETS RECONNUS DE CES DISPOSITIFS ?

La coopération simple peut être définie comme la forme la plus élémentaire d'apprentissage coopératif. Des élèves travaillent par groupe de quatre ou cinq — de niveaux hétérogènes —. Ils réalisent ensemble un travail écrit et tous les élèves doivent arriver à un consensus de réponses. Les différents travaux ayant cherché à tester les effets de la coopération simple divergent quant à leur conclusion. De nombreuses études montrent que des élèves travaillant ainsi en coopération ont de meilleures productions que ceux qui travaillent en compétition ou individuellement (Laughlin, Branch, & Johnson, 1969 ; Johnson, Johnson, & Skon, 1979 ; Yager, Johnson, Johnson & Snider, 1985). Toutefois, ces résultats sont probablement dus, en partie, au fait que si un élève dans la condition coopération connaît la réponse, tous les élèves connaîtront la bonne réponse (Hill, 1982 ; Slavin, 1983, 1990a). D'autres études ne mettent en évidence aucune amélioration dans la réalisation de tâches en situation de coopération par rapport à une situation individuelle. Par ailleurs, certaines recherches montrent que les élèves en condition de coopération simple, travaillant ensemble mais ne recevant aucune récompense, produisent de faibles performances (Peterson, Janicki, & Swing, 1981 ; Starr & Schuerman, 1974). Le phénomène du « free-rider » (faire cavalier seul) est une notion couramment avancée pour expliquer les résultats obtenus en coopération simple. Dans ce cas, lorsque tous les élèves complètent un exercice ou réalisent une tâche, il peut apparaître plus efficient de laisser tout le travail à un ou deux des élèves du groupe. Ce phénomène a été identifié par des chercheurs dans des classes-laboratoires et fréquemment observé par les enseignants lors de travaux de groupe utilisant un tel dispositif.

Il est important de noter que ces méthodes de coopération simple ont souvent des effets positifs sur des variables comme les relations raciales (Johnson & Johnson, 1981) et les attitudes envers les handicaps des élèves (Cooper, Johnson, Johnson & Wilderson, 1980). Toutefois, les effets controversés repérés à l'issue de la coopération simple suggèrent qu'une forme différente d'apprentissage coopératif peut être nécessaire.

4

QU'EST-CE QUI FAIT L'INTÉRÊT DE LA COOPÉRATION PUZZLE ?

Le Jigsaw-Teaching — ou enseignement puzzle — est une forme de coopération particulière qui se déroule en plusieurs phases avec répartition des tâches entre les élèves. Conçu par un ensemble de chercheurs (Aronson, Blaney, Stephan, Sikes, & Snapp, 1978), le Jigsaw-Teaching se caractérise initialement par un grand groupe d'élèves — une classe entière —, divisé en plusieurs sous-groupes coopératifs.

Dans ce dispositif, les élèves (A, B, C...) sont inscrits dans des groupes coopératifs (Groupes 1, 2, 3,..), qui représentent leur groupe d'appartenance. Dans un premier temps, l'enseignant assigne à tous les groupes le même travail (par exemple : un travail sur la préhistoire), et à chaque membre (de chaque groupe) un travail spécifique à réaliser. Dans un second temps, le travail réalisé individuellement est restitué à

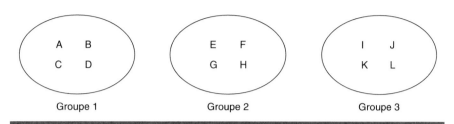

FIGURE 3.1
La répartition des élèves en groupes d'appartenance.

Les lettres désignent des élèves. La demi-classe simulée comporte ici un dispositif possible de 12 élèves.

l'ensemble du petit groupe. Ainsi l'élève transmet, enseigne aux membres de son groupe (BCD) ce qu'il a appris dans la phase individuelle. Chaque élève fait de même dans son groupe d'appartenance. En somme, les membres des différents groupes étudient individuellement un thème — un morceau du « puzzle » — et font ensuite, une présentation à leur groupe d'appartenance — construction collective du « puzzle » —. Une évaluation finale porte sur l'ensemble des informations à traiter.

La recherche d'effets sur la réussite des élèves a mis en évidence des résultats intéressants mais différents selon le niveau scolaire des élèves. En effet, ce dispositif d'enseignement favorise la réussite des élèves d'un bon niveau scolaire. En revanche, il apparaît que les élèves en difficulté ont besoin d'échanger, de coopérer pour réaliser leur travail et ainsi assumer leur responsabilité individuelle au sein de leur groupe d'appartenance.

C'est pourquoi, un peu plus tard (Slavin, 1980, 1990a), fut créé le « Jigsaw II » ou coopération en groupe d'experts [2]. Ce dispositif se déroule de la façon suivante. Pour explorer les principes de ce dispositif, nous allons prendre l'exemple d'une classe de CE2 travaillant sur le thème de la préhistoire. Dans un premier temps, comme dans le dispositif précédent, à chacun des quatre ou cinq membres de chaque groupe d'appartenance, est donné un travail à réaliser : une synthèse d'informations par exemple (sur des thèmes complémentaires comme les outils, les animaux, les représentations rupestres). Puis, dans un second temps, chacun des élèves quitte son groupe d'appartenance pour rencontrer, dans le cadre d'un nouveau groupe de travail, les élèves disposant du même corpus d'informations qu'eux (à propos des outils, ou des animaux, ou des représentations rupestres). Ils forment ainsi un groupe d'experts pour échanger ou synthétiser ces informations. Ensuite, tous les élèves retournent dans leur sous-groupe d'origine et enseignent aux autres ce qu'ils ont appris.

---

2. Souvent rebaptisée ainsi dans cet ouvrage pour plus de clarté mais qui correspond théoriquement au dispositif Jigsaw-Teaching II.

4.1 – Exemple de déroulement d'une séquence d'enseignement

1re phase : chaque membre de chaque groupe reçoit une information spécifique, un travail à réaliser ;

2e phase : les membres de chaque groupe disposant des mêmes informations forment un groupe d'experts et travaillent ensemble (ils échangent ou synthétisent les informations...) ;

3e phase : tous les élèves retournent dans leur sous-groupe d'origine et enseignent aux autres ce qu'ils ont appris.

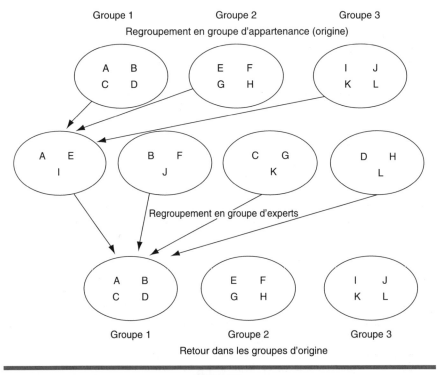

FIGURE 3.2
Le mode de répartition des élèves au fil de chaque phase
de regroupement du Jigsaw-teaching II.

Inspiré des travaux de Slavin (1980).

Les lettres désignent les élèves dont on peut repérer le parcours au fil des regroupements coopératifs grâce aux flèches. Ainsi A et B appartenant au même groupe d'appartenance seront séparés lors du travail en groupe d'expert, en phase 2. Ils se retrouveront pour la dernière phase.

De nombreux travaux s'accordent à souligner les effets positifs de ce dispositif d'enseignement, notamment les recherches de Ziegler (1981) qui mettent en évidence des effets positifs pour tous les élèves, effets qui perdurent dans le temps. Ce dispositif d'enseignement de type coopératif permet bien d'activer trois éléments indispensables pour une bonne coopération : la responsabilité individuelle de chaque membre du groupe, une interaction et l'interdépendance entre les élèves.

5

COMMENT CROISER COOPÉRATION ET COMPÉTITION POUR CONCEVOIR DE NOUVEAUX DISPOSITIFS ?

Des dispositifs de coopération intégrant la compétition furent envisagés. Ils consistent à introduire une forme de compétition intergroupes entre les différents groupes qui composent la classe, alors que les élèves coopèrent à l'intérieur des petits groupes. Il s'agit d'une forme de coopération intra-groupe combinée à une compétition intergroupes. Les exemples de ces dispositifs sont nombreux : « Student Team Achievement Divisions », ou STAD (Slavin, 1978, 1990a) et « Teams Games Tournament », ou TGT (DeVries & Slavin, 1978 ; Slavin, 1990a). Ils sont conçus selon les mêmes principes. Aussi, exposerons-nous, pour illustrer, le TGT ou Teams Games Tournament.

Ce tournoi de jeux d'équipes est une combinaison de coopération intra-groupe et de compétition intergroupes (DeVries & Edwards, 1974). Ce dispositif commence avec une leçon réalisée par l'enseignant. Puis les élèves s'inscrivent dans des équipes d'apprentissage coopératif de quatre ou cinq membres — de niveaux hétérogènes — pour compléter un ensemble d'exercices ou pour résoudre des problèmes : il s'agit d'une phase d'entraînement pour maîtriser les nouvelles notions. Ensuite, les élèves font des jeux ou exercices académiques représentant leur équipe sous la forme d'un tournoi. Un principe de rotation est installé pour que les élèves changent régulièrement d'adversaires. À la fin du tournoi intergroupes, les scores de chaque équipe sont obtenus en additionnant les notes individuelles. Les résultats de chaque groupe sont connus publiquement et les équipes gagnantes sont récompensées.

Ce dispositif évite le problème du « free-rider » puisque le succès du groupe dépend de la somme des apprentissages individuels. Chaque membre du groupe est concerné par la réussite de son compagnon de groupe. Le groupe récompensé sert de stimulant pour aider les élèves à apprendre et encourager les efforts de chacun. Ces méthodes ont, semble-t-il, des effets positifs sur la réussite des élèves (Slavin, 1983, 1990a).

Le succès des méthodes d'apprentissage coopératif qui utilisent les groupes récompensés pour l'apprentissage individuel conduit à la conclusion selon laquelle deux éléments sont nécessaires pour la réussite des apprentissages coopératifs : les groupes récompensés et la responsabilité individuelle (Slavin, 1983). Il semble que les comparaisons de méthodes similaires amènent aux mêmes conclusions. Slavin (1980) varie les récompenses (équipe vs individuelle) et le travail (groupe vs individuel) dans l'étude du STAD [3]. Les élèves qui ont la possibilité d'étudier en groupe mais qui ne reçoivent aucune récompense de groupe apprennent moins que les autres élèves, même ceux qui étudient individuellement et qui obtiennent uniquement des récompenses individuelles. Cette étude montre également que lorsque les élèves, dans les groupes d'interaction, travaillent pour une récompense d'équipe, ils s'aident plus que lorsqu'ils peuvent travailler ensemble mais ne reçoivent aucune récompense d'équipe.

De plus, avec un modèle de répartition des tâches, les méthodes d'apprentissage coopératif qui utilisent les groupes récompensés pour l'apprentissage individuel ont été appliquées avec beaucoup de succès dans les compétences de base comme les mathématiques. Toutefois, leurs effets sur les comportements sociaux, comme les relations raciales et attitudes envers les autres élèves (Madden & Slavin, 1983), ont été similaires à ceux des autres modèles d'apprentissage coopératif.

6

COMMENT APPRENDRE EN ÉTANT ASSISTÉ PAR UNE ÉQUIPE ?

L'observation de différentes situations de coopération montre que la contrainte — même rythme d'apprentissage pour tous les élèves — ne répond pas de manière satisfaisante au problème de l'hétérogénéité des élèves, surtout lorsque cette hétérogénéité est importante. Ce problème de l'hétérogénéité des élèves n'est évidemment pas limité à l'apprentissage coopératif, il existe dans toute forme d'enseignement s'adressant à une classe entière.

Or TAI (Individualisation assistée par une équipe) « Team Assisted Individualization » (Slavin, Leavey, & Madden, 1984 ; Slavin, Madden & Leavey, 1984 ; Slavin, 1990a), fut développée comme un moyen pour résoudre le problème de l'hétérogénéité des élèves dans le contexte de

---
3. Le STAD (Student Teams Achievement Divisions) est une variante du TGT. Lors du STAD (Slavin, 1980), les jeux académiques sont remplacés par une brève interrogation orale ou écrite hebdomadaire.

l'apprentissage coopératif en mathématiques. Dans ce dispositif, les élèves travaillent en équipe de quatre ou cinq membres hétérogènes sur une unité d'auto-instruction en mathématiques appropriée à leur niveau de réussite. Les élèves exercent un contrôle mutuel de leur travail, et s'entraident avec un corpus de problèmes appropriés, en prenant en charge la plupart des tâches matérielles. Dégageant ainsi partiellement le professeur de sa fonction, l'enseignant travaille avec les groupes homogènes qu'il extrait des différentes équipes. Ces dernières reçoivent des certificats basés sur le nombre d'unités réussies complétées par les membres de l'équipe. Pour Slavin (1990a), dans le but d'augmenter la réussite des élèves, TAI est de loin la plus réussie des méthodes d'apprentissage coopératif. Dans six champs expérimentaux, la différence entre niveaux équivalents d'élèves montre la supériorité de TAI sur les classes contrôles (Slavin et al., 1984 ; Slavin, Madden, & Leavey, 1984 ; Slavin & Karweit, 1985). TAI a également des effets positifs sur l'estime de soi, les relations raciales, et les attitudes envers les autres élèves (in Slavin, 1990a). Il est important de noter que pour Slavin (1990b) TAI est aussi la méthode d'apprentissage coopérative la plus ingénieuse puisqu'elle incorpore le groupe récompensé, la responsabilité individuelle et l'individualisation de l'enseignement.

À la différence des autres méthodes d'apprentissage coopératif, pour mettre en place ce dispositif d'enseignement, un ensemble spécifique d'outils pédagogiques est nécessaire. Ce matériel, conçu en fonction de chaque niveau scolaire, est actuellement adapté au système scolaire américain afin de favoriser l'individualisation et les activités coopératives.

7

L'EXEMPLE D'UNE ÉTUDE EXPÉRIMENTALE DANS UNE CLASSE DE CE2

Nous illustrerons l'exemple du Jigsaw-teaching, sur la base d'un protocole quasi expérimental mis au point par Toczek-Capelle & Chavagnac (1997 [4]). Les élèves [5] sont invités à travailler sur le thème générique de la préhistoire. Les élèves, après avoir été inscrits dans leur groupe d'appartenance (phase 1) sont amenés à se spécialiser dans des groupes d'experts avant de retourner dans leur groupe d'appartenance pour faire profiter les autres de leur expertise dans l'un des trois domaines

---

4. Dans le cadre du mémoire professionnel de deuxième année d'IUFM.
5. Les sujets sont inscrits en classe de CE2, dans une zone semi-rurale de la région clermontoise. Ils ont entre 8 et 9 ans. Le milieu est à tendance plutôt aisée.

thématiques proposés : les animaux préhistoriques, les outils et objets d'arts préhistoriques, les grottes et gravures préhistoriques. Les experts (phase 2) se forment en répondant à un questionnaire, à la suite d'une lecture documentaire portant sur un ensemble de textes sur le domaine (voir ci-dessous).

TABLEAU 3.1
État des réponses aux questionnaire après la phase de travail en groupe d'experts.

« Animaux »	« Outils et objets d'art »	« Grottes et gravures »
Quels sont les animaux de cette époque ? *Les rennes, les mammouths et les chevaux.*	Quels sont les différents outils de cette époque ? *Les outils sont : les harpons, une sagaie et des bifaces...*	Que représentent les gravures ? *Les gravures représentent des dessins.*
Pourquoi les hommes les tuaient ? *Pour se nourrir, pour les lampes, pour les tentes et pour les vêtements.*	Comment sont-ils faits ? *Ils sont faits en : silex, en os et en bois.*	Quelles sont les couleurs utilisées ? *Rouge, marron, noir.*
Avec quoi ils les tuaient ? *Au propulseur, harpon, les sagaies.*	Sur quoi ils sculptaient ? *Sur les pierres.*	Sais-tu avec quoi ils peignaient ? *Avec des pinceaux.*
Quel animal était le plus tué ? Pourquoi ? *Le renne car ils se nourrissaient, ils prenaient la graisse pour faire le feu, avec les cornes ils faisaient des outils.*	Quelles représentations sculptaient-ils ? *Des outillages.*	Où les trouve t-on ? (carte) *Grotte des trois frères, Grotte de Lascaux, Grotte du figuier, Grotte de Gouy.*
		As-tu une idée du pourquoi ils dessinaient ? *Ils dessinaient car ils présentaient des animaux.*

Les questions en caractères droits sont celles dont les élèves disposaient lorsqu'ils se sont réunis en groupe d'experts. Les mentions en italiques correspondent aux réponses que les enfants ont données à l'issu du regroupement en phase d'expertise. Chaque élève repart dans son groupe d'appartenance en ayant à disposition cette feuille.

En phase 3, est fourni aux élèves un nouveau questionnaire couvrant les trois domaines (grottes, animaux, outils). Tous les élèves doivent renseigner consensuellement ce questionnaire. On attend de chaque expert qu'il aide à répondre aux questions relevant de son champ. Ainsi pour la deuxième question proposée — Quels _animaux_ sont _représentés_ ? (grotte + animaux) —, on peut s'attendre à ce que les deux enfants experts dans le domaine respectif des grottes ou des animaux soient susceptibles de répondre.

7.1 – Document dont disposent les trois enfants coopérant en phase 3 [6]

RÉPONDS AUX QUESTIONS :

1. Que vois-tu sur les parois des grottes ? (grotte)
2. Quels animaux sont représentés ? (grotte + animaux)
3. Pourquoi dessinaient-ils ? (grotte)
4. Avaient-ils des outils ? Lesquels ? (outils)
5. Quels animaux sculptaient-ils ? (outils, animaux)
6. Les outils ont-ils évolués ? (outils)
7. Quel est l'animal le plus tué ? (animaux)
8. Pourquoi ? (animaux)
9. Quels animaux étaient chassés par les hommes préhistoriques ? (animaux, grotte)

L'étude avait pour objectif de comparer deux types de coopération incorporant un aspect compétitif à différents niveaux : intergroupes ou intersujets. Il s'agissait de tester l'hypothèse suivante : un dispositif de coopération — de type Jigsaw-teaching — intégrant une compétition intergroupes permettra aux élèves d'obtenir de meilleurs résultats qu'un dispositif de coopération Jigsaw-teaching incorporant une compétition intersujets.

La moitié de la classe (condition 1) est placée en condition de coopération-compétition intergroupes, tandis que l'autre moitié (condition 2) est placée en condition de coopération-compétition intersujets. Les consignes pour ces deux groupes (condition 1 et condition 2) sont les suivantes.

CONDITION 1 : COOPÉRATION-COMPÉTITION INTERGROUPES :

Extrait de consigne : « …Je dois insister sur l'importance de votre groupe d'appartenance, car cet après-midi, je vous demanderai de faire un petit exercice, que l'on notera. Ce n'est pas la note de chaque élève qui comptera, c'est le total des points de votre groupe. Par exemple, pour le groupe de Julie, Marc et Adrien, on totalisera 6 + 7 + 2 = 15. Dans cet exemple, 15 sera le score de votre groupe d'appartenance. Ainsi, nous pourrons comparer les groupes entre eux. Le meilleur groupe sera récompensé, il aura 2 points de plus. »

---

6. Nous avons indiqué entre parenthèses les domaines susceptibles d'être convoqués par les questions posées. Ces indications ne figurent pas sur la feuille remise aux enfants. Ils doivent trouver eux-mêmes quelles sont les questions qui sollicitent le plus leur domaine d'expertise.

CONDITION 2 : COOPÉRATION-COMPÉTITION INTERSUJETS :

Extrait de consigne : « .. Cet après-midi, je vous demanderai de faire un petit exercice, que l'on notera. Votre note servira à vous comparer dans votre groupe. <u>C'est la note de votre groupe qui comptera, mais vous serez récompensé, en plus, selon votre score + 2 pour le meilleur, + 1 pour le suivant et 0 pour le dernier.</u> Par exemple, pour le groupe de Julie, Marc et Adrien, on totalisera d'abord : 6, 7 et 2 = 15. 15 c'est le score de votre groupe d'appartenance. Ainsi, si c'est Marc qui a le mieux travaillé, il aura un bonus de 2 points : il aura 15 + 2 = 17. Puis, Julie aura un bonus de 1 point, ça lui fera 15 + 1 = 16. Et Adrien conservera 15, la note du groupe. »

8

COMMENT ÉVALUER LES EFFETS D'UN TEL DISPOSITIF ?

L'évaluation du dispositif est mise au point par une enseignante. Une épreuve finale et individuelle porte sur l'ensemble des informations transmises. La production des élèves est évaluée [7], sur le thème de l'apprentissage proposé, en deux temps et en croisant trois types de rappel :

DEUX PHASES DE RAPPEL :

- un rappel post-apprentissage (degré d'intégration des informations à court terme)
- un rappel une semaine après (degré d'intégration donc d'organisation des informations à long terme)

TROIS TYPES DE RAPPEL :

- un rappel libre : une question ouverte qui sollicite des qualités d'organisation de la mémoire
- un rappel indicé : un questionnaire composé de plusieurs questions qui soulagent d'une partie de l'organisation mnémonique
- un Q.C.M. : un questionnaire au choix multiples qui consiste en épreuve de tri d'informations

---

7. Les épreuves d'évaluation sont intégralement construites par l'enseignante débutante. Elles s'inspirent des recherches de Toczek-Capelle (1998), précisant la nécessité de distinguer différents degrés dans l'appropriation du savoir. Voir Toczek-Capelle M.C., (1998), Pour une régulation des conduites d'acquisition dans une situation de formation : une illustration expérimentale, dans Py J., Somat A. & Baillé J., *Psychologie sociale et formation professionnelle*, Presses Universitaires de Rennes, 159-170.

Ces évaluations croisent le niveau général de l'élève avec l'effet de la situation d'apprentissage. Il est toujours délicat de les pratiquer sur une seule situation d'apprentissage ; mieux vaut conduire des évaluations régulières sur plusieurs séances d'apprentissage pour déduire des effets d'une séquence entière. Nous donnons donc quelques tendances pour les besoins de l'exemplification [8] : ces résultats généraux portant sur la comparaison du dispositif de coopération et du dispositif de compétition intersujets ne sont pas statistiquement significatifs [9]. Toutefois, nous présentons, d'une manière descriptive, les résultats comparatifs entre la condition 1 (compétition intergroupes), et la condition 2 (compétition intersujets). On donne la moyenne du nombre d'informations pour chacun des rappels : rappel libre : n/10 ; rappel indicé : n/5 ; rappel QCM : n/5 pour les mesures post-apprentissage, et concernant le rappel libre une semaine après.

TABLEAU 3.2
Résultats obtenus aux trois épreuves de rappel juste après le travail de groupe.

	Condition 1 : coopération-compétition intergroupes	Condition 2 : coopération-compétition intersujets
Rappel libre n/10	6/10	4.7/10
Rappel indicé n/5	3.6/5	3.58/5
QCM n/5	4.8/5	4.3/5

3.6/5 signifie que sur les cinq informations susceptibles d'être fournies, 3,6 sont fournies en moyenne dans les groupes de compétition intergroupes. La première épreuve comportait dix informations à rappeler, les deux autres respectivement cinq chacune.

TABLEAU 3.3
Résultats obtenus à l'épreuve de rappel différé (une semaine après le travail).

	Condition 1 : coopération-compétition intergroupes	Condition 2 : coopération-compétition intersujets
Rappel libre n/10	1.7/10	1.4/10

On indique les moyennes obtenues pour tous les élèves appartenant à chacun des types de regroupement (conditions).

---

8. L'expérimentation, exploratoire, est conduite dans un souci de formation, de réflexion sur ses pratiques d'enseignement.
9. Le traitement a été effectué dans le cadre de la formation professionnelle, et non dans une visée strictement expérimentale : le nombre de sujets invite déjà à considérer cette recherche comme une étude exploratoire pour l'étudiante.

Au vu de ces résultats, le dispositif de coopération-compétition intergroupes permet aux élèves d'obtenir de meilleurs résultats lors du rappel libre par rapport au dispositif de coopération-compétition intersujets. Cette situation de coopération semble efficace puisqu'elle intègre l'aspect compétitif au niveau intergroupes, n'influant donc pas sur la qualité des interactions à l'intérieur du groupe d'apprentissage. Ce dispositif de coopération a permis, semble-t-il, un bon encodage au niveau de l'organisation des informations puisque les élèves restituent davantage d'informations sur une épreuve de rappel libre. En revanche, la compétition intersujets introduite dans la condition 2 n'a pas permis une restitution de bonne qualité. Nous pouvons penser que cette compétition intersujets a modifié la nature des interactions à l'intérieur du groupe d'apprentissage. Cette modification ayant eu un impact négatif sur les performances des élèves. Quant aux deux autres épreuves (rappel indicé et QCM), elles ne sont apparemment pas suffisamment discriminantes. En effet, nous ne notons pratiquement aucune différence entre les deux conditions pour ces deux mesures. En ce qui concerne l'effet noté au niveau de l'organisation des informations immédiatement après les situations de coopération, nous pouvons nous demander s'il s'agit d'un effet important, notamment s'il perdure dans le temps. En d'autres termes, qu'en est-il une semaine après ?

D'une manière générale, une semaine après, cette épreuve de rappel libre a été moins bien réussie pour tous les élèves. Si l'effet repéré immédiatement ne semble pas perdurer, ce résultat quantitatif mérite d'être complété par quelques remarques. En effet, une analyse qualitative (analyse de contenu) des productions des élèves, une semaine après, met en évidence un certain nombre de points :
- l'ensemble des thèmes étudiés a été bien retenu par les élèves (dans les deux conditions) ;
- lors de la tâche de rappel libre, les élèves ont évoqué mais n'ont pas développé les thèmes ;
- lors d'une épreuve complémentaire de rappel indicé, nous notons que les élèves restituent davantage les informations dont ils étaient les spécialistes, surtout dans la condition de coopération-compétition intergroupes ;
- les élèves, les plus faibles, semblent tirer profit de la phase d'expertise.

Avant de conclure, il convient d'examiner la pertinence de notre hypothèse de départ. D'un point de vue strictement quantitatif, nous pouvons dire que notre hypothèse trouve un élément de validation à court terme. En effet, le dispositif de coopération-compétition intergroupes a permis aux élèves d'obtenir de meilleurs résultats lors du rappel libre par rapport au dispositif de coopération-compétition intersujets. D'un point de vue qualitatif, deux points nous semblent importants. D'une part, notre hypothèse trouve un autre élément de validation grâce à une analyse qualitative des productions obtenues en rappel indicé puisque les élèves restituent plus d'informations (dont ils étaient spécialistes) dans la condition de coopération-compétition intergroupes. Et d'autre part, l'analyse des productions des élèves obtenant habituellement de faibles performances nous laisse penser que la phase d'expertise est une étape très importante de structuration des connaissances. Cette phase d'expertise est sans doute une piste à développer pour une recherche ultérieure, ou pour mettre en place de nouveaux dispositifs de coopération au sein d'une classe.

9

POUR CONCLURE

Les travaux, brièvement évoqués dans ce chapitre, montrent la diversité des dispositifs d'enseignement de type coopératif et l'importance de certains éléments organisationnels. De tels travaux peuvent être complétés par des recherches (Johnson & Johnson, 1989) s'attachant à définir le rôle de l'apprentissage coopératif sur la cognition et la métacognition. En rappelant la supériorité de l'impact de la coopération, par rapport à l'apprentissage compétitif et individuel, ces travaux ont montré que cette supériorité porte sur la qualité des stratégies de raisonnement, le niveau de raisonnement cognitif et les stratégies métacognitives. Il semble exister, selon ces auteurs, des raisons pour lesquelles l'apprentissage coopératif favorise l'activité cognitive et métacognitive requise pour réussir. Ainsi, les élèves organisent cognitivement le matériel à apprendre donc conceptualisent de manière différente. Ils usent d'habiletés cognitives de plus haut niveau lorsqu'ils apprennent ce matériel en vue de l'échanger, que lorsqu'ils l'apprennent uniquement pour leur propre bénéfice (Annis, 1979 ; Bargh & Schul, 1980). De plus, les échanges oraux semblent nécessaires pour le stockage de l'information en mémoire (Johnson, Johnson, Roy, & Zaidman, 1985 ; Yager, Johnson & Johnson, 1985). L'ensemble de ces données conduit les professionnels de l'enseignement à s'interroger sur la qualité du travail en groupe organisé dans les classes. En effet, le travail en groupe mis en place actuellement par les enseignants permet-il aux élèves de coopérer ? Nous pensons que les études évoquées ici sont en mesure de fournir quelques pistes de travail aux enseignants soucieux de concevoir des dispositifs d'enseignement de type coopératif adaptés à leurs objectifs.

Comment étudier ce qu'ils disent ? Perspective psycholinguistique

Emmanuèle Auriac-Peyronnet

L'analyse des discours est un domaine vaste, qui se situe à l'articulation de divers champs scientifiques (linguistique, psychologie, ethnologie, anthropologie, sociologie...). C'est, comme l'exprime Jackendoff, que le langage « *est une fenêtre ouverte sur la cognition* ». En fait, le couple langage/pensée n'en finit pas de déranger tous les programmes établis par les investigateurs humains. Les chercheurs épuisent leurs outils à décider qui, dans ce couple infernal, mène la danse. En rendre compte n'est pas dans un premier temps utile à l'enseignant qui s'intéresse à la mise en place de groupes coopératifs dans sa classe [1]. Cependant, il est nécessaire de ne pas céder à la facilité. L'impression de lisibilité des faits langagiers à laquelle on est humainement habitué depuis notre naissance (De Boysson-Bardies, 1996) cache une forme d'opacité à nous-mêmes que l'on aurait tort de négliger. Aussi, devons nous poser quelques jalons sur les principales relations entre parler et penser, communiquer et comprendre, interagir et apprendre, et les outils qui servent à explorer ce champ. Une question (Lipiansky, 1996) nous servira de guide :

> « **Comment les communications et les interactions groupales peuvent-elles favoriser les apprentissages ?** »

---

1. Néanmoins, on signalera que si le détour ne vaut pas ici « le coup », on doit sans doute au moins considérer dès le début que l'étendue, la complexité de ce champ d'étude est à l'image d'une autre complexité *intrinsèquement* humaine.

Trois questions sont ici contenues :
1. **Comment** aborder les communications ?
2. **Qu'est-ce qu'**une interaction ?
3. **Quelle forme de rapport** peut-on envisager entre la communication et les apprentissages ?

1

QUELLES PRÉCAUTIONS SONT NÉCESSAIRES POUR ABORDER LES COMMUNICATIONS ?

Avant d'aborder l'outillage technique, pour comprendre les faits langagiers on doit nécessairement se poser à un carrefour interdisciplinaire. Kerbrat-Orecchioni parle en 1986 d'un « collège invisible » pour désigner ce regroupement obligé de divers courants de recherche sur la communication [2]. Lipiansky répond à sa propre question « *Comment* » en proposant la réponse du pluridisciplinaire. Le domaine de référence pour traiter cette question est « *largement interdisciplinaire, au carrefour de recherches sur la communication, les processus d'apprentissage, l'influence sociale, l'analyse interactionnelle, l'argumentation, les biais cognitifs, la logique quotidienne, l'analyse de discours, l'ethnométhodologie, la pragmatique linguistique...* » La liste des champs épuisera par avance. On ne peut cependant ignorer l'incontournable complexité du langagier, lequel passe par ce premier éclairage pluridisciplinaire. On gagnera notamment à s'interroger sur les échanges verbaux :

- De quoi sont-ils faits ? (aspect linguistique) : sont-ils syntaxiquement corrects ? Oui-non Pourquoi ? Ont-ils du sens ? Pour qui ? Pour celui qui parle ? Pour celui qui écoute ? Pour le professeur uniquement ? Sont-ils correctement prononcés ? Oui-non Pourquoi ? Se cache t-il derrière un défaut de prononciation, une méconnaissance lexicale ? Un trouble psychoaffectif ?
- Comment les échanges verbaux se structurent-ils ? (aspect pragmatique) : sont-ils bien « reliés » entre eux ? Manifestent-ils une cohérence ? Cette cohérence est-elle le fait d'un individu particulièrement moteur dans le groupe ? Est-elle le fait d'une co-construction, donc la résultante du travail socio-cognitif ? Est-elle manifestement opaque à certains individus du groupe ? L'intervention de l'adulte est-elle un bienfait ?

---

2. Ce « collège invisible » correspond « au réseau de connexions qui fédère (les) recherches en nouvelle communication et qui regroupe depuis les années cinquante tout à la fois les travaux d'anthropologues (Bateson, Hall, Birdwhistell, Malinowski), de psychiatres (écoles de Palo-Alto de Philadelphie), de sociologues (Goffman, Sigman) et d'autres ethnométhodologues (Garfinkel, Sachs, Schegloff, etc.) », d'après Kerbrat-Orecchioni, (1986), p. 8.

- Dans quelles conditions les échanges émergent-ils (aspect de psychologie sociale) : sont-ils intentionnellement produits par les individus ? Sont-ils des faits émergents du conditionnement pédagogique en petit groupe ? Drainent-ils nécessairement des rôles ? Ces rôles sont-ils attendus ? Construits ? Sociaux ? Scolaires ?
- Les échanges sont-ils des moyens ou des fins ? (processus d'apprentissage) : est-ce que l'on parle pour connaître ? Est-ce qu'il faut disposer de savoirs particuliers pour profiter d'une interaction avec autrui ? Si oui, lesquels ? Etc.

La liste n'est pas exhaustive. Elle est volontairement indicative de deux faits. Le premier indique que si l'on peut choisir de s'interroger sur un aspect très pointu, cela se fait au risque de perdre une vue d'ensemble. Le second mentionne que paradoxalement c'est en choisissant la voie d'une certaine et relative entrée disciplinaire que l'on sauvegardera une bonne part de complexité.

2

AVEC QUELS OUTILS INTERPRÉTER LES DISCOURS ?

Au lieu d'un recentrage disciplinaire, on proposera une centration autour de quatre écoles phares. Pour analyser les discours, plusieurs entrées sont possibles, qui s'articulent sur des courants référents dans l'analyse des discours. Ils servent à proprement parler d'outillage pour analyser les discours scolaires. L'implantation géographique de ces courants (école genevoise, nancéenne, parisienne, poitevine) indique leur complémentarité dans l'approche scientifique des faits langagiers.

1. **L'étude des objets de discours** fait référence aux travaux du logicien J.B. Grize (1990) à Neuchâtel[3]. Repérer des objets de discours, c'est pratiquer une analyse de contenu, en découpant le tissu verbal en autant d'objets thématiques qu'il initie, construit, abandonne, disqualifie. Cela permet de jauger de l'adéquation du discours tenu en référence au cadrage de la situation. Cette étude du discours est essentielle pour dégager une vue d'ensemble sur une conversation.

2. **L'étude de l'enchaînement interlocutoire** est une technique d'analyse. Elle adopte les principes et règles interprétatifs du modèle d'enchaînement conversationnel élaboré par le G.R.C.[4] à

---

3. Centre de Recherches sémiologiques : Langage, processus cognitifs et genèse de la communication, Genève.
4. Initialement Groupe de Recherche sur les Communications, actuellement Laboratoire de Psychologie de l'Interaction, Nancy.

Nancy (Brassac, Trognon, 1992). Les « faits » conversationnels, sont saisis dans leur déroulement. La conversation est étudiée comme moteur de la construction interactive des cognitions. On s'intéresse aux enchaînements d'un interlocuteur à l'autre. Certains propos échouent ou réussissent.

3. **L'étude des rôles communicationnels** se situe dans la lignée des travaux du C.A.D.[5], à Paris, (Chabrol & Camus-Malavergne, 1989, Chabrol, 1991a/b ; Charaudeau, 1984, 1989 ; Charaudeau et al., 1992). Elle invite à dresser des profils d'acteurs en fonction du discours qui les produit. L'étude des prises de paroles débouche sur la caractérisation de ces « rôles » joués dans et par l'interaction. On peut opposer les rôles d'animateur, de suiveur, de leader, de répondant, de questionnant...

4. **L'étude de certaines marques du discours** s'inscrit dans la perspective de la théorie de l'énonciation (Benvéniste, 1966 ; Culioli, 1990), et les travaux du Laboratoire de Poitiers[6] (Caron, 1989). Les marques du discours, sont analysées comme des « traces » du sujet, révélatrices d'une césure particulière de la pensée en déroulement. Ces marqueurs sont des indicateurs qui permettent d'hypothéquer sur les opérations cognitives sous-jacentes de la représentation mentale (planification, délimitation, linéarisation...).

Ces approches permettent chacune d'aborder les faits langagiers. Si elles ont toutes pour point commun de renseigner *peu ou prou* la dimension « processuelle » du dire, c'est toutefois la théorie nancéenne qui prend le mieux en compte, théoriquement, cet aspect. Le « processuel » qu'est-ce que c'est ? C'est s'appliquer à saisir des faits dans leur déroulement, dans la dynamique même de leur fonctionnement. C'est se demander comment un discours se produit. C'est saisir les « enchaînements » au plan discursif (étude des connecteurs, des organisateurs textuels... etc.) et extra-discursif, en relation avec les mondes sociaux, imaginaires, privés, voire avec d'autres discours qui constituent autant d'ancrages du dire. Ce dernier aspect fonde la thèse que « nos dires » nous appartiennent moins qu'il n'y paraît au premier abord. Le discours est fondamentalement polyphonique — plusieurs voix — (Bathkine, 1929 ; voir Roulet et al., 1985).

---

5. Centre d'Analyse du Discours, Paris.
6. Laboratoire de Psychologie du Langage : Langage et communication, Acquisition, Traitement, Dysfonctionnement, Poitiers.

3

EN QUOI PARLER SE RAPPROCHE D'UN JEU DE CARTES ?

Qu'est-ce qu'une interaction ? Pour répondre on établira que parole et action participent d'un même objet scientifique. Parler c'est avant tout produire des actes de langage. La notion d'acte de langage appartient au registre du pragmatique. Parler est un acte comme les autres, qui s'inscrit dans une logique d'inter-actions.

>   A : — Il fait froid dans cette pièce
>   B : Va fermer la fenêtre *ou* B' : — Oui je trouve aussi

On peut remplacer l'acte de fermer la fenêtre par l'acte de langage B'. A et B sont en *inter*-action. L'approche pragmatique se centre sur ces aspects.

Qu'est-ce que *le* ou *la* pragmatique ? Le pragmatique représente un des niveaux du traitement du langage [7] au même titre que le phonologique (décrypter les sons), le lexical (délimiter les mots), le syntaxique (organiser ses phrases selon une norme), le sémantique (associer un sens aux mots). Le niveau pragmatique se centre sur la liaison entre les mots produits et leur contexte d'intelligibilité. Comme Ghiglione et Trognon le précisent, *« un des problèmes centraux de la pragmatique est de décrire comment l'auditeur trouve pour chaque nouvel énoncé un contexte qui permette de le comprendre »* (Ghiglione, Trognon, 1993). Autrement dit, l'entrée par le niveau pragmatique assure de rechercher à propos du « *Comment les communications (…) favorisent les apprentissages ?* », en quoi, le fait de savoir trouver quelques repères dans l'énoncé d'un autre favorise des progrès cognitifs personnels ? Cette entrée nécessite donc :

1. de décrire dans une interaction entre individus, le *mode de passage* du dire de l'un au dire de l'autre (étude des phénomènes de transition),
2. de décider s'il y a *réussite ou échec* de la part de l'auditeur/interlocuteur. On peut retenir deux niveaux d'interprétation :
    a) si l'interlocuteur *profite bien* de l'interaction (niveau de base),
    b) si l'interlocuteur tire un profit efficace de l'interaction, au point de *relancer le dire sur un niveau supérieur*.

La traque de ces déplacements de l'interpsychique (entre les individus) à intrapsychique (résultante privée) définit l'inspection pragmatique du discours. Pour interpréter une séquence il faut alors disposer *a minima* de trois tours de parole.

---

7. Ce découpage est purement *abstrait* et ne présage pas d'une modularité de l'esprit. Voir pour information sur le débat modularité/interactionnisme l'article de Segui, (1998), Langage (traitement du-), *Vocabulaire de Sciences cognitives*, PUF, ou Caron (1990).

3.1 – Exemple d'échange type

Quatre élèves participent ensemble à l'élaboration d'une histoire commune.

>A1 : oui mais maintenant on s'occupe de la truc 2
>B1 : c'est moi qui commence
>A2 : mais non//on dit nos idées d'abord [8]

Le locuteur A, en A1 indique aux trois membres du groupe qu'il est temps (*maintenant*) de passer à un autre aspect des choses (*la truc 2*). En B1, B valide implicitement l'idée d'avancée dans la tâche proposée par A, en A1, et enchaîne en se plaçant à un niveau de positionnement supérieur. En effet B indique 1) qu'il a bien compris l'intention de A *(maintenant on s'occupe de)*, et 2) qu'il en tire bénéfice puisqu'il se propose pour commencer (*c'est moi qui*). En A2, A dans le seul enchaînement *mais non* indique qu'il y a une rupture de contrat dans le dire. A n'est pas d'accord avec un aval quelconque dans « ce qui s'est dit », et dans ce cas invalide les propos tenus par B, en B2. A conteste à proprement parler l'idée que B s'impose pour commencer et dégage une autre solution (*on dit nos idées*).

On dira que A et B bâtissent, au fil de leurs interventions, un monde d'interlocution, partagé entre A et B. Le monde d'interlocution est l'espace qui résulte de leur histoire commune. Décrire l'organisation progressive de cet espace revient à simuler l'espace de travail d'une cognition groupale. On peut retracer l'histoire conversationnelle, et émettre des hypothèses sur les opérations cognitives d'ajustement intersubjectif à l'œuvre. L'interprétation des dires se fait comme si l'on considérait que chaque locuteur, à chacun de ses tours de parole proposait une carte à jouer, qui est saisie, rejetée, adoptée et transformée, ignorée...etc. Ghiglione et Trognon (Ghiglione, Trognon, 1993) s'inspirent de la métaphore du « jeu » pour nous faire entrer dans l'univers de la « pragmatique ». Car parler se fait selon « certaines règles ». C'est toujours se mettre en « jeu », soit perdre ou gagner, soit gérer un « enjeu » (d'après Ghiglione & Trognon, 1993). Un discours n'est finalement que la somme des coups portés au cours d'une partie de cartes, qui dévoile peu à peu la valeur de ses cartes. Le langage fonctionne, et la langue sert de monnaie d'échange comme de matériau d'inscription. La locution de « jeux de langage » (François *et al.*, 1984) insiste sur le fait que le fonctionnement est différent d'un contexte à l'autre. Saisir le fonctionnement du jeu langagier est alors plus important que décrypter le contenu des cartes à jouer, soit uniquement décider ce qui est « correctement dit ». Ce qui importe, là, c'est de savoir comment ce qui est dit a bien pu se dire, et prendre de la valeur.

---

8. Extrait de Corpus acquis en classe de CE2, Projet didactique n° 2.

4

EN QUOI LE DIALOGUE EST-IL DOUBLEMENT PROTOTYPIQUE ?

Abordons maintenant notre dernier point. Face au « *Comment les communications groupales peuvent favoriser les apprentissages* », en quoi le langage favorise l'apprentissage ? Comment peut-on définir la relation entre parler (interagir) et apprendre ? Quand un élève parle à un autre, qu'apprend t-il ? à parler ? à interagir ? à mieux connaître les présupposés linguistiques, cognitifs, sociaux de son interlocuteur ? à structurer sa propre pensée ? à performer son mode de régulation sociale ? En substance tout ceci et sans doute bien d'autres choses encore. L'univers langagier est à la fois le support de la structuration de la pensée et la résultante d'une capacité à penser qui se construit développementalement.

Dans le cadre d'une « logique naturelle » (Grize, 1990 [9]) minimisant le fonctionnement rationnel de l'humain, parler et penser se rejoignent. Ce qui différencie l'enfant de l'adulte, se situe plutôt du côté de la richesse des expériences, soit des conduites langagières à disposition.

> « Une conduite langagière correspondrait à un modèle local de fonctionnement langagier, et donc à l'acquisition du langage ; la tâche globale à laquelle l'enfant serait ainsi confronté dans son développement consisterait à construire un répertoire de conduites langagières, adaptées aux situations de discours qu'il rencontre. (…) Le niveau de développement langagier atteint à un moment donné se caractériserait donc par le nombre de conduites langagières disponibles et leurs degrés respectifs de maîtrise. (…) Le prototype initial de ces conduites serait celle de dialogue, à partir de laquelle les autres se différencieraient par spécification progressive des paramètres situationnels proposés à l'enfant. »
>
> Espéret, 1990, *De l'acquisition du langage à la construction des conduites langagières*, pp. 126-127.

Le dialogue est donc premier. Par la suite, dans cette lignée, on doit considérer que toute mise en groupe favorise l'avènement d'une conduite langagière contrainte par les caractéristiques de la situation de coopération. En ce sens, les interactions groupales favorisent autant de micro-conduites que l'on peut définir de type de groupes. Chaque situation porte en elle une spécificité qui oblige les sujets à parler, et penser en fonction de cadres préétablis. Lorsqu'un élève apprend à parler dans

---

9. Grize évoque trois raisons qui justifient l'adoption du terme « naturel » : la définition d'Aristote à propos de la rhétorique : « une compétence commune à tous les hommes (qui) ne requiert aucune science spéciale » (Rhétorique, I, 1, 1354 a) ; le fait que les langues utilisées sont « naturelles » ; la nécessité de distinguer tout simplement cette logique du langage avec la logique mathématique, Grize J.B., 1990, p. 21.

un groupe de travail du type « groupe de découverte », il apprend essentiellement à construire une micro-conduite d'expression. Lorsqu'il apprend à parler dans un groupe fondé sur la tutelle, il apprend à prendre place dans l'échange (tuteur/tutoré).

Le dialogue est prototypique à un autre niveau. Il est la conduite originelle (cf. Esperet, ci-dessus), mais aussi l'aboutissement de toutes les conduites langagières. C'est une forme achevée et structurante qui intègre toutes les conduites langagières en une seule compétence : savoir participer à n'importe quel type d'échange avec n'importe quel type d'individu dans n'importe quel type de situation (François et al., 1984). Parler sert véritablement à parler... pour penser le monde.

Ainsi le dialogue est aussi à placer au plus haut dans la hiérarchie des conduites langagières. Chez certains auteurs, il s'oppose en cela radicalement avec la conversation. Jacques rappelle que « *les partenaires d'un dialogue affirment des thèses qu'ils mettent en commun. Ceux d'une conversation évoquent des thèmes. Cette dimension à la fois thétique et téléologique l'oppose à la conversation stricto sensu, qui affiche un aspect ludique, même si elle est travaillée par les poussées du désir de reconnaissance.* » (Jacques, 1988). À propos de la conversation [10] il évoque « *l'hétérogénéité illocutoire* » ainsi qu'« *un certain aléatoire discursif* » qui la caractérise et qui correspond au principe de plaisir ; il mentionne notamment le « *contraste avec le caractère plus intempestif du dialogue* » qui assujettit plutôt au principe de réalité (Jacques, 1988).

Bref, « *le dialogue contraint donc plus fortement l'argumentation que la conversation, ce qui en fait un type de discours à classer dans l'ordre de la portée théorique et méta-théorique (...) Les partenaires s'obligent à faire progresser vers un objectif thétique en maintenant tout à la fois la consistance sémantique par rapport aux présupposés retenus et aux contenus propositionnels assertés, et la consistance illocutoire par rapports aux actes illocutoires antérieurs.* » (Jacques, 1988).

Effectivement, dans un dialogue on parle à propos d'un objet que le discours sert à définir et à mieux circonscrire. Tel est l'objectif même de la mise en dia-logue. On ne dit pas n'importe quoi. La cohérence cognitive sert clairement l'action intersubjective. Comme garant de cette construction, chaque interlocuteur se fait l'écho de ce que l'autre a bien voulu dire. Les dires de l'un s'articulent aux dires de l'autre dans un jeu langagier proprement interlocutoire (Trognon, Brassac, 1992), où « *la question est autant en relation à la réponse que la réponse en relation avec la question* » (Jacques 1988). Le dia-logue produit la cognition, en

---

10. À propos de la conversation : « *La fonction référentielle de la conversation est manifestement subordonnée au souci phatique et expressif, avec son cortège de jeux coopératifs, compétitifs et mixtes. La dimension ludique, avec son inventivité, sa spontanéité individuelle, ses fréquentes plaisanteries, relèvent d'un art de converser. Elle nous assujettit au principe de plaisir dans l'exercice même de la parole, plutôt qu'au principe de réalité.* », (Jacques, 1988).

raison de cette marge qu'il réserve, dans l'ordre du principe de réalité, à l'édification commune et construite d'une thématique plus qu'intelligible, intelligente.

5

EN QUOI LA CONVERSATION EST-ELLE LA MATRICE DE NOS COGNITIONS ?

La thèse ethnométhodologique affirme cependant que « *la séquentialité conversationnelle est la matrice de production et de reproduction, et en même temps, d'intelligibilité des évènements sociaux* » (Trognon, 1994). Si le dialogue est bien la conduite majeure de l'entendement, la conversation n'en est pas moins fondatrice de tous nos raisonnements. C'est l'exercice même de la conversation ordinaire, qui fonde l'existence de la possibilité du dia-loguer. Si dia-loguer peut devenir un jeu « savant », et servir même à instruire (cf. plus haut), c'est qu'il dispose d'évènements langagiers qui dépassent le seul niveau de réalité thématique. Dialoguer c'est d'abord et naturellement « converser ». Avant même de connaître l'existence des protagonistes *Je* et *Tu*, l'enfant s'engage dans des proto-conversations avec ses parents. « *La conversation est l'espace naturel d'exercice de l'intelligibilité des cognitions et des actions.* » (Trognon, in Bernicot *et al.*, 1997, 253 ; voir aussi Trognon, 1992, 1994). La conversation dégage une forme de rationalité particulière, proprement « pragmatique » qui use justement de tous les présupposés sociaux qui gouvernent l'entrée humaine dans le langagier. Si le dialogue encadre l'espace développemental des conduites langagières, c'est la conversation ordinaire qui fonde l'existence même du dia-logue. Or, comme l'indique Monteil, « *concevoir l'homme comme un être socialement inséré, c'est l'appréhender comme individu historique...* » (Monteil, 1993b). Et c'est en partie la conversation quotidienne, dans laquelle un individu s'insère, qui produit son insertion. Les conversations d'un individu avec ses pairs composent son historicité cognitive. Cognition et socialisation se croisent, se nourrissent mutuellement.

Pour des élèves la conversation, soit littéralement la possibilité d'enchaîner intelligiblement son dire sur celui de l'autre, est le ressort fondamental de leur progression vers l'intelligence. Parler en situation, sert à penser la situation. Apprivoiser différentes situations sert à développer des compétences langagières associées à des situations clefs. Lorsque des élèves conversent en groupe, ils entrent *forcément* — au sens contraignant du terme — dans une dynamique de liage de sens qui drainent des savoirs sociaux, fussent-ils implicites. Cela leur permet de construire leur statut dans l'interaction, mais plus encore d'asseoir le statut de leur propre discours à l'intérieur de conflits socio-discursifs qui encadrent toute prise de parole. Parler, à l'école, pour un enfant de 4 ans, comme pour un élève de 17 ans, c'est s'approprier continuellement, et à chaque pas de parole, à chaque carte distribuée, le monde des autres. Cela revient à s'y placer, s'y déplacer, construire sa pensée sur les soubassements et soubresauts des paroles de l'autre. L'interlocuteur présent n'est jamais qu'un miroir d'exercice pour ma propre parole à laquelle toutes les paroles renvoient.

6

COMMENT DÉCOUPER UNE CONVERSATION ?

Découper un corpus, c'est avant tout délimiter les objets de discours (outil n° 1), ce dont on parle. On peut rendre compte de grandes séquences qui se distinguent dans la manière dont les élèves exploitent le discours. Dans les corpus issus de l'étude expérimentale présentée dans le chapitre précédent (Préhistoire en CE2), les thématiques préalablement fixées (outils, animaux et peintures), servent de repères pour voir si les objets de discours se construisent en conformité avec ces attentes thématiques. Les élèves parlent-ils à propos ? Le discours aide t-il à la construction des savoirs ? L'interprétation des faits recueillis grâce à ce découpage se fait au fur et à mesure. L'analyse est macro-fonctionnelle. On isole deux séquences pour exemplifier.

6.1 – Le régime schizophrénique

Dans un premier temps (J1 à J11 [11]) les élèves séparent, isolent « leurs » objets de discours. Chacun parle à *son* tour de *son* sujet. Rien n'est partagé. Nous soulignons les dires qui correspondent à ce qui est lu sur la feuille de questionnaire central à disposition. Nous marquons en gras ce qui est lu sur la feuille d'expert.

---

11. Ces indications servent seulement de repérage sur l'ensemble du corpus qui va de J1 à Ma46. La lettre désigne la personne. Le nombre indique son numéro d'intervention depuis le début. Dans cette conversation c'est J qui entame le débat et M qui le clôt en accomplissant sa quarante sixième prise de parole. Le discours oral est retranscrit jusque dans ses imperfections ou scories (ex : brûlent cette sa sagaie).

Présentation de l'objet « animaux » par C

C4 : — alors les animaux <u>quels sont les animaux de cette époque</u> **les rennes les mammouths et les chevaux** <u>pourquoi les hommes les tuaient</u> **pour se nourrir pour les lampes pour la graisse pour les lampes** là pour faire la lumière (salive) **pour les tentes** pour les éclairer <u>avec quoi ils</u> ils <u>les tuaient</u> **au propulseur harpon les sagaies** <u>quel animal était le plus tué pourquoi</u> **le renne car ils se nourrissaient ils brûl**ent cette sa **graisse pour en faire du feu avec les cornes ils faisaient des outils**

Présentation de l'objet « outils et objets d'art » par Ma :

Ma1 : — outils et objets d'arts <u>quels sont les différents outils de cette époque</u> alors euh **les outils sont les** s'**harpons** une sag **une sagaie** et **et un biface** compris (en direction de Julie, en se tournant et se penchant)
J5 : — mm
Ma2 : — sûr
J6 : — bon
Ma3 : — <u>comment sont-ils fait</u> **ils sont en silex en os et** t'**en bois** <u>sur quoi ils sculptaient</u> **sur les pierres** des pierres

C puis Ma présentent chacune à leur tour ce qui constitue deux objets de discours (animaux, outils). C est totalement centré sur « sa » « seule » prise de parole. Ma est aussi très peu interrompue. Le régime est monologique. Cette phase, échec dans le partage *attendu* des objets de discours, se lit comme une forme de « dérive économique ». À terme, les élèves concluent eux-même sur cette issue fatale, paraphrasable par : « mais au fait à quoi ça sert ce que l'on a fait ? » ; « *J9 : eh ben faut marquer moi j'sais pas ce qui faut faire j'tire un trait moi j'tire un trait au crayon à papier.* » L'échange est resté coincé dans une schizo-logique.

6.2 – Co'oparler

De Ma28 à Ma46, Ma devient motrice. Elle débute et termine cette séquence. Elle va impulser un tour nouveau, où la co-construction des objets de discours va enfin, bien que timidement, s'amorcer.

Ma37 : — non mais t'en es où
Les trois se penchent sur la feuille centrale
Ma38 : — mais attends qu'est-ce que c'est
C36 : — j'en suis là
Ma39 : — quels animaux sculptaient-ils mais c'est les animaux dis des animaux mais pas dis des animaux
J51 : — des animaux qu'ils sculptaient
C37 : — ah ! oui alors y a des mammouths les rennes les chevaux les cerfs puis c'est tout

Avec des élèves peu rodés à ce type de travail interactif, on voit qu'il faut du temps pour rentrer dans la coopérativité. Le seul découpage de l'interaction en objets de discours rend compte de ce blocage. La relative « fausseté » dans ce qui devrait être un « partage » des objets de discours apparaît très clairement [12]. Le découpage a l'avantage de mettre à plat ces micro-procédures d'installation dans l'activité. Dans chacune des périodes, le discours ne sert pas le même objectif.

7

COMMENT RENDRE COMPTE DE LA LOGIQUE SOUS-JACENTE D'UN DISCOURS ?

Un extrait tiré du même corpus sert à illustrer l'opportunité méthodologique n° 2. Nous porterons l'attention sur les espaces privilégiés de l'enchaînement entre les actes de langage de chaque interlocuteur. Lorsque quelqu'un parle, à la suite d'un autre, comment tient-il compte de ce qui vient d'être dit ? Grâce à une lecture des faits essentiellement à rebours, le modèle dégage une interprétation en terme de construction progressive et au pas à pas des cognitions. Les flèches indiquent dans quel sens se construit et se stabilise la conversation.

7.1 – Extrait de discussion

J12 : — ah ! d'accord alors que vois-tu sur les parois des grottes ben les les (*en direction de C uniquement*) parois des grottes eh ! ben on voit des des dessins d'animaux hein (*dir. C*)

C9 : — mm

J13 : — quels animaux sont représentés **c'est à toi de de** (*dir C*) non c'est oui non c'est à moi euh c'est

Ma5 : — **non** c'est à elle

J14 : — **ben non parce que** c'est l'même truc que dans ma truc

C10 : — **ben c'est moi** qui l'aie dans ma truc

Ma6 : — inaudible

J15 : — **ben oui mais** dessiné dessiné

C11 : quels animaux sont représentés (*en dir de toutes, elle mime les gestes*) ben y a les mammouths

---

12. On peut faire l'hypothèse d'un lien avec l'aménagement d'une condition intersujets (voir chapitre 3) qui semble bien favoriser ici plus la réserve personnelle des informations, en en divulguant juste le minimum.

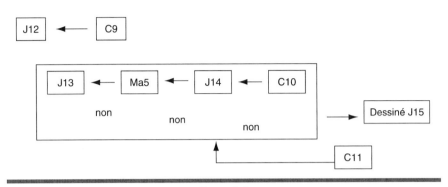

Figure 4. 1
Schématisation de l'évolution du discours (J12 / C11).

Les flèches indiquent le sens de construction du discours. Une flèche retour (orientée à gauche) indique que le discours est « validé ». Une flèche directe (orientée à droite) indique que les paroles ne sont pas reprises.

En C9 (mm), C rend vrai ce qu'a dit J12. On note cette validation à rebours avec une flèche inversée. Il y a ensuite un changement thématique en J13 : l'échange (J13 à J15) sert à désigner l'enfant qui doit parler. En J13, C est explicitement désignée comme l'interlocutrice supposée spécialisée dans le domaine : *« c'est à toi de... »*, puis disqualifiée dans les mêmes propos *« non c'est à moi »*. Les propos C10, J14, Ma5, J13 représentent ensuite un espace de négociation autour du choix de la personne experte pour répondre à la question. Le discours cache une logique cognitive sous-jacente pour chacun des sujets. La lecture à rebours permet de voir que J14 répond à Ma5, que C10 répond à J14, que J15 répond à C10. Chaque acteur se positionne par rapport au discours antérieur, en contre. La conversation sert à stabiliser peu à peu les avis de chacun en fonction de ce qui se dit. En C11 en revanche on s'aperçoit que C ne retient pas une partie des propos de J, en J15. C ne tient pas compte de l'insistance de J (*dessiné, dessiné*). L'argument sous-jacent de J est d'expliquer que puisqu'il est expert dans le domaine de la peinture rupestre, ce qui est « représenté », « dessiné » lui revient en droit. C disqualifie ces propos en C11, en leur ôtant toute existence dans la suite de la conversation. On le symbolise par une flèche orientée vers la droite. Selon la règle du *qui ne dit mot consent par défaut*, on peut dire qu'en C11 les trois élèves sont consensuellement d'accord sur le fait de rejeter l'argument implicite de J, en J15.

Repérer quantitativement les ruptures (flèches à droite), autrement dit les « dénis » de parole enseigne sur le fonctionnement d'une conversation. La discussion peut fonctionner soit sur le mode de la validation par défaut (selon la règle qui ne dit mot consent), soit, au contraire, sur le mode de l'explicitation verbale des différends (avec appui, reformulation, affirmation, commentaires sur ce qui est dit). Bref on repère ainsi qui gagne ou perd en fonction des coups portés par chaque interlocuteur. Chaque enchaînement donne également des indications sur le niveau d'accroche des interlocuteurs : cognitif, relationnel, stratégique, maîtrisé, hasardeux...

8

COMMENT UN SUJET MARQUE T-IL LE DISCOURS DE SA PRÉSENCE ?

Les théories de l'énonciation, depuis les travaux théoriques de Benvéniste (1966) adoptent l'idée que le sujet s'infiltre dans son discours. Il marque, fait trace (outil n° 4). Et son inscription se lit grâce au repérage de certains marqueurs fonctionnels : les pronoms personnels, *Je, Tu, Il*, les marques d'espace et de temps, *maintenant, ici*, les marques de jugement de valeurs, *si, vraiment, je ne crois pas*. Le sujet peut aussi s'effacer du discours, s'absenter derrière un thème qui le remplace : *la pluie tombe*. On doit tout particulièrement à Caron et Caron-Pargue (1995) d'avoir su montrer en quoi même de simples marques interjectives sont la trace d'une activité cognitive et subjective à explorer. La texture de l'oral est en fait massivement balisée par les interjections. Ces indicateurs sont parfois précieux pour comprendre une dynamique interactive. Une hésitation peut faire basculer tout un discours. Comme dit Culioli, on s'étriperait « pour un pronom » (Culioli, 1990). Tout discours peut alors être analysé et découpé pour en extraire les marques fonctionnelles (voir Auriac-Peyronnet, 1995, 1996, Caron-Pargue & Auriac, 1997). L'analyse est ici micro-fonctionnelle. Tous les comptages de marques permettent une approche quantitative sur l'une des catégories de marqueurs.

TABLEAU 4.1
Répartition des marqueurs en catégories fonctionnelles.

Interlocuteur	Marques de décrochement/ d'ajustement	Thème	Commentaire méta-pragmatique
J12	ah ! d'accord alors	que vois-tu sur les parois des grottes	
J12	ben	les les parois des grottes	
J12	eh ben	on voit des des dessins d'animaux	
J12	hein		
C9	mm		
J13		quels animaux sont représentés	c'est à toi de de

Chaque proposition fait l'objet d'une analyse.

Mais le sujet marque aussi le discours en fonction de l'ordre même de ce qu'il énonce. Les ruptures intracognitives indiquent quand le sujet se réoriente, prend du recul. Il émet des jugements « privés », dans son univers mental : « non c'est oui non c'est à moi ». Il initie des choix de thème (« alors »). Les ruptures cognitives marquent les espaces où le sujet fait appel à l'interlocuteur comme garant de ce qu'il dit (« hein »). Parfois il valide ce qui vient d'être dit (« mm »). Suivre l'inscription du sujet dans la langue c'est alors relever les marqueurs et retrouver une cohérence dans l'ordonnancement même du discours. C'est sur la base de cette ligne de cohérence que l'on peut interpréter ce que le sujet a élaboré comme processus de pensée pour discourir. Quels sont les mécanismes cognitifs sous-jacents à ce qu'il a dit ? Au niveau descriptif, on peut représenter schématiquement les bifurcations subjectives de la pensée :

TABLEAU 4.2. (ET FIGURE COMBINÉE)
Les bifurcations de la pensée.

Catégorie Type	Accord	Hésitation	Désaccord	Décision
Marqueur phare	OUI	BEN BOF EUH	NON	ALORS
J12		ben / eh ben		ah ! d'accord / alors
				hein
C9	mm			
J13			non	
	oui			
			non	
		euh		

Les marqueurs d'ajustement intersubjectif sont répartis en quatre catégories fonctionnelles en fonction de la portée qu'ils ont dans le discours.

Pour conclure, différents outils et méthodes d'analyses de discours rendent possible l'étude de différents phénomènes non transparents dans l'ordinaire de la classe. On touche au plus près le fonctionnement des individus. On peut typifier, émettre des hypothèses, proposer des explications sur les aléas de leurs comportements. L'interprétation dépend bien sûr du cadre de recueil.

9

QUELQUES PISTES POUR L'ENSEIGNANT

Nous partagerons la position de Garitte (Garitte, 1997, 147) : « *Il n'y a pas une unité d'analyse spécifique à l'analyse conversationnelle, chaque unité d'analyse reflète des hypothèses particulières. Se pose alors la question : quelle unité d'analyse pour quelle recherche ?* » Nous avons pu dégager au moins quatre voies d'accès au dire, et illustrer [13] celle de la délimitation des objets de discours, celle de l'étude des enchaînements conversationnels, enfin celle de l'analyse du rôle de certains marqueurs-indicateurs dans l'économie générale du discours. Restent à fixer quelques pistes susceptibles de trouver dans cet espace un mode de déploiement qui fasse le pont entre une hypothèse et des moyens d'étude associée. S'il faut bien parvenir à distinguer le bavardage, la conversation, le dialogue, c'est parce que ces formes supportent des « enjeux » cognitifs et sociaux différents pour les sujets qui s'engagent dans de telles conduites. Être alors capable d'identifier le « jeu de langage » qui se construit c'est savoir déterminer les « enjeux » sous-jacents qu'ils soient ceux des individus ou bien ceux du groupe. On donnera quelques pistes pour libérer un espace de travail partenarial entre chercheurs et enseignants.

- a) Au niveau individuel : Mise en place de diagnostic et suivi d'élèves en particulier. Étude de cas quant au mode d'implication d'individus dans un groupe : prise de parole, statut des paroles, rapport entre l'implication langagière et les progrès cognitifs. Évolution du comportement en fonction du mode choisi de regroupement. Étude des rôles communicationnels, ponctuellement ou longitudinalement.

- b) Au niveau social : suivi d'un groupe pour savoir si s'installe une forme d'évolution dans les enjeux. Étude comparative des interactions en fonction du mode de regroupement, de la vie du groupe, des changements dans les groupes. Le type de groupe contraint-il à certaines formes de « régulation sociale » ? Du « rôle communicationnel » au rôle social, existe-t-il des rôles scolaires ?

- c) Au niveau des compétences langagières : Étude ciblée sur l'évolution des capacités argumentatives chez des élèves en particulier. Étude au niveau de la classe entière. Analyse de cas d'élèves. Étude comparative des capacités des enfants selon

---

13. L'exemplification de la méthode utilisant la théorie des rôles communicationnels est suffisamment illustrée dans le chapitre 8 pour ne pas faire l'objet d'un développement spécifique ici.

les âges. Étude de l'évolution d'emploi de certaines « formes verbales » ou « marques du discours ».
d) Au niveau de l'apprentissage : Étude de la progression de différents groupes. Étude de la liaison entre argumenter et coopérer : quel est l'impact de l'un sur l'autre ? Peut-on installer les élèves dans une dynamique de « débat » à l'aide d'un dispositif en petit groupe ? Quel type de groupe pour quel type de progrès ? Élaboration de critères pour juger des progrès : sociaux, cognitifs…

TROISIÈME PARTIE

L'ÉTUDE DU DISPOSITIF DANS UNE PERSPECTIVE PÉDAGOGIQUE

5. LA TENSION ÉDUCATIVE
6. COMMENT FORMER DES « PETITS EXPERTS » ?
7. À PROPOS DE LA VERBALISATION EN GROUPE D'EXPERTS

CHAPITRE 5

La tension éducative

Emmanuèle Auriac-Peyronnet

Nous nous centrons sur l'étude du dispositif coopératif Jigsaw-teaching II (voir chapitre 3). Il ne s'agit pas de déterminer si ce dispositif coopératif a un impact significativement supérieur à un autre mode de travail. Ces effets sont déjà prouvés. Effectivement, par exemple dans une revue de synthèse consacrée à la coopération dans la classe, Daniel indique que « *plusieurs recherches ont été effectuées concernant l'impact de ces pédagogies sur l'apprentissage des enfants (voir entre autres : Parker, 1985, Sharan & Lazarowitz, 1980, Slavin, 1984, 1991b). La plupart des expérimentations suggèrent que l'utilisation des méthodes coopératives dans la classe — qu'elles constituent une faible coopération ou une coopération totale — a un impact significatif sur les résultats des élèves* ». (Daniel, 1996, 27). Aussi notre intention est plutôt d'explorer l'une des étapes primordiale et utile au fonctionnement même du dispositif : la phase de formation des experts. La mise en place de celle-ci au cœur de la classe peut poser problème à l'enseignant comme à l'élève. Expérimentée dans seize classes au total, cette phase d'expertise est illustrée pour donner une bonne vue d'ensemble de son application dans différents niveaux (CP au CM2). Nous montrons en quoi une forme de tension entre maître et élèves (processus classique de dévolution) est productrice de confiance. Elle facilite l'installation d'une dynamique motivationnelle. Former des écoliers experts amène à installer l'enseignant et les élèves dans une forme de dévolution particulière.

L'ÉTUDE DU DISPOSITIF DANS UNE PERSPECTIVE PÉDAGOGIQUE

1

QUEL EST LE DISPOSITIF COMMUN À TOUS LES PROJETS ?

On a constaté que l'effet positif du dispositif repose sur la qualité de formation des experts, liée à une bonne harmonisation avec la phase coopérative qui suit. Cette étape de formation des experts est donc cruciale. On ne saurait déroger, en ce qui concerne le rôle du maître, à une validation très rigoureuse du niveau des experts lorsque la perception qu'ils vont avoir de la tâche coopérative dépend bien de l'acquisition de ce niveau. De la même manière, la mise en place de phases d'expertises doit rigoureusement permettre la dévolution : l'utilisation d'objet symbolisant le statut d'expert est conseillée. L'introduction d'un juge, comme garant du travail bien fait, est très positive pour renforcer la dimension d'expertise. Au minimum, organiser une tâche cruciale dont dépend fondamentalement la coopération qui suit est obligatoire. C'est en intégrant la phase de formation d'expert comme une condition de réussite aux activités ultérieures que l'on peut déléguer à l'élève l'enjeu même de son activité. De cet enjeu dépend donc la qualité de l'implication ultérieure.

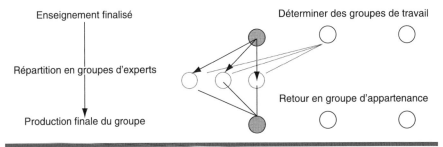

Figure 5.1
Le dispositif expérimenté (rappel).

La schématisation reprend le mode de répartition des élèves dans le cadre d'un enseignement de type Jigsaw-teaching II (d'après les travaux de Slavin, 1980, voir Toczek-Capelle, ici-même).

Diverses modalités sont illustrées dans les chapitres suivants. Nous insisterons sur les consignes qui encadrent le travail. Le maître se trouve largement sécurisé par les consignes rigoureuses qui permettent aux élèves d'être actifs, et dégagent pour lui un espace d'attention sur les travaux en déroulement dans les groupes. On se demandera avant d'illustrer sur les projets concrets, en quoi, la formation d'écolier expert distord ou renforce la relation éducative habituelle. Si les enseignants résistent massivement face à la mise en place de dispositif de groupe, il y a bien des raisons.

2

QU'EST-CE QUI TEND LA RELATION ÉDUCATIVE ?

La notion de responsabilité est un principe au cœur du « contrat didactique » classique. Pour former des experts, il faut d'abord un enseignant. Or la délégation de responsabilité du maître à ses élèves est en soi problématique. Il s'agit d'opérer ce que les didacticiens des mathématiques, sur la lignée de G. Brousseau nomment la « dévolution ». Margolinas reprend la définition de la « dévolution » chez Brousseau, qui au départ est « emprunté au vocabulaire juridique » : « *La dévolution était un acte par lequel le roi — de droit divin —, se départissait du pouvoir pour le remettre à une chambre. La "dévolution" signifie que : "ce n'est plus moi qui veux, c'est vous qui devez vouloir, mais je vous donne ce droit parce que vous ne pouvez pas le prendre tout seul"* » (Brousseau, 1987, cité par Margolinas, 1993). Cette délégation du « vouloir » rencontre le paradoxe de l'acte éducatif souligné par de nombreux pédagogues, et ce depuis fort longtemps. Elle bute irrémédiablement sur la compétence du sujet à s'aliéner dans la délégation de l'autre pour savoir se libérer à rebours. Dans le cas du dispositif étudié ici, la délégation fonctionnelle du savoir-savant à l'élève passe par 1) la qualité des outils proposés pour que l'élève puisse effectivement devenir « plus savant » que ses camarades sur le thème, et 2) la vérification par l'enseignant que cet « état » de savoir est suffisant pour que l'élève puisse ensuite porter son rôle de « tuteur » auprès de ses pairs.

Les classes coopératives sont souvent des lieux où il est dit qu'on délègue par principe général de fonctionnement de la classe la responsabilité aux enfants, *qui* pour la réalisation d'un journal scolaire, *qui* pour aller porter les devoirs à son camarade, *qui* pour prendre le rôle de l'animateur du conseil de classe coopératif etc…. Lorsqu'on met en place un dispositif jigsaw-teaching II, on est placé dans un cas différent puisque l'individu doit d'abord « se former » pour « être utile au groupe ». Ce n'est pas une déclaration d'intention qui suffit. Il faut un travail préalable d'enseignement et apprentissage. Le contrat didactique va alors se trouver déplacé en un autre centre. Il glisse du contrat maître-élèves, pour prendre place dans un contrat entre les élèves nommés puis formés experts et leurs pairs, *a priori* novices. Comme dans toute situation de tutorat, c'est une chance de bon retournement des représentations qu'ont les élèves entre eux, quant à leur statut de bon, moins bon, mauvais élève. Ici, le maître perturbe la distribution des cartes. Il décide qui va être « bon » dans un domaine suffisamment précisé. Le processus de dévolution entre le maître et les futurs experts est institué sur un régime très délicat, puisque tout dépend — au sens fort du terme — du dispositif. Le maître doit rester le « garant » du travail d'expertise confié à l'élève. Il doit « valider » ce travail, tout en se dégageant de son rôle habituel de juge. C'est l'élève qui endosse et porte le statut d'expert. On se trouve dans une situation de difficile « délégation », qui ne correspond pas aux situations canoniques élaborées en didactique des mathématiques par Brousseau.

3

COMMENT FONCTIONNE LA DÉVOLUTION ?

Margolinas indique clairement que « *la dévolution (..) semble être un processus qui dure tout le temps de la situation a-didactique, et pas seulement dans la phase d'établissement* » (op. cit., p. 38). Le maître devient alors « *responsable de l'engagement persistant de l'élève dans une relation a-didactique avec le problème* ». Jouer le rôle du maître est difficile en toute situation. Lorsqu'il doit maîtriser la mise en place d'un dispositif pédagogique de coopération puzzle, le maître doit se « dessaisir [1] ». Contrairement à la situation a-didactique (mathématique), il ne se dessaisit pas du savoir à enseigner mais du rôle de passeur de savoir. Il doit se dessaisir de l'idée même d'être le centre d'action, de décision, d'évaluation. Cela plonge l'enseignant dans une situation de désarroi, parce qu'à l'identique de la situation a-didactique le maître se demande comment il va pouvoir contrôler la situation. Comme le précise alors Margolinas, à propos des situations a-didactiques, « *pour prendre en compte cette incertitude locale du maître, il ne suffit pas qu'il soit persuadé de l'efficacité d'un processus global. Il ne va pas suffire de lui dire qu'il ne doit pas intervenir, car cet ordre, même globalement justifié, ne lui donne aucune garantie. Il faudra être capable de dire au maître sur quoi peut porter son intervention, et sur quoi elle ne peut pas porter. Pourquoi il est possible qu'il n'intervienne pas, et quel intérêt il peut tirer de cette attitude (qui accroît son incertitude)* » (Margolinas, 1993, p. 42). Concernant plus particulièrement la délégation aux élèves d'un savoir à faire passer à leurs camarades, les dispositifs d'apprentissage coopératif déstabilisent l'enseignant dans ses habitudes.

4

POURQUOI ENSEIGNER EST-CE TOUJOURS PERDRE SES CADRES SÉCURITAIRES ?

Le maître, il est assez trivial de le rappeler, est parfaitement sécurisé par le discours frontal. Dans cette situation, il peut suivre, selon sa préparation,

---

1. Comme en didactique des mathématiques, où « le maître se dessaisit de la partie de sa responsabilité qui est spécifique du savoir à enseigner » (Margolinas, 1993).

le fil conducteur du savoir. Il est maître de son discours. Ali-Bouacha (1981) a bien montré comment le discours pédagogique s'arme de ponctuants spécifiques, tel un terme aussi banal et anodin qu'*alors*, qui délimite, hiérarchise, balise le discours, bref devient un vrai signal (Caron, 1984) pour l'auditeur du cours. L'enseignant guide au sens propre du terme les élèves sur le fil de sa pensée. Les ponctuants sont des indicateurs oraux aussi précis que le sont les paragraphes dans un texte écrit. Or, comme le notent B. Daunay, S. Marguet & C. Sauvage (1995), *« renoncer au cours dit magistral, c'est renoncer à l'affichage systématique de cette autorité-là. (...) Quand sa parole n'est plus balisée, quand elle dépend d'interactions moins artificielles que le "dialogue" du cours frontal, l'enseignant met à mal un des moyens d'affichage de son autorité, la maîtrise du savoir et, partant du discours. Il n'y a pas lieu de s'étonner qu'il perde en passant la belle qualité de l'écrit oralisé qui caractérise le discours magistral. Quand un enseignant passe dans un groupe, cela peut donner –outre une profusion de ouais, de hmmm, de hein, de quoi ? — quelque chose comme ça :*

Ex1 : Ah ! Ah ! Ben dis donc… Bon ben écoute
Ex2 : Ben moi je… euh
Ex3 : Excusez-moi vous me dites que… Grrr… Bon tant pis… Bon d'accord… donc !
D'autres exemples sont cités. Nous extrayons les suivants pour illustrer :
Ex1 : Ah j'sais pas !
Ex2 : J'sais pas moi !
Ex4 : C'était euh comme ça… Comment dire…
Ex5 : J'sais pas quoi te dire ! »

Extraits de Daunay, Marguet & Sauvage, « Pratique d'oral dans le travail de groupe », *Recherches*, n° 22, 1995, p. 172-173.

5

QUELQUES MOTS VALENT MIEUX QU'UN LONG DISCOURS

Lorsque les « euh », « ben », « bon », « bof », « je sais pas » remplacent les « alors », l'autorité du maître continue d'exister. Ces signes d'incompréhension produits par l'enseignant, notamment parce qu'il ne peut que « picorer » d'un groupe à l'autre, et tenter de reconstruire un « puzzle » insoluble pour lui, sont de bons indicateurs du fait que le maître a dévolu. Tout essai de reconstruction de ce qui est en train de se passer dans un groupe coopératif échoue, avec des intrusions désastreuses du maître pour l'avancée même du travail des élèves. Ainsi en témoigne récemment Cauterman (1997), lors d'une séance, portant sur l'identification de l'énonciateur dans des extraits de textes, soit monophoniques, soit polyphoniques :

« Je passe de groupe en groupe, et j'arrive près de Gaëlle, Damien, Emilie et Vincent. Je constate qu'ils ont écrit à propos du texte 2, monophonique (c'est le témoignage d'un adolescent)
1. Elève : — c'est un joueur de console. Il s'appelle Sylvain, il a 14 ans
Pour moi, le travail est terminé pour ce texte. Je considère comme dépourvus d'intérêt les échanges qui ont eu lieu au moment où j'arrive. Les élèves sont en effet en train de se dicter un complément de réponse :
(...[2])
25. Prof : — c'est bon
26. Vincent : — y a pas de problème
27. Prof : — ce que vous avez fait après, c'est intéressant, de toutes façons, c'est utile pour la suite, mais pour le moment vous n'êtes pas obligés d'aller dans, si, autant dans...
28. Damien : — autant dans les détails
(...)
Ce n'est qu'en écoutant l'enregistrement que j'ai pris conscience de l'importance de la lente appropriation du texte, qui passait par un important travail de paraphrase, et dont les élèves voulaient légitimement faire apparaître la trace dans leur écrit final.
(...)
6. Vincent : — parce qu'il avait, ses copains ils en avaient la même.
7. Gaëlle : — alors question d'habitude. Il a l'habitude de...
8. Emilie : — de jouer
9. Gaëlle : — de jouer
10 Emilie : — ouais
(...)
Quant à la suite de l'enregistrement, elle montre qu'après mon départ, les élèves s'obstinent — heureusement ! — car il leur reste à surligner le texte 2 ; ils se sont en effet donné une consigne supplémentaire, mais qui leur semblait évidente : toutes les réponses devant renvoyer à quelque chose du texte travaillé, il faut rendre visible par le fluo l'origine des informations consignées sur la copie. »
(...)
36. Gaëlle : — « quand j'avais 4 ans... je sais ce qu'il faut faire ».
37. Vincent (surligne) : — « et je sais ce qu'il faut faire. » Voilà !
38. Vincent : — alors, texte 3

Extraits de Cauterman, « Interactions, apprentissages »,
Recherche n° 27, 1997, pp. 71-73.

Comme le dit le philosophe Misrahi *« fonctionner à la confiance, c'est le seul moyen que je connaisse pour former des individus libres et responsables »* (Misrahi, *in* Hocquard, 1996). Plus pragmatiquement, il faut que l'enseignant se soit lui-même assuré que les experts peuvent

---

2. Nous avons réduit les extraits de l'auteur.

accomplir leur rôle, qu'ils sont désormais les garants des informations, pour vivre cette phase d'insécurisation locale. Il faut d'autre part que les élèves, eux-mêmes, s'engagent dans la tâche, et donnent des signes de cet engagement. La notion d'engagement dans la tâche renvoie alors aux théories psychosociales de la motivation.

6

À QUOI ÇA SERT DE SE SENTIR COMPÉTENT ?

L'engagement de l'élève dans la tâche est nécessaire. Personne ne le nierait. R. Viau, dans un ouvrage de synthèse très complet (Viau, 1994) propose une modélisation particulièrement intéressante de la motivation adaptée au contexte scolaire. L'auteur met en avant trois déterminants principaux de la motivation qui proviennent de la perception que l'élève a : 1) de la valeur de l'activité proposée, 2) de sa compétence en général, et 3) de la possibilité de contrôler l'activité. Les indicateurs principaux pour relever si un élève est motivé se trouvent alors dans l'engagement (choix) et dans la persévérance (effort pour rester dans l'activité). Le niveau de performance obtenu à l'issue de l'activité joue comme un contexte déterminant l'engagement dans les activités futures. Il dépend 1) de la valeur attribuée aux activités, 2) du jugement de sa compétence, 3) de l'impression, subjective, de contrôlabilité de la tâche.

6.1 – Un modèle des mécanismes de la motivation en contexte scolaire

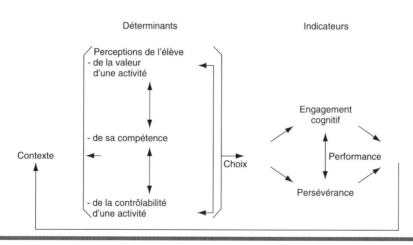

Figure 5.2
La dynamique de la motivation en contexte scolaire (Viau, 1994).

D'après Viau (1994), *Un modèle de motivation en contexte scolaire*, p. 32.

Rapporté au problème de la dévolution (du maître à l'écolier expert), pour chaque phase (formation d'expert ou coopération), le contexte doit être associé aux perceptions que l'élève a de la tâche. Quelle valeur a la tâche aux yeux de l'élève ? Se sent-il *a priori* compétent ? Aura-t-il les moyens de contrôler la tâche ? C'est de ce contexte que découlent conjointement l'engagement et la persévérance dans l'activité. On devrait même dire que se construisent l'engagement et la persévérance. Qu'à un seul moment, l'élève doute du bien fondé de la tâche, qu'il remette même superficiellement en cause la possibilité d'être compétent en la matière, qu'il éprouve localement l'impression d'un mauvais contrôle sur le déroulement des opérations, et l'élève peut voir la courbe de son engagement s'altérer.

La formation à l'expertise permet de manipuler ces variables : valeur, sentiment de compétence et contrôlabilité. Il est alors important que la formation de l'expert favorise une bonne harmonisation des trois variables. Au plan de la valeur même de l'activité, devenir savant sur un thème n'est pas en soi très porteur de sens [3]. Pourquoi ? Il suffit qu'un pair soit mieux informé par ailleurs pour que son rôle de savant ne tienne plus. La répartition d'informations pour faire un exposé passe souvent par cette possibilité de se répartir des thèmes (histoire, sciences). Le groupe fonctionne alors sous l'emprise d'une dérive économique. Au contraire, l'expertise doit se construire sur la base d'une compétence suffisamment spécifique et explicite en regard de la situation qui a servi à former. C'est à ce prix que le sujet fera profiter de ses repères aux autres. Il pourra non seulement faire des propositions, mais surtout expliciter sur quelle base il s'appuie pour faire force de propositions. Le statut d'expert passe par ce travail progressif d'explicitation, voire de remise en cause ponctuelle des choix de l'expert. Si le maître n'a pas d'ordinaire à justifier ses propositions (autorité) l'écolier expert aura à justifier ses positions (critères de validité) auprès des pairs. L'expertise est cognitive, mais elle se construit socialement. On doit armer correctement l'écolier expert, pour qu'il donne sens à l'activité (valeur), qu'il ait le sentiment d'être compétent, et qu'il ait les moyens de contrôler efficacement sa procédure d'aide en faveur de ses pairs. C'est bien l'intérêt du dispositif.

L'avantage repose ainsi sur la chance donnée à l'apprenant de devenir expert, si mesuré soit son domaine d'expertise. C'est le processus de formation à l'expertise qui importe. On lutte ainsi contre le phénomène de résignation apprise. Dans le cas de la résignation apprise, l'élève est sans cesse confronté à des exercices d'une exigence croissante et finit par se décourager. Ehrlich et Florin ont mis en évidence ce phénomène en analysant le niveau de difficulté croissante des dictées proposées dans des classes de CE2. Lieury a obtenu des résultats

---

3. Sauf pour les élèves qui accordent aux procédures de mémorisation un haut degré dans l'échelle de valeur des activités scolaires. Ce sont souvent les bons élèves.

comparables de découragement dans le domaine de la géographie avec des élèves plus âgés (Ehrlich, Florin, 1989, Lieury, 1991, cité in Lieury, Fenouillet, 1996). Dans le cas de la formation à l'expertise, on favorise la confiance acquise. L'élève est placé au cœur d'un champ de savoir prétexte et renouvelé qui sert d'ancrage au déploiement d'une dynamique motivationnelle. L'élève ne s'appuie plus sur une volonté extérieure, celle du maître, qui favoriserait les attributions externes (Monteil, 1989). Il finit par entrer dans un cercle vicieux, mais aux effets positifs. Plus il devient expert, plus il maîtrise les enjeux d'une forme de dévolution intrapsychique, où il se dévolue à lui-même le pouvoir de s'engager dans la tâche. C'est un pas franchi vers la formation d'attributions internes[4]. C'est en quoi il est proprement responsable de son apprentissage, et de l'apprentissage aux autres dans la phase de coopération qui suit sa formation d'expert.

7

À QUOI BON S'ESTIMER ?

Le développement de l'estime de soi, nommée aussi compétence perçue (Lieury, Fenouillet, 1996, *op. cit.*) est un facteur qui influe sur le développement de la motivation intrinsèque. Être formé expert est en soi une source de reconnaissance qui accroît l'estime de soi. Ce n'est pas négligeable à une époque où l'école perd son sens. À propos du cercle, souvent qualifié de vicieux, pour décrire le processus d'évolution ou d'involution de la motivation, les psychologues notent : « *lorsque les individus sont intrinsèquement motivés, ils ont tendance à s'attribuer la cause de leur activité comme nous l'avons vu ("ça m'intéresse"), dès lors ils se sentent autodéterminés. Inversement, s'ils sont extrinsèquement motivés, la cause de leur activité leur apparaît externe (école obligatoire), et, par conséquent, ils se sentent moins autodéterminés. (...) En fait toute contrainte externe est perçue comme une diminution du "libre arbitre".* » (Lieury, Fenouillet, 1996, *op. cit.*, p. 59). C'est l'effet conjugué des deux composantes de compétence perçue, et d'autodétermination qui produit la motivation intrinsèque (*Ibid.*, p. 61). Le dispositif qui permet le passage d'un stade de formation, où l'élève comprend le sens de sa formation, à celui de transmission, où l'élève vit le besoin que les autres ont de lui pour aboutir dans un travail, agit au double niveau de la compétence perçue et de l'autodétermination. Même si le dispositif est paramétré en externe, c'est sous la dépendance entière du sujet que se déroule la double activité de formation et de transmission. L'élève est au

---

4. L'attribution interne est celle que le sujet s'attribue à lui-même, et non à des éléments extérieurs, en cas d'échec ou de succès dans ses activités.

cœur du système. Si être a-motivé, c'est bien ne pas percevoir de relation entre ses actions et les résultats obtenus, le sens du dispositif porte en lui la relation entre la formation à acquérir et la responsabilité à porter face aux autres. Le chapitre suivant illustre ce dispositif dans différentes classes.

POINT REPÈRE
Former des experts à l'école élémentaire

- Le dispositif Jigsaw repose sur l'articulation de deux phases spécifiques : se former pour devenir expert, faire profiter de son expertise (coopération).
- Il peut s'adapter aux différentes disciplines scolaires : lecture de problème en math, analyse d'image, développement du jugement moral...
- Il convient également à des objectifs d'apprentissages transversaux : évolution des compétences sociales, objectifs méthodologiques...
- L'explicitation de la démarche générale en deux phases auprès des élèves est nécessaire pour qu'ils donnent du sens à l'apprentissage visé.
- Il est crucial de circonscrire un champ suffisamment délimité pour la formation des experts (phase 1), mais aussi complexe pour que l'échange soit coopératif.
- La phase d'expertise est décisive. C'est une étape de responsabilisation. Tout support symbolique peut renforcer la responsabilité de l'élève face au groupe. Cette phase renforce l'estime de soi, facilite l'engagement dans la tâche.
- Le maître doit véritablement déléguer le travail aux élèves (principe de dévolution). Il doit se garder d'être interventionniste. Il suit l'avancée des travaux d'élèves, mais ce sont les élèves qui travaillent, et produisent.
- En phase de coopération la reformulation aux autres est très importante. C'est elle qui aide à progressivement stabiliser les connaissances visées.
- L'évaluation des travaux d'élèves repose sur des réalisations concrètes, issues des groupes de coopération. Le maître peut aussi vérifier les progrès individuels.
- L'évaluation s'effectue sur des tâches d'égale difficulté (pré- et post- tests de valeur égale) dans un champ de complexité qui dépasse le stade du simple exercice.

Comment former des « petits experts » ?

Emmanuèle Auriac-Peyronnet

Selon le contexte didactique, le dispositif Jigsaw II ne revêt pas strictement les mêmes enjeux. Nous illustrons, sur plusieurs projets, ce qui fait l'intérêt du dispositif.

1

COMMENT DEVENIR EXPERT SANS SAVOIR LIRE ?

Dans les classes de C.P., les responsables des projets (Ambroise, Bonnin, Connot, Gatignol, 1997, CP-CE1 [1]), proposent un travail sur la structuration du récit. Les élèves, pour devenir experts, se voient confier la charge de remettre en ordre une partie d'une histoire. Ils sont explicitement désignés « responsables/experts » pour un tiers de l'histoire (partie 1, 2 ou 3).

---

1. Le protocole est aussi exploité dans des groupes de suivi par un maître E, Mme Gatignol. Les résultats concernant le mode de participation des élèves en difficulté fera l'objet d'une publication ultérieure.

1.1 – Séquence didactique : apprendre à structurer un récit au C.P. (projet n° 1 [2])

MATÉRIEL
15 images illustrées et comprenant un court texte de l'histoire. 3 images de « fins possibles ». Une première feuille de collage individuelle. Une deuxième feuille de collage collectif. Utilisation de patafix et non de colle.

PHASE D'EXPERTISE :

Consigne 1 : « Je vais donner à chacun 5 images d'une histoire qui s'appelle « La semaine de M LeLoup » Vous allez essayer de mettre les images dans l'ordre de l'histoire. »
Temps de travail : 5 min.

Consigne 2 : « Vous avez terminé. Vous prenez un crayon bleu et vous numérotez les images dans l'ordre. Image 1, on écrit « 1 » derrière, image 2…etc. Puis vous les collez dans l'ordre avec la patafix.. Vérifiez bien avec les numéros [3]. »
Temps de travail : 5 min.

PASSAGE EN GROUPE COOPÉRATIF :

Consigne 3 : « Maintenant vous retournez dans votre groupe avec votre feuille « à vous ». Je vous donne une feuille de groupe (couleur X) en plus. »
Temps d'installation : 5 min.

Consigne 4 : « Vous allez expliquer à vos camarades pourquoi vous avez choisi cet ordre. Si vous avez des remarques à faire sur les images, il faut discuter. Vous vous mettez d'accord sur un ordre qui convient à tous les trois. Puis vous collez les 15 images (patafix) sur la feuille de groupe que je vous ai donnée. »
Je repasse dans 15 min. pour vérifier que vous avez bien collé.
Temps de travail : 15 min.

Consigne 5 : « Attention, l'histoire n'est pas terminée. Alors maintenant je vous donne 3 images qui peuvent peut-être faire une fin. Vous choisissez ensemble celle qui va le mieux. Vous pouvez encore discuter entre vous pour décider. Quand je viendrai ramasser la feuille de groupe, il faudra que vous m'expliquiez pourquoi vous avez choisi celle-là. »
Temps de travail : 10 min.

L'intérêt du protocole, reproduit sur quatre séances à l'identique, repose sur la prise en charge progressive d'un engagement de la part de l'élève. Celui-ci découvre graduellement le rôle d'expert qu'il doit jouer. Il sait qu'il participe, grâce à son travail individuel, concernant la remise

---

2. Cette séquence est élaborée par Ambroise C., Bonnin N., Connot L. et Gatignol C. (maître E).
3. Cette notation ne sera utilisée que par l'enseignant qui vérifie ainsi s'il y a eu des changements entre l'ordonnancement individuel et celui opéré dans la phase de travail coopérative.

en ordre des images, à la structuration générale de l'histoire. C'est ainsi qu'il donne une double valeur à l'activité : valeur au nom du « sens caché » de l'histoire à découvrir, et valeur participative au nom de son statut de responsable quant à la constitution de l'ordonnancement général. L'expertise n'est cependant pas bloquée lors de la phase de formation. La phase coopérative trouve tout son intérêt. Bien qu'effectués par l'expert, les choix d'ordonnancement individuels peuvent être remis en cause [4]. L'expert n'est pas celui qui sait, qui peut choisir parce qu'il est déclaré spécialiste. C'est celui qui est capable d'expliquer ses choix face aux autres. Il doit aussi savoir les remettre en cause le cas échéant. C'est à ce niveau que le désaccord est formateur.

2

COMMENT LE DÉSACCORD ENTRE PAIRS PEUT-IL ÊTRE FORMATEUR ?

Trois élèves de C.P. (projet n° 1) débutent la phase de coopération. J se heurte tout de suite à la demande d'explication de R sur les choix opérés (R3), et à la controverse de M (M1). C'est bien lorsque les autres membres d'un groupe réclament de l'expert qu'il construise son rôle que l'on évalue les effets de la mise en place de ce dispositif.

R1 : **il faut expliquer** + inaudible
J1 (*dir M*) : j't'explique M
R2 : **il faut expliquer** à tout l'monde
J2 : alors là c'est la première
R3 : **pourquoi**
J3 : **parce que**
M1 : non mais moi j'suis pas d'accord J parce que là y a écrit lundi
R4 : oui mais elle fait comme elle veut hein l'histoire là
J4 : là j'ai mis la deuxième
R5 : **parce que** quoi bon allez ? (*inaudible*)
J5 : **pasque pasque** j'voyais hein qu'c'était la deuxième pasque là pasque là on voit pas la route déjà là là on là on voit qu'y marche au premier et là après y marche au deuxième y regarde là y pleut y pleut là le chien y boit ch //qui est parterre
M2 : //**j'suis pas d'accord J**
J6 : **pourquoi**
M3 : **pourquoi** ça pou**rrait** pas être celle-là (*montre sur la feuille*)
R6 : en première

---

[4]. C'est ce qui fonde la richesse interactive du dispositif qui favorise l'émergence de conduites argumentatives. Voir la reprise du corpus au chapitre 9 (à propos de la coopérativité dialogale).

M4 : **ouais**
R7 : celle là la deuxième
M5 : celle là la deuxième regarde
J7 : attends ah
R8 : mais celle-là tu la mettrais là
M6 :bé oui
J8 (*dir exp* [5]) :on peut échanger
Exp : oui on peut déplacer des images
R9 : **ouais mais** c'est écrit derrière celle-là c'est la première
J9 : **ouais mais** c'est écrit « 1 » derrière
Exp : ce n'est pas grave
J déplace les images
M7 :c'est moi la deuxième
R10 : (*se lève*) attends elle ap' elle a pas fini encore hein
(…) *J déplace et fixe les images*
R11 (*au dessus de J*) **j'suis d'accord pour le reste par contre** mets s'y [6] ici mets s'y ici c'est pas grave mets s'y ici
J9 : non

Les trois enfants collaborent ensuite au collage.

Nous soulignons, en gras, les principales marques traduisant la mise en place, l'évolution et le traitement de la controverse.

L'intrusion de M dans l'univers d'expertise de J est possible. J remet en cause son choix, après demande d'explication (en J6). En J8, J demande à l'expérimentateur si l'échange est aménageable. On note que la position de l'expérimentateur est en conformité avec la consigne n° 4, ce qui permet de donner une valeur à cette nouvelle activité qui contribue à l'engagement cognitif des élèves dans ce travail : l'important, c'est bien d'être « tous d'accord », et de « savoir pourquoi ». Le souci de R de faire patienter M qui s'engage déjà dans la suite prouve bien que R a le souci de contrôler l'activité sur un plan général, soit de contribuer encore ici à l'engagement de tous, dans le respect du travail bien fait et bien négocié.

3

PEUT-ON LIER EXPERTISE ET TRANSFERT ?

Dans le projet n° 7, adapté à des classes de CE2 et CM1, les enseignants ont choisi de se situer à un carrefour qui ouvre à la fois sur le domaine des

---

5. L'abréviation exp, ou parfois expé désigne l'expérimentateur qui, présent dans la salle, n'intervient pas dans l'échange, mais auxquels les élèves font parfois appel.
6. Expression régionale employée dans le département du Puy-de-Dôme.

mathématiques et sur celui du développement d'une des compétences transversales : le « traitement de l'information » (Instructions officielles françaises de 1991). La phase d'expertise est présentée de façon plus explicite aux élèves que dans le cas du projet présenté au C.P. auparavant. Afin qu'ils puissent accorder un sens clair à l'activité générale proposée, on rend la phase d'expertise « transparente » aux yeux des élèves. Il s'agit d'améliorer leurs compétences, à savoir trier les informations utiles et pertinentes face à une situation qui en regorge. L'activité appartient au domaine de la lecture des problèmes en mathématiques, champ sur lequel portent donc les pré- et post-tests d'apprentissage.

À propos du domaine mathématique, la mise en place du dispositif d'expertise concerne particulièrement la régulation et l'appropriation constructive de critères pour « savoir lire » des problèmes. La manière d'aborder la lecture des problèmes de mathématiques est au cœur de certaines recherches qui rendent compte de la spécificité du domaine des mathématiques. « *Rien en mathématiques n'a rapport au temps, sinon ceci, qu'il y a une histoire des vérités mathématiques. Le multiple des multiples, ce tissage disséminé à l'infini du seul vide, qui est le fond d'être que la mathématique pense, cela n'a aucun temps.* » (Escarabajal, 1988). Cette *a-temporalité* des objets mathématiques est illustrée par les situations présentées par l'auteur. Dans un énoncé commençant par « *Marc a des économies. Son père lui donne 50 F (...). Il achète (...).* », l'auteur montre qu'il suffit de transformer la première phrase de l'énoncé en « *Marc a 34 F dans ses économies* » pour accroître le taux de succès au cycle III. De même, les expérimentations de Coquin-Viennot dans le champ de la compréhension des énoncés de problèmes arithmétiques, ont insisté sur l'influence d'une introduction thématique sur la qualité de production du niveau de questions que des élèves (6e) posaient. Des recherches antérieures, rapportées par l'auteur, ont déjà mis l'accent sur l'existence d'une conception « stéréotypée » chez l'élève de concevoir les problèmes arithmétiques : « *Pour répondre aux questions posées, il faut utiliser toutes les données numériques du texte.* » (in Coquin-Viennot, 1998, d'après Coquin-Viennot, 1996 ; Gerofsky, 1996 ; Reusser & Stebler, 1997 ; voir aussi Moreau & Coquin-Viennot, 1996). En regard de ces aspects, l'intérêt de mettre en place ce dispositif didactique consiste à favoriser une construction de critères internes et de méthodes élaborées par les élèves eux-mêmes pour éviter les « pièges » des énoncés mathématiques. L'objectif est de savoir extraire, et même de savoir qu'il faut d'abord savoir extraire, pour pouvoir résoudre. L'enjeu est d'accroître, à long terme, les effets sur la résolution. Mais le projet didactique vise là un préalable en termes de méthodologie de travail. On y vise une rupture avec le contrat didactique ordinaire. C'est, en regard de la dimension a-temporelle du domaine mathématique, l'occasion de donner du sens à un nouveau « contrat didactique » où l'élève doit chercher lui-même des critères pour relier un énoncé de problème à des questions pertinentes.

Sur l'axe plus « transversal », les enseignants présentent alternativement aux élèves des « vrais problèmes », reconnus comme tels, à l'intérieur du domaine « mathématiques », et des histoires problèmes hors-champ, mais susceptibles d'être traitées avec les mêmes « méthodes de spécialistes ». En termes d'enseignement/apprentissage, nous sommes au cœur d'une démarche favorisant ce que l'on nomme le transfert (Tardif, 1999). Dans une revue de travaux (Tardif & Presseau, 1998), les auteurs indiquent que les interventions des enseignants « *influenceraient le transfert des apprentissages si les enseignants mettaient d'abord l'accent sur les étapes et les stratégies de résolution de divers problèmes particuliers, possédant de nombreux éléments communs sur le plan du contenu, pour ensuite établir des liens entre des problèmes qui réunissent un moins grand nombre d'éléments communs. Dans cette séquence, des enseignants de différentes matières pourraient travailler en même temps et avec les mêmes élèves sur la résolution de problèmes dans le domaine de la géométrie, dans celui des sciences humaines, dans celui de la compréhension en lecture et dans celui de la production de textes par exemple, et, par la suite, établir des liens analogiques entre les étapes et les stratégies de résolution de problèmes dans ces quatre domaines* ». La finalité du projet n° 7 correspond à cette forme d'intervention. L'idée à l'origine de l'utilisation d'un domaine extérieur aux mathématiques pour exercer les outils et les méthodes de travail acquis dans cette matière provient du désir conjoint de donner la chance à des élèves qui se jugent « mauvais » en mathématiques de remettre éventuellement en cause cette représentation de leur compétence perçue. (Vian 1994 ; Lieury & Fenouillet, 1996)

4

COMMENT DEVENIR EXPERT EN LECTURE DE PROBLÈMES ?

4.1 – *Séquence didactique : Mieux lire un énoncé de mathématique, mieux trier les informations (projet n° 7 [7])*

(…) Les Ateliers 2'2, 2'3 et 2'4 portent respectivement sur un texte documentaire sur les girafes, une histoire drôle sur les aventures de Tintin, et sur le récit d'aventure de Christophe Colomb [8].

---

7. La séquence didactique est élaborée par Milien A et Robin F, et adaptée aux deux niveaux de CE2 et CM1.
8. Les enseignants ont entièrement élaboré les histoires afin qu'elles correspondent aux objectifs visés de transfert : « *les enseignants doivent analyser les tâches et les activités qu'ils proposent aux élèves en vue d'établir les éléments qui les rapprochent ou qui les différencient* », Tardif & Presseau (1998).

Tableau 6.1
Synopsis des séquences de travail en cycle III (lecture de problèmes).

Ateliers	Buts	Activités	Matériel	Durée
Préalable	Pour l'enseignant : Évaluer le niveau des élèves en résolution de problèmes pour pouvoir constituer des groupes de niveau hétérogène.	1. Résolution individuelle. 2. Évaluation portant sur le raisonnement : tri des données et choix de l'opération.	4 Énoncés de problèmes mathématiques.	45 min.
Production initiale	Évaluer les compétences transversales de chaque élève à trier/relier les informations et résoudre les problèmes.	1. Relier les données nécessaires à chaque question fournie. 2. Résoudre.	Problème dans le domaine des mathématiques comprenant des données inutiles et 3 questions.	30 min.
Atelier 1'1 Atelier tournant avec 1'2 ; 1'3 et 1'4. Les groupes d'experts travaillent en parallèle sur un champ de tri différent.	Pour l'enseignant : profiter du groupe coopératif pour que les élèves échangent et élaborent des critères. Pour l'élève : devenir « expert » dans une forme de tri précisée.	Lecture en groupe de coopération simple : 1. Lecture de l'énoncé de problème arithmétique. 2. Tri d'élimination des questions impossibles (sans réponse). 3. Discussion pour se mettre d'accord sur le tri demandé.	– 1 énoncé de problème math.	15 min.
Atelier 2'1 Réinvestissement	Pour l'enseignant : permettre aux élèves de réinvestir leurs compétences d'« expert » en jouant leur rôle. Pour l'élève : se rendre utile au groupe en remplissant son rôle d'expert.	1. Lecture en groupe des documents.	Texte n° 1 : conte littéraire : *Le roi et ses 3 fils*.	30 min.

Établi par A. Milien & F. Robin, 1998.

Tableau 6.2
La production finale (évaluation des séances).

Ateliers	Buts	Activités	Matériel	Durée
Production finale	Évaluer les compétences transversales de chaque élève à trier/relier les informations et résoudre les problèmes.	1. Relier les données nécessaires à chaque question fournie. 2. Résoudre.	Problème dans le domaine des mathématiques comprenant des données inutiles et 3 questions.	30 min.

Établi par A. Milien & F. Robin, 1998.

Pour la phase d'expertise proprement dite (ateliers 1'1, 1'2, 1'3 et 1'4), les élèves sont répartis pour se spécialiser sur un domaine particulier de tri : IG, IS, QV, et QI.

4.2 – Les différents types de tri

- **IG** : le tri des informations générales en rapport avec les questions valides (IG : tri éliminatoire de phrases complètes),
- **IS** : le tri des informations spécifiques en rapport avec les questions valides (IS : tri éliminatoire d'éléments à l'intérieur de phrases),
- **QV** : le tri des questions valides (QV : tri éliminatoire de questions inutiles),
- **QI** : le tri des informations du texte qui sont à mettre en rapport avec les questions valides (QI : tri éliminatoire des phrases par rapport aux questions valides).

Les élèves passent donc dans quatre ateliers de tri, au fur et à mesure de l'apprentissage. Pour exemple, lorsqu'ils passent dans l'atelier QI, ils travaillent sur un texte séparé en deux plans : les informations à trier (partie 1) et les questions à trier (partie 2).

4.3 – Exemple de présentation du problème pour le tri IS

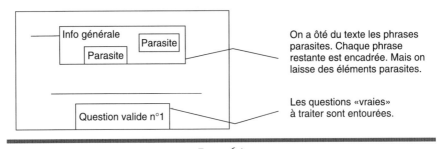

FIGURE 6.1
Présentation du problème pour le travail des groupes d'expert.
L'exemple du type IS.

Chaque feuille de problème se présente de la même manière avec une partie texte et une partie questions. Le travail à effectuer (expertise) est orienté grâce aux aménagements précisés (à gauche).

Tous les élèves de la classe travaillent sur le même problème. Ce dernier est aménagé différemment pour chaque groupe d'expert, avec des informations parasites ou des questions parasites, selon l'option de tri sollicité. L'intérêt est de focaliser l'expert sur un lien particulier auquel il doit être attentif.

Dans la phase de retour en groupe d'appartenance, les élèves font profiter leurs pairs de leur expertise face à un texte complet (informations et questions parasites). Ils doivent ainsi utiliser leur méthodologie dans un espace problème plus complexe.

4.4 – Extrait des textes concernant la phase de tri en groupe d'appartenance

PROBLÈME TYPE VERSION MATHÉMATIQUE (EXTRAIT)
Le 12 mai, Marie a organisé une fête pour son anniversaire. Elle a invité ses 8 amis au n° 16 de la rue des Orangers.
Ella a attendu tout le monde dès 14 heures. Pour cette occasion, elle avait préparé un gros gâteau avec 2 yaourts, 4 œufs, 400g de farine et 300g de sucre. Sa maman avait prévu 3 kg de mandarines, 4l de jus de fruits et deux boîtes de 500g de chocolats.
Lorsque tout le monde est parti vers 18h, il est resté 200g de chocolats, quelques mandarines et un litre de jus de fruit.
Marie est tellement heureuse qu'elle se promet de recommencer l'année prochaine.

TYPE DE QUESTIONS
Q1 : Combien pesait le gâteau ?
Q4 : Quel poids de chocolats ont-ils mangé ?
Q6 : Combien ont-ils mangé de mandarines ?

PROBLÈME TYPE VERSION HISTOIRE « POLICIÈRE » (EXTRAIT)
Jeudi 13 février Tintin le capitaine Haddock et les inséparables Dupont sont en plein milieu du désert. L'enquête de Tintin est sur le point d'aboutir quand soudain les Dupont commencent à hoqueter, toussoter, suffoquer… ils deviennent verts. Une barbe gigantesque pousse à toute allure, leur visage se couvre de boutons rouges : ils ont trois boutons qui apparaissent toutes les six min. Et les deux Dupont ont toujours la migraine. Leur barbe fait 1 mètre de long.
(…)
Pour analyser ce produit, Tournesol a utilisé tous ses instruments : une lessiveuse, quatre tubes à essai, sa baignoire, une Cocotte-Minute, 4 bols, dix pipettes. Il va maintenant préparer un antipoison mais les Dupont ne l'auront que dans trois jours.

TYPE DE QUESTIONS
Q4 : Combien de sortes d'instruments Tournesol utilise pour analyser la composition des cachets ?
Q5 : Combien de boutons aura chacun des Dupont vendredi ?

5

POURQUOI LES COULEURS NE SONT-ELLES PAS DE L'HABILLAGE ?

La consigne donnée aux élèves pour devenir expert en tri est rigoureuse. Elle contient l'explication de la finalité du travail. De plus, un badge de couleur matérialise les différentes sortes de tri, ce qui permet ensuite à l'expert de se présenter dans son groupe coopératif avec la couleur de sa spécialité.

CONSIGNE POUR LE REGROUPEMENT D'EXPERT (EXEMPLE SUR UN TRI)

> Vous êtes ici dans le groupe pour devenir experts en tri « jaune ». Le tri jaune est un tri de questions. Vous devez d'abord lire le texte du problème et ses questions en entier et à voix haute pour que tout le groupe soit bien au courant (chacun peut en lire un bout). Ensuite, vous devez vous mettre d'accord pour éliminer toutes les questions qui ne sont pas des questions auxquelles on peut répondre avec les données du problème, en expliquant pourquoi ce n'est pas possible pour chaque question que vous éliminez. Je passe tout à l'heure dans le groupe pour que vous m'expliquiez pourquoi vous avez éliminé les questions que vous aurez choisies d'éliminer. Chacun de vous doit pouvoir m'expliquer pourquoi il a éliminé une question sur sa feuille.

CONSIGNE POUR LE REGROUPEMENT EN GROUPE D'APPARTENANCE

> Chacun de vous est porteur d'une couleur. C'est l'expert dans le tri de la couleur : vous devez donc écouter les conseils qu'il donne chaque fois qu'il peut aider le travail. Vous devez, ensemble, vous mettre d'accord pour éliminer tout ce qui est en trop dans cette histoire. Il faudra éliminer les questions parasites, ainsi que toutes les parties du texte qui ne sont pas nécessaires pour pouvoir répondre aux questions que vous aurez gardées. Vous devez d'abord lire l'histoire et ses questions en entier à voix haute. Vous ne disposez que d'une seule feuille pour tout le groupe, et d'un crayon à papier pour barrer l'inutile.

La nécessité de jouer son rôle de conseil pour chaque sorte de tri différent, ainsi que la matérialisation de l'existence de chacun de ces tris (par le biais des couleurs) permet à l'élève de savoir exactement « ce » qu'il doit faire. L'intérêt est de progressivement croiser les verbalisations de l'expert du jour (jaune par exemple en atelier 3) avec la façon dont les autres verbalisent eux aussi des conseils issus d'une expertise antérieure (jaune aussi, en atelier 2). Au fur et à mesure des séances, chaque élève consolide une représentation de l'opération de tri, basée sur sa propre expertise et sur la verbalisation croisée de l'expertise des autres. C'est grâce aux reformulations successives, assorties d'actions réelles de « rature » pour ce qui est inutile, de sur-lignage final pour ce que l'on garde, actions qui sont négociées, que l'élève a la chance non pas de reproduire à l'identique un même exercice, mais de voir la même situation avec un regard différent à chaque fois. On apprend en changeant son regard sur le réel. En même temps, le dispositif qui le place, par couleur interposée, comme expert d'un tri particulier, renforce son sentiment d'efficacité, et de responsabilité sur ce tri. Il est symboliquement placé par le maître comme garant de la validité.

6

QU'EST-CE QUE LA SURENCHÈRE ÉVALUATIVE DES ENSEIGNANTS ?

Pour mettre en évidence la qualité de l'impact de la séquence didactique, les résultats entre les classes expérimentales et des classes témoins sont comparés. Les productions finales (post-test) des classes expérimentales se distinguent bien de celles des classes témoins. Toutefois, l'équivalence des deux évaluations initiales et finales proposées par les enseignants pose problème : un problème instructif (voir notre première partie).

En fait, pour l'enseignant, déléguer c'est faire attention à lutter contre une tendance bienveillante à la surenchère évaluative. Nous rappelons que les évaluations sont placées sous le contrôle des enseignants : construction du test, et établissement de critères, mise au point de barème (voir notre partie 1). Or, l'aménagement d'une évaluation post- séquence didactique place l'enseignant dans un espace de tension où il aimerait vérifier si les élèves ont « progressé ». Le chercheur, placé dans ce cadre, tente seulement de vérifier si la situation didactique produit des effets. L'enseignant, lui, n'est pas toujours au clair. Il aménage quasi naturellement, ou peut-être plutôt traditionnellement, une forme de surenchère, en construisant des post-tests plus difficiles que les pré-tests (cf. Ehrlich & Florin, 1989). La notion de compétence, introduite dans les instructions officielles françaises de 1989, indique bien que l'évaluation doit se faire dans une situation suffisamment complexe. Mais complexité ne signifie nullement accroissement de la difficulté, seulement traitement d'un espace problématique. Nous avons analysé les productions des classes témoins conformément aux indications des enseignantes [9].

6.1 – Résultats en CE2 : capacité à trier des informations pertinentes

Le pré-test est calculé sur un score de 8 informations.

Le post-test sur un score de 6 informations.

---

9. Nous signalons l'effet de « surenchère » évaluative (Ehrlich & Florin, 1989). Le barème mis au point par les enseignants compte 2 points par information dans l'évaluation initiale (8 sachets de 16 cornets = un point par donnée numérique utile), alors que dans l'évaluation finale un seul point est attribué par information composée (2 ramettes de 500 feuilles= un point pour deux données numériques utiles).

Tableau 6.3
Comparaison des résultats obtenus entre le pré-test et le post-test en CE2.

	Pré-test			Post-test		
	Barème	Classe Expé.	Classe Tém.	Barème	Classe Expé.	Classe Tém.
Compétence acquise	7-8*	9	8	6	5	0
En cours	6	1	2	5	4	3
Domaine à travailler	inf. à 6	11	12	inf. à 5	12	20

On indique le nombre d'élèves pour chaque catégorie de barème.

Commentaire (*) : Certains élèves semblent exclure l'une des informations attendue comme utile, en raison d'une ambiguïté dans la question même du problème. C'est pourquoi le barème maximum de 8 est ramené à 7.

Dans les classes témoins, les élèves passent le pré-test et le post-test (randomisation) dans les mêmes conditions, en fin d'année. On voit clairement ici apparaître la différence de niveau entre les deux évaluations, où pour le post-test la majorité des élèves de la classe témoin échoue (20 élèves sur 23). Par comparaison donc, la classe expérimentale permet à 9 élèves de dégager des compétences certaines dans cette situation qui pourtant les dépassent. On s'aperçoit que la situation proposée reste insuffisamment ajustée à des élèves de CE2.

6.2 – Résultats en CM1 : capacité à trier des informations pertinentes

Le pré-test est calculé sur un score de 8 informations.

Le post-test sur un score de 6 informations.

Tableau 6.4
Comparaison des résultats obtenus entre le pré-test et le post-test en CM1.

	Pré-test			Post-test		
	Barème	Classe Expé.	Classe Tém.	Barème	Classe Expé.	Classe Tém.
Compétence acquise	7-8	14	14	6	4	5
En cours	6	2	1	5	10	7
Domaine à travailler	inf. à 6	11	12	inf. à 5	5	8

On indique le nombre d'élèves pour chaque catégorie de barème.

Commentaire (*) : Certains élèves semblent exclure l'une des informations attendue comme utile, en raison d'une ambiguïté dans la question même du problème. C'est pourquoi le barème maximum de 8 est ramené à 7.

La lecture des résultats est perturbée par l'écart entre les deux tests. Les effets du dispositif ne peuvent être clairement mis en évidence. Le dispositif permet à une dizaine d'élèves de devenir compétents dans le domaine : il ne leur manque qu'une information pour organiser leur résolution. Cependant les résultats dans la classe témoin indiquent que les élèves réussissent aussi pour 2/3 dans cette situation ! Intrigués par la faible différence de résultats, nous avons interrogé l'enseignant de la classe témoin, et appris que ses élèves étaient régulièrement initiés à la lecture de problème, et à la sélection des informations pertinentes. Nous avons passé un nouveau test contrôle dans une deuxième classe contrôle, neutre, qui ne proposait pas un enseignement spécifique autour de cette compétence. Huit élèves suffisent pour notre contrôle.

TABLEAU 6.5
Résultats obtenus dans une classe témoin non entraînée.

	Pré-test	Post-test
Nombre d'élèves	8	11
Compétence acquise	**3**	**0**
En cours	**1**	**3**
Domaine à travailler	**4**	**8**

On indique le nombre d'élèves pour chaque catégorie de barème. Nous gardons cependant le tableau complet : 8 en pré-test, et 11 en post-test.

Au bilan, le type d'enseignement expert proposé a permis à des élèves de CE2 (9 sur 21) ainsi qu'à une grande majorité d'élèves de CM1 (14 sur 19) de devenir compétents dans le domaine alors qu'ils étaient soumis à une situation complexe. L'analyse des vidéos, parce que non systématisée, ne nous permet pas d'investigation sur les procédures cognitives employées au cours même de l'apprentissage. On touche ici aux limites de la recherche-action.

7

COMMENT DEVENIR EXPERT EN LECTURE D'AFFICHE PUBLICITAIRE ?

L'espace de l'analyse d'image est un terrain privilégié pour élaborer des travaux d'experts. Le projet n° 8, élaboré par les enseignantes de deux classes de CM2, a pour finalité de développer les compétences « transversales » à « établir des liens » entre les informations. Il s'agit d'accroître la capacité à se repérer dans une situation qui nécessite de « dépasser » la perception première. Les enseignants ont choisi comme support didactique l'analyse de l'image. Ils attendent de leurs élèves qu'ils soient capables, en présence d'une affiche de type publicitaire, de faire le tri dans le réseau d'informations à disposition que représente la présence conjuguée de l'image, des textes et des effets de composition. Ces éléments sont orientés pour que l'affiche soit plus ou moins manipulatrice, plus ou moins créatrice de sens littéral et de « sens caché ». Comme l'explique Tisseron, dans un plaidoyer pour un enseignement non défensif, basé sur une culture de l'image, il faut promouvoir « *une culture du doute généralisé* ». Selon ses propres mots, « *le problème n'est pas que beaucoup d'images qui ont fait l'actualité ces dernières années se soient finalement révélées truquées. Il est que* toutes *les images sont des constructions.* » Particulièrement adressé aux éducateurs, son plaidoyer, organisé en six propositions à la fin de son ouvrage au titre explicite — « *Y a t-il un pilote dans l'image ?* » —, débouche sur un conseil assez stimulant « *(...) ce n'est pas tant la sémiologie du cinéma qu'il faut expliquer aux enfants que les trucages. Il est aujourd'hui indispensable de créer des ateliers explicatifs des trucages dans les écoles, de susciter des émissions télévisées sur le cinéma qui les démontent aux yeux de tous et d'imposer à chaque film terrifiant ou difficile une première partie qui en éclaire les mécanismes.* » (Tisseron, 1998, voir aussi Tisseron, 1995, 1996). C'est dans cet esprit que le projet n° 8 est conçu. C'est un espace d'initiation à la « mécanique publicitaire », où les élèves sont conviés à devenir experts en « trucage et manipulation » d'images et de textes. Ils deviennent réalisateurs de produits dont ils peuvent argumenter la teneur. Les ateliers d'apprentissage coopératif utilisant le dispositif jigsaw-teaching II débouchent sur la réalisation d'une affiche destinée à être reproduite et placée en divers endroits de l'école pour « inciter les petits » à utiliser les poubelles de la cour. Un juge, extérieur à l'école, est introduit comme personne de référence qui évaluera chaque affiche réalisée. La phase d'expertise prend alors un double sens : celui d'aider les camarades appartenant à son groupe d'appartenance à réaliser la meilleure affiche, mais aussi celui d'être en mesure d'élaborer dans son groupe de spécialistes des critères suffisamment pertinents pour être capable de produire une affiche aussi « efficace » que les affiches du commerce. L'affiche doit à être recevable par le juge, extérieur, qui viendra au final évaluer le travail.

7.1 – Séquence didactique : Réalisation d'une affiche pour inciter à utiliser les poubelles de l'école (projet n° 8 [10])

TABLEAU 6.6
Synopsis des séquences de travail en cycle III (affiche).

Ateliers	Buts	Activités	Matériel	Durée
Mise en situation	Préparer les contenus donner du sens au travail à venir.	Discussion pour élaborer le projet : réaliser une affiche et convaincre un juge que c'est une bonne affiche.		20 min
Production initiale	Faire émerger les représentations individuelles de l'affiche.	Réalisation d'une affiche individuelle, interprétation d'une affiche.	feuille format A3 affiche publicitaire et guide de lecture.	1 h 30 min
Atelier 1 Recherche de critères de composition d'une affiche.	Définir les éléments qui composent une affiche et les liens qui les unissent.	Lecture d'affiches centrée sur les images, les textes, la composition.	2 affiches 3 questionnaires.	90 min
Atelier 2	Élaborer une fiche de critères de composition.	Lecture d'affiche pour remplir une fiche de critères de composition.	Fiche de critères.	45 min
Atelier 3 Réalisation d'une affiche.	Coordonner différents éléments (textes, images) pour composer une affiche.	Réalisation en groupe d'une affiche à partir d'éléments fournis.	feuille A3 images, textes de formats divers.	1 heure
Atelier 4	Trouver des arguments pour convaincre un juge que l'affiche composée est une bonne affiche.	Élaboration en groupe d'une fiche d'arguments.		30 min
Production finale	Évaluer les progrès individuels dans les représentations émergentes de l'affiche.	Réalisation d'une affiche individuelle, interprétation d'une affiche.	feuille format A3 affiche publicitaire et guide de lecture.	1 h 30 min

Établi par B. Laussine & V. Conche, 1998.

La dynamique d'émergence et de consolidation des critères en passant dans les différentes phases d'expertise et de coopération en

---

10. Séquence élaborée par Laussine B. et Conche V. pour des classes de CM2.

groupe d'appartenance nécessite, pour que le maître s'assure qu'un travail d'élaboration cognitive est en cours, un mode de régulation pour lui comme pour les élèves.

8

COMMENT LE MAÎTRE SUIT-IL CONCRÈTEMENT LES TRAVAUX DE GROUPE ?

Deux questionnaires sont mis au point par les enseignants pour guider les élèves. Un premier questionnaire pour devenir expert est d'abord utilisé. L'exemple concerne la spécialité « image ».

8.1 – Questionnaire pour devenir expert Image

- Combien y a-t-il d'images ?
- Est-ce qu'il y a un fond de couleur ? oui — non. Pourquoi ?
- Est-ce qu'il y a une couleur qui ressort plus sur l'affiche ? oui — non. Pourquoi à ton avis ?
- Numérote chacune de ces images puis complète le tableau.

TABLEAU 6.7
La lecture d'images publicitaires (QCM).

Indique le n° de l'image concernée	Que voit-on ? Description + couleur	Est-ce important pour comprendre ?	Peut-on supprimer cette image ?	Pourrait-on prendre une autre couleur ?
Image n° 1				
Image n° 2				
Etc.				

Établi par B. Laussine & V. Conche, 1998.

- Reporte le n° de l'image qui te semble être la plus importante pour comprendre l'affiche : **n°**..........
- Décris précisément ce que cette image montre :
- Est-ce que cette image a un rapport avec un texte en particulier ? oui — non
- Peux-tu trouver un ou plusieurs mots dans les textes écrits en gros qui concernent cette image ? oui — non
- Si oui, écris-les : _____ _____ _____

Extrait du questionnaire élaboré par V. Conche et B. Laussine, recherche-action, 1999.

Le questionnaire a la double fonction de guider les élèves vers l'expertise, et de renseigner l'enseignant sur le degré d'expertise réellement acquise. Le maître circule parmi les groupes, pour contrôler l'avancement des travaux. Un second questionnaire sert de carnet de bord, de fiche pour synthétiser ce qui a été élaboré dans la phase précédente. En voici un exemple dans le groupe des experts spécialisés dans le domaine des « textes ».

8.2 – *Fiche synthèse d'expert Textes*

Consigne : vous devez **pouvoir justifier** vos réponses (= argumenter sur l'endroit exact où vous mettez la croix sur la ligne). Il faut éviter de mettre une croix au milieu. Si vous ne savez pas, il vaut mieux ne rien mettre.

- Il y a généralement : aucun texte _____ plusieurs textes
- Parmi ces textes, on peut trouver : aucun slogan _____ plusieurs slogans
- Le slogan est : très court _____ très long
- Indique si chacune de ces phrases pourrait convenir comme slogan :
  1. Le beurre, y'a pas meilleur : oui — non
  2. Vous voulez que vos enfants soient bien élevés et que plus tard, ils vous soient reconnaissants, chaussez vos enfants en chaussettes DD : oui — non
  3. Prenez l'habit du bon côté : oui — non
  4. Désormais, Darty intervient le jour même sur simple appel pour tous vos appareils ménagers : oui — non
  5. Il faudrait être fou pour dépenser plus.
- Le slogan se retient facilement   non — oui
- Parmi les textes d'une affiche, on peut trouver : aucune accroche _____ plusieurs accroches
- L'accroche est : très courte — très longue
- L'accroche se retient facilement   non — oui
- Le slogan et l'accroche ont un rapport avec les images :   non — oui
- Le slogan ou l'accroche peut :
  1. raconter : oui — non
  2. inciter à faire quelque chose : oui — non
  3. obliger à faire quelque chose : oui — non
  4. faire rire : oui — non
  5. rimer : oui — non
  6. faire penser à quelque chose ou quelqu'un de connu : oui — non
  7. contenir des formules connues : oui — non
  8. donner des informations : oui — non
  9. choquer : oui — non

Fiche élaborée par V. Conche et B. Laussine, recherche-action, 1999.

Enfin le dispositif d'apprentissage est encadré par un travail de critique interprétative d'images publicitaires. Chaque image est fournie, en couleur[11], aux élèves. L'évaluation du travail doit rester individuelle. Puisque l'élaboration de critères est déléguée aux enfants (délégation en phase d'expertise), l'enseignant doit être renseigné sur le niveau de chaque élève. Pour la critique interprétative d'image, les élèves disposaient d'un guide minimal pour les inciter à « dépasser le cadre » du premier aperçu. Un entretien avec la maîtresse complétait éventuellement l'évaluation. Les enseignants rapportent que certains élèves ont du mal à produire à l'écrit : il s'agit alors de ne pénaliser personne.

8.3 – Évaluation initiale et finale

CONSIGNE 1 : PRENDRE CONNAISSANCE DE L'AFFICHE ET CHERCHER À L'INTERPRÉTER
Regarde l'affiche que je te donne. Essaie de comprendre à quoi sert cette affiche : qu'est-ce qu'elle veut faire passer comme message ? Utilise le petit guide ci-dessous si tu veux.

1. Que vois-tu ?
2. Que lis-tu ?
3. Fais attention aux couleurs.
4. Sois attentif aux détails des images.
5. Lis bien tous les textes.
6. Essaie de trouver des mots plus importants que d'autres.
7. Demande-toi pourquoi les images et les textes sont disposés comme ça.
8. Essaie de comprendre le « sens » de cette affiche.
9. Demande-toi s'il n'y a pas « un sens caché ».

CONSIGNE 2 : EXPLIQUER À LA MAÎTRESSE
Explique ce que tu as trouvé comme « sens » (comment tu interprètes) cette affiche. Donne tous les renseignements que tu veux pour que l'on comprenne bien.

Ce projet donne lieu à développement dans notre quatrième partie, au chapitre 8.

9

COMMENT DEVENIR EXPERT EN CONTE MERVEILLEUX ?

La phase d'expertise repose toujours sur un double enjeu : celui d'être correctement formé, et celui d'être capable de faire profiter de sa

---

11. L'utilisation d'un matériel coloré est obligatoire. Pour pouvoir disposer de supports (coût), on peut organiser un réseau d'écoles pour laisser à disposition un matériel utilisable par d'autres élèves.

formation aux autres. Dans des classes de CE2, le projet (n° 2) concerne la thématique du conte merveilleux. Il s'agit de développer des compétences concernant l'intégration et l'utilisation du schéma structural du conte.

TABLEAU 6.8
Synopsis des séquences de travail en CE2 (le conte).

Production initiale	Atelier n° 1	Atelier n° 2	Atelier n° 3	Atelier n° 4	Atelier n° 5	Production finale
Coop. Simple	Coop. Simple	Coop. Jigsaw	Coop. Jigsaw	Coop. Jigsaw	Coop. Simple	Coop. Simple
Inventer la fin d'un conte	Le schéma narratif : généralité	Tarot des contes	Activités langage décrochées	Le schéma narratif d'un conte proposé	Le schéma narratif de son propre conte	Inventer la fin d'un conte
vidéo		vidéo			vidéo	vidéo

Établi par S. Amagat & V. Sudre, 1997.

Commentaire : Ces séquences sont élaborées pour évaluer les progrès d'élèves « petits parleurs ».

10

DÉTENIR LE *SKEPTRON* À QUOI ÇA SERT ?

Les enseignants utilisent le tarot des mille et un contes pour symboliser le rôle d'expert (atelier 2). On connaît l'intérêt d'utiliser du matériel pour soutenir une activité symbolique (cf. l'utilisation des couleurs, plus haut). Ainsi en est-il du fameux bâton de parole, utilisé par les amérindiens (Salomé, 1997 [12]). Ici c'est par l'intermédiaire de la possession d'une carte à jouer que l'élève matérialise son rôle. Il se place, en imposant sa carte, parce qu'il doit la jouer (consigne). Il occupe ainsi un espace cognitif dans l'histoire à conter, et un espace de parole. La consigne précise clairement aux enfants cet aspect. La carte agit, à l'instar du skeptron, comme « bâton de commandement, signe d'autorité suprême ».

---

12. *« Le bâton de parole signifie que j'ai quelque chose à dire et que je souhaite être entendu. Il confirme que je ne serai pas interrompu. »*, (Salomé, 1997, p. 117)

10.1 – Tarot des contes

Consigne :
« Ce matin, nous allons jouer au tarot des contes. Ce jeu se fera en petits groupes, les mêmes que la dernière fois. Dans chaque groupe, je vous distribuerai 2 cartes à chacun ; vous aurez tous des cartes avec un symbole différent. Pour chaque groupe, j'ai préparé une liste des symboles rappelant leur signification. À l'aide de ces cartes, chaque groupe va inventer son propre conte, uniquement à l'oral. Chaque enfant est responsable des cartes qu'il possède c'est à dire qu'il les fait intervenir dans le conte quand il juge que c'est nécessaire. »

Chaque élève arrive dans son groupe d'appartenance, en possession de deux cartes appartenant à l'une des catégories (symbolisées par des lunes, et des couleurs) sur lesquelles il a travaillé en groupe d'expert.

10.2 – Les symboles choisis pour le tarot des contes

1 LUNE ROUGE : le(s) héros
1 LUNE VERTE : les désirs (ce que le héros va aller chercher, ce pourquoi il va partir à l'aventure)
2 LUNES VERTES : les conseillers ou les informateurs (car le héros ne sait pas toujours où se trouve ce qu'il cherche)
1 LUNE NOIRE : les obstacles, les difficultés rencontrées par le héros (ennemis, épreuves…)
2 LUNES ROUGES : les adjuvants (alliés, aides)
3 LUNES VERTES : les lieux où le héros va trouver ce qu'il cherche
2 LUNES NOIRES : les ennemis
3 LUNES NOIRES : les défaites subies par le héros face à ses ennemis (milieu du conte)
3 LUNES ROUGES : les victoires et les délivrances (le héros est sauvé ou aidé par son allié)
1 LUNE DORÉE : les bonheurs et les triomphes (fin du conte)

11

COMMENT UN PETIT PARLEUR PARTICIPE QUAND LE DISPOSITIF L'Y AUTORISE ?

L'extrait provient de l'enregistrement de l'atelier n° 2, au tout début de l'échange. Nous centrons nos commentaires sur les interventions d'H, petit parleur. L'échange suit la répartition pré-établie en fonction de l'attribution des cartes : chaque enfant parle à propos de sa carte. C'est le dispositif qui porte la structure de l'échange :

L1 : oui mais maintenant on s'occupe de la truc 2
H1 : c'est moi qui commence
L2 : mais non//on dit nos idées d'abord
H3 : alors//on peut y aller
H4 : bon
L3 : ben qu'est-ce que t'as choisi qu'est-ce que tu veux toi
H5 : eu des (inaudible armes ?)
A : geste lassitude
Rires
H6 : c'est pas mal (*tape sur la table avec son stylo*)
C1 : arrêtez
A1 : ça fait du bruit mais ça fait pas mal du tout
Jeu sur la table avec bras et stylo
C2 : Mais allez mais on se l'dit d'abord
L4 : bon attends attends on's (*dir C*)
H7 : bon alors le héros il s'appellera//
L5 : non mais attends//(*dir H*)//mais non///
H8 : //Jean Pierre//
L6 : non attends euh euheuhe
C3 : attends
H9 : euh eh là comme c'était un garçon et là là comme c'était un garçon faut faire une fille
C4 : oh bé non pas obligé hein
L7 : ah non hein
A2 : pas..//
L8 : ://euh en fait on dit chacun notre idée qu'on a eu d't' l'heure avec les autres groupes

Amagat, Auriac-Peyronnet, Sudre, (1999) *Extrait d'échange, Classe de CE2*, Dispositif Jigsaw-teaching II, Le conte merveilleux, tarot, recherche-action.

H s'inscrit très vite dans l'espace interactionnel. Il lutte même, en dépit des rires et arrêts de jeu. Jeu dont on peut noter que c'est lui qui l'a initié (H6). Alors que ses pairs réfléchissent pour savoir comment gérer ce nouveau travail (c'est leur première séance coopérative du genre), H décide de commencer (H1). Il s'installe et installe l'histoire, en l'amorçant, présentant son héros (sa carte) qui devient donc LE héros (H7). En H9, H enchaîne tous ses actes : sa carte est bien placée, le héros s'appelle Jean Pierre, et il faut maintenant faire intervenir une fille. Bref H profite de l'opportunité de la carte pour se placer. L'analyse interlocutoire dément cependant que la construction d'histoire amorcée par H soit rendue « vraie » dans le monde de l'interlocution, monde de partage entre les élèves. Mis à part en L3, où L cède par avance la place d'interlocuteur à H *(« qu'est-ce que tu veux toi »)*, qui la prend en H5, les autres actes réactifs à ses propos (C1, A1, C2, L4, puis L5, L6, C3, et enfin C4, et L7), sont sans arrêt des formes de démentis. L5, puis L6 rejettent explicitement *(« non »)* les actes respectifs de H7 et H8. Donc en L6, si pour H il y a un héros qui s'appelle *Jean Pierre,* dans le monde de l'interlocution construit par les quatre partenaires, cette idée n'est pas validée. Quant à C4, l'acte rejette explicitement *(« oh non »)* la dernière idée émise en H9 de choisir maintenant une fille. C4 est en revanche entériné interlocutoirement par la surenchère de L7 *(« ah non hein »).* Si bien qu'en L8, L fait une tentative de repositionnement général pour contrôler la procédure d'action à tenir.

Cet extrait montre en quoi le dispositif est une situation favorable (H parle autant que les autres) qui ne résout pas tous les problèmes. Les résultats montrent que H va peu à peu gagner du terrain (voir l'étude du cas d'Eliot, au chapitre 10).

12

POUR CONCLURE : À QUELLE FIN DEVENIR ÉCOLIER-EXPERT ?

La formation d'écolier expert peut s'adapter à tous les niveaux de l'enseignement. Elle peut s'intégrer dans différents champs de savoirs (compétences disciplinaires en mathématiques, en français, compétences transversales). Ce n'est pas tant le domaine que la délégation imposée aux élèves qui importe. Ils ont la charge de structurer le domaine de connaissances, d'établir des critères suffisamment explicites, car ces critères devront être, dans la seconde phase du dispositif, transmis aux pairs. Cette charge est la clef d'un transfert réel et opératoire de responsabilité du maître vers les élèves. C'est alors le moyen de renforcer ou installer, selon le type d'élève, une dynamique motivationnelle. Cette dynamique n'est cependant possible que si les élèves sont mis au courant, explicitement des enjeux de l'activité. On n'est jamais responsable de rien. Il faut un but, un enjeu pour avancer, progresser, se déterminer. Cela suppose un enseignement assez transparent : le maître ne conduit pas ses élèves en aveugle. Ce sont les élèves qui conduisent des choix opérants, en vue d'une réalisation finale, qui prend sens et poids au fur et à mesure de l'avancée des travaux.

CHAPITRE 7

À propos de la verbalisation en groupe d'experts

Emmanuèle Auriac-Peyronnet

Les exemples du chapitre précédent ont fortement relié expertise et verbalisation. Or, coopérer ne signifie pas obligatoirement parler. *Co'oparler* n'est pas toujours possible. Nous nous appuierons sur deux projets. Pour le premier, on montrera en quoi l'absence d'une verbalisation prolixe cache la présence d'une argumentation souterraine au plan cognitif (appui réflexif sur les points de vue d'autrui). Pour le second, on mettra en évidence la difficulté de passer par la verbalisation lorsque les connaissances convoquées sont soit trop automatisées, soit trop peu conceptualisées pour déboucher sur un réel échange. On touche les limites d'une application du dispositif puisque sans un minimum d'échange, le rôle de l'expert ne peut finalement, être rempli, et servir les apprentissages.

1

COMMENT FORMER DES PETITS EXPERTS EN JUGEMENT MORAL ?

Le développement du jugement moral connaît un regain d'intérêt face aux situations potentiellement conflictuelles et/ou réellement violentes dans certains établissements scolaires. Inspirées des études princeps de

Tableau 7.1
Synopsis des séquences de travail en C.P. (le jugement moral).

Ateliers	Buts	Activités	Matériel	Durée
Production initiale	Évaluation diagnostique du niveau de jugement moral.	– Lecture de 3 dilemmes moraux – Prise de position individuelle orale. – Relevé des prises de position par l'enseignant.	– feuille de relevés	10 min. par enfant
Atelier 1	Entraînement à tenir un rôle social.	– Présentation des 4 rôles possibles. – Attribution d'un rôle à chaque enfant. – Regroupement par rôle. – Lecture à chaque groupe d'une histoire mettant en scène les différents personnages. – Recherche dans chaque groupe du plus grand nombre d'attitudes possibles face à la situation. – Prise de position individuelle par rapport aux propositions du groupe.	– une feuille de relevés des positions individuelles	10 min. de présentation 10 min. en groupe
Atelier 2	– Tenir son rôle – Argumenter	– Formation de groupes avec un représentant de chaque rôle. – Chaque membre du groupe présente son rôle et son attitude. – Discussion au sein de chaque groupe pour déterminer une position commune. – Relevé par le maître de la décision des groupes.	– une feuille de relevés	15 min.
Atelier 3	Tenir un rôle social différent du précédent.	– Rappel des 4 rôles possibles. – Attribution d'un rôle à chaque enfant différent du précédent. Suite cf. atelier 1		10 min. de présentation 10 min. en groupe
Atelier 4	– Tenir son rôle – Argumenter	Idem atelier 3.	– une feuille de relevés	15 min.
Atelier 5	Tenir un rôle social différent du précédent.	– Présentation des 4 rôles possibles. – Attribution d'un rôle à chaque enfant différent du précédent. Suite cf. atelier 1		10 min. de présentation 10 min. en groupe
Atelier 6	– Tenir son rôle – Argumenter	Idem atelier 3.	– une feuille de relevés	15 min.
Production finale	Évaluation diagnostique du niveau de jugement moral.	– Lecture de 3 dilemmes moraux. – Prise de position individuelle orale. – Relevé des prises de position par l'enseignant.	– une feuille de relevés	10 min. par enfant

Établi par C. Ambroise & L. Connot, 1998.

Piaget poursuivies par Kohlberg [1], on trouve trace actuellement d'études qui tentent d'utiliser les dilemmes pour développer le jugement moral (Fontaine & Jacques, 1997, 1999 [2]). Le projet n° 5, duquel nous extrayons la phase d'expertise, a pour but l'étude comparative de l'évolution du jugement moral dans une classe traditionnelle et une classe de Z.E.P. Les enseignants ont mis en place un dispositif où l'exercice d'expertise consiste à tenir un rôle. L'enfant est forcé d'analyser une situation sous le point de vue d'un statut social particulier, imposé (jeu de rôles). Le dispositif d'apprentissage s'articule autour de quatre ateliers où les élèves vont devoir résoudre différentes situations décrivant un délit.

2

EN QUOI ENVISAGER LE POINT DE VUE D'AUTRUI CONDUIT À MODULER SON JUGEMENT ?

L'hypothèse, à la base du projet, est que dans le dispositif Jigsaw II, la phase de coopération en groupe d'appartenance, parce qu'elle suit la phase de formation d'experts (ci-dessus Ateliers 2, 4 et 6), force l'émergence d'un conflit sociocognitif. Les points de vue des différents experts doivent s'opposer. Le temps d'échange, de discussion autour de la résolution de l'histoire, permet à l'enfant de « profiter du conflit coopératif » pour progresser : utilisation des compétences à donner son point de vue, à justifier son point de vue, à exemplifier son point de vue, à vivre l'opposition de son point de vue propre. Dans la phase de spécialisation (Atelier 1), l'hypothèse est que le temps d'expertise contraint l'enfant à jouer un rôle social. C'est un des facteurs influençant le développement du jugement moral selon Kohlberg. Les trois autres facteurs associés étant la motivation, le développement cognitif et le niveau de justice du milieu dans lequel l'enfant évolue (Kohlberg, 1976, in Thomas & Michel, 1994). On trouve chez Lurçat (1981 [3]) cette idée de passer par des « jeux de fiction ». Elle donne une description très instructive de différentes formules qu'emploient des enfants de maternelle à qui on demande d'envisager le rôle de la maîtresse. Elle prévient alors des dangers relatifs de « l'émergence de stéréotypes répressifs » favorisée par ces jeux de rôles, mais précise aussi que *« les enfants témoignent d'une capacité à se mettre à*

---

1. On trouvera dans l'ouvrage de Thomas M., Michel L., (1994) au chapitre 13, une présentation assez complète de la théorie du développement moral de Kohlberg. Voir aussi Moessinger P., (1989/1996).
2. Fontaine, R. & Jacques S., (1999) tiré à part, *Effet de l'éducation morale sur les comportements sociaux et scolaires d'enfants difficiles*.
3. Voir notamment son chapitre 6 : Conduite et discipline. Les incidents de la vie quotidienne.

la place d'autrui, à imaginer les réactions des autres, qui va à l'encontre des idées admises en psychologie de l'enfant, notamment sous l'influence de PIAGET pour qui la capacité de se décentrer serait plus tardive » (Lurçat, 1981, 118). On attend des différents positionnements possibles imaginés par les enfants, qu'ils procurent des points de repère, des espaces de décentration. Ces espaces vécus, mémorisés par leur jeu d'acteur, offrent l'occasion de nuancer leur jugement face à des situations comparables. L'intérêt de la phase d'expertise ressortit principalement à étendre l'échelle de valeur des enfants, en profitant des avis de leurs pairs sur le sujet. En quoi sont-ils alors experts ?

3

CONCRÈTEMENT, COMMENT ENTRAÎNER DE JEUNES ENFANTS À TENIR DES RÔLES SOCIAUX ?

L'entraînement à tenir différents rôles sociaux doit favoriser l'intériorisation des règles morales. Des histoires contenant chacune un dilemme moral sont proposées : les élèves sont amenés, dans l'espace de ces histoires fictives, à prendre des décisions en fonction d'un rôle social que l'on prédétermine. Les ateliers respectent tous la structure suivante, adaptée à l'une des histoires proposées :

3.1 – Déroulement d'une séquence d'apprentissage sur le jugement moral

MISE EN SITUATION EN GROUPE D'APPARTENANCE
La classe est divisée en groupes d'appartenance constitués chacun de 4 élèves.
Histoire : *Un enfant n'a jamais de goûter. Il en vole un à un autre enfant. On s'en est rendu compte. Que fait-on ?*

PHASE D'EXPERTISE
La classe est divisée en quatre groupes d'experts qui devront réfléchir à la situation proposée, en fonction des statuts suivants (Temps imparti : 10 min.).
Rôles proposés :

– l'enfant volé
– l'enfant voleur
– le directeur
– la maîtresse

On demande alors aux groupes d'experts de réfléchir sur l'attitude qu'il prendrait face à cette situation. On pose la question « En tant que ………. que fais-tu ? »

On demande à chaque enfant, avant de repartir dans son groupe d'appartenance, de prendre une position relative à son rôle, parmi les solutions évoquées dans le groupe des experts.

PHASE DE COOPÉRATION EN GROUPE D'APPARTENANCE
Les élèves rejoignent leur groupe d'appartenance, en connaissant leur position d'expert sur le sujet. Ainsi les enfants experts en « enfant volé », « enfant voleur », « directeur » et « maîtresse » se retrouvent pour discuter d'une solution consensuelle à élaborer.
On demande aux enfants de se présenter et d'expliciter, chacun à leur tour, en tant qu'expert de leur rôle leur choix ou positionnement. Puis de prendre une décision commune en argumentant. On pose aux enfants la question suivante : « Et maintenant que fait-on ? »
Temps imparti : 15 min.
La maîtresse relève la décision prise dans chaque groupe sur une affiche.

Extrait du Protocole, recherche-action, Ambroise & Connot, C.P., 1998.

Les deux autres histoires support construites par les enseignantes sont les suivantes :

Histoire 2 : Pendant la récréation, un enfant joue au ballon dans les couloirs de l'école. Il casse un carreau.
Histoire 3 : Des enfants jouent aux boules de neige dans la cour. Un enfant lance une boule et casse un carreau. La maîtresse demande : « Qui a fait ça ? »

4

COMMENT TESTER LES PROGRÈS ?

Les progrès, en terme d'aptitude à exercer son jugement moral, sont mesurés à l'aide de pré- et post-tests, construits par les enseignantes. Ils évaluent les progrès sur trois axes : 1) le positionnement quant à la responsabilité des actes, 2) le jugement relatif au mensonge, 3) les conséquences. Le pré-test se compose des trois épreuves comme suit.

4.1 – Pré-test et post-test jugement moral C.P. (I)

1. LA RESPONSABILITÉ DES ACTES
Histoire : Tu as emprunté le stylo plume de ton grand frère sans qu'il le sache. Au moment de le lui rendre, tu t'aperçois que tu l'as perdu. Que fais-tu ?
Code par rapport aux réponses attendues :
1. J'accuse un autre membre de la famille.
2. Je ne fais rien et je dis que ce n'est pas moi.

3. J'en rachète un autre et je le remplace sans rien dire.
4. J'avoue que je l'ai perdu.

2. Jugement relatif aux mensonges
Histoire 1 : Un petit garçon (petite fille) se promène dans la rue et rencontre un gros chien qui lui fait peur. Alors, il rentre à la maison et raconte à sa maman qu'il a vu un chien aussi gros qu'une vache.
Histoire 2 : Un enfant rentre de l'école et raconte à sa maman que la maîtresse lui a donné de bonnes notes. Mais ce n'est pas vrai : la maîtresse ne lui avait donné aucune note, ni bonne ni mauvaise. Alors sa maman était très contente et l'a récompensé.

Code par rapport aux réponses attendues
1. Choisit le petit garçon de l'histoire 1 (exagération)
2. Choisit le petit garçon de l'histoire 2 (mensonge)

La compréhension de ces histoires est évaluée en posant la question « Pourquoi ce garçon a-t-il raconté cela ? ». On demande alors à l'enfant de comparer ces deux histoires en lui posant la question : « Lequel de ces deux enfants a dit le plus gros mensonge et pourquoi ? »

4.2 – Pré-test et post-test jugement moral C.P. (II)

3. Les conséquences de la maladresse
Histoire 1 : Il était une fois une petite fille qui s'appelait Marie. Elle voulait faire plaisir à sa maman, en lui faisant un beau dessin. Elle a voulu le découper, alors elle est allée chercher les ciseaux de sa maman et sans le faire exprès, elle a fait un gros trou à la nappe.
Histoire 2 : Il était une fois une petite fille qui s'appelait Charlotte. Elle a profité du moment où sa maman était partie faire des courses pour prendre les grands ciseaux et s'amuser avec. Et comme elle ne savait pas bien s'en servir, elle a fait un petit trou à la nappe.

Code par rapport aux réponses attendues
1. Choisit la petite fille de l'histoire 1 (privilégie le résultat matériel)
2. Choisit la petite fille de l'histoire 2 (privilégie l'intention)

Extrait du Protocole, recherche-action, Ambroise, Connot, C.P, 1998.

Pour évaluer la compréhension des histoires, on pose les questions suivantes : « Pourquoi chaque petite fille a-t-elle pris les ciseaux de sa maman ? » ; « ...et alors que s'est -il passé ? ». On pointera le fait que les conséquences ne sont pas les mêmes dans les deux histoires. Pour voir si l'enfant tient plutôt compte de l'intention ou du résultat matériel, on lui demande : « À ton avis quelle est la plus "vilaine" des deux petites filles et pourquoi ? ». Le post-test est construit, en miroir, à l'identique.

5

FAUT-IL TOUJOURS PARLER POUR PENSER ?

Nous ferons quelques commentaires sur la gestion de ces séquences. Car les enseignantes ont été surprises. Les élèves ont d'après elles peu argumenté, et la solution de la sanction est très vite apparue comme consensuelle et donc « indiscutable ». D'autre part, l'enseignante de ZEP fut surprise que ses élèves soient finalement tout à fait capables d'opérer des jugements correspondant au stade conventionnel de Kohlberg, alors qu'ils commettaient des actes délictueux dans l'enceinte de l'école. Enfin, dès le pré-test aucune différence n'est apparue entre la classe ZEP et la classe traditionnelle, contrairement aux attentes... ou pré-jugés ?

Concernant le manque d'argumentation, les enseignantes s'attendaient à une plus grande « théâtralisation » lors des jeux de rôles auxquels les élèves étaient conviés. L'expérience du projet de l'année passé (n° 1) les avait habituées à voir que leurs élèves étaient *très* compétents dans la conduite argumentative orale. Cependant, contraire-

TABLEAU 7.2
La persistance et transformation des décisions à l'issu du travail de groupe.

Type d'élaboration du positionnement ⇓ / Situation ⇒	Situation 1 Enfant qui n'a jamais de goûter qui « vole » un goûter	Situation 2 Jouer dans les couloirs avec un ballon et « casser » un carreau	Situation 3 Casser un carreau avec une boule de neige
Nombre d'avis repris intégralement	3/5	2/5	1/5
Nombre de positions reprises mais transformées (ex : rajout, mixage de deux, réaménagement)	2/5	2/5	3/5
Nombre de créations de solution différentes en regard des 4 présentées par les enfants au début du regroupement	0/5	1/5	1/5

Le score est établi d'après le relevé des décisions prises individuellement par chaque enfant lorsqu'il quittait son groupe d'expert (l'enseignant leur demande à chacun ce qu'ils vont choisir comme position), et comparativement à la décision prise collectivement à l'issue du regroupement dans le groupe d'appartenance (inscrite en classe pour comparer les décisions au niveau du collectif classe).

ment à cette expérience passée, où les élèves avaient matière à discuter, ici ils avaient plutôt matière à réfléchir, matière à gagner en maturation. Dans ce type de situation, c'est l'élévation de la moralité qui est en jeu. On mise sur une décentration proprement cognitive, presque exclusivement *intra-psychique*. Celle-ci ne passe pas forcément par une phase d'extériorisation inter-subjective d'argumentation. Seule la référence à différentes positions imaginées, et imaginaires, est opératoire. La seule expression des positionnements, par exemple : « moi, si je suis la maîtresse, je lui donne une punition », est nécessaire pour élaborer une représentation du rôle de la maîtresse. Les séquences n'ont pas été filmées, mais il est fort à parier que si les élèves ne se sont pas étendus « en discours », la formulation des avis forcément divergents, eu égard aux statuts joués, est en soi une bonne situation de controverse. Les résultats, d'après le relevé des feuilles individuelles montrent d'ailleurs que les élèves opèrent des changements de positionnement. C'est ce qui fait l'intérêt d'un apprentissage à nuancer, moduler une échelle de valeur. Le mode d'élaboration du consensus vers une réponse unique évolue au fil des situations. Les quatre enfants qui arrivent avec des positionnements différents dans le groupe, en raison de leur différent statut (ils jouent le rôle de l'enfant volé, du voleur, de la maîtresse ou du directeur), changent leurs positions. Bref, les décisions des élèves sont influencées par le travail de groupe.

Il apparaît clairement que sans que l'enseignante de cette classe ne repère les signes d'une argumentation orale active, les enfants ont, eux, aménagé petit à petit un espace pour travailler ensemble la solution à adopter. Par exemple, ils ont pu aménager une position proposée comme « Copier 20 lignes » en la révisant à la baisse et proposer *« copie de 5 lignes »*, *« copie de 7 lignes »*, ou encore *« copie le texte suivant : je ne dois pas... »*. De même ils ont pu aménager la solution *« ramasser des papiers dans la cour »*, en modulant la contrainte à l'aide de l'introduction d'une durée *« pendant deux jours »*. Le peu de situations mises en place ne permet pas de vérifier si chaque élève « profite » de ce travail mais on vérifie que l'élaboration du consensus est de mieux en mieux « joué ».

6

QU'EST-CE QUE LA « POLARISATION DES OPINIONS » DANS UN GROUPE ?

Nous effectuons un petit renvoi aux théories psychosociales. Concernant l'émergence quasi obligée d'une forme de sanction, on doit penser aux théories rapportant les phénomènes de *polarisation* (Blanchet & Trognon, 1994). La polarisation des opinions et des décisions est un phénomène mis en évidence qui s'oppose au conformisme, en prenant la voie d'un choix de solution extrémiste, cataloguée « à risque » par rapport à la norme habituelle (voir l'encadré ci-dessous).

LES EXPÉRIENCES EFFECTUÉES SUR LA PRISE DE RISQUE SE DÉROULAIENT DE LA MANIÈRE SUIVANTE :

Quatre ou cinq sujets sont invités à s'asseoir autour d'une table et répondre individuellement à un questionnaire. Quand tous les sujets terminent cette première phase, l'expérimentateur leur donne une copie du même questionnaire et leur demande de discuter en groupe du problème posé pour arriver à une décision unanime, c'est-à-dire à un consensus. Après cette deuxième phase, les sujets sont invités encore une fois individuellement à une troisième copie du questionnaire. Les questionnaires sont composés de douze dilemmes. Dans chacun un personnage se trouve devant un choix entre un terme d'une alternative sûre mais relativement peu attrayant, et un terme davantage attrayant mais comportant un risque d'échec. Les sujets doivent indiquer à partir de quelle probabilité de succès ils conseilleraient au protagoniste du récit de choisir le terme le plus attrayant et le plus risqué. Prenons l'exemple d'un des douze sujets de ce questionnaire. « Henry est un écrivain considéré comme ayant du talent mais qui a préféré faire de l'argent en écrivant de mauvais polars. Récemment, il a eu l'idée d'écrire un essai potentiellement très intéressant. Si cet essai a du succès, sa carrière est faite, si c'est un échec, il risquera de rester longtemps sans aucune rémunération. Henry devrait écrire son essai si ses chances sont au moins de — une chance sur dix que l'essai ait du succès, — deux chances sur dix que l'essai ait du succès, — trois chances sur dix que l'essai ait du succès, etc.

Les résultats montrent que le groupe prend plus de risques que la moyenne des propositions individuelles des participants, et que ces derniers font des choix individuels plus risqués, après avoir participé au groupe.

Extrait de Blanchet & Trognon, (1994), La psychologie des groupes, Nathan Université, Coll. 128, p. 94.

Ces recherches montrent en outre que « *la polarisation dépend du niveau initial de la position* », soit finalement dans le cas qui nous concerne, de la solution, plus ou moins « audacieuse » proposée par chaque expert pour résoudre le dilemme. En effet « *on observe ainsi que les dilemmes dont les réponses individuelles sont audacieuses sont crédités d'un accroissement de la prise de risque en groupe, alors que les dilemmes pour lesquels les réponses individuelles sont prudentes sont crédités au contraire d'une plus grande prudence en groupe* » (Blanchet & Trognon, 1994, 94). Parce que la modification des stratégies de prise de risque est une fonction linéaire du degré initial de prise de risque (d'après Myers, 1983, 128, rapporté par Blanchet & Trognon, 1994) les auteurs concluent : « *Ce sont, autrement dit, les tendances déjà exprimées par les individus qui sont développées par le groupe.* » Il conviendrait, à la lueur de cet éclairage, de doser les écarts entre les opinions exposées par les experts, pour voir si ceux-ci ont, par l'intermédiaire de leur seul avis, favorisé une prise de décision orientée par l'exigence « audacieuse » de ce point de vue (comparé aux avis des autres experts). Et, ce, dans chaque groupe d'appartenance, puisque les experts provenaient du même groupe d'expertise [4]. On peut aussi avancer l'hypothèse de la simple émergence d'un stéréotype répressif (cf, Lurçat, 1981, 117), parce qu'il concorde avec les attentes du scolaire. En ce sens, les réponses du groupe montrent en quoi les élèves sont, à ce stade, capables de gérer le stade conventionnel de Kohlberg, défini par la conformité « *aux attentes de sa famille, de son milieu ou de son pays. Elle soutient et justifie activement l'ordre social existant* » (Kohlberg, 1976, in Thomas & Michel, 1994, 394). Ceci tend à prouver que le protocole mis en place est relativement satisfaisant en regard d'autres études (Fontaine & Jacques, 1999 [5]).

7

QUAND DE JEUNES ENFANTS ENVISAGENT LA SANCTION EST-CE BIEN NORMAL ?

Il convient de pousser davantage l'étude de la pertinence de la centration collective pour la sanction en la confrontant aux champs des recherches portant sur l'évolution développementale des attributions de « punitions » (Maryniak & Selosse, 1985). Ces auteurs montrent qu'à l'âge moyen de 8 ans, un sujet attributeur de punition préfère à 65% attribuer des « privations » –du type 1) « privés de distractions » (télévision, cinéma, récréation), ou 2) « privés de liberté » (ils sont enfermés, mis au coin, privés de sortie). La solution de type « sanction compensatoire » n'émerge, et encore dans des proportions très mesurées (17%), qu'à l'âge de 12 ans. 56% des enfants de 12 ans proposent encore la « sanction privation ». Cette centration serait l'indice d'un niveau cognitif de développement, qui est l'un des facteurs à prendre en compte selon Kohlberg. Bien qu'une étude plus poussée soit nécessaire, nous relevons que les différentes solutions adoptées collectivement par les élèves (classe non-ZEP) sont polarisées sur des solutions du type « sanction/privation ». On trouve : « *privé de récréation », « ne peut plus regarder les livres », « ne joue plus aux boules de neige* ». On note aussi des solutions proposant l'implication du sujet dans une tâche orientée vers la compensation que l'on qualifierait sans doute dans un champ juridique de « travaux publics d'intérêt général »... Quant au phénomène de « stéréotypie » associé à

---

4. L'absence de tournage des séquences vidéo lors des échanges en groupe d'appartenance rend la procédure de vérification de cette hypothèse assez pauvre.
5. Dans l'étude réalisée par Jacques et Fontaine, il apparaît que la majorité des élèves de deux classes de C.P. était de niveau pré-conventionnel au début de leur CP. « *Après le programme d'éducation morale une majorité d'élèves de la classe expérimentale ont atteint le niveau conventionnel. Ce fait n'est pas observé pour les élèves de la classe contrôle.* » Fontaine R. & Jacques S., (1999), *op. cit.*, tiré à part, p. 11.

l'imaginaire enfantin relevé par Lurçat, et qui correspond à choisir *« l'amplification des propos prêtés à l'adulte, dans une gamme conventionnelle »* (Lurçat, 1981, 117), on trouve dans cette classe une décentration effective du point de vue de l'enfant en faveur d'une solution envisagée « du point de vue de la maîtresse » (privé de récréation, copie de lignes…) avec gradation de la sanction allant dans le sens de la minimisation ou de l'amplification *(« copie de 5 ou de 20 lignes »)*. Le dispositif Jigsaw semble avoir porté. La coopération repose sur un échange de vues, qui ne favorise pas nécessairement le verbe, et s'évalue, quoiqu'il en soit sur le long terme. Ces élèves ont utilisé le groupe comme une micro-société, avec les possibilités de leur âge.

8

POURQUOI S'INTERROGER EN GROUPE SUR SES STRATÉGIES DE MÉMORISATION ?

L'intérêt de trouver des situations pour aider les élèves à améliorer leur procédure de mémorisation, à « mettre en réseau » leurs connaissances est au cœur de certaines études (Lieury, 1991/1993, 1996). Le projet n° 4 se situe dans cet espace de recherche de méthode pour comprendre comment les élèves usent (ou non) de certaines stratégies pour « mémoriser ». La tâche scolaire de la dictée est retenue par les enseignantes. La phase d'expertise est aménagée pour que les élèves puissent profiter, dans leur groupe d'experts, des méthodes utilisés par leurs pairs. La notion même d'expertise repose sur l'accroissement du nombre de stratégies à disposition de l'élève, pour l'aider dans la tâche, très privée, de la dictée. L'enseignant reste d'ordinaire à l'écart des choix méthodologiques effectués par ses élèves pour savoir pourquoi ils mettent un « s » ou « deux t »… etc. Les élèves, à qui l'on demande d'apprendre pour le lendemain quelques mots, ont habituellement peu l'occasion d'expliquer au maître, de s'expliciter à eux-même, comment ils font. Il y a d'ailleurs de bonnes raisons à cela.

Les projets établis dans le cadre du projet n° 4 ont la caractéristique de s'adapter à tous les niveaux de classe du primaire. En cela, peut-être que la notion de stratégie de mémorisation appréhendée globalement sur ces différents âges est un peu sujette à caution. Effectivement, l'acquisition/apprentissage de l'orthographe par exemple ne s'appréhende pas sur le même mode entre 6 et 11 ans (Fayol & Jaffré, 1999). Quoiqu'il en soit, ces projets portent sur l'attente d'effets possibles de la verbalisation de stratégies entre des élèves quant à leur compétence à écrire correctement une liste de mots, en dehors de tout autre facteur de contrainte.

8.1 – Exemple I : Séquence didactique — mieux connaître les stratégies des autres pour écrire juste au CP et au CE1-[6] (la dictée de mots)

TABLEAU 7.3
Synopsis des séquences de travail en Cycle II (la mémorisation : la dictée).

Ateliers	Buts	Activités	Matériel	Durée
Mise en situation	Repérer les mots à usage courant qui posent problème. Établir des séries de 6 mots « à risque ».	Écrire sous la dictée.	Cahier.	15 min.
Atelier 1 3 groupes dans la classe, divisés en petits groupes.	Trouver des stratégies pour se souvenir des difficultés orthographiques.	Discuter en groupe pour échanger pour mettre en évidence les « pièges », et trouver des stratégies pour y remédier.	2 mots extraits de la première série de la liste de mots « à risque ».	10 min.
Atelier 2 Groupe de 3.	Verbaliser ses stratégies d'expert de « mot ».	Communiquer aux pairs une stratégie pour qu'il puisse « savoir écrire » les 2 mots de l'expert.	Première série complète. Chaque expert apporte ses 2 mots.	

Établi par N. Bonnin, L. Fèvre & N. Loubet, 1998.

8.2 – Exemple II : Mémoriser des pictogrammes

TABLEAU 7.4
Synopsis des séquences de travail en Cycle II (la mémorisation : les pictogrammes).

Ateliers	Buts	Activités	Matériel	Durée
Mise en situation	Familiariser les élèves avec le matériel. Prélever les pictogrammes inconnus et ceux qui posent des difficultés de compréhension/mémorisation.	Deviner le sens des pictogrammes. Jouer à retrouver un pictogramme lorsqu'on donne son sens. Repérer dans un pictogramme ce qui fait sens.	Feuille présentant 44 pictogrammes plus ou moins courant.	45 min.

---

6. La séquence est mise au point par Mmes N. Bonnin, L. Fèvre & N. Loubet.

Ateliers	Buts	Activités	Matériel	Durée
Atelier 1 Phase d'expertise : 3 groupes avec 3 pictogrammes.	Trouver des stratégies pour mémoriser le sens des pictogrammes remis.	Mémoriser la signification du pictogramme en se repérant grâce à la définition.	3 pictogrammes repérés qui posent des difficultés avec leur définition juste au-dessous.	10 min.
Atelier 2 Groupe d'appartenance.	Verbalisation pour partager les stratégies échangées dans le groupe d'experts.	Mettre en correspondance les pictogrammes et leur définition.	Les 9 pictogrammes et leurs définitions dans le désordre.	15 min.

Établi par N. Bonnin, L. Fèvre & N. Loubet, 1998.

9

PEUT-ON TOUJOURS VERBALISER ?

C'est en soi très difficile, et particulièrement pour l'expert (Lieury & Fenouillet, 1996, 118-121), de décomposer et de narrer des connaissances que les psychologues ont appelées « procédurales ». Des connaissances « procédurales » sont des connaissances qui servent « à faire », et se passent du « dire ». Demander alors à des sujets de verbaliser le non verbalisable est en soi ardu. Le travail coopératif proposé entend paradoxalement profiter de l'opportunité de passer par le « dire » pour savoir mieux « faire ». On vise le développement de « méthodes de travail » (Instructions officielles françaises, 1991). La phase de spécialisation est un moyen mis au service d'un autre type d'expertise : l'expert sera celui qui n'aura plus besoin de « dire » pour faire », car ses connaissances en la matière se seront « automatisées », « procéduralisées ». Mais, en terme de moyens à court terme, la phase d'expertise incite les élèves à rendre saillant pour eux-mêmes et leurs camarades leur « savoir-faire ». Ils doivent être capables d'expliciter face aux autres (savoir dire) ce savoir-faire. Les enseignantes attendent de l'échange à propos des différentes stratégies explicitées une transformation ou une appropriation vers de nouvelles stratégies pour faire face aux exercices de mémorisation et de restitution orthographique.

Au cours préparatoire, les enseignantes rapportent que la lecture des pictogrammes est difficile pour les élèves de cet âge. La lecture des dessins est l'objet de nombreux contre-sens. Par exemple, sur l'un des pictogrammes, les élèves imaginent que lorsqu'on fait des traces sous les roues d'une voiture (signe de glissade dans le code officiel de la route), cela correspond au fait que la voiture « va rencontrer bientôt des virages ». Les élèves de cet âge ont d'ailleurs tendance à « inventer » une histoire personnelle qui colle avec l'image, plutôt que de créer une signification codée, consensuelle. Parmi les stratégies « visibles » utilisées par les enfants, les enseignants notent qu'au lieu d'échanger par les mots leur stratégie d'encodage, les enfants échangent plutôt des « techniques » de mise en évidence, comme « mettre de la couleur » sur tout ou partie (par exemple le mot clef), « dessiner », puis « re-dessiner » encore l'icône (appropriation gestuelle). Ils utilisent le « regroupement » des icônes qui vont bien ensemble (par exemple : les panneaux de l'accident). Il semble que dans le retour en groupe d'appartenance, ils usent des stratégies habituelles comme repères pour l'action : « découper » pour coller à côté. Sans verbalisation d'accompagnement, ces actions masquent les stratégies cognitives sous-jacentes qui servent de repères. L'élève doit alors deviner face au pair pourquoi il surligne. Mais rien ne peut être dit. De façon générale, la liberté laissée dans les groupes d'expert quant à la gestion des procédures d'échange de stratégies pose problème. Les stratégies émergentes sont peu nombreuses. Les enseignantes rapportent que les élèves parlent peu même s'ils agissent. Il est alors difficile de saisir ce qui relève d'une procédure d'apprentissage par imitation par exemple (Wynnykammen, 1990).

Aux cours élémentaire et moyen, l'observation des comportements coopératifs des élèves est instructive. Après une phase individuelle de mémorisation (expertise), les élèves doivent coopérer avec la consigne suivante :

Consigne de coopération

À plusieurs vous allez essayer de mémoriser 5 mots. Ce qui comptera ce sera le résultat du groupe et non le travail individuel de chacun. On comparera vos résultats à ceux de la classe de X.

L'enseignante note que le « savoir-dire » pose problème. Soit que les élèves sont finalement peu rompus à ce genre d'exercice. Soit que, comme évoqué plus haut, l'exercice même de verbaliser du « procédural » reste ardu. Soit, en dernier lieu, que la notion même de « stratégies » ne se conceptualise pas si clairement que cela et, chez les élèves, et, chez le maître. Ainsi, dans les faits rapportés, l'enseignante relève que les élèves utilisent une stratégie de « recopiage silencieux », avec soit une répartition des rôles — chacun à son tour —, soit un recopiage simultané (CE2). Se dégagent aussi des formes de « tutelle », chez les élèves de CM2 qui guident les « plus faibles » : un membre du groupe dicte les mots dont le modèle est alors caché. L'élève tuteur relève avec son compère les erreurs commises, et donne des « conseils ». Or ceux-ci se cantonnent surtout à dire ce qu'il faut « éviter », et incitent l'élève en difficulté à « recopier » plusieurs fois le mot sous le modèle (CM2). Parfois même, une forme de délégation de la correction des erreurs à un pair est adoptée : l'élève écrit sans voir le modèle, et c'est son camarade qui pointe les erreurs (CE1). On assiste là, au renforcement des habitudes, qui véhiculent des images bien stéréotypées du scolaire…

10

SAIT-ON BIEN CE QU'EST UNE STRATÉGIE LORSQU'ON EST ÉLÈVE… OU MAÎTRE ?

On proposera d'envisager l'opportunité d'encadrer le dispositif par des séances d'explicitation collective sur la notion même de stratégie. Une phase de discussion analysée par Daniel & Auriac-Peyronnet (à paraître), dans une classe québécoise de CM2, montre, dans des conditions assimilables, que l'enseignant comme les élèves rencontrent de réelles difficultés à conceptualiser la notion de stratégie. La difficulté est récurrente à se détacher du « faire » pour passer au « dire ». Un exercice de formulation de « ce qu'est une stratégie » achoppe sur une épreuve lente et coûteuse de définition, sans laquelle les élèves ne peuvent finalement comprendre l'intérêt même d'un travail sur les stratégies.

10.1 – Extrait de corpus

Les élèves dialoguent après avoir exploré la mémorisation de deux listes de mots agencées différemment : l'une est classée par catégories, l'autre est rangée par ordre alphabétique. Les résultats empiriques montrent que les élèves à qui on a remis la liste n° 2 ont mieux réussi
(…)
MF : J'aimerais cela savoir moi, les élèves qui avaient la liste deux est-ce que vous en avez cherché des stratégies comment cela se fait que le nombre de réponses était moins élevé est-ce que cela veut dire que vous n'avez pas eu de stratégies ou que les stratégies étaient moins bonnes pourquoi d'après vous autres
P : Alc
Alc : Bien moi c'est pour répondre à la question tantôt de MF alors là moi je ne sais pas pour prendre une stratégie je réfléchis puis là après cela tu en mets plus j'en mets plus puis là après cela quand on dirait que j'en ai tellement mis que cela clique dans ma tête la stratégie je commence à la faire puis des fois cela marche puis des fois cela ne marche pas
MF :
Alc : Bien plus d'idées puis là cela donne un coup de tes idées bien là c'est cela.
P : Ka
Ka : Moi pour répondre un peu à P une stratégie c'est une façon de faire quelque chose

Daniel M.F., Extrait de Verbatim de l'équipe du CIRADE,
Université de Montréal, Québec.

D'autres définitions de la notion de stratégie achoppent dans cette discussion (ci-dessous), en dehors de ce « clic dans la tête ». La verbalisation, à travers cet exercice de formulation, et de re-formulation permet aux élèves de s'approprier une notion difficile.

10.2 – Définitions diverses de la notion de stratégie

> Ex1 : Ch : Bien une stratégie c'est euh tu prends des moyens pour être capable pour être capable de résoudre comme le problème comme qu'est-ce qu'on a fait tout à l'heure c'est comme tu penses tu fais quelque chose pour que tu sois capable de t'en rappeler après comme tu te les répètes tu te les répètes tout le temps jusqu'à temps que cela soit le temps que tu arrives puis là quand tu vas arriver pour le faire cela va être plus facile tu vas t'en rappeler parce que tu vas te les avoir répétés puis cela va t'avoir resté dans le cerveau
>
> Ex2 : J : Moi je réponds à la question de P euh une stratégie moi je pense que c'est un moyen que tu te donnes euh bien comme dans un problème euh il faut que tu résolves le problème en question bien tu te prends une stratégie puis bien la stratégie c'est un c'est un moyen comment résoudre un problème
>
> Ex3 : J : Bien c'est un moyen que tu te donnes euh euh tu te répètes ou bien tu te répètes ce que tu as à faire ou bien tu essays de chercher un moyen comment faire

Daniel M.F., Extrait de Verbatim de l'équipe du CIRADE,
Université de Montréal, Québec.

Même si l'opportunité de la création de moments privilégiés, comme les études dirigées à l'école élémentaire, offre une possibilité d'interroger les élèves sur leur méthode de travail, on constate, par l'intermédiaire de ce projet, que ce n'est pas facilement réalisable. Sans doute, faut-il à l'intention rajouter le long terme. L'expertise est alors à mesurer à l'aulne d'une année scolaire, plus qu'à l'issue d'un regroupement, fut-il manipulé pour remplir les conditions d'une formation à l'expertise. La formation à l'expertise est parfois longue...

11

POUR CONCLURE : IL Y A EXPERTISE ET EXPERTISE...

Les variations proposées pour illustrer la phase de travail en groupe d'experts montrent, que dans chacun des champs disciplinaires, la rigueur du dispositif est importante. La mobilisation par les élèves de ressources, soit la délégation du travail du maître aux élèves, ne s'effectue pas dans n'importe quelles conditions. Le maître délègue, en restant « au courant ». L'expertise est une phase importante et qui trouve des ressources dans des savoirs et savoir-faire mobilisables par les élèves. Si les élèves doivent porter la responsabilité de leur apprentissage, il faut penser le travail dans le souci permanent d'une exploitation possible *par* les élèves et *pour* les élèves. On doit « porter » l'expert, pour que l'expert ait la chance de développer son apprentissage. Une deuxième forme d'expertise, celle de la psychologie cognitive, doit alors être mis en regard. L'expert, au sens de la psychologie cognitive, est si féru dans son domaine, qu'il n'est justement pas apte à verbaliser ou faire profiter de ce qu'il sait, tant ses traitements sont automatisés. Comme le note Lieury « *être expert, c'est simple... au bout de dix ans* », et il illustre, « *des études sur les joueurs d'échecs, les compositeurs musicaux, les mathématiciens, les tennismen, les coureurs de fond, les scientifiques, montrent que la meilleure performance de l'individu est atteinte avec un minimum de dix ans d'expérience dans le domaine* ». Lieury évoque, pour persuader, les chiffres correspondant à l'entraînement des meilleurs violonistes de l'Académie de musique de Berlin. « *À l'âge de treize ans les "meilleurs" s'entraînent 12 heures en moyenne par semaine contre 8 et 5 heures pour les "bons" et les "élèves-enseignants". À l'âge de vingt ans les heures de pratique s'élèvent à près de 30 heures pour les meilleurs, c'est à dire autant que chez les professionnels. Bref si on compare, à longue échéance la pratique des "bons" avec les "meilleurs" on aboutit à des estimations vertigineuses de plus de dix mille heures de pratique pour les meilleurs (...) environ 7500 pour les bons contre 4000 chez les élèves-enseignants.* » (Lieury & Fenouillet, 1996, 120-121). La phase d'expertise illustrée dans ce chapitre en est la forme quasi opposée. Ce qui en revanche rapproche ces deux formes d'expertise c'est sans aucun doute le sentiment de confiance et d'estime et de maîtrise de soi qui les accompagnent toutes deux.

QUATRIÈME PARTIE

À QUELLES CONDITIONS PEUT-ON PARLER À L'ÉCOLE AUJOURD'HUI ?

Cette quatrième partie est consacrée au compte-rendu de quelques résultats de recherche acquis sur certains projets. Le développement des compétences à s'exprimer, à communiquer et *a fortiori* à argumenter sont au cœur de nos propos. L'école aujourd'hui, au regard des dernières instructions françaises et rapports émanant du ministère, amorce une bascule au profit d'une meilleure lisibilité de ce qui se fait en matière d'oral [1]. La réhabilitation de la parole dans son double versant de véhicule symbolique de pouvoir et d'instrument primordial de pensée s'amorce. Dans cet espace nous interrogeons le gain qu'il y a à apprendre aux élèves à travailler de manière coopérative, en terme d'accès à une parole efficace, et non reproductrice d'inégalité. Nous développons l'idée qu'il est nécessaire d'apporter des outils, des méthodes, des savoirs, bref enseigner ! pour que tous les élèves soient aptes à argumenter. Argumenter s'apprend, pour que coopérer se fasse. Coopérer s'enseigne pour qu'argumenter advienne.

>   8. La mise en regard de deux dispositifs de coopération
>   9. L'évaluation des compétences argumentatives
>   10. L'oral comme finalité. Le cas des « petits parleurs » au CE2

---

1. Les nouveaux programmes de l'école primaire (2002) confirment cet état de fait en inscrivant le débat oral dans de nombreuses matières : mathématiques, littérature, vivre ensemble, instruction civique, histoire et géographie.

La mise en regard de deux dispositifs de coopération

Emmanuèle Auriac-Peyronnet

À propos de différentes approches coopératives, « *les points communs qui ressortent sont les suivants : toutes les méthodes sont centrées sur les élèves (et non sur l'enseignant ou sur le programme) ; elles donnent aux élèves l'occasion de devenir des sujets plus actifs dans leurs apprentissages ; elles leur permettent aussi de faire des choix et de prendre des décisions ; elles leur fournissent également l'occasion d'entrer en interaction avec leurs pairs. Ainsi, la pédagogie de la coopération se différencie de l'enseignement traditionnel en favorisant le leadership, la responsabilité individuelle, l'interdépendance positive ainsi que l'interaction entre les élèves* » (Daniel, 1996, 27). D'autre part, « *quelques études démontrent (...) que la technique coopérative qui augmente le plus directement l'estime de soi des élèves est le Jigsaw, puisque dans cette pédagogie chaque élève reçoit une information le rendant indispensable à son groupe* » (cf. Blaney et al., 1977 ; Geffner, 1978, in Daniel, 1996,

23). Dans le sens de ces propos nous aménageons une étude comparative des processus d'action des élèves lorsqu'ils travaillent dans des groupes de coopération simple ou Jigsaw-teaching II. Il s'agit de repérer les aspects qualitatifs qui caractérisent un dispositif par rapport à l'autre. La présentation fera apparaître différents éléments concernant les processus de décision, la qualité des interactions, la construction des rôles communicationnels.

1

QU'EST-CE QUE L'ON COMPARE EXACTEMENT ?

Dans le projet n° 3, les enseignants ont le souci de vérifier si les deux modes de regroupement mis parallèlement en place produisent des effets divergents sur les apprentissages. Est-ce que la qualité des interactions groupales change véritablement ? Les élèves sont conviés à réaliser une affiche à propos de laquelle le maire de la commune donnera son aval. L'affiche la meilleure, selon l'avis du maire, fera l'objet d'un agrandissement et sera publiquement exposée dans différents lieux de la ville. Le thème général est celui « de la solidarité et de la protection de l'environnement ». Le protocole technique (ci-dessous) impose trois phases dans le travail : 1) une phase de réflexion collective où les élèves émettent différent(e)s idées/projets concernant le thème de la « solidarité » et/ou de « la protection de l'environnement » à l'issue de laquelle quatre projets/idées sont retenu(e)s ; 2) une phase de réflexion destinée à produire des arguments en groupe pour justifier en quoi l'idée/projet est intéressant(e) ; 3) une phase de production de groupe [1]. Dans cette dernière après sélection argumentée du meilleur projet parmi les quatre soutenus, les élèves réalisent l'affiche. Affiche et argumentaire seront envoyés au maire qui jugera les travaux sur pièces et s'entretiendra avec le directeur de l'école. Les élèves sont avertis, en phase 3, qu'un porte-parole par groupe sera désigné. Ce délégué rencontre le directeur de l'école auprès duquel il devra justifier et négocier les choix de son groupe, afin que le directeur de l'école transmette le travail au maire. Les élèves sont filmés lorsqu'ils sont en phase 3. Les élèves travaillent par petits groupes de 4 élèves.

Les trois classes ont suivi ce protocole, avec quelque liberté dans le traitement des thèmes, et dans le temps imparti au projet général. Deux classes sont des classes « traditionnelles » (CM1 et CM2). Une classe pratique une pédagogie coopérative (CM1/CM2).

---

1. Les élèves, mis au courant du projet général, sont avertis des modalités de travail au pas à pas.

La mise en regard de deux dispositifs de coopération

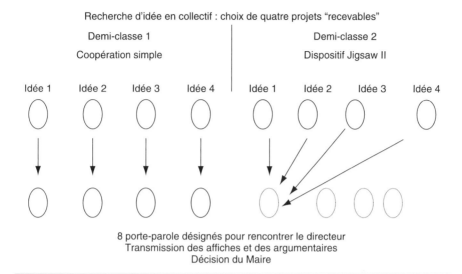

FIGURE 8.1
Le dispositif d'étude : comparaison de deux types de coopération en cycle III.

Établi par B. Laussine, P. Lyan & F. Rage, 1997.

2

QUEL PROCESSUS CONDUIT ORDINAIREMENT À LA DÉCISION DANS UN GROUPE ?

Les décisions, qu'elles soient de groupe ou individuelles, sont toujours plus ou moins négociées. Ainsi décision et négociation ont partie liée. Bellenger propose une typologie des négociations qui, sur un continuum allant de l'affrontement à l'entente, oppose un régime de négociation conflictuelle à un régime de négociation coopérative. La négociation coopérative s'illustre, selon lui, par la création d'une zone de consensus. Le consensus est marqué par un processus de négociation soit de type « gagnant-gagnant », soit « raisonnée », soit encore « constructive » (Bellenger, 1984, 36).

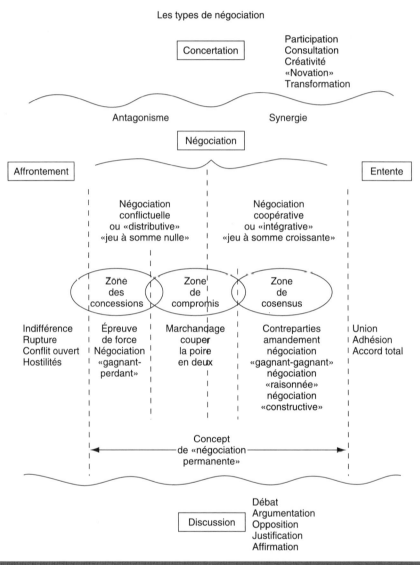

FIGURE 8.2
Les types de négociation (Bellenger, 1984).

Tiré de L. Bellenger, (1984), *La négociation*, Paris, PUF, Que sais-je ?, 36.

Que s'est-il passé dans les groupes coopératifs ? Les élèves ont-ils construit une négociation ? Ont-ils opéré une négociation de type gagnant-gagnant qui oblige à être l'un contre l'autre plus qu'avec l'autre ? Ont-ils usé de raisonnements pour étayer leurs choix ? Ont-ils seulement étayé des choix ? Choisi ?

De son côté, l'auteur « phare » du consensus, W. Doise, indique que la prise de décision dans les groupes s'opère par la combinaison de deux registres de la communication : un registre socio-émotionnel, et un autre orienté vers l'efficacité et la rigueur (Doise & Moscovici, 1992, Doise, 1998). *« Lors de la prise de décision dans les organisations, on a toujours besoin de ces deux aspects. Un responsable qui veut faire aboutir une décision rapide au sein d'un groupe risque de privilégier la procédure centralisée, mais en visant l'efficacité, il risque fort de frustrer la sensibilité des individus et donc, de devenir inefficace à plus long terme. D'ailleurs, l'innovation vient souvent des points de vue minoritaires dissidents. Ainsi, pour être véritablement efficaces, les mécanismes de décision doivent favoriser la contradiction. »* (Doise, 1998). Or, et presque paradoxalement à première vue, cette forme de contradiction doit aussi et nécessairement s'harmoniser sur la base d'un consensus. *« D'une part, cela augmente l'engagement des individus car, s'il n'y a pas nécessité d'aboutir à une décision commune, les membres du groupe débattent de leurs opinions personnelles, mais sans chercher à retravailler cognitivement les opinions exprimées par les autres. De plus, ce type de situation correspond précisément à ce qui se passe généralement dans la vie réelle. »* (Doise, 1998, 278). Les élèves ont-ils favorisé le débat d'opinions personnelles ? Ont-ils évacué ou favorisé le travail cognitif des opinions ? La contradiction apparaît-elle dans les propos ? Se sont-ils davantage contentés d'expression et d'entente socio-affectives ? Se sont-ils orientés dans un souci d'efficacité en favorisant par exemple un mode de centralisation des propos ?

En fonction de ce double éclairage (Bellenger, Doise), l'intérêt est de se focaliser sur le processus qui guide la décision. Deux indicateurs sont retenus, pour rendre compte des processus cognitifs ou affectifs sous-jacents. Nous nous appuierons, pour interpréter les modes d'actions des élèves sur : 1) le temps imparti aux échanges verbaux ; 2) le type effectif de décision. Une analyse psycholinguistique des échanges filmés permettra de qualifier en dernier ressort le processus global de construction de la décision.

3

LE TEMPS DE PAROLE INDIQUE-T-IL COMMENT FONCTIONNE LE GROUPE ?

Nous donnons dans le tableau ci-après le temps imparti à la phase de discussion avant que la décision de produire concrètement l'affiche ne soit prise. Globalement, les discussions obtenues en situation de coopération simple sont plus courtes que celles issues du dispositif Jigsaw.

Même en extrayant la discussion très longue du groupe VI (27 min.) on arrive encore sur le calcul de la moyenne des cinq groupes restants à un taux environ du double (7,2 contre 3,6) en faveur du dispositif Jigsaw-teaching II. Bref, on parle deux fois plus lorsque l'on a été expert.

Tableau 8.1
Résultats obtenus dans chacun des types de groupe.

	Coopération simple			Coopération Jigsaw		
	CM1/2	CM1 trad	CM2 trad	CM1/2	CM1 trad	CM2 trad
Groupes	1 | 2	3 | 4	5 | 6	I | II	III | IV	V | VI
Durée des discussions	3 | 1	8 | 1	6 | 3	8 | 6	8 | 5	9 | 27
Moyenne	Coopération simple Moyenne : **3,6**			Coopération Jigsaw Moyenne : **10,5** *(7,2*)*		

Les temps des discussions sont donnés en min., et arrondis à la minute supérieure.

Commentaire (*) : Le temps moyen est calculé pour chaque type de coopération (simple *vs* Jigsaw). Pour la coopération Jigsaw, une seconde moyenne (entre parenthèse) est calculée en ôtant le groupe VI qui présente trop d'écart par rapport aux autres groupes.

Ce décalage a plusieurs explications. Les élèves placés en situation de coopération simple, parce qu'ils restent dans le même groupe d'appartenance, ont déjà pu tester l'intérêt général du groupe sur tel ou tel projet (recherche d'arguments en phase 2). Précisons qu'ils ne sont cependant pas avertis, en phase 2, du fait qu'ils choisiront l'un des projets parmi les quatre [2] : on ne présente la nouvelle consigne de « sélection des projets » qu'en phase 3. Cependant, pour ces élèves qui ont déjà travaillé ensemble sur ces projets, il n'est pas nécessaire de consacrer du temps à présenter les projets. Cela explique une quote-part de la différence de temps. Mais cela ne renseigne pas *a priori* sur le fait que deux groupes (colonne 2 et 4) ne discutent absolument pas (temps inférieur à 1 minute). Le risque de voir l'exercice fui ou peu traité est multiplié par trois en situation de coopération simple. Regrouper des individus en vue d'une décision n'implique pas la discussion… Seul le regroupement Jigsaw donne l'opportunité de discuter, avec un minimum de 5 min. d'échange. Et, en 5 min., il se passe des choses (voir 11.).

---

[2]. Le projet est présenté de telle façon que les élèves peuvent croire à ce stade que le maire sera le seul juge sur les quatre projets.

4

COMMENT SE CONSTRUIT LA DÉCISION ?

L'analyse des échanges verbaux permet d'étudier le mode de décision qui s'accomplit dans le groupe. Le décryptage des bandes vidéo a conduit à opposer différents types de décisions. On trouve des décisions fondées sur le « hasard », où le choix s'effectue par un tirage au sort parmi les quatre feuilles de projet. Le vote est, d'autres fois, assorti d'un certain nombre de variantes en ce qu'il s'accompagne soit d'une argumentation, soit d'un tri éliminatoire des projets. Tri et argumentaire peuvent aussi alterner. Enfin, c'est parfois un individu particulier qui, reconnu par le groupe, décide. C'est soit un leader qui impose son thème et les jeux semblent faits d'avance, soit un individu compétent (celui qui sait bien dessiner). On détaille ces types de décision dans la liste ci-dessous :

- **H** = **Hors thématique** : le choix est basé sur la compétence d'un enfant à dessiner.
- **HS** = **Hors thématique par tirage au sort** : le choix n'est pas conduit.
- **J** = **Jeux faits d'avance** : un leader dans le groupe fait que le choix a avorté au départ.
- **V** = **Vote** : les élèves votent à main levée.
- **VE** = **Vote éliminatoire** : les élèves votent successivement pour chaque projet.
- **VE/V** : **Vote** éliminatoire suivi d'un **second vote**.
- **VEA** = **Vote éliminatoire argumenté** : les élèves discutent chaque projet avant de proposer un vote à main levée.
- **EA** = **Élimination progressive argumentée** : les projets sont discutés jusqu'à épuisement du thème pour convaincre.
- **AV** : **Argumentation suivie d'un vote** : les projets sont tous discutés et argumentés, puis au final un dernier vote permet de trancher.

Ces types de décisions se répartissent comme suit dans les différents groupes des trois classes :

TABLEAU 8.2
Les types de décisions prises dans chacun des groupes.

	Coopération simple						Coopération Jigsaw					
Groupes	1	2	3	4	5	6	I	II	III	IV	V	VI
Décisions	HS	J	H	J	J	VE	VE/V	EA	VE	VE	AV	VEA

H = Hors thématique ; HS = Hors thématique par tirage au sort ; J = Jeux faits d'avance ; V= Vote ; VE= Vote éliminatoire ; VE/V : Vote éliminatoire suivi d'un second vote ; VEA = Vote éliminatoire argumenté ; EA = Élimination progressive argumentée ; AV : Argumentation suivie d'un vote.

Les résultats se présentent sans ambiguïté. La coopération simple favorise un mode de résolution extérieure à la qualité de l'échange verbal (H ou HS), ou pérennise un rôle social établi dans un « ailleurs » du regroupement (J). Elle court-circuite l'échange verbal sur lequel elle ne s'appuie donc pas. À l'inverse, la situation Jigsaw dégage la modalité du vote dans cinq groupes sur six. Le vote apparaît bien dans l'univers scolaire comme une technique d'appui et d'esprit démocratique : le consensus est démocratiquement acquis sur la base du « s'est exprimé » donc « n'a plus rien à revendiquer ». C'est l'expression qui fait la décision. Et la loi du nombre est reconduite. Le vote n'est cependant pas dans ces groupes appliqué sèchement. Il est toujours encadré d'une élimination progressive des projets (I, II et III). Cela signifie que les projets sont systématiquement « soumis » à un vote et non simplement « éliminés » par un seul vote. Dans trois des groupes on repère la trace d'un argumentaire qui tantôt précède le vote (V), tantôt accompagne l'élimination des projets (II), enfin s'assortit des deux (VI). Comme seul le groupe 6 de coopération simple procède ainsi, on formule l'hypothèse que c'est la coopération de type Jigsaw qui favorise l'allongement du processus de décision. L'expertise acquise dans le dispositif Jigsaw favorise l'échange des points de vue, soit l'élimination raisonnée des projets. Nous illustrons ce travail de négociation discursive sur le groupe VI.

5

COMMENT SE NÉGOCIENT LES CHOIX ?

Le groupe VI se détache des autres groupes en ce que les élèves ont véritablement pris le temps [3]. Les élèves se prêtent à l'exercice de la discussion (dans le sens de s'exercer) : ils débattent véritablement autour des quatre idées. L'extrait sélectionné rend saillants les faits les plus importants.

5.1 – Extrait de discussion n° 1

C1 : puis c'est l'garage à vélos bon c'est sûr mais
E1 : remarque les piles si elles sont hautes comme ça aussi (*geste en bas*) ils les mettent si ils// les mettent haut comme ça ben t'as des CE1 y vont prendre dedans (*adresse G*)

---

[3]. 27 min. sur les 30 imparties. L'enseignante a même dû laisser du temps supplémentaire pour la production de l'affiche.

A1 : moi l'garage à vélos euh
C2 : (*adresse A*) **tu veux le mettre où** toi l'garage à vélos
conversation A et C en parallèle à celle entre G et E
A2 : moi j'la mettrai vers tu sais là vers le grand port// tail tu
C3 : //eh attends (*adresse E*) c'que je dis à A c'est où on l'mettrait// pas là bas parce que//
A3 : // tu sais le portail// le portail tu sais y a les trucs là (*gestes : peinture parking des voitures*)
E2 : derrière la cantine derrière la cantine (*adresse C*)
A4 : non pas derrière la cantine hein on va pas descendre en vélo dans ces trucs hein on voit rien là ooouuuh
G1 : rires
C4 : ben derrière là ouais y a aucune place hein
G2 : ouais mais on pourrait l'mettre inaudible
C5 : ouais y a aucune place hein
A5 : si y a une place// tu sais le grand portail là
C6 : //où//
C7 : là (*geste*)
A6 : ben on pourrait l'mettre là là là tu sais (*geste*)
C8 : ouais bé j'te signale qui y a les voitures euh qui arrivent euh pour donner euh pour donner la nourriture d'la cantine
G3 : ouais
E3 : eh ouais (!)
G4 : y a puis y a
A7 : mais non de.. hors mais pas dedans
G5 : mais non mais faut pas l'mettre dehors
C9 : ben bé y a je te signale//
E4 : //dehors y a un parking exprès pour l'école

Les élèves quittent véritablement « leur » centre d'intérêt, et se prêtent très volontiers au jeu. Ils tentent de trouver une solution en faveur d'une décision fondée. L'idée d'installer un garage à vélos passe par l'étude de la solution concrète : *où* le placer (C2). Aussi les arguments ne sont pas seulement proposés, mais passés au crible dans un travail au pas à pas qui constitue des mini-séquences d'avancée dans l'argumentation orale : A2-E2 ; A4-C7 ; A6-G4 ; A7-E4. La contre argumentation se développe (A4, C8). Tous les élèves (A, G, C, et E) participent et trouvent leur place dans cet échange qui même minimal pour certains (ici, G) témoigne en revanche d'une participation au travail d'élaboration cognitive en cours. Autant les ratés d'entrée dans le processus d'interaction orale (G1 rires, G2 interruption, G3 validation, G4 interruption, G5 proposition) pourraient faire l'objet d'une analyse, qui du point de vue de la prise de parole de G reste problématique, autant, d'un point de vue du processus d'interactivité cognitive, on peut juger le travail d'accroche de G à ce qui se dit et ce qui se construit comme relativement ténu. L'écoute participative est à considérer.

Le second extrait parle de lui-même. On soulignera les marques les plus caractéristiques de l'argumentation. On note la présence de connecteurs dialogiques (*oui, mais*), de modalisations (*quand même*), de l'usage du conditionnel des verbes, des verbes modaux, de l'appel au destinataire (*j'te signale*). Le thème est travaillé, spécifié (*des conteneurs, devant chez toi, si tu as une grande maison*). Le régime de la comparaison (*comme*) œuvre.

5.2 – *Extrait de discussion n° 2*

C1 : ouais c'est pas très agréable bon garage à vélo stop et télévision stop donc alors donc y reste plus que ça et ça (*tape sur les deux feuilles concernées de E et C*) alors
A1 : les poubelles pour piles ça pourrait être bien **mais** l'environnement c'est si chacun qui ramasse ses piles
E1 : **ouais mais** y en a des fois qui oublie de faire alors puisqu'i
C2 : y aura **toujours des malins** qui viendront prendre ben dans les poubelles les piles// et puis les balancer
E2 : //ouais//
E3 : **peut être mais**
C3 : et les gens prendront même pas la
G1 : le temps de les (vider ? inaudible)
C4 : là le voilà y a y aura peut-être les poubelles y prendront pas le temps y peuvent prendre les piles hop les balancer et tayo [4]
Rires G et E
G2 : tayo
E4 : **ouais mais attends si** t'as juste des piles devant chez toi **si** t'as une poubelle à pile juste **devant chez toi** comme ta poubelle// de de tous les jours
A2 : eh faudrait j'te//une//
E5 : // tu tu la mets t'as **quand t'habites dans une grande maison** t'as une poubelle euh
A3 : fau**drait** que
C5 : **ouais mais** tu veux le mettre où toi//
A4 : **faudrait faudrait**// une pou une poubelle à pile mais quand on a fini//
C : //à côté d'ici ou à coté de//
A5 : y a une clef **tu sais** y a une clef pour pas qui s'ouvre
C6 : une clef (*ton interrogatif*)
G3 : **tu sais un conteneur**//
A6 : oui une clef comme ça pour euh (*geste de fermeture*)
E6 : **ah ah** un conteneur// ouais un contenant **mais**
C7 : // **mais même**//
C8 : un contenant mais même quand il est rempli et que
A7 : **ouais mais** qu'on remplit à moitié chaque jour y s'y vide
C9 : **chaque jour tu veux** que//

---

4. Expression argotique qui signifie « et s'en aller ».

> G4 : y z'y vide **deux fois par mois**
> E7 : même pas
> C10 **ouais même pas** hein (*adresse G*)
> C11 : eh **j'te signale**
> E8 : eh attends oh **mais si** y a des des poubelles à à piles
> C12 : **d'accord**
> E9 : **ceux qui sont intéressés** par les poubelles
> C13 : hein
> E10 : **ceux qui veulent mettre dans les poubelles** ceux qui sont intéressés
> C14 : **bé oui mais attends si** on met une clef (*geste*) et ceux qui rentrent la clef tu ouvres et hop tu qui prennent et tu l'enlèves
> A8 : ah **mais** si t'as pas la clef
> E11 : eh **c'est pas tout le monde c'est pas tout le monde** qui a la clef
> G5 : **ouais puis même** (*inaudible*) si tu donnes la clef y pourra aussi et les jeter quoi donc euh
> C15 : ça sert à rien en fait la clef
> G6 : ouais avec la clef euh
> E11 : **non** euh tu fais un conteneur pour piles **comme les conteneurs de carton ou d'papier** de de fer
> G7 : **ouais mais** ça **coûte cher** les conteneurs
> *A va se promener dans la pièce.*
> C16 : bé oui et **en plus il faut** les y les **ramasser** hein
> E12 : **ouais mais regarde** y viennent bien **y viennent bien** les ramasser les conteneurs dans les dans les plastiques
> C17 : **oui mais ça coûte cher quand même** et les piles bon c'est moins encombrant donc ils viendront moins souvent

On assiste à une « négociation coopérative » qui allie « état d'esprit » et « mode de relation » (Bellenger, 1984). Les élèves, comme lors d'une négociation coopérative, *« font preuve de flexibilité tout en étant consistants : ils ne changent pas d'idée sans prévenir, osent affirmer l'idée qui les guide, posent la question de confiance sur l'adhésion au projet commun[5], se montrent solidaires dans la prise de risque, assument leur part de travail et de responsabilité dans l'échec comme dans la réussite »* (Bellenger, 1984, 49). : ceci pour l'état d'esprit. Quant à la relation, les protagonistes *« ont tendance à structurer dans le temps leurs relations. Ils ont besoin de continuité et de stabilité ; ils ont appris à s'accorder des périodes d'information réciproque suffisamment longue pour éviter les délibérations déséquilibrées faute de réparation »* (Bellenger, 1984, *50*). Bien que Bellenger relève le côté proprement irénique de ce type de négociation, la lecture de l'extrait offre, elle, un bon exemple d'harmonisation du conflit autour de la progression de chaque idée (stabilité). Les quatre idées sont systématiquement déployées, enrichies (continuité), contre-argumentées. L'élimination des projets se fait dans un pas à pas « raisonné ». Par opposition à des formes de joutes oratoires, où

---

5. C : — tu veux l'mettre où toi ce garage à vélos.

l'on contre systématiquement l'autre, c'est l'étayage progressif de « sa position propre » qui produit ici du discours. La négociation est à la fois coopérative et constructrice. L'appel à l'argument, au contre-argument ou au contre-exemple est généré par la seule implication des élèves quant à l'enjeu du travail. Le « contre-dire » n'est pas matérialisé par un adversaire, et ce sont les thèmes qui sont « contrés ». Nous poursuivons l'analyse comparée en étudiant le mode d'action des élèves dans deux groupes : le groupe 6 comparativement au groupe V, en classe de CM2.

6

COMMENT SE CONSTRUISENT LES RÔLES ?

Les rôles communicationnels sont des rôles qui se repèrent dans la manière dont les interlocuteurs se saisissent de l'espace communicationnel. Lorsqu'un maître parle en classe, il est animé d'un rôle social particulier (rôle d'instructeur, d'éducateur, de formateur...), qui l'invite à accomplir différents rôles communicationnels (distribuer la parole, juger les paroles émises, expliquer les leçons, rappeler les consignes...). La classe est un lieu où se construit un contrat communicationnel qui régit en permanence les discours scolaires. Ce contrat reste néanmoins révisable en fonction des échanges qui se jouent réellement dans la classe. La mise en place de situations qui favorisent la coopération entre élèves donne la chance d'aménager d'autres contrats, plus locaux, de permettre aux élèves d'essayer, de s'exercer sur d'autres rôles. Au final, les élèves qui s'orientent vers la construction de rapports interpersonnels à l'intérieur d'un petit groupe coopératif ont l'occasion de « réviser », voire de « revisiter » leurs rôles sociaux dans la classe [6]. Les rôles communicationnels, à associer aux rôles sociaux sont nécessairement liés aux « compétences cognitives et langagières » des élèves [7].

Deux indicateurs permettent de circonscrire le jeu de rôle dans un groupe. À un premier niveau, on peut se contenter de calculer le capital parole (voir Chabrol & Camus-Malavergne, 1989), pour avoir une vision globale de la « répartition du pouvoir » sur le seul plan verbal : comptage du nombre des mots et/ou des interventions. En second lieu on s'intéresse aux modalités d'exercice des rôles communicationnels que l'analyse du discours permet de circonscrire. Pour exemple, extrait d'une autre expérimentation (Chavagnac & Toczek-Capelle, 1997 [8]) l'analyse

---

6. On considère la classe comme une micro-société.
7. C'est en ce sens que nous croyons qu'il faut accompagner la gestion des dispositifs coopératifs d'un enseignement conjoint de l'oral.
8. Voir en deuxième partie, le chapitre 3.

d'un cas d'élève (Ma) permet de se rendre compte de l'accomplissement progressif du rôle (voir Duval, 1994) de leader par Ma.

6.1 – Évolution du capital parole de Ma durant trois phases de l'interaction

TABLEAU 8.3

Pourcentage de paroles émises à chacune des phases de l'interaction : étude du cas de Ma.

	J	Ma	C
Temps T1	45 %	**17 %**	38 %
Temps T2	44 %	**26 %**	30 %
Temps T3	40 %	**29 %**	31 %

J, Ma et C sont des élèves, fillettes, de Ce2. Le nombre indique le pourcentage de paroles individuelles rapporté à l'ensemble des paroles émises dans le groupe.

Commentaire : On compte le nombre de tours de paroles qui est ici comparable en proportion au nombres de mots émis.

On s'aperçoit facilement que Ma prend peu à peu part à l'interaction : son capital mot passe de 17 % à 29 %. Elle a progressivement construit sa place interactionnelle dans le groupe. C'est elle qui accomplit son rôle dans un espace interactif où J monopolise le dire (45 % à 40 % tout au long de l'échange).

Parler de « rôles communicationnels » c'est s'interroger au niveau de l'individu, sachant que ce qui « fait » l'individu n'est que le résultat d'interactions sociales. Lorsque l'on se centre sur les stratégies des individus, « *on démontre qu'une même personne peut adopter soit l'approche socio-émotionnelle, soit l'orientation vers l'efficacité selon la situation dans laquelle elle se trouve. Les nombreuses recherches effectuées sur les canaux de communication montrent, en effet, que lorsque la communication est organisée sur un mode démocratique (tout le monde peut parler avec tout le monde, il faut être à l'écoute des autres), c'est le registre socio-émotionnel qui est privilégié, avec parfois pour conséquence une plus grande créativité du groupe. Inversement, si la communication est organisée sur un mode centralisé (les messages passent par un leader), c'est la rigueur qui se manifeste le plus, ce qui produit des solutions de type logique.* » (Doise, 1998, 178). Etudier les rôles de chacun dans un groupe c'est mesurer l'implication tout au long de l'échange.

7

EN QUOI LE DISPOSITIF DISTORD LES ENJEUX HABITUELS DE POUVOIR ?

La comparaison des effets propres au dispositif Jigsaw et de coopération simple débouche sur la caractérisation du mode d'accomplissement des « rôles sociaux », qui est différencié dans chacun de ces regroupements. L'efficacité, la centralisation, les rapports socio-émotionnels n'y tiennent pas la même place. Nous rapportons le comparatif entre le groupe 6 (coopération simple) et le groupe V (dispositif Jigsaw-teaching II).

7.1 – Étude du capital parole (comparatif des situations simple et Jigsaw-teaching II)

TABLEAU 8.4
Comparaison de la répartition de la parole selon le type de coopération.

Coopération simple (gr 6)				Coopération Jigsaw (gr V)			
M	V	F'	AS	F	A	P.A.	Q
14	21	4	19	28	24	31	34
24 %	36 %	7 %	33 %	24 %	20,5 %	26,5 %	29 %

Le premier nombre indique le nombre de tours de parole brut par personnes. Le second est ramené au pourcentage de paroles individuelles rapporté à l'ensemble des paroles émises dans le groupe. Le numéro de groupe réfère au classement donné dans le tableau 8.1.

Commentaire : M, V, F, AS, F', A, PA et Q sont des élèves de CM2.

Dans la situation de coopération simple (gr 6), la parole de l'un des membres est « étouffée » par celle des autres (F' = 7%). C'est un constat courant lorsque le dispositif ne porte pas la répartition de la parole. Bien que la consigne suggère une finalité coopérative, la place pour parler est chère. Le phénomène de compétition, voire de victimisation émerge. La coopération simple a tendance à favoriser la reconduction des attitudes générales des élèves dans la classe. Les dérapages socio-interactionnels, connus en collectif, sont reproduits. La formation des attitudes (Instructions officielles françaises, 1989) n'est pas gérable par cette voie. À l'inverse, les élèves portés par le dispositif Jigsaw, harmonisent la répartition de la parole (gr V). Si des écarts subsistent, le plus faible parleur occupe 20 % de l'espace parole.

8

QU'EST-CE QU'UN RÔLE « STÉRÉOTYPÉ » ?

L'étude du contenu de paroles émises par chaque membre invite à réfléchir plus avant sur le phénomène bien connu du leadership. On se centre dès lors sur le processus dynamique d'accomplissement discursif d'un rôle. La situation de coopération simple a tendance à stabiliser un seul rôle local/social pour chaque membre du groupe. Il est facile de repérer, en rendant à l'individu ce qu'il a dit dans toute l'interaction, « le » rôle que le groupe l'a amené à jouer. En coopération simple l'opportunité est bien souvent réduite à se « replier » sur « son » rôle. Nous présentons cette « logique sous-jacente » sur le corpus du groupe 6. Les prises de paroles de chaque membre sont isolées et retranscrites dans l'ordre de la conversation. Il est simple d'étiqueter chaque sujet, par son rôle unique, en titrant par exemple : AS : « leader meneuse des actions du groupe » ; V : « tendu vers une idée fixe : « écrire » » ; M : « gardien du vote » ; F' : « le mal mené ». C'est en ce sens que l'on touche au stéréotype de la conduite.

8.1 – Le rôle du leader AS

AS : **Bon faut euh c'est ça qui faut choisir** alors l'affiche euh (*elle va poser l'affiche derrière*)
AS : ben on pourrait prendre çui qui en a le plus
AS : non non **faut les relire** parce que sinon quoi sinon//
AS : donc euh **faut savoir**
AS : **chacun lit** sa//
AS : ben si
AS : ben si on s'rappelle pas tout c'qui a d'ssus on lit (*ton interrogatif*)
AS : alors pour le garage à vélo on pourra venir à l'école à vélo sans se le sans se le faire voler ceux qui habitent loin pourront venir à vélo et partir de chez eux plus tard les véro les vélos seront à l'abri s'il pleut pour la peinture sur les murs
AS : ve vive et gaie
AS : **alors j'écris** en quelle couleur
AS : non on pourra pas faire comme ça
AS : **bon alors** qui est pour le garage à vélo
AS : inaudible
AS : moi
AS : qui veut le garage à vélo
AS : ah là et puis pour la télévision
AS : **ah ben on prend l'garage à vélo on est quatre**
AS : bon ouichsais pas trop moi
AS : euh ben ouais mais **on est quatre donc c'est bon** t'es bien pour le garage à vélo toi (*en direction de M*)

— 153 —

8.2 – *L'idée fixe de V : écrire*

V : moi j'crois (*très bas*) eh ben on pourrait prendre
V : alors l'école sera plus vive (*regard interrogatif AS*) vive
V : vive et gaie et belle cela sera un projet d'art plastique l'école attirera l'attention des gens nous apprendrons à peindre des fresques sur les murs télévision et magnétoscope
V : bon alors
V : **ben noir ça s'verra mieux parce que euh**
V : /eh/
V : moi moi j'dirai qu'c'est la poubelle pour les piles pour les piles elle elle est bien
V : moi j'vais sur les deux
V : non en fait//
V : // pour le garage à vélo//
V : ouais moi en fait//voilà//
V : ouais moi aussi j'hésite//
V : çui là euh çui la euh
V : si c'est pour s'la faire voler ça sert à rien (*ref à la télévision*)
V : bon ben on va faire peinture sur murs
V : bon ben on a pas l'choix
V : moi aussi
V : ouais moi c'est que je j'aime bien aussi le garage
V : j'aime bien moi
V : ça ça sert à rien parce que on risque de se la faire voler hein pfuiit
V : **oh j'peux commencer à écrire**

Dans les quatre cas, le scénario est identique : les élèves disposent d'un temps de présentation pour leur idée (*encadré*) et le reste de l'échange porte essentiellement sur l'organisation du vote mais non sur le développement d'un argumentaire. L'efficacité du travail s'organise autour de AS, qui rompt le discours par les marques caractéristiques du genre professoral : « bon », « alors » (Ali-Bouacha, 1981). V négocie sa place pour pouvoir écrire sur l'affiche, sans s'engager sur aucun des thèmes : elle penche pour l'idée « poubelle », « *hésite* », puis indique qu'elle « *aime bien aussi le garage* » ; mais c'est la fin qui est pour elle décisive : « *oh j'peux commencer à écrire* ».

8.3 – *Le rôle du gardien de vote M*

M : alors on vote **on fait un vote**
M : ben oui mais même ya quand même celle-ci (montre la case non choisie sur la feuille)
M : eh ben//
M : ben non

La mise en regard de deux dispositifs de coopération

M : **alors nous pourrons regarder des documentaires en cas d'exposés nous pourrons montrer des cassettes ce... la nous apprendra à faire de l'anglais et cetera les CP pourront regarder des dessins animés poubelle pour piles**
M : ouais mais on pourra écrire de différentes couleurs
M : bon alors **on va faire un vote** chacun met sa main pour clui qu'il veut
M : **bon on vote**
M : //moi j'hésite entre eux trois là (*elle indique sur la feuille*)
M : peinture sur murs j'aimerai bien
M : **alors on vote** qui veut peinture sur murs
M : non mais **qui veut** poubelle sur pour piles
M : ah
M : ouais ouais

8.4 – F' le « soumis, malmené »

F' : alors on choisit
F' : cela évitera la pollution de l'environnement cela évitera que les personnes aillent (*AS et V perturbent et parlent de leur côté sans écouter*) dans d'autres villes quand les enfants iront à l'école ils pourront apporter des piles usagées (*M rejoint AS et V et elles font des apartés en cherchant dans la trousse d'AS*) dans nos poubelles cela évitera (*F regardent les autres pour retenir l'écoute*) aux animaux de mourir.
F' : inaudible
F' : moi aussi

Le cas de M est aussi lisible. Face au retrait des membres du groupe concernant le réel traitement du thème, M hésite aussi (« *moi j'hésite entre eux trois là* »). Il porte alors un rôle de gardiennage. C'est la force de la répétition de sa proposition de vote (cinq fois) qui guide principalement sa conduite. Inutile de discourir sur le cas de F'. Le genre caricatural confine là encore au stéréotype.

9

COMMENT LES ÉLÈVES TRAITENT-ILS LE THÈME ?

Comparativement, les prises de parole dans le groupe coopérant en Jigsaw, admettent un équilibre fort différent. Nous découpons le protocole de la même façon pour faire apparaître la participation de chaque individu. Les thèmes sont cette fois traités et non encapsulés comme précédemment en coopération simple. Chaque élève est responsable de son thème. Aussi, il l'initie autant qu'il propose graduellement des arguments : c'est de l'étayage. La grande différence vient aussi du mode de « prise en charge » du thème. En coopération simple, les élèves se contentent d'informer. Ils font part. Dans le dispositif Jigsaw, le porte-parole prend du recul sur ce qu'il dit : « *ben moi je préfère* » (F). Dans le premier cas, c'est la thématique qui se déploie, dans le second cas c'est le sujet qui prend en charge l'orientation de la thématique. L'effet attendu n'est pas le même. Il faut dans le second cas contre-argumenter pour avoir une chance de faire reculer le thème. Si bien que les thèmes sont « forcément » partagés dans ce mode de regroupement où les élèves « portent » les thèmes. Un monde d'inter-locution se développe, s'organise. Nous illustrons en retranscrivant l'intégralité des tours de parole de deux élèves (gr V).

9.1 – F : Idée expertisée, la télévision

F : et la naat et la nature
F : **ben moi j'préfère la télé** parce que on peut regarder des documents on peut inaudible
F : ouais
F : ouais
F : **moi j'préfère la télé**
F : oui ben non
F : **ouais ben nous euh pour pour la télé** par exemple on fait une sortie on amène le magnétoscope on peut filmer et après on peut regarder
F : ben si
F : bé oui euh
F : en plus **on peut les accrocher**
F : **mais tu y attaches tu y attaches**
F : mais quand y pleut tu mets ça fait rien sur les vélos (*réf toiture…*)
F : ouais
F : euh (inaudible *désigne le projet de PA*) et nous aussi(*désigne son projet*) je choisirai entre vous deux (*désigne Q et A*)
F : eh qui vote pour lui (*dir PA*)
F : ben lui
F : ah okay (*interloqué*)
F : qui vote pour lui (*dir Q*)
F : là ya 2 là y a 3
F : oui
F : **ben aussi les piles quand tu les vides** y en aura plein aussi après et tu sais pas quoi en faire
F : //**ouais mais l'garage à vélo on peut le prendre tous les matins par exemple** si tu habites aux pendières ça ça descend
F : oui mais aussi l'vélo ça pollue pas
F : **oui mais les piles elles polluent**
F : mais comment

F : j'prends lui moi (*dir A*) et toi (*adresse PA*)
F : (*demande les feutres à PA*)
F : ouais alors ben qui vote pour lui (*dir A*)

9.2 – PA : Idée expertisée, peindre l'école

PA. : bonjour
PA ./ y faudrait mieux faire inaudible
PA : ouais//
PA : ouais alors moi//
PA : inaudible
PA : **ben moi j'ai peinture aux** murs parce que les couleurs de l'école sont tristes et puis ça la ça les rendraient ça rendrait l'école plus//gaie
PA : ouais
PA : ouais
PA : **aussi moi j'ai mis peinture aux murs parce** que ça donnait envie d'aller à l'école
PA : mais de tout c'qui reste j'ai rien pris peinture aux murs
PA : ouais c'est vrai **parce que si y faut protéger les animaux** eux aussi ils ont le droit de vivre hein y sont comme nous
PA : y en a qui inaudible
PA : **ben ouais déjà pour ceux qui habitent à Cournon** moi moi me ma moi me ma moi//
PA : tu mets un antivol **tu mets un antivol**
PA : inaudible
PA : ouais
PA : et **en plus si la peinture est refaite** sur les murs de l'école ben ça éviterait qu'y ait moins de saletés sur les murs quoi comme l'abri d'basket elle serait belle
PA : ah pas moi
PA : c'est quoi ça là (*à propos du projet de F*)
PA : **en plus si on le met dans les poubelles ça** ça//
PA : en plus si on met dans les poubelles ça ça ça éviterait de les//
PA : oui mais ça dépend où on habite aussi
PA : //ben oui mais y faut y faudrait y faudrait y mettre dans // tu dis qui faut mettre dans une poubelle mais **y faut mettre dans une poubelle spéciale**
PA : moi j'prends lui moi (*dir Q*)
PA : **encore que le mien que les couleurs de l'école sont tristes c'est un peu vrai quoi**
PA : c'est vrai que ça rendrait l'école un peu plus jolie
PA : non mais c'est
PA : attends (*adresse à F*)
PA : et qui vote pour Q et tout
PA : attends et qui vote pour le mien (*personne*) et qui vote pour le tien (*dir F*)
PA : fait voir comment il était le tien (*dir F*)

Chaque « défenseur » soumet son idée, puis revient à plusieurs reprises dans le discours pour la défendre ou la reformuler (étayage). De plus, le propos de chacun est thématisé autour des idées défendues par les autres. L'adhésion rhétorique à une idée permet à l'élève à la fois de déployer des formes langagières utiles à ce jeu, et de se distancer pour se prêter au jeu intellectuel de contre-argumentation à propos des idées adverses. L'implication est un exercice, qui permet à l'élève, armé, expert, (l'idée qu'il défend est préparée), de se faire valoir, comme de se heurter à la résistance d'autrui. Il gagne sur son propre espace (justifier), comme il travaille dans/sur l'espace de l'autre (négocier).

10

COMMENT ENCHAÎNE-T-ON SES PROPOS DANS UN GROUPE CLASSIQUE ?

L'étude de quelques enchaînements interlocutoires rend compte de la qualité du travail cognitif qui est foncièrement différent d'une situation à l'autre.

10.1 – Étude d'une situation de coopération simple : 3 min.

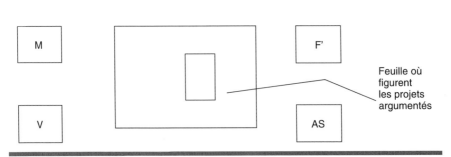

FIGURE 8.3
Disposition des quatre élèves pour le travail de groupe.

M, V, AS et F' sont des élèves de CM2. Seul F' est un garçon.

10.2 – Extrait de discussion n° 1

AS1 : **Bon faut** euh c'est ça qui faut choisir alors l'affiche euh (*elle va poser l'affiche derrière*)
V1 : **moi j'crois** (*très bas*) eh ben on pourrait prendre
AS2 : **ben on** pourrait prendre çui qui en a le plus
F'1 : **alors on** choisit
M1 : **alors on** vote on fait un vote
Les enfants tapent sur la feuille à l'endroit de l'idée de leur choix
AS3 : **non non faut** les relire parce que sinon quoi sinon//
M2 : **ben oui mais** même ya quand même celle-ci (*montre la case non choisie sur la feuille*)
AS4 : **donc euh** faut savoir
M3 : **eh ben**//
AS5 : chacun lit sa//
M4 : **ben non**
AS6 : **ben si**
AS7 : **ben si on** s'rappelle pas tout c'qui a d'ssus on lit (*ton interrogatif*)

L'entrée dans l'interaction montre clairement que l'ancrage énonciatif se fait sous l'anonymat du « on ». Personne n'est véritablement en cause. Si bien d'ailleurs que l'échange ne sert pas directement l'une des thématiques (idées : télévision, piles, vélo ou peinture), mais plutôt la lancée dans une procédure d'action (« alors on vote » ; « alors on choisit », « donc euh faut savoir » ; « chacun lit sa// »). Les sujets ne sont pas impliqués, car peu porteurs. Seule la tâche très scolaire de devoir finalement conclure pour amener une réponse à la maîtresse est effective.

10.3 – Extrait de discussion n° 2

AS8 : **alors** pour le garage à vélo on pourra venir à l'école à vélo sans se le sans se le faire voler ceux qui habitent loin pourront venir à vélo et partir de chez eux plus tard les véro les vélos seront à l'abri s'il pleut pour la peinture sur les murs
V2 : alors l'école sera plus vive (*regard interrogatif AS*) vive
AS9 : ve vive et gaie
V3 : vive et gaie et belle cela sera un projet d'art plastique l'école attirera l'attention des gens nous apprendrons à peindre des fresques sur les murs télévision et magnétoscope
M5 : **alors nous** pourrons regarder des documentaires en cas d'exposés nous pourrons montrer des cassettes Ce... la nous apprendra à faire de l'anglais et cetera les CP pourront regarder des dessins animés poubelle pour piles
F'2 : cela évitera la pollution de l'environnement cela évitera que les personnes aillent (*AS et V perturbent et parlent de leur côté sans écouter*) dans d'autres villes quand les enfants iront à l'école ils pourront apporter des piles usagées

(*M rejoint AS et V et elles font des apartés en cherchant dans la trousse d'AS*) dans nos poubelles cela évitera (*F regardent les autres pour retenir l'écoute*) aux animaux de mourir.

V4 : **bon alors**
AS10 : **alors j'**écris en quelle couleur
V5 : **ben** noir ça s'verra mieux parce que euh
M6 : **ouais mais on** pourra écrire de différentes couleurs
V6 : /eh/

Par la suite, une fois décidé du mode d'action, l'option du « chacun lit sa// » feuille [9] est adoptée, et jouée. Le discours est prononcé d'un seul bloc par chaque participant, sans interruption ni commentaire (encapsulation). Aucun jugement n'est prononcé sur ce qui vient d'être proposé, car ce n'est justement pas « proposé » mais seulement « dit ». Rien n'est soumis. Tout s'enchaîne dans une procédure d'acquiescement par défaut. La conversation ne se construit pas thématiquement. C'est alors dans le hors thèmes (le vote, le choix des couleurs) que s'installent des enchaînements avec des reprises sur le dire de l'autre (« **ouais mais** on pourra écrire de différentes couleurs »). La coopération simple se caractérise par un enchaînement interlocutoire thématiquement vide, et socio-émotionnellement fort. L'enchaînement conversationnel ponctue uniquement les moments d'avancée des actions. Il ne déclenche aucun processus d'avancée cognitive. C'est l'activité qui pousse la conversation, non la conversation qui guide (encore moins construit) la cognition.

11

EN QUOI LE DISPOSITIF ALIMENTE LA DISCUSSION ?

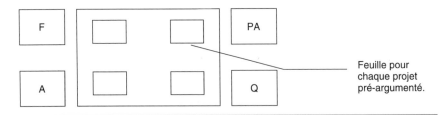

FIGURE 8.4
Disposition des quatre élèves pour le travail de groupe.

F, A, PA et Q sont des élèves de CM2. Seul F est un garçon

---

9. Voir plus haut les paroles du leader AS.

Il aura fallu 6 min. pour le déploiement entier de cette conversation scolaire. On insiste sur cette durée, pour lutter contre l'idée que le quantitatif prévaut sur le qualitatif. L'enseignant, occupé à gérer son propre temps d'enseignement, maximalise ou minimalise parfois la vitesse d'élaboration des cognitions des élèves.

11.1 – Extrait de discussion n° 1

PA1. : bonjour
(…)
F1 : **ouais ben nous** euh pour pour la télé par exemple on fait une sortie on amène le magnétoscope on peut filmer et après on peut regarder
A1 : **euh non**
F2 : **ben si**
Q1 : euh la caméra tu veux dire ouais et après tu mets dans le magnétoscope ça c'est vrai aussi
A2 : ouais mais euh euh qu'est-ce que je veux dire le garage à vélo ben ça pollue pas ça inaudible
Q2 : **moi j'suis plutôt d'accord** avec A
A3 : **oui ben** ça ça pollue pas mais en plus c'est pratique d'avoir un garage à vélo à l'école sinon et
F4 : **bé oui euh**

Ce sont les mêmes marques qui agissent dans la conversation (soulignées), en coopération simple ou Jigsaw II. Mais l'étude de l'enchaînement interlocutoire montre que le thème asserté par F est véritablement discuté, même si les arguments sont absents au début. Les réponses « euh non », « ben si » représentent les premières validations, bien qu'assez réduites. La simple reprise du thème, sur le mode d'un positionnement (« non », « si »), autrement dit « pour » puis « contre » signale la participation des enfants. Q entame, dès Q1, la reprise du thème, qui valide pour la troisième fois (A1, F2) la présence de cet objet discursif dans le monde de l'*inter*locution. Q inscrit la proposition de F non seulement en tant que légitimée interlocutoirement, mais encore comme une vérité de contenu à partager (« ça c'est vrai aussi »). Q, se positionne cependant en Q2, en accord avec A. Selon la règle de fonctionnement d'une conversation (Trognon, Brassac, 1992), la position de Q, en Q2, en aval, indique que Q valide maintenant le projet de A, et peut-être plus le projet de F. La conversation laisse donc ici place à une controverse possible de la part de F. Le tour joué est différent puisque c'est A qui en profite pour réhabiliter son idée (A3), en renchérissant avec un argument supplétif (« en plus c'est pratique »), tandis que F n'a pas les moyens de contre-argumenter sur le moment (F4). Au contraire de la vidange thématique, mise en évidence plus haut dans le cas conversation en coopération simple, les élèves s'affrontent par thèmes interposés. Ils émettent des choix qui conditionnent l'avancée de la conversation. L'acceptabilité des propositions est motrice. C'est la conversation qui guide l'avancée cognitive. Le discours crée la pensée.

11.2 – *Extrait de discussion n° 2*

PA2 : **ben ouais** déjà pour ceux qui habitent à Cournon **moi moi me ma moi** me ma moi//
F5 : **en plus** on peut les accrocher
Q3 : **encore** à vélo à vélo c'est bien un garage à vélo parce qu'on peut venir à vélo mais si on se fait piquer le vélo
F6 : **mais tu** y attaches **tu** y attaches
PA3 : **tu** mets un antivol **tu** mets un antivol

PA, en PA2 se mêle à cette discussion, exemple à l'appui « *ceux qui habitent à Cournon moi moi me moi* », puis en F5, F. qui a abandonné le terrain de sa propre idée en F4 (extrait 1), trouve un argument de plus pour faire avancer l'idée soutenue par A. Le jeu de force socio-affectif qui accompagne la détermination des places interactionnelles active de façon complémentaire l'avancée de la conversation. Les élèves se positionnent, et assument leur choix. Choisissant leur camp, il leur faut « imaginer » de l'argument. Si bien qu'au stade de la conversation en Q3, tous les élèves ont collaboré au thème, en y apportant une position, un argument, ou un exemple. C'est ce que l'on appelle une co-construction. Aussi, en Q3, l'épreuve de la mise à mal de cette idée commence par une contre-argumentation (le vol). Avec renfort, dans l'enchaînement en F6, F valide bien comme « vrai », vrai dans le monde de l'interlocution, c'est à dire admise jusqu'à preuve du contraire, la possibilité de se faire voler le vélo, mais associé à un contre possible : « *tu y attaches* ». L'argument est reformulé par PA, en PA3 : « *tu mets un antivol* ». Le tour est tenté même s'il a échoué. L'intéressant vient de l'exercice même des compétences langagières et cognitives qu'il a permis. Si réduit soit-il, l'argumentaire existe.

11.3 – *Extrait de discussion n° 3*

F7 : **mais** quand y pleut tu mets ça fait rien sur les vélos (*réf toiture…*)
PA4 : inaudible
Q4 : inaudible **ouais mais** les piles après **on** les mets dans les poubelles pour piles et comme ça c'est moins nocif
A4 : **oui oui mais j'suis d'accord** avec toi mais bon euh//
Q5 : **et en plus** ça nous évite de les mélanger avec d'autres ordures quoi
F8 : **ouais**

```
PA5 :   ouais
A5 :    ouais d'accord ça évite du travail à ceux qui//
PA6 :   et en plus si la peinture est refaite sur les murs de l'école ben ça éviterait qu'y
        ait moins de saletés sur les murs quoi comme l'abri d'basket elle serait belle
A6 :    mais on parle pas de ça… bon ben euh
```

La suite de la conversation prouve qu'il est difficile de maintenir son ancrage sur une idée à défendre et de passer ainsi au rôle d'argumentateur pour l'autre alors que son rôle est de défendre une idée. En Q4, Q rompt la continuité thématique pour introduire (ici réintroduire) le thème des piles. Il est alors suivi dans son entreprise puisque A, en A4, F en F8 et PA en PA5 valident interlocutoirement l'existence de cette présentation par un simple « *ouais* ». En A5, A propose même un nouvel argument. Par contre lorsque PA veut reproduire cette forme d'imposition pure et simple d'une idée, A met en échec sa procédure, en A6 : « *mais on ne parle pas de ça* ». Là, rompre le fil du discours n'est plus admis : c'en est trop pour une avancée sérieuse dans l'affaire. Preuve que les élèves restent, chacun à leur tour, bien souvent les gardiens du scolaire, de l'exercice bien fait, de l'effort tendu vers le travail demandé, et non de la dispersion.

Pour conclure les élèves rentrent « dans le jeu » du Jigsaw. Ils sont pris et même prisonniers de ce que l'on nomme à proprement parler « un jeu de langage ». Les contraintes interlocutoires sont imposées de l'extérieur (dispositif) et pèsent à l'intérieur sur la structuration de l'échange. En fait toute la dimension du dispositif doit être examinée sous l'angle de cette prise au sérieux.

12

SE COMPORTE-T-ON DIFFÉREMMENT EN FONCTION DE L'ENJEU ?

L'implication des élèves est souvent à la source même de la mobilisation de leurs compétences. Si les élèves ont des capacités différenciées, parfois insuffisantes, on a souvent tort de négliger les facteurs d'encadrement et d'enrôlement véritable dans le travail. Les élèves sont sérieux à la mesure du « sérieux » de l'enseignant. Pour enseigner, il faut y croire, et faire croire. Aménager une fiction scolaire évite de laisser se créer des espaces de doute propres à rétablir l'ordre des faits coutumiers, les « rôles » ordinairement attendus dans une classe. Comment maintenir une fiction scolaire suffisamment vérace [10] pour être porteuse ?

---

10. Le problème de la vérité, vérité des dires du maître, mensonge sur les finalités réelles de l'enseignement, est au cœur du processus éducatif. Voir pour une distinction entre véridique, non véridique, vérace et mensonge, Manes Gallo & Vernant (1997).

Le problème de l'école est qu'elle fige le maître dans la peau systématique du juge. Aussi, le simple fait d'introduire, pour de vrai, un juge extérieur, est un facteur qui influence notablement la qualité du travail. L'activité est différemment finalisée. Dans le projet n° 6, qui suit le même protocole que le projet n° 3, l'affiche réalisée par les groupes est « jugée » par quelqu'un du métier. Les élèves doivent être capables de soutenir leur projet : expliquer pourquoi ils pensent avoir réalisé une bonne affiche. L'un des chercheurs a joué le rôle de juge et s'est rendu dans les deux classes à la fin du projet : il a rencontré chaque groupe d'élèves qui a dû lui exposer travail — affiche — et argumentaire. Pour contrôler cette passation, le juge pose systématiquement les mêmes questions à chaque groupe.

12.1 – Questionnaire du juge

Q1 : Pourquoi, d'après vous, est-ce une bonne affiche ? (*on laisse 3 min environ*)
Q2 : Quels sont les éléments qui incitent à jeter ?
Q3 : Est-ce que les tout petits peuvent comprendre ?
Q4 : Qu'est-ce qui attire le plus l'attention ? Pourquoi l'avez-vous placé ici ?
Q5 : Pourquoi avez vous mis cette image ici ? Pourquoi ne pas l'avoir placée (*indiquer un endroit incongru*) là par exemple ?
Q6 : Pourquoi avez-vous utilisé cette couleur (*ex : le rouge*) ici ? Pourquoi ne pas avoir utilisé le bleu ? À quoi ça sert la couleur dans une affiche en général ?
Q7 : Quel rapport y a t-il, dans votre affiche, entre le texte et les images ? Où est le plus important dans le texte ou sur l'image ? Pourquoi ?
Q8 : Dans une affiche -*ne choisissez qu'une réponse parmi les quatre*- est-ce que ce que l'on voit d'abord, en premier, c'est 1) le texte, 2) l'image, 3) ce qui est au centre, 4) autre.
Q9 : Pourquoi ?

Dans l'une des deux classes, le maître a renforcé l'effet juge au fil des séances coopératives. Les élèves y « ont cru ». Dans l'autre classe, la question du juge a peu à peu été éludée, et « l'effet juge » s'est étiolé au fil du projet. Pour évaluer l'argumentaire des élèves, on comptabilise les arguments donnés spontanément en rappel libre à propos de ce qui constitue une « bonne » affiche (Q1). On comptabilise, d'autre part, les nouveaux arguments fournis pour les questions suivantes. Un critère de pertinence permet ensuite d'écarter les arguments de surface, non fondés. La comparaison porte sur cinq groupes coopératifs dans chaque classe (milieu socioculturel équivalent).

12.2 – Une comparaison des classes avec et sans effet juge

TABLEAU 8.5
Résultats obtenus dans la classe sans effet juge.

Arguments/ groupes	Nombre d'arguments spontanés	Nombre d'arguments sollicités	Nombre d'arguments pertinents	Nombre d'arguments au total Colonne 1 + 3
G1	9	12	**8**	17
G2	2	7	**4**	6
G3	4	14	**7**	11
G4	8	16	**7**	15
G5	5	10	**5**	10

On indique le nombre en fonction du type d'arguments (spontanés, sollicités et pertinents) émis dans chacun des 5 groupes de travail de la classe de CM2. Le total ne prend pas en compte les arguments obtenus sur demande (sollicités).

TABLEAU 8.6
L'impact d'un effet juge sur le nombre et la pertinence des arguments émis.

Arguments/ groupes	Nombre d'arguments spontanés	Nombre d'arguments sollicités	Nombre d'arguments pertinents	Nombre d'arguments au total Colonne 1 + 3
G1	10	33	**30**	40
G2	9	13	**11**	20
G3	10	21	**20**	30
G4	9	26	**26**	35
G5	9	34	**32**	41

On indique le nombre en fonction du type d'arguments (spontanés, sollicités et pertinents) émis dans chacun des 5 groupes de travail de la classe de CM2. Le total ne prend pas en compte les arguments obtenus sur demande (sollicités).

Le taux de réussite est massivement supérieur dans la classe n° 2. Les écarts apparaissent dès la première question[11]. Mais, c'est beau-

---

11. On note les écarts entre les groupes de la classe n° 1 par rapport à la classe n° 2. Dans la classe n° 1 la fourchette des écarts est de 2 à 9 pour les scores, tandis que pour la classe n° 2 une homogénéité ressort avec des écarts de + ou - seulement d'un groupe à l'autre.

coup plus dans la qualité de l'argumentaire que l'écart se creuse. Dans la classe n° 2, les arguments sont quasiment tous recevables. Les élèves « jouent le jeu » de puiser dans leurs ressources d'expertise des arguments pour donner le change. Par exemple, dans cette classe, le souci « aux plus petits » est constant, et présent dans l'argumentaire. Les élèves indiqueront « *avoir dessiné des bouches aux poubelles*[12] » non seulement pour que ce soit attractif pour tout le monde, mais surtout aussi pour les petits : « *Ils comprendront mieux en regardant seulement les images que la poubelle qui sourit est contente* ». Les élèves justifient leur utilisation de l'élément iconique « sens interdit » : « *S'ils voient ce signe, ça va les inciter à réfléchir, même s'ils ne peuvent pas encore lire le slogan* ». Ils font de même en choisissant une police de caractères suffisamment grosse, et un slogan assez court : « *Parce que les petits arriveront ainsi, sans doute, à deviner les mots, même s'ils ne savent pas lire* », etc. On apprendrait d'ailleurs beaucoup à écouter ce que des élèves construisent comme critères dans ce type d'activité afin de décaler un peu notre point de vue de sémiologue adulte. Un fait étonnant dans ce projet est que très peu d'élèves ont effectivement su élaborer des interprétations concernant l'usage symbolique des couleurs. Seul un groupe sur les 10 mentionne des liaisons entre le « jaune » et le « bonheur » par exemple, ou encore l'utilisation du « rouge » qui est selon eux une couleur « chaude » donc « triste ». Nous pensons que s'il est temps de montrer aux enfants les trucages des films pour favoriser chez eux une « culture du doute » (Tisseron, 1998), il est sans doute aussi grand temps d'élaborer par exemple un dictionnaire des symboles[13] conçu pour, par et avec des enfants. On s'étonne parfois que les enfants n'entrent pas dans la culture, mais on ne leur donne pas toujours les moyens d'y accéder (voir Zakhartchouk, 1999). Des recherches dans cette voie permettraient sans doute d'armer les uns et les autres pour que l'enseignant dispose de plus de repères pour apprendre son rôle de passeur culturel[14], et amener l'enfant à construire du symbolique, en explorant ce domaine avec des outils à sa dimension. Au-delà, il reste clair que l'effet juge représente un réel enjeu d'implication dans la tâche qui produit des différences évidentes pour apprendre. On ne devient pas expert pour rien.

---

12. La trace de ces choix apparaît nettement sur la qualité créatrice des affiches d'une classe à l'autre.
13. Voir à propos de l'idée de faire concevoir un dictionnaire par des élèves l'article de Desmarchelier (1989).
14. « *Les enseignants français n'ont sans doute jamais dans leur masse "possédé" une aussi grande culture qu'aujourd'hui (...) Cela suffit-il pour en faire des "passeurs culturels" ? (...) Sûrement pas.* » (Zakhartchouk 1999, 112). En référence à ce fossé entre possession d'une culture et capacité à la transmettre, nous nous sommes heurtés à la résistance des enseignants qui ont du mal à fixer des exigences culturelles à la portée des enfants. Les attentes culturelles sont démesurées.

13

CONCLUSION : ON ARGUMENTE BIEN LORSQU'ON PEUT S'IMPLIQUER

Pour terminer l'étude comparative, le relevé d'ultimes chiffres convaincra aisément sur le meilleur degré d'implication dû au dispositif Jigsaw par rapport au travail de groupe non régulé (coopération simple). Comme le rappelle Golder, « *les argumentations ne peuvent être élaborées que lorsque l'enfant se sent concerné, impliqué dans le débat ; en bref lorsqu'il a des choses à dire et qu'il sait qu'il est important de les dire...* » (Golder, 1996, *op. cit.*, p. 92). Nous avons relevé les marques argumentatives dans les corpus issus des deux groupes (6 et V). Le relevé des marques linguistiques utilisées permet de compléter l'étude.

TABLEAU 8.7
Comparaison du nombre et de la nature des arguments émis dans chacun des types de coopération.

	Coopération simple (gr 6) Trois min.				Coopération jigsaw (gr V) Neuf min.			
	M	V	F'	AS	F	A	PA	Q
Argument	0	0	0	0	4	4	9	10
Contre-argument	0	2	0	0	2	2	0	8
Accord	3	0	0	1	3	4	6	7
Désaccord	2	0	0	1	1	4	4	3
Calcul artificiel	On multiplie par 3 le nombre [a]				Total inchangé			
Total par catégorie	15	6	0	6	10	14	19	28
Total général	27				71			

a. Ainsi, en colonne n° 1 on totalise 3 accords et 2 désaccords pour M, soit un score de 5 que l'on ramène (×3) à 15.

Pour les marques d'accord vs désaccord, on ne relève que les marqueurs caractéristiques à savoir « oui, mais » (accord) et « non » (désaccord).

Commentaire : Un calcul artificiel *(ligne 5)* consiste à tripler le nombre de marqueurs obtenus sur les 3 min. d'enregistrement, en référence au triple temps enregistré dans le groupe V : cela permet la comparaison. Il aurait été plus artificiel de découper arbitrairement l'interaction de 9 min. pour en extraire 3 min., étant donné qu'une interaction a toujours une dynamique particulière.

Au-delà de ce constat évident où la coopération simple ne favorise absolument aucune argumentation, on dégage de l'analyse des discours produits en situation Jigsaw d'autres marques caractéristiques du discours argumentatif oral : *en plus, par exemple, oui/ben, parce que...* Bref, le dispositif Jigsaw-teaching II conduit à la mobilisation de compétences à débattre, dans un jeu intellectuel usant de règles « rationnelles ». Et, « *On le sait bien. Argumenter c'est parler, faire discours. Convaincre, persuader, c'est agir, imposer, s'imposer. Dire, c'est "avoir raison", c'est "faire raison". La raison, c'est "du logique", c'est "être logique". Et puisque c'est logique, c'est compréhensible. Car comprendre, c'est "voir", laisser voir, donner à voir, entrevoir. Dès lors, il y a sens : "cela fait sens", "ça a un sens". Parler, discourir, argumenter, c'est en conséquence, montrer, désigner des sens, faire exister une, des significations. Il y a un rapport évident, même si l'on ne sait pas comment, entre langage et être, entre langage et pensée.* » (Vignaux, 1999, 76). La protection de soi derrière un thème à défendre dans le dispositif Jigsaw II est le gage de réussite d'une argumentation dépourvue de violence verbale, et empreinte de stratégies raisonnées. La finalité de l'enseignement, concrétisée par l'intermédiaire d'un maire, d'un juge accroît l'implication des élèves dans cette fiction intellectuelle à laquelle l'école peut les convier.

CHAPITRE 9

L'évaluation des compétences argumentatives

Emmanuèle Auriac-Peyronnet

« *Par quelque côté que l'on prenne nos systèmes éducatifs contemporains, on n'y trouve pas d'enseignement systématique qui sensibilise les élèves ou les étudiants aux ressources de la parole pour convaincre. Les lois de l'argumentation, du débat, la pratique du décodage du discours, la prévention de la manipulation ne font l'objet d'aucun apprentissage. Il faut la claire conscience de certains enseignants pour que cela soit abordé, dans certains cas, toujours à travers d'autres disciplines et à leurs marges.* » (Breton, 1997, 169). L'entrée en matière est volontairement provocatrice. L'espoir est autant de choquer qu'aussitôt réconcilier avec l'actualité du changement. Depuis les travaux de plusieurs équipes (Brassart, 1985, 1987 ; Coirier, 1991, 1996a/b ; Coirier *et al.*, 1990, 1996, 2002 ; Coirier & Golder, 1993 ; Golder, 1990, 1992a/b, 1993, 1996a ; Golder & Coirier, 1994, pour une revue voir Golder 1996b), se profile un intérêt soutenu pour les recherches portant sur l'étude de la production de discours argumentatifs. La mise en place d'une didactique de l'argumentation (Brassart, 1989, 1990, 1991 ; Dolz & Pasquier, 1994 ; Dolz, 1996 ; Gombert &, Roussey, 1993 ; Roussey, Akiguet, Gombert & Piolat, 1995 ; Roussey & Gombert, 1992, 1996 ; Gombert, 1997 ; De Bernardi & Antonelli, 1996) est en marche [1]. Ces recherches

---

1. Voir aussi la revue *Pratiques*, « Enseigner l'argumentation », n° 96, décembre 1997.

apportent des éléments théoriques ainsi que des moyens pratiques pour améliorer la production de textes argumentatifs durant la longue période qui couvre l'évolution de cette conduite langagière. Le problème de l'évaluation se pose alors comme plaque tournante dans cet espace de nouveauté. Que penser d'une argumentation d'un enfant de 4 ans par rapport à celle d'un élève de 12 ans ? Argumentent-ils tous les deux ? Notre intérêt croise la volonté de dynamiser l'enseignement de l'argumentation à l'école primaire, en profitant notamment des capacités argumentatives orales des enfants de cet âge [2]. Pourquoi et comment profiter des compétences à argumenter à l'oral dans une didactique de l'argumentation ? L'ambition de ce chapitre est d'offrir à voir des discours réellement produits pour donner des repères. Le cas des élèves en difficulté est très parlant. Elle vise aussi l'articulation de l'argumenter avec le coopérer, qui suppose un ajustement entre l'oral et l'écrit. Enfin, elle permet de s'interroger sur les critères à respecter pour élaborer une évaluation dégagée de certaines tendances trop linguistiques.

1

POURQUOI S'APPUYER SUR LA COOPÉRATIVITÉ DIALOGALE ?

La vision pessimiste de Breton, en tête de chapitre, fait écho à la frilosité du corps enseignant. Les enseignants ont du mal à considérer l'oral et la dimension de la parole en dehors de la perspective d'une centration sur la langue, une langue bien maîtrisée. Ils opèrent souvent un repli disciplinaire. L'argumentatif appartient au domaine du littéraire, circonscrit à l'exercice du Lire-Ecrire. Dolz et Schneuwly informent bien que la *« difficulté de concevoir l'oral comme objet autonome d'enseignement est sans doute liée au fait que la langue orale — ou plutôt les multiples manières de parler — n'est l'objet d'analyses scientifiques systématiques, que depuis peu »* (Dolz & Schneuwly, 1998, 19). Nonobstant, la centration sur l'exercice du Parler est actuellement en voie d'habilation, voir de réhabilitation. Parler c'est à dire, redonner de l'importance au sujet, *« instituer le primat du sujet agissant dans toute son opacité d'individu apprenant : « parler » plus que représenter une somme de savoir-faire signifie une conduite complexe*[3]*. »* Mais, parler, argumenter, débattre... est-ce la même chose ? Peut-on dire qu'un enfant de 4 ans parle, argumente, débat ?

---

2. Les travaux des pionniers, consacrés à la description des conduites dialogales chez le jeune enfant dans les années 80 par F. François et ses collaborateurs les ont bien révélées. Voir François, Hudelot & Sabeau-Jouhanet (1984).
3. Editorial, Parler, Revue *Recherches*, 22, AFEF, Lilles, p. 6.

Oui, la conduite argumentative s'installe effectivement vers 3-4 ans. Elle s'exerce ensuite jusqu'aux alentours de 17 ans, dans des situations qui doivent être différenciées. Conformément aux résultats issus de plusieurs études, on sait qu'il existe « *une antériorité de la coopérativité dialogale sur la coopérativité argumentative. Cette dernière ne s'installe de façon réellement dominante qu'à 13-14 ans* » (Golder, 1996a, 130). Il est alors utile d'insister sur ces faits. Rien ne sert de « précipiter » les élèves dans des situations qu'ils ne peuvent maîtriser. Tout est au contraire affaire de dosage, en particulier entre l'oral et l'écrit. Nous ferons un clin d'œil à Wallon qui écrivait : « *L'enfant ne sait que vivre son enfance. La connaître appartient à l'adulte. Mais qui va l'emporter dans cette connaissance, le point de vue de l'adulte ou celui de l'enfant ?* » (Wallon, 1941/1968, 11). Nous référerons ensuite à Piaget qui savait que « rencontrer l'enfant » n'est pas rencontrer « l'enfance » et son lot mythique (Chombart de Lauwe, 1971). Rencontrer l'enfant c'est d'abord « être surpris » et ensuite « présupposer une logicalité [4] » (cf. Piaget, 1966) chez un sujet dont on ne comprend pas tous les ressorts d'emblée. La prudence est alors de règle dans l'essayage de dispositifs pédagogiques. Toutefois, si l'argumentation évolue avec l'âge, dans le sens d'une complexification et d'un enrichissement des « instruments linguistiques », dès 3-4 ans, on trouve trace dans des situations interactives, d'opérations cognitives de justification et de négociation (Golder, 1996a, 63-70). Si l'on veut des sujets apprenants à l'école il faut respecter les sujets agissants.

2

EST-CE QUE L'ON SAIT ARGUMENTER AU C.P. ?

Les corpus issus des classes de C.P. rendent compte des habiletés langagières d'élèves de 6-7 ans, qui confirment les connaissances sur le sujet. Trois élèves (R, J et M) échangent pour se mettre d'accord sur l'ordonnancement d'images (projet n° 1). Ils critiquent le travail préalablement acquis par chacun (en groupe d'experts), et harmonisent leurs vues pour établir un ordre général de l'histoire.

---

4. « *Je découvris avec stupéfaction que les raisonnements les plus simples (...) présentaient jusqu'à douze ans pour les enfants normaux, des difficultés insoupçonnées de l'adulte.* » « *Quand je rencontre un petit enfant, je présuppose toujours que, à l'intérieur de sa sphère d'activités limitées, (...) il est "logique" (...) Je me suis peu à peu rendu compte que la seule position défendable est de toujours présupposer la logicalité chez l'autre personne.* » Piaget J. (1966).

2.1 – *Extrait de discussion (démarrage)*

(…)
J2 : alors là c'est la première
R3 : pourquoi
J3 : **parce que**
M1 : **non mais moi j'suis pas d'accord J** parce que là y a écrit lundi
R4 : oui mais elle fait comme elle veut hein l'histoire là
J4 : là j'ai mis la deuxième
R5 : **parce que quoi** bon allez (? + inaudible)
J5 : **pasque pasque j'voyais hein** qu'c'était la deuxième pasque là pasque là on voit pas la route déjà là là on là on voit qu'y marche au premier et là après y marche au deuxième y regarde là y pleut y pleut là le chien y boit ch //qui est parterre
M2 : **//j'suis pas d'accord J**
J6 : pourquoi
M3 : **pourquoi ça pourrait pas être celle-là** (*montre sur la feuille*)
(…)

Dans cet extrait, on note que des élèves de cours préparatoire, pour leur première séance du genre utilisent ce que l'on nomme « la coopérativité dialogale ». Dans des conditions qui favorisent la confrontation de points de vue, aucune entrave ne gêne la négociation. En fait, *« en situation de dialogue, quand l'interlocuteur est physiquement présent, la construction d'un discours argumentatif élaboré (à la fois justifié et négocié) est facilitée du fait de la présence même des arguments et contre-arguments produits par l'autre. Chacun peut alors prendre appui sur ce qui vient d'être dit pour compléter, nuancer, réfuter les arguments de l'autre »* (Golder, 1996, 119). On vérifie que la dia-logie [5] s'apprend essentiellement dans les expériences de discours oraux. Les jeunes s'y exercent « naturellement », du moins en fonction des interlocuteurs qu'ils côtoient. Tenir compte de l'autre n'est pas un problème : c'est même plutôt moteur. Sauf…

---

5. Sur l'opposition dialogal, monologal, dialogique, monologique, voir Roulet *et al.*, (1985), Ch. 1, 56-68. Sur le lien entre les opérations de justification et de négociation et l'opposition entre un discours monologique et dialogique, voir ici-même la contribution de A. Gombert au chapitre 13.

3

QU'EST-CE QUI POSE PROBLÈME AUX ÉLÈVES EN DIFFICULTÉ SCOLAIRE ?

Des élèves d'une classe d'adaptation ont suivi le protocole expérimental du projet n° 1 consistant à s'exercer à mettre en ordre ensemble une histoire. L'intérêt est de tirer profit des points de vue des autres (coopérativité dialogale) pour progresser dans ce champ. Les dialogues obtenus en disent long. Nous gardons volontairement une bonne part du corpus [6] pour l'exemplification.

3.1 – Corpus Séance 1 élèves en difficulté scolaire

Remarque : *nous insérons des commentaires pour récupérer des éléments du contexte qui permettent d'interpréter correctement ce qui est dit. Ces commentaires sont en italiques.*

3.2 – Étape 1 : Mise en ordre des trois morceaux d'histoire

Ch1 :   moi je peux pas l'attraper *(patafix)*
Sa lui fait passer la patafix
Ch2 :   merci
So1 :   rire et pour que je colle aïe
Elles collent
Ch3 :   tic alors... voilà hic
Sa1 :   ben toi pas b'soin d'copier hein *(dir Ch)*
Ch4 :   eh comment on la met ? *(dir Expé)*
So2 :   ben on la colle
Ch et Sa regardent l'expé
Ch5 :   on la met on la met à l'endroit ? *(dir Expé)*
So3 :   non non chacun (colle inaudible) la l'histoire là là là *(montre la feuille centrale sur la table)*
Ch6 :   non *(face expé)* non n'importe
Sa2 :   allez
So4 :   non l'histoire raconte moi faut d' l'histoire de l'histoire
Les trois feuilles ne rentrent pas sur la feuille centrale matériel trop étroit
Sa3 :   oui mais chacun la colle là *(montre l'autre feuille sur la table)*
So 5 : oui toi aussi ...faut que je la colle au milieu
Expé : il faut mettre la grande histoire dans l'ordre maintenant

---

6. Les coupures sont indiquées par (...).

Ch7 :   attends
Sa4 :   j'crois bien que je suis la 1re moi *(mains sur la tête)* oui faut mettre comme ça
Elle tourne sa feuille entête pêche bêche pour l'avoir face à elle
SA en 1, Ch en 2 et SO en3
Ch8 :   oui
So6 :   ah ouais *(en jetant un léger coup d'œil sur le bout d'histoire de Sa qui contient 6 images qu'elle ne connaît pas)*
Ch9 :   2e ben j'suis la 2e (?)
So7 :   ah ben voilà *(satisfaction manifestée bras sur les hanches sourire)*
Sa5 :   oui ben ya pas qu' toi
Ch10 : eh ben attends *(elle soulève sa feuille)*
Sa6 :   So tu es la deuxième je te (signale ? inaudible)
Ch11 : tu t'mets là toi *(dir So)*
Elles collent, recollent, placent les feuilles pour arriver à la disposition suivante :
SA en 1, SO en 2 et CH en 3
Ch12 : tu décroches et tu te mets là
Charlotte est debout pour superviser
So8 :   aïe ah ayé *(mine de satisfaction)*
Ch13 : c'est la 1ère… ben oui mais faudrait
So9 :   alors décolle sinon je (dir Sa, *elle place sa feuille bien au dessous de celle de Sa qui prend de la place)*
Ch14 : ben on va vérifier maintenant *(elle se lève pour caser sa feuille)*
So10 : mais j'suis la 2e moi
Ch15 : ben moi j'suis la 3^e
Sa7 :   ben ça fait rien si ça dépasse *(la feuille de Ch dépasse de la feuille prévue pour le collage)*
Sa8 :   ben oui ça change rien
Ch16 : bon enlève toi
So11 : ben vas-y
Sa9 :   celle-là
So12 : on a fini *(elle est manifestement réjouie)*
Ch17 : tac et voilà
Sa10 : voilà
So13 : *(dir Sa)* et pourquoi tu la retournes dans l'autre sens elle est à l'envers
Sa11 : non
So14 : ben si
Ch18 : c'est à qui ça ?
So15 : c'est à Sa
Ch19 : çlui là
So16 : c'est à moi
Ch se concentre sur les images, debout
Ch20 : et moi j'suis là !
So17 : alors
Ch21 : la tienne c'est laquelle
So18 : celle-là là
Ch22 : moi c'est là
Expé : Vous avez terminé
So19, Sa, Ch23 : oui *(en chœur)*
Sa12 : toi c'est pareil que moi regarde

3.3 – Étape 2 : Élaboration d'un consensus pour choisir une fin

Les élèves discutent à propos de trois images que l'expérimentateur leur remet et qui constituent chacune une fin possible d'histoire.

Les élèves prennent très rapidement UNE feuille CHACUNE.

Sa13 : je vais dire euh la 1re
So20 : on s'est tout trompé *(So regarde le travail effectué dans son ensemble) Rire*
Sa14 : ben non on a tous pareil
So21 : ben oui
Ch24 : ah ben non c'est pas grave
Ch est spectatrice
Sa15 : on a tous pareil alors... alors ça va être elle le premier
So22 : lui
Sa16 : ça va être elle là en premier
(...)
So24 : ouais non... celle-là elle est là
Sa18 : mais qu'est-ce que tu fais toi *(dir So)*
So25 : celle-là est est là celle, celle-là elle est là
Sa19 : imite So : celle-là elle est là *(avec ses propres images et ses deux feuilles)*... elle est là
So26 : celle-là celle-là ouah on s'est tout trompé oups parce que celle-là fallait la mettre là
Ch25 : tu t'es trompée mais toutes façons j'suis là moi
So27 : alors ça
Sa20 : be non j'suis là
So28 : et toi
(...)
Sa23 : moi j'crois bien qu'c'est <u>elle</u> moi la première *(elle désigne Sa fin en dir de l'expé)*
So30 : alors c'est elle... la 1re là là la 2e la 3e et ben moi aussi là j'ai pris
Sa24 : euh waououh
Ch est debout derrière Sa
Ch26 : où il est ton prénom toi *(Ch semble chercher à localiser l'ordre des feuilles So, Sa et Ch)*
So31 : elle est là
Ch27 : et toi alors
Sa25 : lundi
So32 : c'est à nouveau
Sa26 : mardi
So33 : vendredi puis jeudi
Sa27 : puis samedi et puis dimanche et puis dimanche
So34 : lundi mardi mercredi jeudi vendredi samedi dimanche *(elle pointe simultanément sur la feuille de fin proche d'elle, Sa fin)*
Sa28 : *(dir Ch)* et va à ta place
(...)
Ch28 : non pas la mienne

So39 : la mienne si
Ch29 : ben pas la mienne regarde
So40 : alors celle-là *(image de la fin)* celle-là *(image du corps de l'histoire)* alors on la cherche... euh celle-là celle-là celle-là
X : elle
Sa se déplace pour se mettre à côté de So
Sa32 : elle est où celle-là Sa celle-là dis moi
So41 et Sa : lundi mardi mercredi jeudi vendredi samedi dimanche *(en pointant chaque image de la fin de So)* alors lundi mardi mercredi jeudi vendredi samedi dimanche dimanche euh c'est elle
So42 : non c'est j'me suis trompée fallait changé j'me suis trompée *(elle rit de bonne humeur)*
Sa33 : ben chai pas moi
So43 : alors... c'est pas celle-là
So et Sa réfléchissent chacun de leur côté
Sa34 : c'est pas celle-là
So44 : xxx
Sa35 : ouah t'a pas un c'est pas celle là//
So45 : xxx
Sa36 : non ya pas un autre parapluie là
So46 : non ça ça
Sa37 : mais regarde y a juste ça moi
Ch30 : non mais moi je regarde décroche tout après *(elle s'occupe du placement dans sa partie d'histoire)*
Sa38 : moi j'crois c'est elle la première
So47 : *(sur SA fin)* y a pas l'parapluie alors tu vois bien c'est elle
Ch31 : mais moi chai pas où il est l'parapluie alors j'voudrais dire ouais parce que regarde j'lai mis
So48 : on a tout gagné regarde ça ça ça ça ça ça
Sa39 : moi j'ai rien j'ai juste ça là ça ça ça ça ça ça ça ça ça
Ch32 : eh ben on a *(dir expé)*
So49 : t'as pas les autres t'as pas les autres regarde et c'est euh..
Sa40 : rire
(...)
Sa42 : arrête *(elle se bouche les oreilles)*... c'est à nouveau lundi, puis puis puis.... ah c'est moi la bonne réponse
So51 : moi aussi j'ai la bonne
Ch33 : c'est la mienne qui va pas il en faut qu'une ?

Les élèves en difficulté ne peuvent directement profiter des propos des autres. Car les propos tenus sont des propos de placement. Chacun profite de l'espace de la tâche mais aussi du discours pour SE placer (*Sa4 : j'crois bien que je suis la première moi*). Au final ce n'est pas une des fins qui est désignée mais une des enfants : « *c'est Sa !* ». Il ne s'agit alors plus de placer des images en ordre, mais bien de se « caser » dans l'ordre social que les trois élèves reproduisent. Il y a la première Sa, la deuxième So et celle qui est toujours en dernier Ch. Aucune centration cognitive n'arrive à percer cet espace social. Les référents ne sont jamais présentés ou déployés. Seul l'élément « parapluie » arrive à affleurer, ainsi qu'une centration sur les jours de la semaine inscrits dans les images. Mais les élèves, bien que lectrices, ne les lisent pas : elles se contentent de la routine de l'ordre, sans s'apercevoir qu'il y a deux inscriptions de jeudi par exemple. En fait, tout ou presque se régule au plan relationnel (Je) ou au plan actionnel (du Faire). La première partie de l'échange est consacrée aux activités de collage, recollage, placement. La deuxième partie avorte malgré les relances de l'expérimentateur (qui ne peut jouer le retrait prévu !). Les élèves reproduisent l'ordonnancement du 1, 2 et 3 comme si l'on devait trouver 3 fins à l'épisode. L'important c'est avoir fini, gagner, *être*. Dans ce cadre là ce ne sont pas les difficultés langagières qui sont saillantes, mais bien les difficultés socio-cognitives qui entravent le déroulement de la conduite : l'argumentation n'est possible qu'au prix d'une centration cognitive, cette dernière n'étant mobilisable qu'au prix d'une décentration des exigences à être reconnue [7]. La décentration étant de toutes façons indispensable pour s'engager dans le double processus de la coopération comme de l'argumentation.

Les résultats comparatifs entre le pré- et le post- test corroborent ces faits. Chaque élève soumis à l'exercice de devoir trouver une fin plausible suite à une lecture et un QCM, et expliquer son choix à la maîtresse bute sur différents obstacles.

4

COMMENT ÉVALUER LES PROGRÈS AU CYCLE 2 ?

Suivre les progrès dans le champ de l'argumentation suppose de se saisir simultanément d'indicateurs sur le plan cognitif et langagier. Les enseignants peuvent, à l'image de ce que l'on fait lorsqu'on évalue les progrès en lecture, trouver un moment d'échange privé avec chaque élève pour tester véritablement leur compétence à argumenter. L'évaluation mise au point dans le projet n° 3 répond à cette exigence de suivi individualisé. Il est effectivement insuffisant de prétendre cerner les progrès à travers un regard trop global sur l'ensemble de la classe. Pour rappel (voir partie 1) l'évaluation consiste à interroger l'élève avec le support de quatre images : 1) Image n° 1 choisie par l'élève — l'image plausible est attendue (P) —, 2) Image n° 2 plausible comportant un élément de l'histoire (PE) ; 3) Image n° 3 plausible mais contenant un personnage incongru hors histoire (PEN), et 4) Image n° 4 : hors champ, impossible (I). L'enseignant demande après chaque réponse une justification du choix : Pourquoi ? Peux-tu m'expliquer ?

---

7. Le protocole contraint, adapté aux C.P., aurait dû être révisé à la baisse, mais on aurait alors échappé à cette lisibilité des difficultés.

4.1 – Les justifications des élèves

Nous comparerons les justifications des élèves en grande difficulté scolaire avec celles d'élèves « standards ».

4.2 – Les justifications données par les élèves « tout venant »

Les réponses des enfants sont très variées. Nous donnons les justifications apportées lors du pré-test sur chacune des images proposées (tortue, carotte, lapin, Noël), des élèves Jo, Ma, Ro et Go.

Pré-test : La tortue

Image 1 : P : (**un jardin**)
Ma : Je n'ai pas mis parce que Mélusine doit se douter que c'est un piège parce qu'elle a dû mettre du poivre

Image 2 : PE : (**une carotte**)
Ma : J'ai choisi, comme elle ne peut pas manger des salades alors elle va manger les carottes.
Ro : Parce qu'elle pourrait commencer à manger une carotte parce que les salades sont poivrées et après elle mangerait plus de carottes.

Image 3 : PEN : (**un lapin**)
Ma : Ca peut pas être celle-là parce que Mélusine aime bien sa grand-mère alors elle ne veut pas la quitter
Go : je l'ai choisi. La tortue a appelé le lapin pour qu'ils fassent un plan pour faire mal à grand-mère.
Jo : Je l'ai choisi, comme ça mélusine pourra suivre le lapin. Parce que moi je voulais que ça soit comme ça ; ça serait bien après et puis après elle pourra s'amuser avec.

Image 4 : I : (**Père Noël**)
Ma : Non, celle-là non plus parce que ça ne parle pas de Père Noël. Il y en a peut-être qui ont mis ça mais moi je l'ai pas mis.
Go : Elle parle pas de la même histoire hein ça parle d'un Père Noël.

Nous donnons, ci-dessous, des exemples de justifications fournies dans les classes de cours préparatoire par In, Ma et Jo lors du post-test.

Post-test : M. Jean

Image 1 : P : (**M. Jean et le Chat**)
In : Ca aurait pu marcher parce qu'il y aurait pu y avoir un chat qui aurait attrapé et le fermier dirait « oh ! bien joué ! » et les souris pendant ce temps s'enfuient.

Image 2 : PE : (**Les souris dans le blé**)
Ma : Non, parce qu'elle recommencerait à manger il serait pas content. Il lui aurait encore mis des bonnes manières (du faux blé)

In : J'ai imaginé que le fermier comme il avait vu la famille souris ils sont devenus amis et ils ont un bout de fromage, mais j'ai choisi celle-là parce qu'elle était plus calme, plus bien.

Image 3 : PEN : (**hibou**)
Ma : Oui j'ai choisi parce que comme ils avaient mangé ça lui a donné de bonnes manières elle allait voir le hibou pour lui demander « est-ce que t'as pas à manger ? »
Jo : Non, on dirait que le hibou va manger la souris et les hiboux ça mange des insectes. On dirait que le hibou est fâché.

4.3 – Les justifications données par les élèves en difficulté scolaire

Notre illustration portera sur les trois cas déjà évoqués : Ch, So et Sa

LE CAS DE SO

PRÉ-TEST : LA TORTUE
Image 1 : P : Mélusine continue à manger les salades pendant que la grand-mère dort.
Image 2 : PEN : Non, Parce que le lapin mange les salades.
Image 3 : PE : Non, parce que la tortue ne mange pas les carottes.
Image 4 : I : Non, ne sait pas.

POST-TEST : M. JEAN
Image 1 : PE : Les souris ont leurs dents qui tombent. Elles sont entrain de manger du blé.
Image 2 : P : Oui, M. Jean a mis les souris dans un sac. Le chat s'amuse avec les souris.
Image 3 PEN : Oui, le hibou parle à la souris et lui demande : « que fais-tu là ? ». La souris a tombé ses dents et elle a mal aux dents.
Image 4 : I : Non, ne sait pas.

LE CAS DE SA

PRÉ-TEST : LA TORTUE
Image 1 : PE : je ne sais pas.
Image 2 : P : Oui, je ne sais pas.
Image 3 : PEN : Oui, ne sait pas.
Image 4 : I : Non, parce qu'il n'y a pas de salades ni de jardin.
Sa :

POST-TEST : M. JEAN
Image 1 : PE : parce qu'il y a les 3 souris, elles mangent.
Image 2 : P : Oui il y a le chat parce que M. Jean fait un piège avec les souris.
Image 3 : PEN : Oui, la souris rencontre le hibou.
Image 4 : I : Non, parce que c'est pas la même histoire.

Le cas de Ch

Pré-test : La tortue
Aucun choix d'image, aucune justification.

Post-test : M. Jean
Image 1 : PE : Parce qu'on voit les souris. Elles sont parties dans le blé pour manger du blé car M. Jean les a mises dehors.
Image 2 : P : Oui, comme M. Jean ne veut pas que les souris mangent le fromage, il est allé acheter un chat. M. Jean lui dit de manger les souris.
Image 3 : PEN : Non, parce que le hibou pourrait manger la souris. J'ai déjà vu un hibou attraper des souris.
Image 4 : I : Non, les ours ça ne jouent pas avec les souris.

Bien que l'on puisse noter des progrès chez les élèves en difficulté, qui amorcent en post-test des justifications, les réponses en « je ne sais pas » persistent. L'intérêt de ce type d'évaluation permet de voir si l'enfant conserve une cohérence dans les quatre réponses (cas de *Ma* par exemple), ou s'il reconstruit à chaque fois du plausible. On repère bien ici les différentes centrations des enfants. Le matériel permet effectivement cette richesse d'interprétation de la part des enfants, ce qui donne l'occasion de récupérer des informations sur la façon dont ils aménagent, mentalement, leur solution. Les élèves en difficulté ont du mal avec les images impossibles dès le pré-test, alors que les autres élèves reconnaissent l'incongruité de l'image et l'expliquent à leur manière. D'autre part, l'élève en difficulté cherche à « faire du sens » avec l'image proposée en s'arrangeant avec l'élément nouveau. Cette aptitude à « faire du sens » avec ce que propose l'adulte a déjà été étudié et décrit par Wallon (ci-dessous). Tout dépend de l'amplitude de la dimension rhétorique (verbe vide sans support cognitif) dans la réponse donnée. Pour So : *Oui, le hibou parle à la souris et lui demande : « que fais-tu là ? »*, la réponse est coordonnée mais peu élaborée ; Pour Ma, « *Ca peut pas être celle-là parce que Mélusine aime bien sa grand-mère alors elle ne veut pas la quitter »*, la réponse est élaborée à partir d'une fiction avec le lapin (on voit la tortue et le lapin courir dans l'herbe, en dehors du jardin de la grand-mère). De même pour In : « *Ca aurait pu marché... et les souris pendant ce temps s'enfuient »*, il y a présence d'une forme d'ajustement à la situation qui dépasse le seul plan d'exigence de réponse et correspond à un univers cohérent construit par l'élève.

Wallon insiste sur l'écart entre la production verbale et l'univers cognitif d'accroche. Pour lui l'enfant est pris dans des contradictions qui dépassent les univers de références qu'il ne possède pas mais sur lesquels, paradoxalement, il s'appuie pour justifier ses réponses, au pas à pas de la conversation avec l'adulte. Il illustre sur de nombreux exemples. Nous en avons trié quelques-uns.

> **EXEMPLES TIRÉS DE WALLON**
> « Comment sais-tu que Boulogne était là avant la Seine ? — *Par personne*, — Mais alors comment le sais-tu ?, — *Je l'ai deviné*, —Tu devines beaucoup de choses comme cela ?, — *Non*, — Qui te l'a fait deviner ?, — *Personne* »
> J..ot 8 ans (extrait) : « Qu'est-ce que ça veut dire qu'il va se coucher le soleil ?, — *Le soir*, — Mais qu'est-ce que ça veut dire : il va se coucher ?, — *Qu'il va aller dormir*, — Comment est-ce qu'il fait pour dormir ?, — *Il se couche*, — Que veut dire dormir ?, — *Qu'il ferme les yeux*, — Le soleil a des yeux ?, — *Non*, — Comment il peut dormir alors, — *Il se couche par terre*, — Comment peut-il se mettre par terre ?, — *Il descend du ciel*, — Et quand il est descendu ?, — *Il est sur la terre*, — On le voit quelque fois sur la terre, *Non*, — Comment ça se fait qu'on ne le voit pas ?, — *Parce qu'il est entre les arbres*, — Si on allait de ce côté là, on pourrait le voir ?, —*Si*, — Et comment ça se fait qu'on n'y a jamais été ?, — *Parce qu'on se ferait brûler* (etc..)
>
> Wallon H., (1945), *Les origines de la pensée chez l'enfant*, Ch. Les sources diverse de la connaissance, 137-151.

On le voit clairement, l'évaluation de l'argumentation passe par le souci de rendre compte des opérations cognitives qui permettent à un sujet de relier un référent à une prise de position. On doit se détacher des seules expressions au plan linguistique pour tenter d'interpréter ce qui se passe au niveau des processus cognitifs sous-jacents. C'est la logique sous-jacente qu'il faut tenter d'extraire des propos.

5

COMMENT S'EXERCER POUR APPRENDRE À ARGUMENTER ?

Les principales orientations développées par Golder et Gombert concernant le champ du développement des discours argumentatifs et en font un domaine enseignable. Enseignable, certes, mais sous certaines conditions d'ajustement aux capacités développementales d'une part, et sous l'angle de choix pédagogiques exigeants. Car, on ne peut pas argumenter *« sur n'importe quoi »*, ni *« n'importe comment »*, et *« dans n'importe quelle situation »*. (Golder, 1996a). Il existe des *« objets discutables »* et d'autres non. Concernant les rapports entre l'oral et l'écrit, on ne discute pas *« avec n'importe qui »* : *« il faut tenir compte de ce que l'autre dit »*, et il *« faut « connaître » l'autre et « anticiper ses réponses »* (Golder, 1996a, Gombert, ici même). Le dispositif d'enseignement/apprentissage du projet n° 3 [8] tient compte de ces exigences pour relier les compétences de l'oral à celles de l'écrit. Les ateliers didactiques reposent sur des exercices qui se déroulent essentiellement à l'oral.

---

8. La séquence didactique est élaborée par B. Laussine, P. Lyan & F. Rage, dans une classe de CM2, une classe coopérative de CM1-CM2 et un CM1.

5.1 – Apprendre à argumenter au cycle 3

TABLEAU 9.1

Synopsis des séquences de travail en Cycle III.

Ateliers	Buts	Activités	Matériel	Durée
Mise en situation	Préparer les contenus donner du sens au travail à venir.	Évaluation continue des échanges en situation de coopération. Discussion pour définir les conditions nécessaires favorisant la coopération.		20 min.
Production initiale	Évaluer les compétences individuelles à argumenter.	1) Rappel libre des connecteurs. 2) Utilisation de connecteurs à l'écrit. 3) Production d'un texte argumentatif.		15 min. 20 min. 30 min.
Atelier 1 Vocabulaire	Manipuler un vocabulaire spécifique.	1) Emploi à l'oral de mots ou expressions (prises en charges énonciatives, connecteurs...) pour avancer un argument, introduire une conclusion. 2) Utilisation à l'écrit de quelques expressions.	Étiquettes comportant des mots ou expression du vocabulaire argumentatif. Phrases à trous.	45 min. 30 min.
Atelier 2 Prise de position	Présenter son point de vue.	Exposés de points de vue sur différents thèmes (lecture, sport, film...).		plusieurs périodes de 10 min.
Atelier 3 Justification	– Produire des arguments. – Trouver des idées qui illustrent ces arguments.	1) En groupe, recherche d'arguments pour/contre un animal à la maison. 2) Mise en commun. 3) Etayage d'arguments à partir d'un texte publicitaire.	Texte publicitaire.	1 heure 30 min.
Atelier 4 Négociation	Écouter le point de vue de l'autre.	Échange oral d'arguments pour/contre ; rappel différé des arguments émis par les autres.	Liste d'arguments pour/contre.	30 min.
Atelier 5 Négociation	Adapter son discours à l'autre.	Jeu de rôle : échange d'arguments adaptés au statut de différents destinataires.		plusieurs périodes de 15 min.
Atelier 6 Négociation	Faire changer l'autre d'avis.	Débat : 8 élèves échangent des arguments et doivent convaincre le reste de la classe.	Liste d'arguments pour/contre sur un thème précis.	25 min.
Atelier 7 Négociation	Orienter son discours.	Entraînement à l'écrit : trier et hiérarchiser des arguments à l'aide de connecteurs.	Fiche avec liste d'arguments, conclusions et connecteurs.	1 heure
Atelier 8 Tri d'arguments	Classer des arguments.	Tri d'arguments en fonction de leur orientation et du statut de l'énonciateur.	Liste d'arguments tableau de classement.	45 min.
Production finale	Évaluer les compétences individuelles à argumenter.	1) Rappel libre des connecteurs. 2) Utilisation de connecteurs à l'écrit. 3) Production d'un texte argumentatif.		15 min. 20 min. 30 min.

Établi par B. Laussine, P. Lyan & F. Rage, 1997.

La gestion/compréhension des paramètres d'interaction sociale (Bronckart et al., 1985[9]) est une ressource primordiale pour activer une représentation adéquate de « ce qu'il faut faire » lorsqu'on doit argumenter, que ce soit à l'oral ou à l'écrit. L'objectif cognitif de ces ateliers est d'amener les élèves à s'exercer à manier la dimension dialogique (négociation), et à prendre conscience de l'importance de tenir compte de l'autre. Ces ateliers visent l'atténuation des écarts sociaux entre enfants. On sait que les élèves ne disposent pas tous, dans leur entourage familial, 1) d'interlocuteurs 2) coopérants 3) contradicteurs. La séquence d'enseignement est finalisée par l'essor de ces compétences sociocognitives. Elle s'appuie, non pas sur la simple répétition d'exercices, mais sur un enchaînement de ceux-ci au profit d'une reconnaissance progressive de la dimension dialogique. Si on prend au pied de la lettre l'idée de « travailler » séparément à l'entraînement, on tombe vite dans l'absurdité d'un taylorisme qu'a dû combattre, en d'autres temps, la pédagogie par objectif. D'un autre côté, il faut se rendre à l'évidence qu'un schème étant « *un instrument de généralisation qui permet de dégager et d'utiliser les éléments communs à des conduites analogues successives* » (Piaget & Inhelder, 1966, in Lerbet, 1970, 128), on ne peut non plus se passer sinon d'une répétition d'exercices, au moins d'une articulation judicieuse de séances. Proches, voire assimilables, ces dernières doivent partager un objectif commun, pour voir se profiler l'émergence de repères cognitifs stables pour les élèves. C'est l'effet répétitif d'une mise en situation qui favorise l'émergence et la consolidation de ces « schèmes ». Les situations rencontrées aussi variées qu'analogues préparent le sujet a devenir compétent face à une situation où il « orchestrera » ces schèmes acquis (Perrenoud, 1997[10]). Il ajustera sa démarche à la nouveauté et à la complexité de la situation.

6

POURQUOI STANDARDISER UNE TÂCHE POUR ÉVALUER LES PROGRÈS ?

Le protocole de la tâche d'argumentation contrainte (voir ci-après) proposé par Brassart (1987) est repris comme situation de contrôle pour

---

9. Voir en particulier son Chapitre II pp. 25-36. Bronckart distingue l'espace référentiel, de production et d'interaction sociale. Ce dernier repose sur la prise en considération 1) du lieu, 2) du destinataire, 3) de l'énonciateur, et 4) du but.

10. On trouvera une définition de la notion de compétence chez Perrenoud, qui relie la compétence à la notion de schème et insiste sur la nécessité de considérer la notion dans sa complexité. « *Il n'y a de compétence stabilisée que si la mobilisation des connaissances dépasse le tâtonnement réflexif à la portée de chacun et actionne des schèmes constitués (...). Une compétence est-elle alors un simple schème ? Je dirais plutôt qu'elle orchestre un ensemble de schèmes. (...) Autant de schèmes qu'on peut travailler séparément à l'entraînement, mais dont seule l'orchestration permet une attaque efficace.* » (Perrenoud, 1997, 29-32).

évaluer les progrès des élèves. Cette tâche présente l'avantage d'être complexe, puisque les élèves disposent d'un large champ d'orchestration, et peuvent là prouver leurs compétences. Elle est reproductible, en changeant les thèmes de l'amorce (alpha) et du final (oméga), ce qui convient à un objectif de recherche. Ceci présente donc un double avantage d'un point de vue pédagogique (évaluation de compétences) et scientifique (standardisation d'une épreuve). Trois tests furent proposés, en classe de CM1 et de CM2.

6.1 – Déroulement des différentes phases d'apprentissage et d'écriture

> T1 : La lecture est un bon moyen de se détendre... Vous voyez bien qu'il n'y a pas mieux que la télévision pour se divertir (cf. Golder, 1990)
> **SÉQUENCE D'ENSEIGNEMENT**
> T2 : Louer des cassettes vidéo pour voir des films chez soi c'est agréable... Vous voyez bien qu'il n'y a pas mieux que le cinéma pour regarder des films.
> **SÉANCES DE TRAVAIL EN GROUPES COOPÉRATIFS**
> T3 : Le parapluie est un bon moyen pour se protéger... Vous voyez bien qu'il n'y a pas mieux que le Kway pour se protéger des intempéries.

L'évaluation effectuée par l'adulte, tant pédagogique que scientifique repose sur une *étude* des textes. Depuis le point de vue du scientifique jusqu'à celui du pédagogue, on va de la nécessité de repérer des constantes en rapport avec les modèles théoriques testés, à celle de disposer de critères assez simples et souples pour doser les progrès. Or, l'analyse des productions d'écrits pose problème, à l'un comme à l'autre. Côté recherche, on peut à la manière de Dolz et Pasquier s'intéresser à l'évolution en complexité des formes langagières. Ces auteurs proposent une épreuve finale qui est un « retour sur le texte » initial. Ils rendent compte, en fait, d'une amélioration centrée assez fortement sur la dimension linguistique (Dolz & Pasquier, 1994). On peut aussi trier les textes selon une échelle de valeur allant globalement de l'échec à la réussite (Golder, 1992a/b ; Coirier & Golder, 1993 ; Pouit & Golder, 1996). Dans ce cas ces niveaux servent surtout d'indices pour caractériser les grandes étapes développementales dans l'évolution des discours argumentatifs. On peut alors dire qu'« *à 10-11 ans, les arguments sont simplement juxtaposés ; à 12-13 ans, ils sont connectés de façon plus ou moins complexe* » ... etc (De Bernardi & Antolini, 1996, voir Golder & Pouit, 1999, 198). Toutefois, lorsqu'on lit les productions des élèves, même dans une tâche de production contrainte, elles donnent à voir de nombreuses stratégies dans la mise en texte : il existe une variété de discours argumentatifs (Golder, 1996a/b). La notion de juxtaposition qui caractériserait théoriquement les textes des 10-11 ans n'est pas aussi saillante que cela (voir Gombert, ici même). L'important est alors de chercher à rendre compte des processus cognitifs, privés, utilisés par les élèves, et qui sont sous-jacents à l'écriture du texte. Sur une classe de CM2, nous avons pu, pour exemple, répertorier dix styles [11] cognitifs différents, dont rendent compte les catégories suivantes [12] :

TABLEAU 9.2
Tentative de classement des textes en fonction des stratégies d'écritures.

Type	Stratégie sous-jacente
Mathématique	– Plus d'arguments pour oméga, donc oméga gagne
Noyau	– Un argument central qui fait poids
Rappel systématique	– Oméga est argumenté à l'aide des mêmes arguments que alpha
Contagion	– Un argument pour alpha est parfois repris pour traiter oméga
Étayage scénique	– Les arguments correspondent plutôt à des scènes servant d'illustration du thème
Entassement d'idées	– Un thème est massivement illustré sans justification (sauf celle du plus on en dit plus on défend)
Technique	– Utilisation de « slogan », de « répétition », de « reformulation »
Dialogué	– Alpha et oméga font l'objet d'une personnification et on assiste à une bataille rangée
Choix électif pour ou contre	– Seul alpha est traité ou Seul oméga est traité
L'alternance	– Le texte file les positions en faveur d'alpha, puis d'oméga, puis d'alpha, puis d'oméga, puis…

Commentaire : nos catégories a) contagion, b) choix électif et c) alternance correspondent ou s'approchent respectivement chez Gombert (1997) des catégories a) d'oppositif local, b) d'oppositif sans structure, et c) d'oppositif structuré. Voir la contribution de A. Gombert (ici-même).

Ces stratégies correspondent pour certaines plutôt à la négociation (mathématique, dialogué, noyau, rappel systématique, entassement) ou plutôt au traitement pur et simple du thème (contagion, étayage scénique, alternance, choix électif). Certains élèves conjuguent plusieurs stratagèmes.

---

11. La notion de style renvoie ici simplement à l'idée de manière d'écrire, d'agencer son texte. Il s'agit d'une description de la mise en mot.
12. Ces catégories croisent d'ailleurs parfois celles d'A. Gombert (voir sa contribution ici-même au chapitre 13.). Nous l'indiquons.

> **EXEMPLAIRES DE TEXTES**
>
> - Texte mathématique alterné
>
>   « La lecture » ça se fait dans le calme (arg +) mais cela fatigue les yeux (arg -), alors que la télévision vous divertit (arg +), ça ne vous fatigue pas les yeux (arg -) et cela se fait aussi dans le calme (arg +).
>
> - Texte mathématique et contagion
>
>   « La lecture est un bon moyen pour se détendre » parce que on est tranquille dans son fauteuil entrain de lire (arg +) (…) Oui, mais c'est vrai quand on regarde la télévision on est relax sur le canapé entrain de regarder l'image (arg +). Et en plus quand tu regardes des films, des dessins animés, etc. le son des centaines d'images qui bougent (arg +) et en plus tu n'as pas à lire les lignes d'écritures (arg +).
>
> - Texte dialogué
>
>   « — C'est pas vrai dit la télévision » « — bon vu qu'on est pas d'accord dit la lecture » « — d'accord dit la télé » « — mais quel sera ce pari demande la télé » « — une bagarre », répond la lecture, « — alors rendez-vous sur la place du Cendre à 10h30 demain matin le gagnant devra partir ». Le lendemain matin (…) J'ai mis la lecture K.O., « vous voyez bien qu'il n'y a pas mieux que la télévision pour se divertir ».

Arg+ et arg - désigne respectivement les arguments en faveur de la thèse et les contre-arguments.

L'évaluation des productions reste soumise à des choix théoriques importants et conséquents sur la lisibilité des effets de l'enseignement. Face à cette variété, comment le pédagogue peut-il se situer ?

7

POURQUOI PRENDRE EN COMPTE LA DIMENSION COGNITIVE ?

Partant de cette variété des textes, des critères doivent être dégagés. On vise à tenir compte de la présence et de la cohérence d'un argumentaire dans le texte. Le chercheur peut se contenter de prélever les seuls arguments qui correspondent aux opérations cognitives concernant strictement l'activité argumentative. Pour le pédagogue, une fois sélectionnés les arguments proprement dits, il reste parfois beaucoup de propositions d'élèves dont le statut n'est pas très clair. Or, le choix de traitement doit rester au plus proche de la qualité « prévue » du point de vue de l'enfant. Le texte porte en lui des indicateurs sur la construction de la représentation mentale (Richard, 1990/1998, [13]) générée par les élèves lorsqu'ils produisent leur texte. Lorsque des élèves écrivent un texte, fut-il explicatif, narratif ou argumentatif, ils effectuent une tâche cognitive complexe. Les psychologues cognitivistes utilisent parfois le terme de modèle mental pour renvoyer à cette représentation que les élèves construisent de la situation. Or, les pédagogues ont tout intérêt à considérer, eux aussi, cette dimension de la représentation mentale qui a servi à construire le texte. Ils n'ont qu'un texte résultant, mais ils doivent rechercher comment le texte s'est construit pour comprendre ce qui bloque, gêne l'élève.

La notion de modèle mental (Johnson-Laird, 1983, Ehrlich, Tardieu & Cavazza, 1993 [14]) renvoie à la façon dont l'esprit humain « construit la réalité » (Jonhson-Laird, in Ehrlich *et al.* 1993, 1). Richard préfère le terme de « représentation particularisée de situation », qui présente, selon lui, l'intérêt d'insister davantage sur le fait que la représentation repose sur des connaissances et qu'elle revêt un aspect constructif (Richard, 1990/1998). En somme, ces notions renvoient à l'idée que les sujets, lorsqu'ils sont confrontés à une résolution de problème, échafaudent « des inférences », c'est à dire font des « ponts », entre 1) ce qu'ils savent en général, 2) ce qu'ils reconnaissent de la situation, et 3) ce qu'ils mettent en acte dans la situation. Une des particularités de la construction d'une représentation lorsque le sujet est en situation est qu'il peut déclencher des inférences en relation directe avec ce qui se passe au fur et à mesure de l'évolution de la situation (écriture du texte par exemple) : *« La production de ces inférences fait l'objet d'une régulation qui repose sur ce que le sujet se propose de faire »* (Richard, 1990/1998, 115). Analyser un texte, une production argumentative, revient alors à simuler au plus près la représentation mentale qui a servi à élaborer le texte. Il faut chercher à typifier les opérations cognitives qui ont guidé l'élève au cours de la rédaction. Même si le pédagogue ne va pas aussi loin dans l'analyse des productions que le psychologue, il a intérêt à centrer son évaluation sur ces aspects cognitifs sous-jacents et non sur la seule forme verbale de surface.

Pour exemple, les erreurs orthographiques sont toujours mal venues dans une production d'écrit. La construction d'une représentation oblige bien souvent l'élève à mobiliser des connaissances qui finissent par saturer son espace mental : les psychologues cognitivistes parlent alors du phénomène de *surcharge* cognitive [15]. Lorsque les élèves s'efforcent de produire des arguments ils laissent parfois de côté les phénomènes de

---

13. Voir en particulier son chapitre III, 84-135.
14. Voir en particulier le chapitre d'introduction de Jonhson-Laird, (in Ehrlich *et al.*, 1993) « La théorie des modèles mentaux », 1-22.
15. En psychologie, la surcharge se conçoit à l'intérieur de l'espace limité de la mémoire de travail, qui est l'espace actif lorsqu'un sujet exécute une activité.

contrôle linguistique. Nous illustrons avec le cas d'un élève qui a des difficultés manifestes en orthographe.

7.1 – Exemple d'un phénomène de « surcharge cognitive », élève de CM2 [16]

T1 : (…) La lecture est un texte ou il y a des personn<u>age</u>. Dans <u>se</u> texte il se passe une <u>avantur</u>. La lecture <u>et</u> aussi un moyen <u>daprendre</u> la vie du règne animal. Mais la télé est un autre moyen de se détendre car il <u>ni</u> a pas besoin de lire. Alors (…)
T2 : (…) parce que on peut se coucher sur le <u>canaté/r</u> on peut voir les fil<u>me</u> <u>can</u> <u>ont</u> veut et <u>auten/de/foit</u> <u>cont</u> veut mais mais au cinéma <u>sé</u> un grand écran le <u>sont</u> est meill<u>e</u> <u>d'onc</u> il y a ya plus de (<u>suspèce</u>) <u>suspeine</u> alors (…)
T3 : car on peut se mettre <u>a</u> <u>plusieur</u> on peut <u>lene</u> (ne de) <u>partou</u> car il se pli <u>n'est</u> il peut <u>senvolé</u> <u>est sa tin</u> pas la chaleur <u>n'est</u> il y a aussi qui protège est qui <u>tiene</u> chaud et <u>a/plus</u> <u>sa</u> prend <u>nain de plasse</u> est s'est <u>nain chère</u> alors finalement.

Cet élève maîtrise difficilement l'orthographe (voir Fayol & Jaffré, 1999 pour une revue). Plus il devient compétent dans la production du texte argumentatif (aucun argument en T1, 5 arguments en T2, 7 arguments et 3 contre-arguments en T3), plus il se « relâche » sur le plan orthographique. Or, c'est ce relâchement qui confirme aussi qu'il se concentre sur d'autres aspects (progression en nombre des arguments).

8

QUELS CRITÈRES RETENIR POUR ANALYSER DES TEXTES D'UN POINT DE VUE PÉDAGOGIQUE ?

Contrairement aux travaux qui axent leur intention sur le macro développemental, notre intérêt porte sur les microgénèses. Nous tenons compte de toutes les propositions des élèves [17]. Pour opérationnaliser un tri, nous comptabilisons le nombre d'arguments en faveur de la position première, alpha (A1), de la position finale, oméga (A2), les contre-arguments concernant respectivement encore chacune des positions alpha (C1) et oméga (C2). Nous totalisons ensuite les autres propositions produites qui ne peuvent être classées sous la rubrique argumentative. Il s'agit 1) des propositions qui sont « hors champ » par rapport au thème demandé, 2) des propositions qui sont des reprises pures et simples du

---

16. Les erreurs sont soulignées.
17. Cette étude a fait l'objet d'une publication (Auriac-Peyronnet, E, 2001).

thème, enfin 3) des propositions qui sont plutôt des saisies « narratives » du thème, exploitant la « mise en scène », le « récit », sans qu'il s'agisse pour autant d'exemplification (voir plus bas). Nous disposons d'indicateurs qui permettent de juger, en terme de qualité, de l'ajustement de la production au cadrage argumentatif suggéré par la consigne. Avec ces catégories on épuise pratiquement (-1%) toutes les propositions des élèves. On rend ainsi compte de la qualité de la production « du point de vue de l'élève ».

CRITÈRES POUR ANALYSER LES TEXTES

Rappel : l'ensemble du texte est codé comme s'il répondait à une intention argumentative du point de vue de l'élève. Toutes les propositions sont codées.

TABLEAU 9.3
Les catégories retenues (et exemplifiées) pour l'analyse des textes écrits par de jeunes élèves.

Les propositions/arguments	Exemples
Tautologique : T	« Le parapluie protège car il nous protège bien. »
Hors thématique : H	« La lecture est un bon moyen d'apprendre. » *
Scénique/narratif : S	« Quand je vais me promener avec ma grand-mère, je prends un parapluie. »
Pour alpha : A1	« Deuxièmement ça coûte moins cher. »
Contre alpha : C1	« Tandis que le parapluie on a une main prise. »
Pour oméga : A2	« Mais le cinéma on peut y aller à plusieurs. »
Contre oméga : C2	« Le Kway dès qu'il pleut dessus il se rétrécit. »

Alpha représente la thèse à combattre, et oméga le point de vue à défendre. Commentaire (*) : le thème du texte porte sur « la détente » et non sur l'apprentissage.

EXEMPLE DE CODAGE SUR UN TEXTE, ÉLÈVE DE CM2, T3 [18]

Le parapluie il n'y a pas mieux pour se protéger. Car le parapluie quand il pleut /ça ne nous asperge pas/ et par rapport au Kway on ne se mouille pas la tête/ et en plus ça coûte moins cher/. Mais le Kway on n'est pas obligé de le porter /quand il pleut /ça peut nous servir de coupe vent /et si la pluie tombe en diagonale /ça nous protège le corps /parce que le parapluie protège pas notre ventre./ En plus le Kway est plus pratique que le parapluie /car au lieu de le tenir à la main on le porte sur soi /et puis tu n'as pas besoin d'acheter un blouson dessous /et ça ne porte pas obligatoirement chaud/ donc **vous voyez bien qu'il n'y a rien de mieux contre la pluie qu'un Kway**. [19]

Les barres de séparation indiquent le découpage en propositions. Le texte comporte 14 propositions (p1 « car le parapluie quand il pleut » à P14 « et ça ne porte pas obligatoirement chaud »). Le codage est le suivant : p1, p6, p8 = S avec p8 à valeur de contextualisation/exemple [20], p2 = A1 ; p3 et p4 = A1/C2, p5, p7, p13, p14 = A2, p9, p12 = A2/C1, p10 = C1. Le découpage et le codage des productions sont toujours délicats. Un double juge est nécessaire au plan scientifique. En revanche, on peut, en classe, demander aux élèves de retrouver eux-même les arguments dans le texte des autres élèves, et coder une partie des textes.

9

EN QUOI LES ÉLÈVES S'ADAPTENT AUX EXERCICES EN DEHORS DES EFFETS DE L'ENSEIGNEMENT ?

Distinguer ce qui relève de l'enseignement, des caractéristiques des sujets, et de l'effet d'entraînement de la tâche est crucial pour déterminer l'impact d'une séquence d'enseignement. Dans le cas de cette étude, l'entraînement à la tâche produit une chute manifeste de toutes les propositions hors thématiques ou tautologiques, dans les classes expérimentales comme dans les classes contrôles. On le met en évidence sur 90 textes, en CM2 et dans une moindre mesure en CM1.

---

18. Nous avons ôté les erreurs au plan orthographique.
19. On notera l'introduction du « tu » (souligné dans le texte) qui indique que l'élève gère bien la dimension dialogique en s'adressant véritablement à « un autre ».
20. Contrairement aux propositions trouvées dans le texte T1, ces propositions qui font appel à la contextualisation, (qui racontent le contexte) sont volontairement codées scéniques bien qu'elles comportent une valence argumentative forte. Mais elles s'appuient bien sur cet ancrage narratif. Ce codage est discutable. Voir toutefois les résultats plus aval.

9.1 – Résultats en classe de CM2

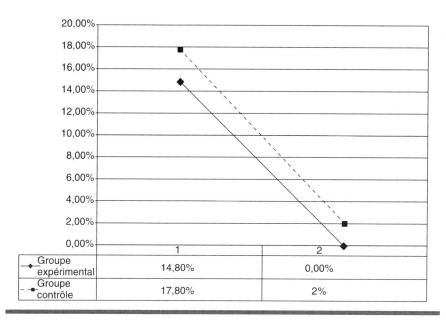

FIGURE 9.1
L'effet de l'enseignement sur l'évolution des propositions tautologiques et hors thèmes en CM2.

On calcule le pourcentage de propositions — tautologiques + hors thème — sur le nombre total de proposition contenues dans le texte.
Rappel : T1 = Lecture / Télévision ; T2 = Cassettes-Télévision / Cinéma.

9.2 – Résultats en classe de CM1

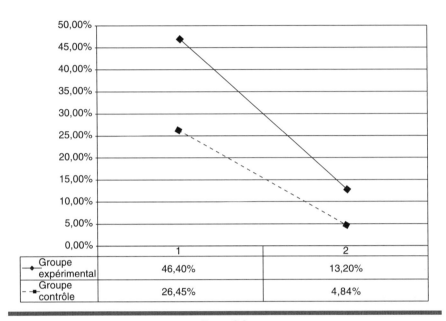

Figure 9.2
L'effet de l'enseignement sur l'évolution des propositions tautologiques et hors thèmes en CM1.

**On calcule le pourcentage de propositions –tautologiques + hors thème- sur le nombre total de proposition contenues dans le texte.
Rappel : T1 = Lecture / Télévision ; T2 = Cassettes-Télévision / Cinéma.**

En dehors de cet aspect, on note aussi une gestion de la contre-argumentation différenciée entre les classes expérimentales et contrôles. Les élèves des classes contrôles (CM1 et CM2) s'habituent à la tâche. Ils construisent un modèle mental qui les incite progressivement, au fil des tests, à une sur-utilisation de la contre-argumentation (thème alpha).

9.3 – Exemple d'un texte entièrement « controversé »

Ce texte provient d'une classe contrôle de CM2 en dernière écriture — T3 — :

> **T3** : *(alpha)* mais c'est toujours la même histoire, ou le parapluie est trop grand ou trop petit, il est à moitié est cassé, il est pas beau, un seul coup de vent et il se casse, finalement *(oméga)*.

En revanche, les élèves de classes expérimentales (CM1 et CM2) construisent un autre modèle mental qui les guide en situation : ils écrivent des textes plus équilibrés en dosant à part égale argumentation et contre-argumentation en faveur des deux thèmes. L'analyse de certaines marques du discours (utilisation du « je », ou du « on ») montre que les élèves des classes expérimentales élaborent, dans une plus large mesure qu'en classe contrôle, des textes graduellement dépendants d'un ancrage impersonnel (« on [21] »). On peut interpréter cette tendance, en faisant l'hypothèse que ces élèves aménagent peu à peu une distance entre « eux » et le texte (décentration) : les thèmes guident dorénavant leur production, le locuteur s'efface du texte. Cet effet est induit par la tâche d'argumentation contrainte. Il est néanmoins renforcé par la séquence d'enseignement.

10

EN QUOI L'ARGUMENTATIF ET LE NARRATIF SONT-ILS CONCURRENTS ?

Nous comparons les productions de textes avant (T1) et après (T2) la séquence d'enseignement. Les textes dans les classes expérimentales sont significativement plus longs [22] (cf. Dolz & Pasquier, 1994 ; Pouit & Golder, 1996) du premier au dernier test (T1 <T2 <T3). En classe contrôle c'est l'inverse (T1 >T2 > T3). En CM1 les textes passent de 10,65 à 12,25 puis à 15,5 propositions en moyenne. Au CM2, les textes s'allongent de 7,3 (T1), à 9,3 (T2), puis 9,7 (T3) [23]. La séquence d'enseignement amène donc les élèves à réorganiser leur texte. Les effets ne sont toutefois pas les mêmes pour les CM1 et pour les CM2. Au CM1, il est difficile d'isoler les facteurs qui influent sur cette réorganisation des textes. L'hypothèse d'un effet de l'âge sur le degré de perméabilité à la séquence d'enseignement est avancée. La tendance au CM2 est beaucoup plus claire. La séquence d'enseignement oblige les élèves à « produire de l'argument », force à la justification. On calcule le pourcentage d'arguments produits sur l'ensemble des propositions du texte.

---

21. Pour exemple, on donne les pourcentages de textes où figure l'ancrage « on » : en CM2, T1 54%, T2, 82%, T3 86%, contre en classe contrôle T1 : 46%, T2 : 53%, T3 : 65%.
22. Calculé sur le nombre de mots et sur le nombre de propositions.
23. En classe contrôle les textes passent de 11,4, à 9 et à 8 propositions en moyenne au CM2, et de 13,7 à 11,6 jusqu'à 9,9 au CM1. Les classes contrôles sont au départ d'un meilleur niveau que les classes expérimentales. Cela n'intervient pas dans l'analyse des causes de l'amélioration des textes en classe expérimentale.

10.1 – Le nombre d'arguments produits dans les textes

Comment les élèves défendent-ils la thèse alpha ?

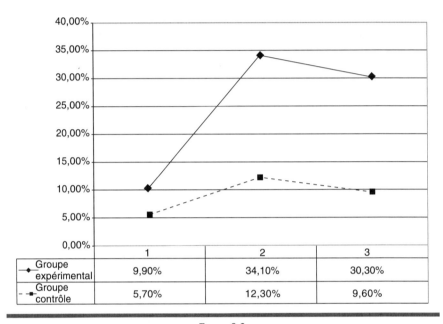

FIGURE 9.3
L'effet de l'enseignement et du travail coopératif sur l'évolution
du taux d'arguments en faveur d'alpha en CM2.

On calcule le pourcentage d'arguments en faveur d'alpha –thèse à combattre– sur le nombre total de propositions contenues dans le texte

Rappel : T1 = <u>Lecture</u> / Télévision ; T2 = <u>Cassettes-Télévision</u> / Cinéma ; T3 = <u>Parapluie</u> / Kway. (alpha souligné).

Comment les élèves se préoccupent-ils de la thèse oméga ?

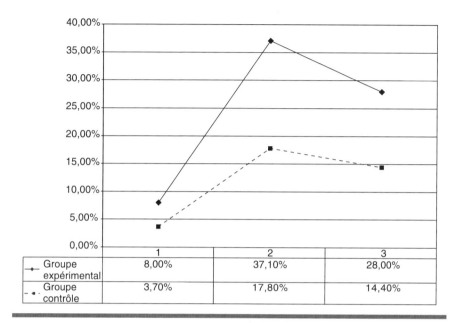

FIGURE 9.4
L'effet de l'enseignement et du travail coopératif sur l'évolution du taux d'arguments pour oméga en CM2.

On calcule le pourcentage d'arguments en faveur d'oméga – thèse à défendre — sur le nombre total de propositions contenues dans le texte

Rappel : T1 = Lecture / <u>Télévision</u> ; T2 = Cassettes-Télévision / <u>Cinéma</u> ; T3 = Parapluie / <u>Kway</u>. (oméga souligné).

Leurs textes sont globalement plus riches en arguments [24], et ne comportent plus ni propositions parasites, ni éléments « scéniques ». La thématique du deuxième test, T2, influence la production d'arguments (pic lisible sur les deux classes [25]). L'équilibrage général du texte suite à la séquence d'enseignement correspond cependant à une ligne de conduite claire de la part de tous les élèves de la classe expérimentale (comparativement à la classe contrôle). Ils quittent leur ancrage habituel au narratif. Le taux d'éléments scéniques chutent massivement.

---

24. Cet effet est vérifié dans le calcul du taux des marqueurs causaux (car, parce que, puisque) qui augmentent eux aussi significativement par rapport à la classe contrôle.
25. Voir plus bas.

Comment les élèves gèrent-ils l'alternance ou l'opposition entre narratif et argumentatif ?

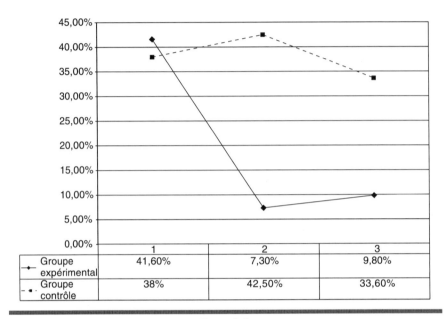

FIGURE 9.5
L'effet de l'enseignement et du travail coopératif
sur l'emploi de propositions narratives en CM2.

On calcule le pourcentage de propositions narratives sur le nombre total de proposition contenues dans le texte

Rappel : T1 = Lecture / Télévision ; T2 = Cassettes-Télévision / Cinéma ; T3 = Parapluie / Kway.

Comme Bruner le déclare, le régime discursif propre à l'homme est le récit (Bruner, 1996). Et, la culture scolaire forme essentiellement l'esprit des élèves à la narration, au primaire. La séquence d'enseignement a eu pour principal effet de réduire l'utilisation spontanée des propositions narratives. Les élèves de CM2 ont construit un modèle mental en récupérant dans les séances d'entraînement des repères pour « débarrasser » leurs textes des éléments de récit. En revanche, dans la classe contrôle les élèves mobilisent un double schéma de texte : le schéma narratif habituel, familier et le schéma argumentatif induit par la tâche contrainte (voir aussi sur ce thème Voss et al., 1999).

10.2 – Exemples de texte à tendance « narrative/argumentative »

Ces textes sont produits dans la classe contrôle en dernière écriture — T3 — :

> … Je prends un parapluie quand je vais en ville et mon Kway quand je vais me promener. Quand je vais faire les courses avec ma mère quand il pleut on prend un parapluie. Quand je vais à l'école, et qu'il pleut je prends un Kway. Et quand je vais à la campagne chez ma grand-mère je prends un Kway…
>
> … Tu sais c'est très pratique car j'étais parti en promenade, tout à coup, il s'est mis à pleuvoir et je me suis pas mouillé car j'avais mon parapluie…

10.3 – Exemples de texte à tendance « argumentative » pure

Ces textes sont produits dans la classe expérimentale en dernière écriture — T3 — :

> … le parapluie c'est large et on peut s'y mettre à plusieurs dessous puisqu'il y a de la place et ça nous colle pas à la tête, il suffit d'appuyer sur un bouton pour l'ouvrir…
>
> … le parapluie on peut le diriger dans le sens de la pluie et le Kway dès qu'il pleut dessus il se rétrécit. Mais le Kway il recouvre tout le corps et il est moins encombrant…

11

QUELLES DIFFICULTÉS RENCONTRENT CHERCHEURS ET PÉDAGOGUES POUR ÉVALUER LES PROGRÈS ?

On ne peut minimiser les effets incidents de la thématique de chacun des textes proposés en test[26]. On marque en gras, dans le tableau suivant, les faits les plus significatifs. La chute du narratif n'est pas imputable au thème des épreuves. De même, l'existence de propositions tautologiques ou hors thème est une constante de l'écriture de première main qui confirme l'effet de la tâche. En revanche, chaque texte ne dégage pas tout à fait le même niveau de difficultés. Les trois thématiques choisies pour les épreuves alpha-oméga — T1, T2, T3 — produisent des effets différents[27].

---

26. Passation de la tâche dans une autre classe contrôle de CM2. Les élèves rédigent T2 ou T3 de première main (travail en demi-classe).
27. Nous remercions Mr Bunlon et Mme Beyler pour la passation des tests T2 et T3.

TABLEAU 9.4
L'effet du thème sur l'écriture.

Tests	Texte écrit de première main			Classe expérimentale	
	T1	T2	T3	T2	T3
Nbre de propositions	8,97	8,28	10,12	9,3*	9,7
Scénique	33,6%	18,1%	25,3%	7,8%	9,8%
A1 pour alpha	13,3%	34%	12,9%	34,1%	30,3%
A2 pour alpha	6,5%	27,5%	18,5%	37,1%	28%
C1 contre alpha	2,8%	10,3%	18,5%	7,8%	8,8%
C2 contre oméga	1,04%	1,7%	3,08%	4,6%	4,6%
Hors thème	5,7%	4,3%	10,4%	0	0
Tautologie	11,8%	3,4%	6,79%	0	2,8%

Pour le calcul de T1, une moyenne est établie sur les 48 textes (classes expérimentale et contrôle réunies. Pour T2 et T3, les résultats sont donnés d'après 14 textes traités pour T2, 16 pour T3.

T1 = Lecture / Télévision ; T2 = Cassettes-Télévision / Cinéma ; T3 = Parapluie / Kway.

Commentaire (*) : Pour rappel, en T1, la classe expérimentale -plus faible- obtenait 7,3 propositions en moyenne.

Le thème Télévision/Cinéma est plus porteur pour mobiliser la production d'arguments, et favorise la contre-argumentation, comme T3 (Parapluie/Kway). C'est toutefois ce dernier thème qui induit le plus de contre-argumentation sur oméga (C1). La familiarité du thème est sans doute en cause (voir Gombert, Partie 5). Des recherches appliquées supplémentaires sont nécessaires pour fournir aux enseignants des tests permettant de mesurer les progrès (Gombert & Peyronnet, en cours), tant les outils dont on dispose actuellement sont pour beaucoup adaptés au seul niveau du collège.

12

QUE SE PASSE-T-IL EN CLASSE COOPÉRATIVE ?

L'intérêt du projet n° 3 est qu'il a permis une comparaison entre des classes traditionnelles (CM1 et CM2) et une classe coopérative (double niveau CM1/CM2). Est-ce que l'habitude coopérative débouche sur de meilleures aptitudes à argumenter ? On a pu mettre en évidence une différence significative au niveau de ce que l'on nomme le mode de prise en charge du discours (le recul face à son propre propos). En classe coopérative, les élèves privilégient une stratégie dialogale : la majorité des textes (60%) correspond à cette catégorie dialoguée (voir plus haut). Les textes renferment des marques du destinataire *(Tu)* et des prises de position personnelle *(Je pense que...)*. Les élèves de cette classe semblent disposer d'habitudes (?) qui les poussent à sur-utiliser ces appuis qui proviennent d'une vision *modifiée* de l'espace d'interaction sociale (Bronckart *et al.*, 1985). Bref, en classe coopérative, on dit « *ce que l'on pense* », et on l'écrit : on « *s'adresse* » à l'autre. C'est saillant dans les productions.

LE CADRE DIALOGAL

L'appui sur un cadre dialogal se repère grâce à l'emploi avéré de la marque « tu » ou « vous ».

TABLEAU 9.5
La présence explicite du destinataire (Tu) dans les textes en classe coopérative.

	CM1		CM2		Classe coopé.
	Expérim.	Contrôle	Expérim.	Contrôle	Expérim.
Ancrage destinataire : tu/vous en T1	18 %	17 %	34 %	36 %	**60 %**

On indique le pourcentage de textes où le marqueur Tu/vous est présent.

LA PRISE DE POSITION PERSONNELLE (PPP)

Le relevé des occurrences de type « je pense que... [28] », prises en charge du texte où l'élève se distancie de son propos, se répartissent différemment selon le type de classes.

TABLEAU 9.6
La persistance des prises de positions personnelles en classe coopérative.

	CM1		CM2		Classe coopé.
	Expérim.	Contrôle	Expérim.	Contrôle	Expérim.
PPP au T1	**43 %**	35 %	0	30 %	**46 %**
PPP au T2	17,3 %	%	0	31 %	**73 %**
PPP au T3	4,3 %	0	0	15 %	**40 %**

PPP = prise de position personnelle. On indique le pourcentage de textes dans lesquels figurent ces marqueurs de PPP, du type « je pense que... », « à mon avis »...

---

28. Pourcentage de textes avec un positionnement « je pense que... », « je suis d'accord... ».

La séquence d'entraînement, contrairement aux classes traditionnelles dans lesquelles l'effet a produit une prise de distance au profit de l'utilisation du « on » impersonnel (voir plus haut), n'a pas eu raison en classe coopérative de la stratégie de s'impliquer, en prenant position dans le texte. Les exemples suivants l'illustrent.

EXEMPLES DE TEXTES EN CLASSE COOPÉRATIVE

T1 : Non, je ne suis pas d'accord. **C'est la télé le meilleur moyen pour se détendre. Je vais te le prouver** que c'est la télé [29]. **Il n'y a pas mieux. D'abord on s'allonge devant un bon petit film. Je te le dit il n'y a rien de mieux qu'un film à la télé.**
T3 : Non c'est faux c'est le Kway qui protège le mieux. Prouve-le. D'accord je vais te le prouver. **Quand tu as un Kway tu l'accroche autour de toi tandis que quand tu as un parapluie tu es obligé de le tenir et aussi quand tu te promènes que tu as ton parapluie qu'une voiture roule dans une flaque après tu es tout mouillé tandis qu'avec un Kway il y a que le pantalon de mouillé.**

Le mode d'entrée dans le texte est de la même manière effectué sous le régime dialogal. En comparaison, dans les classes traditionnelles les élèves usent de « démarrage » classique et systématique d'enchaînement argumentatif en « car » ou « parce que ». Les entrées repérées dans les textes de la classe coopérative diffèrent de ce point de vue.

EXEMPLES DE DÉMARRAGE DE TEXTES EN CLASSE COOPÉRATIVE

- Ce n'est pas vrai du tout...
- C'est faux...
- Oh oui !...
- C'est vrai !...
- Regardez par exemple...
- Oui d'accord...
- Oui c'est vrai !...
- Oui c'est peut-être bien...
- D'après ma maman c'est un bon moyen...
- Enfin c'est ma maman qui dit ça !...
- Surtout quand vous lisez...
- C'est sûr !...
- Non je ne suis pas d'accord...
- Ca c'est toi qui le dit !...
- Non c'est pas vrai...
- Ah ! non ! Regarde Léa...
- Ah ! non c'est oméga...
- Mais mon copain dit qu'il n'y a pas mieux qu'oméga...
- Alors lisez !...
- Ah ! oui tu rigoles ! C'est le Kway...

---

29. Le texte est reproduit conformément à la copie : l'élève a barré cette partie.

La tendance à l'exemplification est aussi apparue comme un des effets saillants dans le sous-groupe des CM2 ayant travaillé, entre T2 et T3, en coopération de type Jigsaw-teaching II.

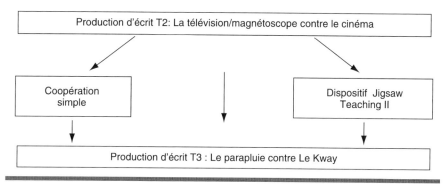

FIGURE 9.6
Rappel du dispositif interne aux classes expérimentales.

Établi par B. Laussine, P. Lyan & F. Rage, 1997.

Contrairement aux attentes, alors que le groupe de coopération simple se comporte conformément à la tendance d'allongement des textes (effet de l'enseignement), les élèves du groupe Jigsaw réduisent leurs textes (une proposition de moins en moyenne T2/T3). En fait, ils réorganisent totalement leur texte, en proposant en particulier des enchaînements incluant des exemples à l'appui.

13

LE MANIEMENT DE L'EXEMPLIFICATION

Dans la classe expérimentale de CM2 pour les groupes d'élèves ayant bénéficié de l'enseignement Jigsaw, les textes produits en T3 font apparaître des tournures d'exemplification.

(5 enfants sur12) : « il <u>suffit de</u> l'ouvrir, et de le mettre au-dessus de sa tête » ; « Et <u>quand</u> un jour on est tout beau et tout propre et qu'il pleut et qu'on allait à la voiture » ; « <u>si</u> il pleut <u>en travers</u> » ; « <u>si</u> la pluie tombe <u>en diagonale</u> »

Ces tournures d'exemplification, ancrées dans le récit (ex : *si il pleut en diagonale*), s'écartent de la narration classique (ex : *quand il pleut*). Proposant des exemples particuliers et non génériques, elles servent d'appui à une progression dans l'argumentaire. On a relevé dans les premiers textes des propositions narratives qui sont très différentes de ces formes d'exemplifications. En première écriture — T1 — dans la classe expérimentale de CM2, ou en dernière écriture — T3 — dans la classe contrôle de CM2, les tournures restent narratives.

> **T1** : « je lis tous les soirs avant d'aller au lit » ; « quand j'ai fini je vais me coucher » ; « je lis jusqu'à l'heure du film ».
> **Classe Contrôle T3** (19/26) : « alors on s'achète un Kway » ; « on l'enfile » ; « on sort » ; « notre corps est sec » ; « quand il y a du vent ».

Dans le groupe Jigsaw II, on peut faire l'hypothèse que la situation de coopérativité dialogale a forcé ce passage à l'exemplification. Les exemples sont effectivement mobilisés lors des échanges dans le seul groupe d'élèves ayant travaillé en Jigsaw entre T2 et T3.

> Ex1 : ouais ben nous euh pour **pour la télé par exemple** on fait une sortie on amène le magnétoscope on peut filmer et après on peut regarder
> Ex2 : ben ouais déjà **pour ceux qui habitent à Cournon** moi moi me ma moi me ma moi//
> Ex 3 : mais **quand y pleut** tu mets ça fait rien sur les vélos (*en référence à la voiture...*)
> Ex 4 : ben aussi les piles quand tu les vides y en aura plein aussi après et tu sais pas quoi en faire
> Ex 5 : non mais **des fois** c'est protégé hein
> Ex 6 : // ah ouais **par exemple leurs parents** //ah oui//
> Ex 7 : oui ben ça dépend **par exemple tu crèves un pneu** et//
> Ex 8 : parce que **par exemple tu prends la voiture**

Il se peut qu'un transfert positif ait lieu entre la situation de coopérativité dialogale et la dernière production argumentative (T3). D'autres recherches devront confirmer ces faits.

14

FAUT-IL COOPÉRER POUR ARGUMENTER OU ARGUMENTER POUR COOPÉRER ?

Si, comme l'explique Breton, pour penser la démocratie, on doit penser l'avènement de « l'égalité » et de la « symétrie », alors égaliser les chances est un préalable nécessaire à l'exercice d'une coopération impliquée et rigoureuse. Pour que s'installe une parole démocratique, il fallut, en Grèce, *« la création d'un nouvel espace social, d'un centre par rapport auquel les individus occupent tous des positions symétriques. C'est l'agora, qui, selon Vernant, "forme le centre d'un espace public et commun. Tous ceux qui y pénètrent se définissent par-là même comme des égaux (...) par leur présence dans cet espace politique, ils entrent, les uns avec les autres, dans des rapports de parfaite réciprocité"* ». (Vernant, 1962, cité par Breton, 1997, 34). Former à cette symétrie des places qui, seule, peut fonder des rapports démocratiques, repose en partie sur le développement des compétences à argumenter. Le cas des élèves en difficultés qui ont du mal à « se faire une place » au plan existentiel, illustre bien ce système qui gère la possibilité du discourir en profitant de l'univers du discours, et non pour « gagner une part du gâteau ». De même s'entraîner à l'argumentation n'est pas une fin en soi (projet n° 3) : c'est une chance pour « amoindrir » les écarts sociaux entre élèves, en donnant à tous les cadres de l'exercice de sa parole. Les résultats empiriques issus des différents protocoles oraux et écrits, incitent à considérer de manière complexe ce qui lie le coopératif et l'argumentatif. Il est difficile, dans le contexte de la classe, de doser ces effets croisés, en terme de transfert. La voie est ouverte à de multiples et nouvelles investigations. Il faut donner des outils adaptés au primaire, pour parrainer le pédagogue dans l'édification de diagnostics qui s'écartent des repères du linguistique et investissent les processus cognitifs. L'écart normatif entre l'oral et l'écrit gagnera alors en tension évolutive, et peut-être sur les conseils datant de 70 ans d'un linguiste, Charles Bally, les enseignants s'accorderont-ils à faire *fonctionner* la langue :

« *La langue n'est pas une entité qui existe en soi et pour soi. Quoi qu'on dise elle n'est pas cette divinité autonome que nous représente une certaine mystique ; c'est un instrument — instrument admirable — d'expression, de communication et d'interaction sociale. Présentez-la donc à l'enfant comme un moyen d'arriver à certaines fins.* » (Bally, 1930, cité par Durer, 1998, 202).

En ce sens, il faut bien coopérer avec l'enfance, pour former des adultes argumentateurs.

L'oral comme finalité.
Le cas des « petits parleurs » au CE2

Emmanuèle Auriac-Peyronnet

« *Parler n'a de sens que si l'on parle à quelqu'un. Les hommes parlent les uns aux autres. Ils communiquent par la parole. L'homme n'est peut-être pas un animal « politique » au sens étroit d'Aristote (il n'est peut-être pas fait pour vivre dans une polis, une cité grecque), mais il est essentiellement social.* » C'est ainsi que Conche, philosophe, introduit son chapitre intitulé « le droit à la parole ». Il poursuit en indiquant que « *dans l'Athènes démocratique, tout citoyen avait droit à la parole. Les Athéniens considéraient la parrhésia, la liberté de parole, comme leur privilège* » (Conche, 1982/1993, 71). Notre chapitre s'inscrit, dans cette lignée, sur les traces de cette liaison antique entre « démocratie » et « liberté de parole ». Asseoir si possible au sens politique la revendication d'une place pour un enseignement de l'oral tout au long de la scolarité. Pourquoi ? Parce que parler ne prend pas le même sens lorsque l'on a 2 ans, 7 ans ou 15 ans. Parce que l'école se doit d'accompagner ces transformations du régime de la parole, et former à développer ces conduites langagières différenciées. Parce qu'il « *n'y a pas de liberté sans liberté de parler, de communiquer, de répandre ses idées. De ce point de vue, la démocratie s'oppose, selon Platon et Aristote, à la tyrannie* » (Conche, 1982/1993, 71). La liberté de parler, cette *parrhésia*, conquise par certains [1] ne peut l'être sans certains intéressements directs aux faits

---

1. Conche développe une analyse très intéressante en distinguant le discours du prolétaire et celui du privilégié quant à leur rapport au mensonge et à l'indépendance à l'intérieur de la société capitaliste « avancée ». (voir Conche, 1993, pp 76-82)

de parole, à l'exercice de la parole dans des situations qui comportent justement le risque de se livrer. On se centrera dans ce chapitre sur le rôle de l'école quant à l'édification d'une didactique centrée sur le phénomène complexe du « petit parleur ».

1

POURQUOI FAUT-IL FONDER LE DROIT À LA PAROLE ?

Le droit à la parole est lié à ce que pensée et langage forment un couple indissociable (voir ici-même le chapitre 4). Mais aussi au fait que penser librement, c'est se donner la chance d'une coïncidence avec soi-même, soit d'un développement d'une personnalité harmonieuse [2]. Le droit à la parole touche autant la sphère cognitive que la sphère affective. Le développement des savoirs, des savoir-faire et des savoir-être se confond. C'est en ce sens un droit fondamental qui doit souffrir d'être éduqué. Et le terme « souffrir » est volontairement choisi lorsque l'on rencontre des élèves « petits parleurs ». Ces élèves qui souffrent de ne point oser la parole perdent des expériences cruciales car « *apprendre à parler et à comprendre, c'est apprendre bien autre chose que du lexique et des structures grammaticales : en gros c'est apprendre les différents types d'enchaînements des énoncés sur le discours de l'autre ou sur mon propre discours, c'est entrer dans les différents jeux de langage tant par rapport à "la réalité" (parler pour de vrai ou pour de rire) qu'au discours de l'autre (répondre, questionner, ajouter, modifier...) ou au discours de moi (reformuler, expliciter...), c'est savoir alternativement répondre, raconter, argumenter, comparer...* » (François et al., 1984, Introduction). Parler c'est donc tout d'abord rencontrer l'autre, tisser des liens. C'est en ce sens que l'homme naît « ensorcelé » (Cyrulnik, 1997). La parole ne peut être choisie puisqu'elle est au départ donnée. Il en va d'une appropriation de celle-ci, de la façon la plus ajustée de soi à soi. « *Le droit à la parole se détruirait lui-même s'il était le droit de dire n'importe quoi, car dire n'importe quoi, ce n'est plus dire quelque chose de défini, c'est ne rien dire.* », c'est aussi « *le droit de dire aux autres ce que l'on se dit à soi-même, d'être au-dehors comme on est au-dedans. C'est le droit de tenir un discours unifié et non un discours double : public ou privé, l'un démentant l'autre.* » (Conche, 1982/1993, 74). C'est faire fonctionner chez les êtres en même temps l'ange et l'homme (voir ci-dessous) pour éviter que ces enfants angéliques ne deviennent finalement des autistes avant l'heure, parce qu'ils auraient tout gardé dedans.

---

[2]. Nous remercions Elisabeth Bauthier qui est à l'origine des justifications que nous donnons ici à propos de ce qui fonde la légitimité d'une revendication de parole pour tous.

« La différence qu'il y a entre un ange et une personne ? Facile. Un ange, c'est presque tout en dedans, une personne presque tout en dehors. » Ainsi parlait, à six ans, Anna, également connue sous les noms de Pompom', souris, ou La Joie. »

Fynn, (1974), *Anna et Mister God*, Paris, Seuil, p. 15

2

FAUT-IL CONSIDÉRER L'ORAL COMME UNE FINALITÉ ÉDUCATIVE ?

Nous saluons heureusement l'avènement sur le marché du livre de Dolz & Schneuwly, (1998), *Pour un enseignement de l'oral*, auquel fait écho en septembre 1999, le rapport d'Alain Boissinot sur *La place de l'oral dans les enseignements : de l'école primaire au lycée*. C'est le signe évident qu'il se dégage actuellement une réelle centration sur l'oral (voir aussi Nonnon, 1999), pensé comme « objet d'enseignement », même si *« l'enseignement de l'oral semble poser d'insurmontables difficultés »* (Dolz & Schneuwly, 1998). Pour le psychologue, dans la lignée des écrits philosophiques rapportés plus haut, le droit à la parole est fondamental. Il est vecteur de développement de la personnalité. Or ce développement doit s'entendre comme l'édification d'une originalité suffisante pour se reconnaître soi, ainsi que se faire l'écho permanent de l'aliénation à l'autre. Dans les textes officiels de l'école primaire française, les compétences transversales prônent la formation des « attitudes ». Cela répond à une exigence d'accompagnement du développement de la personnalité et d'une inscription dans une vie sociale. Si l'on demande « quel type d'homme » l'école doit former, nous donnerions volontiers la priorité à « l'homme parlant », qui n'est pas l'homme qui parle tout le temps… Car si l'homme s'écarte de l'animal en ce qu'il parle, l'homme parlant s'écarte de l'homme ordinaire en ce qu'il a « du caractère ». « **Avoir du caractère** *c'est avoir de l'indépendance. Le caractère est fait de différents ingrédients :* **l'esprit critique et le doute** *à l'égard de ce qu'on nous dit qu'il faut croire et que les autres croient, fussent-ils tous à le croire (et cela même dont il n'y a pas de raisons de douter, mais qui a été vérifié par d'autres, comme la rotation de la terre, peut-être faut-il le reléguer dans les croyances par ouï-dire),* **le courage**, *c'est-à-dire la capacité de dominer la crainte de la mort, afin de ne pas se laisser intimider par les pressions, parfois physiques, surtout morales et sociales,* **le sang-froid** *pour résister aux séductions du discours d'autrui, par exemple à la séduction et au charme des orateurs,* **la maîtrise de soi** *qui permet de tenir à distance et en laisse ses propres désirs et passions, afin de ne pas leur permettre de nous souffler ce que nous devons penser, dire et* *croire.* » (Conche, 1982/1993, 75.[3]) Ne pas permettre que l'on nous souffle ce qu'il faudrait penser, dire et croire. Telle est la finalité d'un enseignement de l'oral. Et on aurait tort d'entrevoir la mission scolaire comme loin de cette obligation de formation au « caractère ». Au lieu de brosser la citoyenneté à grand coup de « règles morales », fussent-elles assorties de « règles de vie », pratique répandue avec une mauvaise foi grandissante, (où l'on croit régler, en un seul débat oral dans le courant du premier trimestre tout ce qui touche aux droits et devoirs du citoyen[4]), parler, remettre en cause, adapter son opinion tous les jours dans la classe correspond à un autre « jeu de langage » citoyen. Le langage sert les exigences sociales de toute vie démocratique. Placer l'oral comme finalité c'est alors faire un plaidoyer en faveur de la réhabilitation des « savoir-être », dans une époque de didactisation intense, où ce serait plutôt les savoirs qui gagnent le marché (voir Meirieu, 1999 ; Vergnaud, 1999). Or sans savoir-être, à quoi bon savoir ? On ne saurait être, humain, sans penser. Les rapports entre langage et pensée ne sont pas simples. Nul doute qu'un « faible parleur » peut être un « gros penseur », voire un bon élève[5] (voir l'étude du cas de H plus bas). Vygotski a contribué à éclaircir le tableau de ces rapports, nécessairement existants après l'avènement de la fonction que les psychologues nomment symbolique (Vygotski, 1962/1984,1997). Dès 1 ans et demi 2 ans, la capacité à se représenter le monde est de plus en plus médiatisée par la langue. Vygotski représentait ce jeu de recouvrement progressif, de l'enfance à l'âge adulte, entre l'univers langagier et l'univers mental. Plus l'homme grandit, plus sa pensée dépend de l'univers langagier. Le langage prend une place si importante qu'il devient *le* véritable « outil » pour la pensée. Il crée la pensée, ce qui explique que la conversation puisse être « matrice » de la cognition (Trognon, 1994, 1995, 1997, voir Auriac-Peyronnet, ici-même).

Enfin, placer l'oral comme finalité de l'enseignement c'est aussi combattre, à l'école, l'élève silencieux en ce qu'il conserve pour lui-même les informations parfois nécessaires à autrui. Car, « *il y a d'autres façons de tromper que de dire le faux : le silence (où, par exemple, on laisse croire en ne détrompant pas) peut être plus trompeur que la parole...* » (Conche, 1982/1993, 76). Mais pourquoi certains élèves ne parlent-ils pas ?

---

3. C'est nous qui soulignons.
4. Arrivent actuellement, sur les murs des classes, des affiches, proposant des listings assez effarants de droits, et surtout d'interdictions : « Je ne dois pas avoir de chewing-gums en classe », « je dois lever le doigt si je veux parler ». La citoyenneté est vite « mal » traitée.
5. En ce sens, nous nous écarterons ici de la liaison entre « parler » et « réussir scolairement » (Florin) non que nous combattions cette idée, mais parce qu'il ne faudrait pas confondre cause et corrélation. « *Un petit nombre de dimensions psychologiques constituent des prédictions dès l'école maternelle, de la réussite ou de l'échec à l'école primaire : le niveau de langage et la participation à la conversation scolaire, l'attention, et le suivi du rythme de la classe.* » (Florin, 1991).

3

N'Y A-T-IL DE « PETITS PARLEURS » QU'À L'ÉCOLE MATERNELLE ?

Lorsqu'on lit des phrases aussi banales que « *et il faudra veiller à ne pas écarter ceux qui ont du mal à prendre la parole* » (Zakhartchouk, 1999), on éclaire parfaitement ce qui se passe dans l'ordinaire de la classe. Quand on débat en classe, certains sont écartés. Serait-ce pensable si on disait la même chose en classe de mathématiques : *et il faudra veiller à ne point écarter ce qui ont du mal à faire leurs opérations ?* La problématique du « petit parleur » appartient d'ordinaire à l'école maternelle. Les travaux (Florin *et al.*, 1985 ; Florin, 1991, 1995a ; Florin *et al.*, 1999) indiquent que la capacité à s'exprimer verbalement est l'un des prédicteurs de la réussite scolaire. Et, mobiliser ses capacités verbales s'effectuerait préférentiellement en petits groupes conversationnels : « *homogénéiser les petits groupes conversationnels en fonction du degré de participation individuelle en groupe-classe réduit nettement la pression concurrentielle. Dans ces conditions, les faibles parleurs peuvent rapidement devenir des participants très actifs : comparée à ce qu'elle est dans les grands groupes habituels, leur production langagière est multipliée en quelques séances par 4 à 40, selon les enfants.* » (Florin, 1995b, 194). Peu de cas, en revanche, est fait des « petits parleurs » de l'école élémentaire. Face à l'inexistence même de cette catégorisation, on s'interroge sur l'attention portée aux représentations des enseignants sur cet aspect. La centration récurrente, qui prône l'instruction du « lire-écrire-compter », se constitue comme socle voire bloc ou dogme qui court-circuite les interrogations sur les savoir-être. Nous serions d'ailleurs tentés de lire cet effet comme l'émergence de ce que d'autres nomment « l'ethnocentrisme lettré » (Mauger *et al.*, 1999, cité par Troger, 1999). Car, même si les textes officiels de l'école élémentaire insistent, dans le registre des compétences transversales, sur la mobilisation des attitudes, on reste largement sur sa faim quant à une reconnaissance scolaire de la capacité à s'exprimer tout simplement [6]. Aussi est-ce que la catégorie « petit parleur » est pensable aujourd'hui à l'école élémentaire ?

COMMENT REPÉRER ET DÉTERMINER LES « PETITS PARLEURS » ?

Nous avons demandé aux enseignantes d'évaluer les élèves de CE2 en utilisant cinq catégories, d'après l'observation du comportement des

---

6. Les tous récents programmes de l'école primaire française (2002) iraient dans le sens d'un démenti en faisant une large place à ce débat.

élèves durant le premier trimestre. Ce jugement pose le diagnostic de « petit parleur ». Il est ensuite croisé avec un test : le jeu du crayon attaché. Ordinairement destiné à fixer un indice de coopérativité, nous l'assortissons d'une grille sommaire de prélèvement des comportements verbaux et non verbaux.

Consigne : Classer les enfants de votre classe en 5 catégories :
1. Très gros parleurs : nettement supérieur à la moyenne
2. Gros parleurs : supérieur à la moyenne
3. Moyens parleurs : moyenne
4. Petits parleurs : inférieur à la moyenne
5. Ne s'exprime pas : (ou très peu)

Le tableau suivant est renseigné par les enseignants.

TABLEAU 10.1
Estimation des compétences orales par les enseignants.

Enfants/ Catégories	Prénom des enfants
Cat. 1 : estimé très gros parleur	Isabelle, Jérémie…
Cat. 2 : estimé gros parleur	Romuald, Corinne, Franck…
Etc.	

Les enseignants inscrivent le noms des élèves en face de chaque catégorie en début d'année scolaire après une phase d'observation des comportements en classe.

Comme nous l'a rappelé Mireille Brigaudiot (Brigaudiot & Ewald, 1990 ; Brigaudiot, 1996 [7]), il est primordial pour des enseignants de garder « tous les enfants dans leur ciel » (belle expression !). L'intérêt de ce repérage de tous importe en classe. On oublie trop souvent des enfants silencieux, voire sages… parce que ce sont parfois des élèves « qui ne posent pas de problème »… Dans les deux classes expérimentales, le jugement des enseignants correspondent aux résultats à l'issus du jeu du crayon.

4.1 – Le jeu du crayon attaché

Les enfants sont assis, l'un en face de l'autre avec chacun une feuille blanche, une table commune les séparant. Ils doivent obligatoirement

---

7. Brigaudiot M., (1996), Conférence donnée dans le cadre de la formation continue des professeurs du 1er degré, L'oral en maternelle, (dir) Goigoux R., Octobre 96, IUFM d'Auvergne. M. Brigaudiot consacre ses recherches à l'oral en maternelle, ainsi qu'à l'étude de la mise en place de la conduite de récit chez les tout-petits.

rester assis. Chacun doit reproduire en le dessinant sur sa feuille le modèle disposé verticalement à la vue des deux, au centre de la table commune. On donne une note au groupe en fonction de l'avancement et de la qualité du dessin reproduit : dessin à l'identique, traits bien droits.

Le seul problème, les deux enfants disposent de deux crayons attachés par une ficelle qui les relient et qui ne permet pas de dessiner en même temps, mais chacun à son tour.

LES FIGURES UTILISÉES EN PRÉ-TEST ET POST-TEST

CONSIGNES :

Matériel : « Vous allez jouer à dessiner le plus vite possible et le mieux possible avec ces crayons attachés. Attention, il ne faut absolument pas qu'ils se détachent, ou que la ficelle casse, sinon vous perdrez des points. »
But : « Vous devez dessiner chacun sur votre feuille, la feuille blanche que j'ai posée devant vous (la montrer), le dessin que j'ai placé ici (le montrer, il est visible des deux côtés). »
Compétition : « Vous jouez contre les autres équipes de la classe. Pour réussir, il faut que les deux aient bien dessiné (moi, je note les points quand vous dessinez). »
Soin : « Vous devez faire exactement le même dessin que celui-ci, et ne rien oublier, ni les ronds, ni les lignes... »
Coopération : « Mais attention, vous n'aurez peut-être pas le temps de finir. C'est normal, mais il faut que vous ayez dessiné le plus de choses possibles chacun (exemplifiez). »
Départ : « Vous commencerez et vous vous arrêterez au signal. Vous êtes prêts ? »

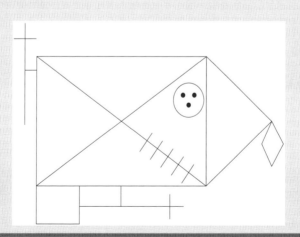

FIGURE 10.1
La figure de Rey aménagée pour le pré-test des compétences sociales.

Chaque élève dispose de cette figure à reproduire dans un temps imparti à répartir pour une production équitable avec son compatriote placé en face. Les élèves ne disposent que d'un crayon pour deux.

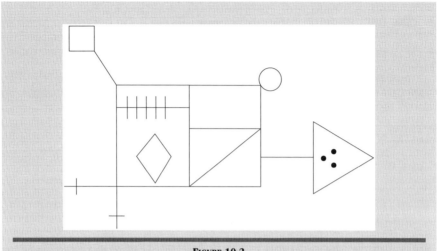

Figure 10.2
La figure aménagée pour le pré-test des compétences sociales.

La figure est inventée pour les besoins du post-test. On y retrouve les mêmes éléments que sur le première figure (pré-test) mais agencés différemment.

Un observateur remplit une grille lors de la passation. Cette grille comprend le relevé des prises de paroles et de certains comportements non verbaux. On recueille des informations sur la dimension « capital parole » (nombre de mots prononcés), et on vérifie si les enfants utilisent plusieurs registres pour s'adapter à la situation (information, gestion de l'autre, méta commentaires...).

Grille d'observation (Jeu du crayon attaché)

L'observateur coche simplement d'une marque lorsque le comportement se produit.

Tableau 10.2
Grille d'évaluation des compétences sociales.

	Enfant A	Enfant B
Commence à dessiner.		
Parle. *		
Demande le crayon. **		
Tire le crayon.		
Commente le dessin de l'autre en attendant : ** ex : « ah ! tu fais le rectangle ».		

	Enfant A	Enfant B
Juge, dévalorise l'autre **.		
Se lève, se déplace.		
Presse l'autre : ** ex : « dépêche-toi, allez ».		
Demande d'attendre, de patienter : ** ex : « attends un peu ; je te le passe dès que j'ai fini ».		
Termine le dessin dans le temps imparti.		

Un juge observe les enfants sans intervenir et note à l'aide de trait les différentes actions des élèves chaque fois qu'elles se produisent.

Commentaire (*/) : le juge marque un trait à chaque prise de parole indéterminée (*). Lorsque la prise de parole est d'une catégorie pré-déterminée le juge marque un trait dans la colonne prévue (**) et non dans l'autre (*).**

Pour exemple, pour chaque classe un graphe complet permet de situer les élèves sur les trois dimensions : son capital parole, sa propension à adapter son registre verbal à la situation [8], et ses comportements non-verbaux [9].

TABLEAU 10.3

Exemple de résultats suite à l'estimation des compétences orales sur une demi-classe d'élèves de CE2.

Élèves	1	2	3	4	5	6	7	8	9	10	11	12	13	14	15
Capital parole	3	4	2	2	**10**	**11**	2	2	2	14	6	7	8	5	2
Dispersion du registre	2	2	2	2	3	3	1	2	1	6	4	4	4	3	1
Non verbal	0	2	0	1	0	0	**6**	**6**	1	4	0	1	2	0	1

On distingue ce qui relève du langagier (nombre de paroles émises — capital — et diversité des paroles émises — dispersion —) par opposition aux actes non-verbaux (gestes, déplacements). On a marqué en gras les données caractéristiques des élèves repérés aux n° 5, n° 6, n° 7 et n° 8.

8. On dispose de cinq registres : demande, injonction, jugement, commentaires, indéterminé.
9. On relève : tirer le crayon, casser la ficelle, se lever, se déplacer.

On voit clairement apparaître ici les élèves 7 et 8 comme privilégiant le comportement non-verbal. Alors que les élèves 5, 6 et 10 prennent massivement la parole dans cette situation. Les enseignants corroborent ces faits. On peut à partir de ce relevé fixer des seuils, en fonction de chaque classe, et répartir les enfants en diverses catégories [10]. Pour le capital parole, on oppose le faible, moyen, gros et très gros parleur. Pour l'ajustement à la situation on utilise les seuils de registre maximal, supérieur, moyen, inférieur à la moyenne classe ou nul. Enfin, concernant le comportement non-verbal, il s'agit de voir si les enfants l'utilisent de façon massive, supérieure, moyenne ou pas. Ces profils sont importants pour disposer de repères sur le long terme. Il ne s'agit cependant que d'un relevé ponctuel qui doit être pris pour ce qu'il est. Au final, chaque élève est repéré dans une catégorie. Alisa n° 10 [11], très participative se place en toute catégorie dans la classe supérieure : elle est « très gros parleur », utilise « tous les registres prévus » et use d'actes non-verbaux. Mathieu, n° 11, est un très gros parleur, qui s'adapte verbalement à la situation mais n'utilise pas le non verbal...etc. Pour exemple, les élèves de la classe expérimentale n° 1 se répartissent comme suit dans les différentes catégories :

TABLEAU 10.4
Résultats de l'évaluation des 27 élèves d'une classe de CE2 selon leurs compétences orales avérées dans le jeu-test du *crayon attaché*.

	Capital	Registre	Non verbal
C1 : très supérieur	6	2	3
C2 : supérieur	3	12	4
C3 : moyen	6	9	11
C4 : inférieur	10	3	9
C5 : très inférieur	2	2	néant

Chaque catégories est divisé en 5 degrés (*voir dans le texte*). On indique le nombre d'élèves concernés par catégories. On lit ainsi que dans cette classe 10 élèves sont des petits parleurs (moyenne de parole inférieure à la moyenne générale de la classe), et que 2 élèves utilisent une dispersion maximale du registre (C1). Seulement 3 élèves usent massivement de comportements non-verbaux.

---

10. Le calcul du taux moyen et la dispersion à la moyenne donne une image en fonction des caractéristiques de chaque classe.
11. Tous les prénoms mentionnés sont des noms d'emprunt.

5

POURQUOI EST-CE IMPORTANT DE PRENDRE PLACE DANS LE CIRCUIT DE L'ÉCHANGE ?

La compétence à s'insérer dans le circuit de l'échange est, au-delà d'un échec scolaire clignotant, l'essentielle ressource sociocognitive d'un développement harmonieux. On l'a illustré chez des élèves en difficulté [12] : le flot de parole sert à poser l'être, car, parler c'est pouvoir dire « je ». Flahault, il y a vingt ans, a consacré l'idée que le sujet émerge dans une relation parce qu'il est en partie déterminé par un registre de places (Flahault, 1978). Ce concept de place est depuis repris par certains linguistes (Kerbrat-Orrechioni, 1987, 1988), et psychologues sociaux en le rattachant au concept connexe de rôle (Chabrol, 1991a/b). Flahault distingue quatre registres complémentaires : 1) le registre inconscient, qui est le lieu d'une structuration inaccessible au sujet lui-même mais marquant sa biographie par les expériences d'échanges sociaux en particulier dans la famille (voir Leclaire, 1975), 2) le registre idéologique concernant la place déterminée dans la formation sociale, 3) le registre institué par la situation même de parole dans lequel le sujet prend place, selon le statut qui lui est préalablement accordé, enfin 4) le registre du discours lui-même, en ce qu'il est l'espace dans lequel les trois registres précédents s'inscrivent, font traces. « *Une parole illocutoire explicite ne crée pas ex nihilo une relation entre deux personnes, elle en consacre l'existence.* » (F. Flahault, 1978, 53.). « *Le tout d'une situation de parole est défini aussi à partir du fait que chaque énonciation y est formulée à un ou plusieurs autres et "devant les autres"* » (*Ibid.*, p. 149). En ce sens la compétence à « faire sa place » dans le circuit de l'échange importe. Et les « autres » y sont autant engagés que « soi ». A. Salazar-Orvig & C. Hudelot ont, de leur côté, illustré comment la « circularité du dire » est une notion à prendre en considération lorsqu'on étudie les échanges enfants adultes ou chez les jeunes enfants (Salazar-Orvig & Hudelot, 1989). C. Garitte (1989) a de même montré que la continuité est faite de rupture dans la conversation enfantine spontanée. Elle décrit les conversations libres des enfants lors des repas à la cantine, et s'intéresse plus particulièrement à la stabilité conversationnelle, soit « *la possibilité de rester sur un même objet conversationnel* » (Garitte, 1998, 151). Il ne s'agit pas de pister la continuité thématique à l'œuvre, mais regarder la continuité interactionnelle (entre individus) sans laquelle aucune continuité thématique, fut-elle discontinue, ne s'installe. E. Veneziano (1996, 1999) explore, quant à elle, les formes d'ajustements parents-enfants. Elle montre combien l'adulte, grâce à de simples formulations puis reformula-

---

12. Voir le chapitre précédent.

tions, étend peu à peu l'univers de l'enfant en lui donnant les repères nécessaires de temps et d'espace. C'est parce que l'adulte parent donne à l'enfant, et avant tout, une place dans l'échange que l'enfant peut jouer avec et sur ces repères d'espace-temps.

6

QUELS SONT LES DIFFÉRENTS NIVEAUX DANS UN DISCOURS ?

Les discours s'appuient sur, autant qu'ils les construisent, les relations interpersonnelles. Comme le précise A. Boissinot, « *l'oral, c'est en effet l'écoute tout autant que l'expression, le silence tout autant que la parole, le jeu des regards autant que celui des mots, c'est aussi la gestion des échanges et de la prise de parole* » (Boissinot, 1999, 5). La prise de parole est un indicateur de la relation à l'autre. La logique voudrait que l'on trouve dans l'espace de la parole les effets provenant des rôles sociaux. Or, la réalité des comportements dément cette idée première. On doit aux travaux effectués au C.A.D. (Centre d'Analyse du Discours [13]) des analyses centrées sur l'étude d'interactions particulières comme les « shows télévisés » — *la célèbre émission Apostrophe par exemple* —. Ces études remettent en question, comme d'autres en d'autres temps et sur d'autres terrains (Crozier & Friedberg, 1977), la logique causale d'ordonnancement du social et du comportemental [14] : c'est l'acteur qui crée le système, autant que le système le contraint. Ce sont donc les élèves, petits parleurs, qui creusent leur tombe, autant que les gros parleurs créent leur espace de domination. Les rôles que chacun joue dans une communication, soit les rôles appelés *communicationnels* (exemples : distribuer la parole, interrompre les autres, parler toujours en premier), fondent l'existence même des rôles sociaux (exemples : être directeur, être leader, être partenaire). En ce sens, les professeurs qui laissent l'espace aux « gros parleurs » entrent en connivence avec eux pour générer ce système de places sociales dans la classe, qui sont aussi des places scolaires. P. Charaudeau a particulièrement bien distingué trois niveaux dans l'espace interactionnel : le situationnel, le communicationnel et le langagier (Chabrol, 1991 ; Charaudeau et al., 1992). Le langagier est l'espace même du discours où s'accomplissent pratiquement le situationnnel et le communicationnel :

---

13. Nous remercions C. Chabrol et P. Charaudeau pour leur accueil au C.A.D. Nombre de pistes de recherche développées dans cet ouvrage proviennent de cette ouverture.
14. « *Il n'y a pas de systèmes sociaux entièrement réglés ou contrôlés. Les acteurs individuels ou collectifs qui les composent ne peuvent jamais être réduits à des fonctions abstraites et désincarnées.* » (Crozier & Friedberg, 1977, p. 29).

> Le situationnel est le lieu où se co-construit l'espace d'échange des partenaires, en fonction d'une finalité interactionnelle qui répond à « on est là pour échanger quoi, pour dire quoi, en faisant quoi (c'est à dire à travers quel rôle social), en fonction de quelles conditions (c'est à dire à travers quelles contraintes interactionnelles et identitaires). »
> Le communicationnel est le lieu où, étant donné *l'espace d'échange* construit par le situationnel, se construit, de façon conditionnée, le *contrat de parole* qui indique aux partenaires de l'échange les places et les rôles langagiers qu'ils doivent tenir pour réaliser une certaine finalité actionnelle. Autrement dit le communicationnel détermine la manière de parler du sujet communiquant ; il répond à la question : « on est là pour parler comment, pour jouer quel rôle langagier ? »
>
> Charaudeau P., Contrats de communication et ritualisations des débats télévisés,
in *La télévision Les débats culturels* « Apostrophes », Didier Erudition., pp. 12-14.

Sur cette base les faits langagiers démontrent quels contrats communicationnel et situationnel sont à l'œuvre. Et chaque échange peut renouveler le contrat. Le langagier engendre le situationnel et le communicationnel autant que ces deux espaces le contraignent. On comprend à quel point la fuite du « petit parleur » organise son retrait du jeu social. L'individu est nié, puisque la personne ne dit mot. Cause et conséquence s'inversent. Qui ne dit mot, ou presque, laisse aux autres le choix des thèmes (on est là pour dire quoi), le choix des mots (on est là pour parler comment). Ce retrait du jeu social a souvent une histoire…

7

COMMENT ET POURQUOI DEVIENT-ON TIMIDE ?

B. Jolibert a mis en lumière en quoi, si l'intimidation est un processus naturel et connu de tous, l'installation de la timidité est une pathologie particulière. Intimidation comme timidité s'étayent toutes deux sur le rapport à l'autre. Ainsi, « *contrairement à la peur qui peut survenir devant n'importe quel objet, la timidité ne prend naissance qu'en présence d'autrui (…) La situation intimidante n'est pas une situation quelconque. Il faut que l'autre y soit engagé en même temps que le sujet. C'est même à partir de la* **présence d'autrui** *que le trac peut être compris avant tout comme une* **déroute sociale** *et non pas seulement comme un simple trouble émotionnel. Tous ceux qui ont étudié la timidité ont souligné ce point. Malheureusement, malgré la richesse de bien des observations, ils l'ont trop vite oublié au profit d'une analyse purement subjective, et non* **intersubjective**, *des phénomènes affectifs de l'intimidation.* » (Jolibert, 1997, 17-19) [15]. Si la timidité est la résultante d'un rapport mal négocié à l'autre, c'est en particulier dans l'histoire intersubjec-

---

15. C'est nous qui soulignons.

tive (celle que le sujet entretient avec les autres), que l'on dévoile son installation. Le lot d'expériences répétées d'intimidation, « *ce trouble privilégié où transparaît en permanence une sorte de crainte vague de l'importance d'autrui* » finit par fixer la timidité. Lorsqu'un procès d'intimidation est en cours, soit que « *le jugement de certaines personnes ne me laisse pas indifférent* », c'est que « *je leur accorde un rôle que les autres ne possèdent pas à mes yeux. Si autrui m'intimide c'est justement qu'il n'est ni neutre, ni inoffensif (...) Autrui est là qui m'impressionne et je ne sais quelle attitude adopter* » (Jolibert, 1997, 19-33). On le voit la timidité résonne avec ce rapport fondateur aux parents d'abord [16], puis rapport aux pairs, conséquence comportementale en face de laquelle l'éducateur se trouve comme « piégé ». Or on constate que le « *timide passe moins de temps à discuter à la maison en compagnie des parents* » (travaux d'Elliot, rapporté par Jolibert, 1997, 110). Ces enfants s'enferment fréquemment dans « *la rumination mentale* », dans la solitude. L'école peut, voire doit, lutter contre ce mécanisme d'isolation. Passer l'étape clef de l'intimidation c'est avant tout dépasser l'angoisse de la confrontation à l'autre, et l'école peut grandement y préparer.

8

PEUT-ON FAIRE DE L'ORAL UN ESPACE D'APPRENTISSAGE ?

Au-delà des savoir-être, l'oral favorise, selon le type de discours mis en jeu différents types de paroles. Nous évoquerons ici trois types de parole : les paroles buissonnières, les paroles constructrices de cognition, enfin les paroles dia-logiques.

Daunay, Delcambre, Marguet & Sauvage (1995) qualifient de « parole buissonnière » (Daunay *et al.*, 1995, 175-176) ces espaces du discours, au premier abord inutiles, que les enseignants fuient tant ils se présentent comme des espaces incontrôlés. En écho aux scories de l'oral spontané (Blanche-Benveniste 1991, 1997, voir Dolz & Schneuwly, 1998), existent aussi des « scories » de discours spontané qui embarrasseraient l'enseignement/apprentissage. Ces paroles font du bruit, au sens propre comme figuré. Elles n'ont rien à voir avec la consigne du travail donné. Or, Daunay *et al.* (1995) analysent fort bien en quoi ces détours sont salvateurs. Car, « *ce qui est remarquable (...) c'est la façon dont la parole*

---

16. Dans l'analyse des causes de la timidité Jolibert rapporte les résultats d'une étude d'Elliot qui montre, dans une comparaison entre un groupe d'enfants timides et un groupe d'enfants « à l'aise avec les autres » que « c'est l'inquiétude des parents qui influence le manque de confiance en soi de l'enfant ». Les rapports avec ces parents angoissés sont instables, contradictoires, et l'enfant patauge au point de construire une forme de « méfiance » primitive dans le rapport à l'autre (d'après Jolibert 1997, 110).

consacrée au travail reprend le dessus malgré l'interruption » (Daunay et al., 1995) : — *élève 1 : elle chausse du 23 alors tu sais ça fait mal ; — élève 3 : bien sûr ! ; — élève 2 : allez on fait le texte 5.* Si les deux premiers élèves s'octroient quelque dérapage, l'élève n° 3 joue un rôle communicationnel de gardien. Le contrat scolaire rattrape très tôt les élèves qui s'en échappent. Dans nos corpus, un élève jugé faible scolairement, JG, se révèle un parfait gardien de l'avancée du travail. Ses interventions, brèves, inaperçues recentrent systématiquement l'attention du groupe :

EXTRAIT N° 1 DE DISCUSSION EN CE2

JG3 :	— non à toi c'est à toi
JG4 :	— voilà à toi (*dir M*)
JG5 :	— allez dis fort
JG6 :	— alors après où on en est là on en est à la (*A se lève et se penche au-dessus de la feuille que tient JG*) oui quatrième euh quels animaux sculptent-ils ben c'est à toi (*dir A*)
JG7 :	— alors qu'est-ce qui voulez qu'j'lise
JG9 :	— ouais alors on recommence (*face à la caméra*) on r'commence et non demain (*rires M et A*) alors que vois-tu sur les parois des grottes
JG52 :	— là on est bloqué (*fort/maîtresse*)
JG88 :	— non on s'est trompé
JG111 :	— on a un problème là hein
JG112 :	— pourquoi tu l'répètes plein d'fois ça

Chavagnac, Toczek-Capelle & Auriac-Peyronnet, 1997. CE2 [17].

Bref, les paroles que l'on juge trop vite buissonnières cachent des histoires conversationnelles « privées » (voir Golopentja, 1988 [18]) qui aident les parleurs, et « petits parleurs » en particulier, à prendre part active au processus interactionnel.

Mais dire, c'est aussi raisonner, réfléchir. Plusieurs auteurs (Brixhe, 1991, 1992 ; Brixhe *et al.*, 1996 ; Schubauer-Leoni, 1994, 1997) ont mis en avant le rôle effectif du langage dans l'élaboration de la pensée. Pléty (1996, notamment 124-125) dans des situations d'apprentissage coopérant en collège, illustre en quoi l'interaction est proprement « cognitive ». Le discours fait avancer la résolution. Parfois, c'est au travers du simple usage d'une locution banale comme « il faut » (voir Pléty, 1996) que le raisonnement progresse. Daunay *et al.* (1995) montrent que la seule « pose des objets de discours » impose des détours à la pensée : « *l1 : — là le 4 c'est un... c'est une série qui... était.... J'ai pas compris moi le 4 ; l2 : — en fait... ; E1 : — c'est de la réalité qui est de la fiction... c'est*

---

17. Les nombres indiquent le numéro d'intervention de JG dans l'ensemble du discours.
18. « *L'acquis d'une interaction conversationnelle ne peut être évalué si on se limite à la conversation envisagée* », Golopentja S., (1988).

plus de la réalité comme de la fiction (...) I11 : — Oui mais ça ça a été inspiré par de véritables documents ; I12 : — Ouais donc ils ont pris une histoire vraie... ; I13 : — La réalité ; I14 : — Et il(s) l'interprète(nt) comme de la fiction I16 : — Il(s) interprète(nt) la fiction grâce à la réalité » (Daunay et al., 1995, op. cit. extraits p. 196). Dans nos protocoles la nécessité de comprendre une expression devient parfois l'enjeu local du dialogue coopératif.

EXTRAIT N° 2 DE DISCUSSION EN CE2

JG24 : — les out' les outils ont-ils évolu (...)
M30 : — (*prend la feuille centrale*) les outils ont évolu**é** (...)
JG26 : — allez mais évolué (*se lève et va voir la feuille de M, se penche au-dessus*)
M33 : — attends regarde (*elle lit sa feuille*)
JG27 : — ont-ils les outils ont-ils évolué
A24 : — les outils c'est toi les outils
JG28 : — non attends j'vais demander (*JG demande à la maîtresse « ça veut dire quoi « évolué » ? »*) (...)
JG29 : — évolué c'est quoi (*dir M*)
M35 : — évolué (*elle réfléchit*)
JG30 : — évolué... j'sais pas
M36 : — c'est bé c'est avancé avancé tout c'qui est... inaudible (...)
JG33 : — attends hum alors t' t' les outils ont évolué évolué comment on peut dire
M39 : — ben les outils ont-ils avancé parce qu'y en a qui sont arrêtés
JG34 : — ouais (...)
JG34 : — allez bon ça v' bon les outils non les outils ont-ils évolué avancé eh ben fais voir les outillages (*se lève et se penche sur l'épaule de M pour voir sa feuille*)

Chavagnac, Toczek-Capelle & Auriac-Peyronnet, 1997, recherche-action, CE2

Enfin, le discours peut porter, par argumentaire verbal interposé, le développement de la pensée. Dans ce troisième type d'oral, le jeu dialectique entre l'univers de pensée et celui du discours propulse vers l'aventure intellectuelle (Voir Daniel, ici même). Plus besoin de travail à faire. La discussion est son propre recours.

EXTRAIT N° 3 DE DISCUSSION EN CM2

I254 [19] : E : — Oui moi je veux répondre à MF bien moi, (...) toi tu dis « j'ai essayé de les mettre en colonne » mais tu n'as pas assez de mémoire pour les retenir tous parce qu'ils sont tous euh tous euh mélangés tu ne peux pas les mettre en colonne (...)

---

19. I signifie intervention. Les interventions sont numérotées sur l'ensemble de la discussion. E et KE sont des élèves, MF un adulte, i désigne un élève indéterminé.

1255 : MF :	– Bien je ne le savais pas j'ai regardé puis j'ai trouvé qu'il y avait un triangle puis après un rectangle ailleurs puis là je les ai mis dans la même famille.
1256 : E :	– Oui mais tu ne peux pas les mettre en colonne tu ne peux pas les marquer comment tu vas faire pour les retenir en mem' en mémoire
1257 : MF :	– Bien moi j'ai eu juste quatre ou cinq mots à retenir j'ai eu par exemple fraction ensuite j'ai eu euh triangle après j'ai eu euh nombre euh, puis j'ai eu un autre euh là que j'oublie
1258 : Ke :	– oui mais tu ne pouvais pas l'écrire tu ne pouvais pas les placer en colonne tu ne pouvais pas les placer comme euh à l'addition multiplication euh rectangle.
1259 : MF :	– pourquoi
1260 : i V :	– dans sa tête.
1261 : E :	– Oui mais tu ne peux pas faire cela
1262 : KE :	– Comme tantôt moi j'ai dit que tu prends multiplication puis je pense tout de suite à division je pense tout de suite à à…tu mets ça tout de site dans ta tête puis tu le sais tout de suite après.
1263 : E :	– Oui mais quand il est tout mélangé il me semble que cela prend une méchante bonne mémoire.

Auriac-Peyronnet E. & Daniel M.F., (à paraître), « Apprendre à dialoguer avec des élèves : le cas des dialogues philosophiques », *Psychologie de l'Interaction*. L'Harmattan.

Les élèves E, KE et l'enseignante MF travaillent dans l'univers du discours l'idée de mémoire. C'est par l'intermédiaire de la discussion que naît l'interrogation sur : est-ce possible de « mentaliser des catégories », « d'effectuer des colonnes dans sa tête ? ». Et c'est la mise en débat — la dialectique — de ces idées qui promeut l'avancée cognitive.

Pour conclure, les échanges coopératifs relèvent de plusieurs types d'oraux. Exploiter la richesse de tous ces genres est une nécessité pour que les parleurs, de petits, hésitants, timides, trouvent l'espace protégé du petit groupe pour une réelle évolution.

9

COMMENT TESTER L'IMPACT DU DISPOSITIF SUR LES « PETITS PARLEURS » ?

Dans le cadre du projet n° 2, trois élèves, « petits parleurs », sont suivis[20]. Trois ateliers d'apprentissage coopératif de type Jigsaw-teaching II sont encadrés par des séances de coopération simple, où les élèves ont pour tâche d'imaginer oralement la fin d'un conte. La question centrale est : est-ce que le dispositif Jigsaw profite aux petits parleurs ?

---

20. Cette partie a fait l'objet d'un article (Auriac-Peyronnet E. *et al.*, 2002).

Figure 10.3
Rappel du dispositif de Recherche-Action pour le suivi
des élèves petits parleurs en CE2.

Établi par S. Amagat & V. Sudre, 1997.
Voir Auriac-Peyronnet et al. (2002).

Les élèves travaillent en groupes affinitaires [21] d'après les résultats positifs présentés par Sorsana (1996). Le dispositif Jigsaw-teaching II est intéressant parce qu'il doit transformer le mode d'interaction lors des ateliers 1, 2 et 3, mais encore favoriser à plus long terme des changements d'attitudes. Une étude de Chabrol & Camus-Malavergne (1989) montre que l'on peut facilement mettre en évidence la différence du mode d'interactivité au cours d'un échange. Comparant les échanges entre un homme et une femme, ils montrent en quoi la situation (sujets s'étant présentés ou sujets inconnus) jouent sur la qualité de l'interaction. Cette dernière est plus ou moins complémentarisante et/ou symétrisante. (Chabrol & Camus-Malavergne, 1989) La concurrence, la complémentarisation ou la symétrisation de la relation est clairement mise en évidence sur les courbes (mesure régulière du temps de parole [22]).

> Ils comparent deux groupes : soit les couples ont le temps de se présenter (quelques min.), soit ils démarrent directement la tâche. « *Nous avons ainsi observé, dans le cas d'une présentation préalable, la mise en place d'une coopération complémentarisante, où la différence des statuts est exploitée de telle sorte qu'elle instaure des prises de rôles différenciées et complémentaires, et où la place de chacun dans l'interaction fait l'objet d'une négociation tout au long de l'interaction. Dans le cas de l'absence de présentation, c'est une coopération symétrisante qui s'instaure entre les partenaires : la différence de statut ne donne pas lieu à des prises de rôles différents, mais elle se manifeste sous la forme d'une "concurrence" en vue de s'approprier les mêmes rôles. La place de chacun, dans ces couples, semble peu négociée au cours de l'interaction, et la différence entre les partenaires est maintenue, identique, d'un bout à l'autre de l'interaction.* » (Chabrol & Camus-Malavergne, 1989).

---

21. Un sociogramme est élaboré sur la base d'un questionnaire croisant les choix électifs de chaque élève à propos du travail en classe et du jeu en récréation. Le questionnaire est élaboré par M.C. Toczek-Capelle.
22. Les auteurs prélèvent le capital parole, par strate de 10 min. tout au long de l'échange, et compare les taux de l'homme à la femme.

Dans notre cas, nous avons testé l'impact du dispositif en cherchant à retrouver, dans les courbes d'utilisation de capital parole, des phénomènes de « prise de pouvoir ». D'après le dispositif Jigsaw, le « petit parleur » doit, à certains moments, être le porte-parole du groupe. Cela doit se matérialiser par des pics individuels [23] (accompagnés d'une baisse de régime pour les autres). Le pic indique que l'élève prend place. Il est écouté par les autres. Les six corpus pré- et post- tests pour les trois élèves suivis sont retranscrits et codés [24]. On rappelle que si le dispositif Jigsaw favorise la parole individuelle, l'échange en coopération simple (pré- et post-test) contribue plutôt à la stéréotypie des rôles (voir le chapitre 8). Est-ce que les « petits parleurs » auront suffisamment profité du dispositif pour transférer leur « droit » de parole en coopération simple ?

10

COMMENT ELIOT ET FYNN S'INSÈRENT-ILS DANS L'ÉCHANGE DES PAIRS ?

Les résultats montrent, à travers l'évolution du capital parole, que deux enfants (Eliot et Fynn [25]) ont profité du dispositif pour prendre une part active à l'échange.

TABLEAU 10.5
Effet du dispositif coopératif sur l'évolution du capital parole des deux petits parleurs : Eliot et Fynn.

Groupe 1	L		C		A.L.		Eliot	
	Pré	Post	Pré	Post	Pré	Post	Pré	Post
Nbre tours de paroles	54	31	61	40	48	45	**23**	**25**
Pourcentage	29 %	22 %	32 %	38 %	26 %	32 %	**12 %**	**18 %**
Groupe 2	M		J		E.G.		Fynn	
	Pré	Post	Pré	Post	Pré	Post	Pré	Post
Nbre tours de paroles	39	77	37	47	27	53	**5**	**22**
Pourcentage	36 %	38 %	34 %	24 %	25 %	26 %	**4 %**	**11 %**

---

23. Pour opérationnaliser cette hypothèse, nous calculons la longueur moyenne de production verbale (LMPV), basée sur la longueur des interventions, calculée en nombre de mots, toutes les 10 prises de paroles. Le LMPV est un indicateur retenu dans la littérature comme un bon moyen d'étudier les processus d'ajustement entre les partenaires d'une conversation (voir Rondal, 1983).
24. Le calcul du nombre de mots par tour a été effectué par les stagiaires en double aveugle.
25. Ce sont des noms d'emprunt.

On indique, en première donnée, le nombre de tours de paroles brut (ligne 1), et en second lieu le pourcentage de ces prises de paroles en rapport avec le nombre total de paroles émises dans le groupe d'appartenance.

Fynn triple ses prises de paroles, tandis qu'Eliot les augmente du tiers (12 % à 18 %). Ces deux enfants restent des petits parleurs[26]. Dans l'exacte mesure d'une répartition égalitaire de la parole à 25 % pour chaque membre, ils sont au-dessous du taux. Cependant, ils prouvent, dans une situation de coopération simple (leadership, écart entre parleurs) qu'ils sont aptes à « faire leur place ». L'interactivité dans le groupe a effectivement changé. Aux pré-tests, les deux « petits parleurs » voient leur courbe « ramassée » en bas (ci-dessous).

10.1 – Pré-test suivi de Fynn

La courbe de Fynn reste « aplatie » tout en bas. Les courbes des quatre élèves s'étagent (l'une au-dessus de l'autre). Chaque membre occupe le discours à proportion de ses capacités de parleur.

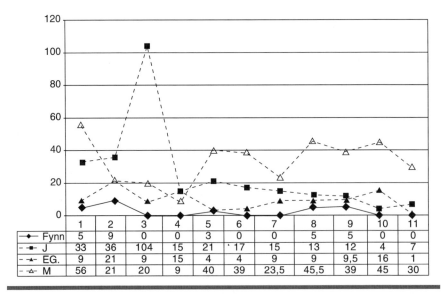

Figure 10.4

Courbes de paroles des quatre élèves du groupe d'appartenance de Fynn au pré-test.

La courbe de Fynn est repérable en losanges gras.

---

26. Le post-test du crayon attaché prouve qu'ils n'utilisent encore que faiblement le registre verbal.

10.2 – Pré-test suivi d'Eliot

La courbe d'Eliot est « aplatie » sur la base. Eliot reste dans l'étagement global au « rez-de-chaussée », bien que des tentatives de placements existent (pics). Ce groupe présente en revanche, une forme d'inter-activité.

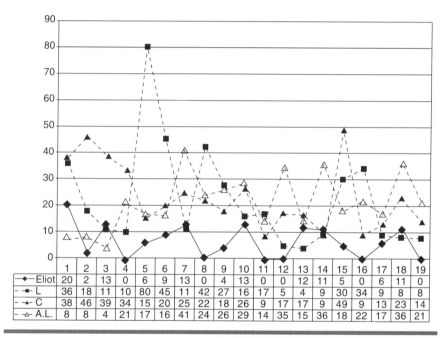

FIGURE 10.5
Courbes de paroles des quatre élèves du groupe d'appartenance d'Eliot au pré-test.

La courbe d'Eliot est repérable en losanges gras.

Au post-test, en revanche, le mode d'interactivité a évolué. Même si la prédominance d'un leader apparaît dans un groupe (cas Fynn), les trois autres membres dont Fynn se partagent l'espace interactionnel, dans la zone franche des 40 mots en moyenne. Pour Eliot, le groupe lui laisse, à deux reprises la parole, ce qui, eu égard à l'ensemble de l'espace coopératif, est dans l'exacte moyenne (2 pics chacun).

10.3 – Post-test de Fynn

On met en évidence trois pics de parole pour Fynn. L'échange de parole s'est réglé, avec des espaces clairement délégués à celui qui parle, pendant que les autres « écoutent ». Un leader apparaît (courbe haute jusqu'à 100 mots).

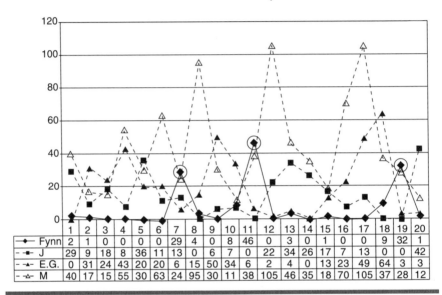

FIGURE 10.6
Courbes de paroles des quatre élèves du groupe
d'appartenance de Fynn au post-test.

La courbe de Fynn est repérable en losanges gras avec trois pics caractéristiques (taux de 29, 46 et 32).

L'oral comme finalité. Le cas des « petits parleurs » au CE2

10.4 – Post-test d'Eliot

Ces courbes offrent une alternance très régulée des espaces réservés à chacun des membres du groupe : chacun parle dans un espace réservé, dans des proportions plus ajustées à une norme de coopérativité démocratique. Les pics se situent aux alentours de 40 à 50 mots.

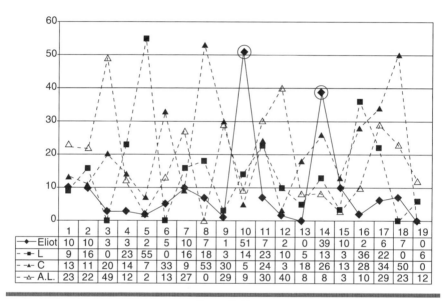

FIGURE 10.7
Courbes de paroles des quatre élèves du groupe d'appartenance d'Eliot au post-test.

La courbe d'Eliot est repérable en losanges gras avec deux pics caractéristiques (taux de 51 et 39).

11

EST-CE QUE LE NIVEAU SCOLAIRE DÉTERMINE LES PROGRÈS LANGAGIERS ?

Les profils scolaires de Fynn et Eliot sont différents. En dehors de l'aspect quantitatif (progrès vérifiés plus haut), il faut s'interroger sur la qualité des progrès et le rapport possible avec le niveau scolaire de l'élève. Fynn est un élève jugé moyen, ni excellent, ni posant non plus des problèmes majeurs de scolarité.

Suivi de Fynn : tours de paroles émis en pré-test

C1 : (*dir M*) //sur quoi la deuxième épreuve
C2 : faut aller la chercher au fond du lac euh
C3 : ses frères euh
C4 : (*dir E*) les fourmis dans l'eau euh
C5 : (*dir J*) c'est dur d'retrouver la princesse

Suivi de Fynn : tours de paroles émis en pré-test

C1 : Vas-y
C2 :(*dir M*) : oui
C3 : //ouais// mais il faut savoir il faut savoir dans quelle chambre //elle est
C4 : (*dir M*) ouais faut savoir comment elle va la princesse était eueueuh//
C5 : ouais parce que si on précise
C6 : à à à trois (geste 3 doigts)
C7 : et après il allait en il allait où//
C8 : après ça (inaudible) il arriva à la grotte des sorciers et//et//
C9 : il il atteignit une petite fenêtre où on où on pouvait voir les les sorciers//les sorciers//
C10 : alors il se glissa dans la pièce où dormaient//les sorciers//
C11 : //les sorciers//
C12 : //et et la princesse//
C13 : //rrrrouh ! ! ! (*face à la caméra*)
C14 : comme ça (*ton interrogatif*)
C15 : ouais
C16 : et il arriva jusqu'à la grotte des sorciers
C17 : sur un mur et//
C18 : //où il voyait le sorcier endormi il entra dans la//
C19 : il entra dans la grotte et lui mit l'anneau
C20 : puis (*a secoué la main*)
C21 : et puis y s' s' s'
C22 : pffft ! ! !

Au pré-test, Fynn montre qu'il est à l'écoute du travail effectué dans son groupe. Toutes ses interventions sont thématisées (*deuxième épreuve, fond du lac, fourmi, trouver la princesse*). Mais, elles sont tronquées. En revanche, le relevé des paroles au post-test montre que Fynn déploie mieux sa parole. Il prend part au récit (C7, C8, C9, C10, C11, C12, C16 à C21), mais aussi à l'argumentaire quant à la démarche à suivre (C3, C4). Il distribue même la parole (C1). Les enfants utilisent un mode de partage du dire régulé et régulier qui correspond au « chacun son tour » (hypothèse de l'héritage/transfert du dispositif Jigsaw). Si un élève reste leader chacun trouve, et Fynn aussi, la possibilité d'inventer « son » bout d'histoire. Le thème du conte, à raconter à plusieurs, n'est d'ailleurs pas une situation si facile à « partager ». Il ne semble pas, au niveau de l'école primaire, que le niveau de l'élève soit discriminant pour l'évolution de *sa* parole. L'étude de cas d'Elyot le confirme (ci-après). L'évolution se repère davantage en terme d'évolution des compétences sociales, les compétences cognitives dans le cadre de l'invention d'une histoire faisant rarement défaut à cet âge. Le moteur d'évolution est essentiellement social.

12

EN QUOI AUTRUI AIDE À CONSTRUIRE SON RÔLE DU PARLEUR ?

Deux extraits mettent en scène Eliot, quant au mécanisme même de construction collective du rôle de parleur. C'est dans et grâce à l'interaction qu'Eliot construit ce rôle. L'étude de la continuité *vs* discontinuité dans l'enchaînement interlocutoire, au niveau thématique (liens référentiels), argumentatif (liens logiques), et interactionnel (liens relationnels) donne à voir ce processus de co-construction à l'œuvre.

SUIVI D'ELIOT : EXTRAIT D'ÉCHANGE N° 1

X14 : **chut j'ai une idée** il rencontre un homme dont il a le pouvoir de rétrécir les animaux
Rires. Moue des trois filles
H15 : inaudible
X15 : inaudible il va dans la source
H16 : **ben moi j'trouve qu'c'est suffisant** il voit l'oiseau et puis y retire son chapeau et il plonge dedans avec l'oiseau il court l'œuf et il sauvera l'œuf//
C joue avec X
L17 : arrête (*dir C, touche son bras*) **c'est une bonne idée on a dit**
A25 : et y a pas un papillon d'dans hein (ironique)
H17 : y a ya l'oiseau et y r'tire son chapeau y avec (*dir C*) y met la boule dedans l'chapeau et puis y r'couvre avec//
L : (*geste mime*)//
//les plumes de l'oiseau comme ça il l'œuf il le sauvera
L18 : il prit il ouvra la boule
C24 : **ah ouais ah oui c'est une bonne idée** (*L met son pouce en avant signe que c'est gagné/super*)

Dans cet extrait, L interrompt, en L17 les gestes de C qui tente d'attirer son attention pour court-circuiter la parole d'Eliot (H). C est leader dans le groupe et entretient des rapports affinitaires clairs et restreints avec L. Or L va proprement déjouer la stratégie de C, en faisant admettre, à preuve du contraire que ce que vient de dire Eliot est une bonne proposition (L17 : *c'est une bonne idée*). Elle invoque même un amont du discours (L17 : *on a dit*). Malgré l'intrusion ironique de A, Eliot reprend et complète l'idée, qui est au final validée par C, élève ressource du groupe en matière de stabilisation des avancées thématiques[27]. Dans cet extrait, on voit combien le thème est au second plan. La stratégie de L, en regard d'Eliot, est relationnelle. C'est L qui aide Eliot à se constituer une place et un statut de parleur. C est d'ailleurs suffisamment consciente du tour joué pour marquer sa victoire d'un pouce levé (C24).

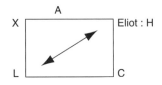

Figure 10.8
Disposition des cinq élèves pour le travail de groupe en post-test.

La flèche indique que c'est entre L et Eliot (H dans l'extrait) que la co-construction s'origine.

Suivi d'Eliot : extrait d'échange n° 2

H19 : sinon j'ai une idée j'ai une autre idée
H20 : sin' **sinon j'ai une bonne idée** c'est par exemple qui tue l'oiseau qui prend l'œuf y montre l'œuf devant le magicien la coquille se casse et puis y a la boule
A31 : bé non
C29 : bé elle peut pas s'casser toute seule hein
A32 : mais puisqu'elle est en feueueueu (*dir H, insistante*)//
C30 : oui mais c'était une bonne idée
C31 : **//c'était une bonne idée c'qu'il avait hein** (*dir L, prend le bras de H*)
L23 : ouais avec le chapeau
C32 : avec le chapeau
L24 : ouais bé c'est une idée qu'on va prendre (*dir C*)
C33 : alors on répète depuis l'début
A33 : **mais non c'est pas une bonne idée puisque l'œuf il est en feu** le (? inaudible) va pas brûler le chapeau
L25 : mais non mais
(…)
C35 : mais non parce qu'on a dit d'tà l'heure on ben non donc on avait dit que la baleine était mouillée **donc euh le euh feu**

---

27. On tient ces faits d'une analyse du corpus dans son intégralité.

Le procédé de L, qui est de faire « adopter » au sens propre du terme Eliot par le groupe est reconduit. Malgré la tentative de controverse de A, peu rendue à l'idée de prendre au sérieux Eliot, C impose qu'Eliot amène au groupe de bonnes idées. Le tour est osé puisque « la bonne idée » invoquée en C30 n'est pas la même que l'idée nouvelle d'Eliot proposée en H20. C'est Eliot, bon élève, qui a amorcé le tour en H19 puis H20 : il annonce qu'il a une idée (H19) et, en renfort, que c'est une « bonne » idée (H20). En ce sens il se conforme, logiquement, à l'aval de la conversation (L17, extrait 1). L'étude de cas doit être prise à la mesure de ce qu'elle embrasse comme phénomènes explicatifs. Ces faits, micro-structuraux, passant ordinairement inaperçus, sont ceux qui sédimentent les relations sociales. Sur les enregistrements vidéo intermédiaires (phase d'apprentissage en Jigsaw), Eliot prend une plus large part dans l'échange. Bon élève, il suffit que le dispositif le porte pour qu'il trouve une place. Là, en situation de coopération simple, plus risquée, Eliot se retrouve en position de faiblesse et doit proprement lutter, interagir avec les autres pour que cela marche [28].

13

LE GROUPE EST-IL TOUJOURS LA SOLUTION MIRACLE ?

L'étude de cas d'Anna éclaire plutôt un procès de victimisation. La partition filles d'un côté (Anna et E), garçons de l'autre (M et S) opère au désavantage d'Anna. La coopération se transmue en compétition.

TABLEAU 10.6
Effet négatif du dispositif coopératif sur l'évolution du capital parole d'Anna, petite parleuse.

	M		S		E		Anna	
	Pré	Post	Pré	Post	Pré	Post	Pré	Post
Nbre tours de paroles	112	33	96	32	34	15	**37**	7
Pourcentage	40 %	38 %	35 %	37 %	12 %	17 %	**13 %**	**8 %**

On indique, en première donnée, le nombre de tours de paroles brut (ligne 1), et en second lieu le pourcentage de ces prises de paroles en rapport avec le nombre total de paroles émises dans le groupe d'appartenance.

---

28. Le fait qu'un atelier, organisé en coopération simple, précède ce post-test (en raison des contraintes pédagogiques) minimalise encore les effets directs imputables au dispositif d'entraînement de type Jigsaw-teaching II.

Le cas d'Anna est préoccupant. Anna et E peuvent être toutes deux considérées comme « petites parleuses »[29]. Or, on constate que, dans la lutte assez nette avec les deux garçons qui parlent pour 75% de l'espace parole dans chacune des deux situations tests, Anna régresse (13 % à 7 %) au seul profit de E. Preuve est ici de constater que sur des élèves particulièrement fragiles (c'est le cas d'Anna) l'évolution de la parole dans un petit groupe n'est pas aisée, et que le dispositif d'aide à la responsabilisation du type Jigsaw-teaching II, ne suffit pas. Comme le rappellent Blanchet et Trognon, s'inspirant des travaux du psychanalyste Anzieu, le groupe peut aussi être le lieu de ré-émergence d'affects : *« l'expérience du groupe contribuerait ainsi à activer en partie les émotions infantiles, dans la mesure où cette expérience confronterait chacun à la problématique essentielle de la construction du lien avec l'autre »* (Blanchet & Trognon, 1994, 43). On est au cœur du régime de « reconstruction » possible, dans l'espace de l'intersubjectivité d'une dimension du social, du lien, comme à la frange de résurgences, qui peuvent être pistées lors d'anamnèses thérapeutiques. En revanche, nous ne nous étendrons sur aucune interprétation plus poussée dans le cadre de notre étude (voir Le Roy *et al.*, 1987 ; Avron *et al.*, 1996). Signalons en revanche que les liens entre filles et garçons sont généralement basés sur l'absence de choix réciproques, entre 6 et 11 ans (cf. Vayer & Roncin, 1987 [30]). Or Anna et E entretiennent des liens affectifs qui court-circuitent l'élaboration cognitive. L'affinité, choisie comme critère de constitution des groupes Sorsana (1996) apparaît comme un facteur d'influence négative, face au bloc des garçons. L'analyse des interactions groupales effectuée par Sorsana, avec des enfants de 6 à 8 ans, est effectuée dans des dyades. Si les dyades affines sont plus promptes à développer un mode de confrontation constructive, que les dyades non affines, où « tout semble prétexte à contestation » (Sorsana, 1996), dans le cas de notre étude, la contestation prétexte se loge entre filles et garçons. Le quartet a eu raison de l'affinité. C'est une forme d'affrontement qui débouche sur une stérilisation des rapports. La comparaison des courbes entre le pré-test et le post-test traduit massivement cet effet.

Pré-test d'Anna

La courbe d'Anna ressemble aux autres courbes des « petits parleurs » obtenues en pré-test. L'aplatissement est flagrant. Les deux courbes du bas sont effectivement quasi désolidarisées des deux courbes du haut (univers des garçons).

---

29. E n'a pas dit un mot pendant le pré-test du crayon attaché.
30. Les sociogrammes réalisés sur les deux années en CE2 vont dans le sens des résultats rapportés par Vayer et Roncin (1987) : « les cartes sociométriques mettent en évidence qu'une classe est toujours constituée de deux sous-ensembles assez nettement différenciés (entre filles et garçons) chez les enfants de 6 à 11 ans, mais aussi chez les préadolescents ».

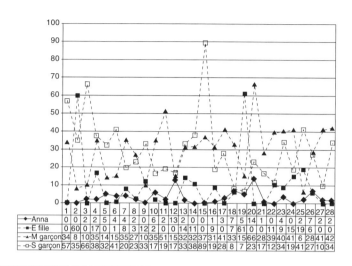

FIGURE 10.9

Courbes de paroles des quatre élèves du groupe d'appartenance d'Anna au pré-test.

La courbe d'Anna est repérable en losanges gras.

POST-TEST D'ANNA

Anna est exclue : sa courbe est aplatie en bas. Elle est étouffée par le groupe. Les trois autres membres prouvent qu'ils sont chacun capable d'obtenir la parole, mais sans toutefois que l'interaction ne tienne. L'échange global est réduit au tiers par rapport au pré-test.

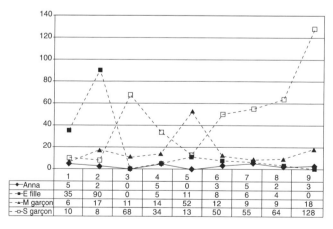

FIGURE 10.10

Courbes de paroles des quatre élèves du groupe d'appartenance d'Anna au post-test.

La courbe d'Anna est repérable en losanges gras et ne comporte aucun des pics caractéristiques attendus (taux inférieur ou égal à 5).

Les résultats obtenus, au post-test du crayon attaché, montrent cependant que E comme A ont évolué chacune dans leur mode d'approche de cette situation.

TABLEAU 10.7
L'effet du dispositif coopératif sur l'évolution des prises de paroles de deux élèves de CE2 petites parleuses E et Anna.

Enfant	Nbre tours de paroles		Dispersion du registre	
	Pré	Post	Pré	Post
E	0	**3**	0	**3**
Anna	3	**8**	2	2

On indique le nombre de prises de paroles et le nombre de registres utilisés (sur 5 registres disponibles) par chaque enfant à chacun des pré- et post-tests.

E qui n'avait pas parlé au pré-test entame le dialogue avec Anna, et diversifie son registre : chaque parole a une fonction différente (3 prises de parole pour 3 registres). Quant à Anna, si son registre reste toujours restreint (à 2), elle gagne largement en prises de paroles dans cette situation dyadique (8). L'aspect quantitatif est cependant insuffisant pour rendre compte du type d'évolution chez ces deux « petites parleuses ».

14

GROUPES AFFINITAIRES OU TOURNANTS ?

Parler du langage et *a fortiori* mettre en place des dispositifs qui offrent au sujet la possibilité *de dire* pour *se dire* est en soi une voie politique qui dépasse le seul sens de la psychologie. Si les psychologues s'intéressent au phénomène, sur des sentiers battus davantage en d'autres temps par des philosophes, c'est parce qu'il faut l'élan pragmatique du psychologue et du pédagogue pour élaborer des dispositifs. Si on a pu mettre en évidence certains résultats en faveur d'un impact plutôt positif du dispositif d'apprentissage coopératif de type Jigsaw-teaching II (cas d'Eliot et Fynn), le processus de victimisation, illustré par le cas d'Anna, force à rester vigilant quant aux phénomènes de dérives dans les groupes (Meirieu, 1992). Il serait faux de prétendre que c'est l'imposition du groupe qui conduit à une déroute sociale. L'effet est dû à l'imposition d'un partenariat identique au fil des séances. La lucidité revient alors au pédagogue qui, moins soucieux que le chercheur d'une démonstrativité comprend que la question centrale ressortit d'une harmonisation constante, sans appui sur des recettes trop rigides, entre affinité et changement de partenaire pour évoluer harmonieusement au sein des groupes. Nous conclurons alors volontairement sur une citation en forme de contre-point de notre démarche de recherche, pour évoquer quelques limites : *« Toutes les analyses modernes s'appuyant sur la linguistique et s'inspirant du structuralisme demeurent en vase clos ; elles se contentent de réduire le langage à un phénomène physiologico-socio-historique totalement inséré dans les mécanismes qui constituent le système du monde ; ce faisant elles amputent le langage de la dimension essentielle sans laquelle il n'apparaît plus que comme un fait physique, au même titre que les orages et les marées. Or le langage n'a rien à voir avec un fait, il parle d'autre chose et à autre chose que lui-même, un autre chose qui le pénètre, l'inspire, l'anime et qui n'appartient nullement aux cadres dans lesquels il surgit.* » (Brun, 1985, 203). Puissions-nous, tout de même, avoir contribué à donner quelques cheminements pédagogiques, très humains, trop humains, pour que les cadres de la pratique langagière soient rendus suffisamment intelligibles. Nous n'aurons cependant pas épuisé le sens que les individus mettent dans leurs démarches, ni même épuré par une seule analyse ce qui fait l'opportunité du « parler » chez l'homme.

SYNTHÈSE DES RÉSULTATS
Les conditions d'une parole construite à l'école

- S'appuyer sur la coopérativité dialogale (échanges entre pairs) à l'école primaire est nécessaire pour développer des compétences argumentatives. Le sort des petits parleurs dépend de leur insertion dans des groupes de travail.
- Le travail de groupe classique construit la déroute sociale en renforçant les rôles ordinaires. Il produit des stéréotypes de conduite : leadership, monopole de la parole, étouffement du petit parleur, économie du parler…
- Le dispositif Jigsaw favorise la conduite argumentative. Le dia-logue y progresse. Les prises de paroles s'égalisent. Les rôles standards sont déstabilisés au profit d'une implication active des élèves. La négociation cognitive et constructrice opère dans une écoute et prise en compte effectives et efficaces du point de vue d'autrui.

- L'évaluation des compétences argumentatives doit être individualisée. Elle repose sur la mise à jour des mécanismes cognitifs qui sous-tendent les verbalisations. Des épreuves standardisées doivent être établies pour suivre les progrès. Des critères explicites doivent être dégagés pour se centrer sur quelques aspects.
- Dès le C.P. les élèves savent négocier cognitivement et verbalement l'avancée dans un travail. En revanche, les élèves en difficulté utilisent la langue comme une monnaie d'échange pour se placer, exister. Parler repose sur le développement de compétences cognitives et sociales. L'affectivité entre aussi en jeu.
- Le groupe n'est pas la solution miracle : l'enseignant doit veiller à sa composition, voire recomposition en cas de déroute sociale. Travailler en groupe s'apprend sur le long terme. Parler dans un groupe s'expérimente.
- Sous ces conditions, au final, argumenter sert à mieux coopérer.

CINQUIÈME PARTIE

COOPÉRER ET ARGUMENTER EN CONTEXTE SCOLAIRE

Quatre textes composent cette dernière partie. Les trois premiers sont des contributions théoriques qui dégagent de nouvelles pistes d'intérêt et de travail pour les enseignants. Chaque auteur exploite des résultats concrets dans son domaine pour les rendre accessibles à l'enseignement. Le dernier texte marque l'aboutissement du parcours de recherche-action-formation. Il donne à voir, grâce à la présentation d'un projet de classe sur le long terme, les applications qui peuvent être librement tirées des différentes théories présentées et résultats acquis. Les enseignantes prouvent qu'elles font des choix éclairés, créent des évaluations personnalisées, ont le souci de contrôler certains résultats, tout en se dégageant d'impasses antérieures. C'est en somme une forme d'illustration assez fidèle des variations possibles, au sens musical du terme, que l'enseignant peut tenter lorsqu'il joue le jeu d'une formation qui permet d'alterner, le plus efficacement pour ses élèves et lui-même, les temps de recherche et d'action éducative.

11. Une coopération de haut niveau : l'exemple de la philosophie pour enfants
12. Argumenter en mathématiques
13. Comment faciliter l'argumentation au primaire ?
14. Vers le débat en classe. Exemple d'un projet didactique en CE2
15. Pour ne pas conclure…

POINT REPÈRE
Coopérer et argumenter dans différentes disciplines

- Coopération et argumentation se rejoignent. Ce sont, toutes deux, des conduites *dia*-logiques. Elles supposent la prise en compte d'un point de vue autre (réel ou virtuel).
- Argumenter n'est pas démontrer. Coopérer n'est pas parler avec d'autres.
- Ces conduites spécifiques réclament des conditions d'acquisition particulière à chaque discipline. Les progrès s'évaluent toujours sur le long terme.
- En philosophie pour enfants, coopérer suppose plusieurs étapes, pour former à l'habileté de pensée. Ces étapes s'appuient sur l'interdépendance des membres, la responsabilité individuelle, les relations interpersonnelles.
- En mathématique, argumenter suppose d'avoir des connaissances, des compétences langagières, et de comprendre qu'il faut s'acheminer vers une preuve (validation). On n'argumente que s'il y a un enjeu.
- En français, argumenter, même à l'écrit, s'apprend dès le primaire. Certains facteurs, comme la présence d'un thème non consensuel et familier, facilitent la production de textes riches, équilibrés, soit justifiés et négociés.
- Quelle que soit la discipline, le rôle du maître est décisif.
- Animer une discussion philosophique, mener un débat mathématique, choisir des contextes de production facilitant l'argumentation orale ou écrite ne s'improvise pas. Les enseignants doivent être régulièrement formés.
- Coopérer, Argumenter, Dialoguer reposent sur l'articulation entre une centration sur l'individu et une centration sur le collectif. Le respect du cheminement individuel (aventure intellectuelle, structuration des cognitions) est acquis grâce à l'appui des autres (confrontation, mise en doute, réfutation).
- Faire progresser un dia-logue (Philosophie), construire l'établissement d'une preuve (Mathématique), utiliser les croyances de son groupe social pour négocier ses idées (Français) mettent en jeu des contextes collectifs porteurs de progrès individuels.

Une coopération de haut niveau : l'exemple de la philosophie pour enfants

Marie-France Daniel [1]

L'approche de la philosophie pour enfants, sur l'initiative du philosophe Matthew Lipman, permet d'explorer la dynamique relationnelle des élèves lorsqu'ils discutent, en groupe, sur des sujets qui dépassent le cadre générique des disciplines enseignées à l'école. Qu'apprend-t-on lorsqu'on pratique le dialogue philosophique ? On s'attachera à décrire une expérimentation, en contexte scolaire, qui permet sur la base d'une étude de la dynamique relationnelle de valider l'hypothèse d'une relation claire entre le développement coopératif et le développement cognitif (les habiletés de pensée).

1

QUELS SONT LES DIFFÉRENTS NIVEAUX DE COOPÉRATION ?

Des considérations théoriques (Daniel et Schleifer, 1996) et des recherches empiriques (Schleifer et Fitch, 1993 ; Schleifer, Daniel, Lafortune & Pallascio, 1999) ont fait ressortir quatre niveaux hiérarchisés de développement de la coopération.

---

1. Professeur, Université de Montréal et Chercheur, Centre interdisciplinaire de recherche sur l'apprentissage et le développement en éducation (CIRADE) (mailto :Marie-France.Daniel@Umontreal.ca).

Le premier niveau voit la coopération dans le « bon » comportement, c'est-à-dire lorsqu'il y a absence d'arguments et de désaccords. Le second niveau est caractérisé par le fait de travailler ensemble ; la coopération y est considérée comme un moyen en vue d'une fin, laquelle s'actualise dans le succès des résultats obtenus. À ce niveau, un minimum de communication est exigé entre les individus (Doise & Mugny, 1991 ; Johnson et Johnson, 1986, 1989 ; Slavin, 1983, 1985, 1991). Le troisième niveau présuppose le travail en commun en vue de la réalisation d'un but commun, une qualité de communication et une relation d'interdépendance entre les individus (Deutsch, 1973). Le quatrième niveau considère la coopération comme une fin en soi ; il est une synthèse des étapes précédentes et en incorpore les critères, notamment le bon comportement (niveau 1), le travail en commun (niveau 2), le but commun et la qualité de la communication (niveau 3). L'essence du niveau 4 se trouve cependant dans ce que John Dewey (1916/1983) appelle la « communauté » (*vs* le groupe ou la société), laquelle se situe dans une perspective cognitive et morale (Piaget, 1932).

Notre postulat méthodologique considère que l'approche de *philosophie pour enfants* (PPE) est susceptible de guider les élèves vers le quatrième niveau de coopération[2]. Les questions suivantes en découlent : Comment une communauté de recherche philosophique (CRP) se développe-t-elle ? Comment se manifeste une interrelation entre les plans du développement social et cognitif des élèves ? Dans les pages qui suivent, nous tenterons de fournir quelques éléments de réponse à ces questions. Mais tout d'abord nous présenterons brièvement l'approche de la philosophie pour enfants.

2

QU'EST-CE QUE L'APPROCHE DE LA PHILOSOPHIE POUR ENFANTS ?

La PPE a été conçue par Matthew Lipman et Ann Margaret Sharp du Montclair State University dans les années 1970 (Lipman, Sharp, Oscanyan, 1980). Elle est utilisée dans plus de 40 pays et le matériel correspondant (des romans philosophiques pour les élèves et des guides pédagogiques pour l'enseignant) est traduit en 20 langues. Le cœur de cette approche se trouve dans ce que Lipman et Sharp appellent la « communauté de recherche philosophique » et qui trouve ses fondements dans le concept deweyen de communauté (voir Daniel, 1992/1997).

---

2. Notons que certaines conditions doivent être respectées, comme la maîtrise de la maïeutique socratique par l'enseignante ou l'enseignant (Daniel, 1992).

La PPE est une approche dite « socratique » et elle se déroule en trois étapes, à savoir, la lecture, la cueillette de questions et le dialogue philosophique en communauté de recherche. Chaque étape possède une intention de coopération.

La première étape, la *lecture*, est dite « partagée » parce qu'elle implique que chaque élève lise une phrase ou un paragraphe d'un chapitre de roman. Cette lecture s'élabore à voix haute, à tour de rôle. Participer à cette étape favorise d'emblée une entrée dans la communauté de recherche, puisqu'en acceptant de lire, l'élève prend part au dialogue auteur-lecteur.

La deuxième étape, la *formulation de questions*, implique que les élèves s'investissent dans la compréhension du (ou des) sens du chapitre lu au point de se laisser interroger par les mots ou les situations décrites dans le roman. La compréhension de l'histoire ne requiert pas seulement la connaissance des mots, mais une compréhension globale du sens et du contexte ainsi qu'une réflexion critique sur l'idée à laquelle la pensée se rapporte. Cette étape suppose que l'élève est entré dans le processus de recherche et que le doute l'anime. Ce doute n'est pas conçu ici comme un scepticisme, ni comme une négation, mais plutôt comme une analyse critique essentielle des acquis, des croyances, des traditions, des préjugés véhiculés. Finalement, la cueillette de questions responsabilise l'élève et le place à l'avant-scène de son apprentissage. En effet, par leurs questions, les élèves élaborent l'agenda des semaines à venir.

La dernière étape de la pédagogie lipmanienne est le *dialogue philosophique en communauté de recherche*. Dans cette étape, les participantes et participants apprennent à élaborer ensemble, à partir des questions qu'ils ont posées, une « construction » personnelle et sociale du sens. Et c'est à cet égard que la communauté de recherche de l'approche de la PPE s'applique à renforcer le dépassement des illusions et la compréhension des ambiguïtés inhérentes à toute forme de langage. De fait, quand un enfant apprend à reconnaître puis à travailler avec les multiples sens des mots, en fonction de la variété et de la richesse des aspects des choses, il est susceptible de s'ouvrir à un monde vaste et hétérogène, toujours plus significatif, toujours plus enrichissant.

Une discussion est dite philosophique lorsqu'elle ; étudie un concept ou un thème philosophique ; s'appuie sur des éléments logiques (inférences, syllogismes, comparaisons, relations cause-effet, partie-tout, etc.) ; conduit à d'autres questionnements au lieu de fournir des réponses ; présuppose chez les participantes et participants une pensée autonome (construction originale), une ouverture d'esprit eu égard aux diverses perspectives, un sens critique (recherche d'objectivité, sensibilité au contexte, autocorrection) et une pensée créatrice (élaboration de solutions pertinentes, d'alternatives nouvelles, etc.) ; suppose des attitudes coopératives (écoute, respect, tolérance, compromis, acceptation d'être influencé par l'autre, etc.).

3

COMMENT SE VIVENT CONCRÈTEMENT LES ÉTAPES DE LA PHILOSOPHIE POUR ENFANTS ?

Nous développerons ici un exemple avec des enfants de 7-8 ans, dans une classe en France[3]. À la suite de la lecture d'un extrait du chapitre d'Elfie, roman support produit par Lipman, les élèves d'une classe de CE1 posent une série de questions : c'est la cueillette.

3.1 – Cueillette de questions : CE1, première séance de dialogue philosophique

- Pourquoi elle dit des choses mal sur elle et peut-être les autres y pensent des choses mal sur eux et bien sur elle ?
- Pourquoi elle a peur de demander aux gens leur nom ?
- Pourquoi elle dirait pas son secret ?
- Pourquoi elle dit qu'elle a failli louper la maternelle ?
- Pourquoi elle voudrait être comme Sophie ?
- Pourquoi elle dit pas plutôt le *pire* secret ?
- Pourquoi elle dit pas ses secrets ?
- Elle est pas bonne à rien puisqu'elle est bonne en arts-plastiques : alors pourquoi elle dit qu'elle est bonne en arts plastiques et puis qu'elle est bonne à rien ?

Classe de Mme Loubet, 1999, élèves de 7-8 ans.

Dans cette première séance, les questions ne sont pas toutes formulées de manière philosophique. Le roman stimule néanmoins une centration sur des thématiques particulières, et sujettes à des discussions avec enjeux. L'enseignante, qui a noté au fur et à mesure toutes les questions, procède à un regroupement par thèmes avec l'aide des élèves. Puis un thème est sélectionné par vote à main levée. Un secrétaire de séance, qui distribuera la parole au fur et à mesure des demandes, est désigné par la classe. Plusieurs formules peuvent être choisies. Dans le cas présent, il est décidé que le secrétaire participe lorsqu'il le souhaite. La discussion se lance alors rapidement sur le thème : le secret.

EXTRAIT DE LA DISCUSSION « LE SECRET » EN CE1

(…)
S : — peut-être aussi des fois des gens ont honte de quelque chose mais que pour la même chose d'autres gens ont pas honte c'est pas important pour eux.

---

3. Le corpus est acquis dans le cadre partenarial d'une recherche-action, France (IUFM, d'Auvergne)-Québec (CRSH, Montréal), classe de Mme Loubet, Puy-de-Dôme.

L : — Oui mais c'est facile de dire que c'est pas important quand c'est pas à toi que ça arrive c'est comme pour l'histoire d'Elfie…
E — Est-ce que vous pensez qu'on a tous des affreux secrets même si d'autres que nous ne les trouveraient pas affreux (*ton interrogatif*)
S : — Moi je crois pas c'est pas obligé qu'on ait honte de quelque chose
M : — Moi je crois que oui à mon avis tout le monde a fait quelque chose de mal dans sa vie d'enfance
J : — Moi j'en ai fait beaucoup
E : — Est-ce seulement dans la vie d'enfance (*ton interrogatif*)
M : — Non plus on est grand plus on a le temps d'en faire mais d'un autre côté peut-être qu'on réfléchit plus je sais pas
J : — Moi franchement je reviens à ce qu'a dit M je m'en souviens pas si j'ai fait quelque chose de mal
M : — Il y en a peut-être qui s'en souviennent pas mais on a tous fait quelque chose de mal
P : — Alors moi j'en suis sûre mais vraiment vraiment sûre j'ai jamais rien fait comme secret honteux
M : — Attends de grandir tu finiras bien par en faire un (*ton exclamatif*)
J : — en réfléchissant bien peut-être que je suis comme Elfie et que j'ose pas dire que j'ai peur

Classe de Mme Loubet[4], 1999, S, L, C, E et J : élèves de 7-8 ans.

Ces enfants de 7-8 ans amorcent déjà une coopération basée sur le respect mutuel, l'écoute, et ce centrent sur le concept philosophique du « mal ». La discussion est basée sur l'émergence d'opinions, étayées sur des exemples personnels, mais aucun jugement de valeur n'est émis sur la qualité d'ensemble. Une discussion philosophique ne s'évalue pas, elle se pratique. La question centrale est alors la suivante : que se passe-t-il lorsque des élèves participent à des séances de dialogue philosophique au rythme d'une fois par semaine, durant une année entière ? Qu'apprennent les enfants en philosophant ? Nous éclairerons sur notre méthodologie puis détaillerons les résultats d'une recherche menée avec des enfants de 9-10 ans, au Québec.

COMMENT S'EST ÉLABORÉE NOTRE RECHERCHE ?

La recherche que nous avons menée[5] est de nature qualitative. Elle visait à étudier les objectifs suivants : la conception des élèves en regard

---
4. C'est l'enseignante qui a transcrit le corpus. Certaines caractéristiques de l'oral sont supprimées.
5. Recherche subventionnée par le Conseil canadien de la recherche en sciences humaines (CRSH, 1995-1999).

de la coopération ; l'évolution des habiletés de pensée (simples et complexes) des élèves lors des échanges entre pairs ; le processus de développement du comportement coopératif des élèves à l'intérieur des communautés de recherche ; la relation entre le développement coopératif et le développement cognitif des élèves.

C'est essentiellement de ce dernier objectif dont il sera question dans ce texte. Pour le mettre en évidence, nous avons utilisé l'étude de cas, laquelle permet de décrire et d'analyser les particularités d'un processus ou d'une relation. Nous nous situons donc dans la réalité de ce « qui est » dans un groupe-classe, et non pas dans la visée de ce « qui devrait être » dans toutes les communautés de recherche.

Les sujets étaient des élèves de 9 et 10 ans, qui expérimentaient la PPE pour la première fois. L'enseignante possédait une année d'expérience dans l'animation philosophique.

La cueillette de données s'est effectuée durant toute une année scolaire, de la mi-octobre à la fin de mai, par le biais de deux instruments : 1) l'analyse des verbatims de discussion des élèves et 2) le journal de bord de l'enseignante. L'analyse des verbatims de discussion se penchait sur : a) la nature de l'échange (anecdotique, monologique, dialogique, voir ci-dessous) et b) les types d'interventions des élèves (réponses en un ou deux mots, habiletés cognitives simples, habiletés cognitives complexes [6]).

Les différents types d'échanges

Anecdotique
l'échange se base sur l'élaboration d'anecdotes ou sur des expériences personnelles vécues par les élèves.

Monologique
un échange dans lequel les élèves s'expriment en monologue sur un thème particulier. Dans ce genre d'échange, les élèves s'écoutent peu. Chacun poursuit son idée sans se laisser influencer par les points de vue de ses pairs.

Dialogique
un échange basé sur des interrelations. Il suppose la construction d'idées à partir des points de vue exprimés par les pairs lorsqu'ils cherchent à solutionner un problème commun ou atteindre un objectif commun. Ainsi, les échanges monologiques et anecdotiques diffèrent de ceux de nature dialogique en ce que ces derniers présupposent une co-construction des idées des élèves d'une manière argumentative dialectique.

---

6. Une intervention supposant des habiletés de pensée simples est susceptible de surgir spontanément dans le discours des élèves de cet âge, tandis qu'une intervention supposant des habiletés de pensée complexes doit être encouragée et stimulée par l'adulte pour se manifester. Voici quelques exemples d'habiletés de pensée simples : deviner, donner un exemple, décrire. Et quelques exemples d'habiletés de pensée complexes : critiquer, déduire, faire des relations, dresser des hypothèses de solution, justifier ses opinions.

Le journal de bord devait être complété par écrit par l'enseignante après chaque session ayant permis des échanges entre les élèves — *soit en excluant les sessions consacrées à la lecture, à la cueillette de questions ou à l'évaluation de la session* —. L'enseignant inscrivait les réponses aux questions qui portaient sur les éléments suivants :

- a) Tâches et rôles endossées par les élèves et l'enseignant et qui déterminait la distribution des tâches (l'enseignant ou les élèves) ;
- b) Éléments importants dans l'organisation de la classe (dans un grand groupe, dans de petits groupes homogènes, dans de petits groupes hétérogènes [7] ;
- c) Comportements des élèves relativement à leur fonctionnement dans des groupes de travail ou dans des discussions de grands groupes ;
- d) La qualité de la discussion (anecdotique, monologique, dialogique) ;
- e) La qualité des interactions entre les élèves à l'intérieur de la communauté de recherche [8].

5

LES HABILETÉS DE PENSÉE ET LES COMPORTEMENTS COOPÉRATIFS DES ÉLÈVES ONT-ILS ÉVOLUÉ ?

La synthèse des résultats au plan des habiletés cognitives est présentée dans le tableau suivant. Sur le plan cognitif, l'analyse révèle une évolution entre le premier (mi-octobre) et le dernier (mi-mai) verbatim de discussion [9].

---

7. Le travail en grand groupe présuppose que l'activité inclut tous les élèves de la classe. Par équipe homogène, nous entendons un petit groupe dans lequel les caractéristiques des élèves sont similaires (par exemple, un groupe incluant tous les élèves forts en mathématiques ou un petit groupe composé de membres du même sexe). Par équipe hétérogène, nous entendons un petit groupe d'élèves dont les talents, intérêts, difficultés, sexes, cultures et autres aspects diffèrent.

8. Quelques exemples de comportements possibles : écouter l'autre avec attention, partager des opinions, accepter les idées des autres, exprimer clairement des points de vue, argumentation calme, tolérance envers les autres, entraide, acceptation de la critique sans colère, reconnaissance de l'importance du groupe.

9. Pour le détail de ces résultats, consulter : Daniel, Lafortune, Pallascio & Schleifer, 1999.

5.1 – Pourcentages comparatifs entre le premier et le dernier corpus de discussion

TABLEAU 11.1
L'évolution des habiletés de pensée complexes au fil de l'année.

	Premier corpus	Dernier corpus
Réponses en un ou quelques mots	32,5 %	23,3 %
Interventions supposant des habiletés cognitives simples	47,5 %	27,7 %
Interventions supposant des habiletés de pensée complexes	18,0 %	49,0 %

On indique le pourcentage d'habiletés simples et complexes repérées dans les corpus transcrits en début et fin d'année, relativement aux autres interventions.

Ainsi, le nombre *d'interventions d'élèves supposant des habiletés de pensée complexes* est passé, entre le premier et le dernier enregistrement, de 18% à 49% et le nombre de *réponses* (en un ou deux mots) est passé de 32,5% à 23,3%. Dans le premier verbatim, les interventions supposant des *habiletés de pensée simples* dominaient l'échange des élèves, suivies par les *réponses*, alors que dans le dernier verbatim, ce sont les interventions supposant des *habiletés de pensée complexes* qui ressortent davantage, suivies de celles supposant des *habiletés cognitives simples*. En outre, l'analyse générale des échanges entre élèves révèle au dernier verbatim un langage plus articulé et une argumentation dialectique entre élèves plus présente ; nous le qualifions de *dialogique*. Tandis que le premier échange se trouvait à la limite entre l'*anecdotique* et le *monologique*.

Concernant les comportements coopératifs, on relève les remarques des enseignants sur leurs journaux de bord.

Dans les deux premiers journaux de bord (24-09 et 08-10 [10]), l'enseignante indique que les élèves : « se questionnent, expliquent leurs points de vue, se regardent lorsqu'ils se parlent », que « l'entraide » ne semblait pas présenter de difficultés lors du travail en grand groupe, alors que « pour certains individus ou équipes », « l'égoïsme » se manifeste lorsque les élèves travaillent en équipes homogènes, c'est-à-dire généralement avec leurs amis.

Dans le journal de bord suivant (22-10), il est noté qu'un élève s'est nommé (ou a été nommé) secrétaire, et ce sans que cette action ne soulève de discussion dans le groupe. Ensuite, l'enseignante observe un

---

10. Les dates entre parenthèses réfèrent à celles des journaux de bord complétés par l'enseignante.

changement qualitatif dans le comportement des élèves : « envie déclarée de participer » chez les élèves (07-11) ; « motivation apparente » (20-11) ; « recherchent, trouvent et arrivent à un consensus » (10-12). Paradoxalement, les journaux de bord révèlent que pour cette même période : certains élèves démontrent un « comportement individualiste » (20-11) ; « un élève s'est montré dégoûté envers l'activité » (26-11) ; il y avait un « manque de consultation chez certains élèves » (10-12) ; d'autres ont démontré de la « résistance lorsqu'ils devaient travailler avec d'autres élèves » plutôt qu'avec leurs amis (14-01).

Dès le début de février jusqu'à la fin de l'expérimentation, les journaux de bord traitaient surtout des attitudes et des habiletés cognitives complexes des élèves ainsi que des comportements coopératifs : « partager les problèmes et en discuter » (04-02) ; « seconder les points de vue des autres ou les opposer » et « être ouvert et attentif aux autres » (11-02) ; « encourager ses pairs » et « s'auto corriger suite aux commentaires des autres » (18-02 et 04-03) ; « critiquer, discuter, arriver à un consensus » (25-03) ; « désir de supporter ou de s'opposer » (29-04) ; « consulter ensemble et travailler ensemble » (06-05).

6

PAR QUELLES ÉTAPES PASSENT LES ÉLÈVES POUR PARVENIR À UN DEGRÉ ÉLEVÉ DE COOPÉRATION ?

L'analyse nous a permis de regrouper les événements décrits dans les journaux de bord en deux processus principaux : le comportement des élèves et les échanges de ces derniers. Basés sur la réalité empirique des journaux de bord, nous proposons les trois étapes suivantes pour décrire le développement du comportement coopératif des élèves.

LES TROIS ÉTAPES DE COMPORTEMENT DES ÉLÈVES

1. **Partager un objectif et partager des rôles :** nommer un secrétaire (22-10) ; partager des idées (29-10).

2. **Hétérogénéité, conflits et processus de régulation interne :** chercher et arriver à un consensus vs ne pas consulter (10-12) ; envie déclarée de participer (07-11) vs résistance à travailler avec d'autres plutôt que des amis (14-01).

3. **Partager des objectifs et structuration de la communauté de recherche CRP :** être ouvert et attentif aux autres, seconder les points de vue de ses pairs ou les opposer, demander des précisions (11-02) ; être encourageant et s'auto corriger suite aux commentaires de ses pairs (18-02 et 04-03) ; discuter et arriver à un accord (25-03) ; se contredire et se questionner (22-04) ; débattre ensemble des éléments controversés (29-04) ; se consulter entre eux, travailler ensemble, s'amuser (06-05).

Parallèlement, toujours appuyés sur la réalité des journaux de bord, nous proposons les trois étapes suivantes pour décrire le développement des échanges entre élèves.

LES TROIS ÉTAPES D'ÉCHANGES DES ÉLÈVES

1. **Parler ensemble :** se questionner, expliquer leurs points de vue, se regarder lorsqu'ils se parlent (24-09).
2. **Communiquer :** chercher, trouver et arriver à un consensus (10-12).
3. **Dialoguer de façon philosophique :** partager des problèmes (04-02) ; seconder les points de vue exprimés par les autres ou les opposer, être ouverts (11-02) ; encourager leurs pairs et s'auto corriger suite aux commentaires des autres (18-02 et 04-03) ; discuter, critiquer, arriver à un accord (25-03) ; se consulter ensemble et travailler ensemble (06-05).

Nous postulons que la coopération et le dialogue sont des processus inter reliés qui évoluent au même rythme. Nous expliquons cette interdépendance de la façon suivante : À la première étape, nous avons vu que c'est surtout le partage des rôles et des statuts qui prédominaient chez ce groupe d'élèves. Or, pour que ce partage survienne, les individus doivent *se parler* entre eux, c'est-à-dire qu'ils doivent échanger des informations (voir Reed, 1992). Des habiletés de pensée de base sont alors suffisantes. Parler est compris, ici, au sens pratique et utilitaire (Sartre, 1960 ; De Beauvoir, 1944/1974) ; c'est le niveau le plus bas de communication.

À la deuxième étape, l'hétérogénéité ou le pluralisme était en évidence dans le groupe. En soi, l'hétérogénéité est une richesse potentielle, car elle permet la confrontation avec des idées différentes et l'usage d'une compétence autre que celle qui est propre à chacun (Rorty, 1989 ; Vygotski, 1962/1984). D'un autre côté, nous ne pouvons parler d'hétérogénéité sans évoquer l'idée des différences et des inégalités entre individus. Et avant que ne puissent prédominer les avantages de l'hétérogénéité sur ses désavantages, il doit se manifester chez les élèves un « progrès moral » (Rorty, 1989) ou une maturation, laquelle présuppose la présence de comportements et d'attitudes ambivalents. Notre étude a explicitement fait ressortir, à la deuxième étape, cette ambivalence chez les élèves. Mais, au même moment, la fonction de régulation interne apparaît à l'intérieur du groupe présupposant une adaptation des élèves au groupe. L'adaptation passe par un acte de décision qui émane des personnes qui travaillent ensemble (Méard, 1995 [11]). Ainsi, il n'est pas surprenant de lire dans le journal de bord qu'à la deuxième étape, l'échange entre élèves s'approfondit et devient *communication*. La communication est l'action de rassembler leurs idées et leurs difficultés

---

11. Méard, J., (1995), La dynamique des groupes (texte photocopié).

(Gilligan, 1982). La communication est négociation. L'activité de négociation repose nécessairement sur un intérêt personnel. Ceci étant dit, c'est une activité significative pour les élèves. Elle mène à l'écoute des autres et au compromis (Dewey, 1908/1980).

À la troisième étape, les élèves semblent devenir conscients que l'accomplissement de leur objectif personnel ne peut survenir qu'au moyen de l'accomplissement de l'objectif commun. En effet, à cette étape, les commentaires dans les journaux de bord mentionnent des comportements et des attitudes tels que : l'ouverture d'esprit (voir Dewey, 1908/1980), la tolérance (voir Sharp, 1987, 1990 ; Waksman, 1998), le souci des autres (voir Noddings, 1984 ; Thayer-Bacon, 1993). Et parallèlement, des éléments du *dialogue philosophique* apparaissent dans les journaux de bord de l'enseignante : les élèves discutent, critiquent, recherchent et atteignent un consensus, se consultent et s'auto corrigent (voir Lipman, 1991).

Le dialogue philosophique, plus qu'une simple communication entre individus, présuppose l'utilisation de la pensée complexe et que la relation avec l'autre se base sur la reconnaissance des différences individuelles et la nécessité de l'interdépendance. Ce type de dialogue met l'emphase sur la construction d'idées à partir de points de vue présentés par des pairs afin de résoudre un problème commun ou atteindre un but commun (voir Vygotski, 1962/1984). Le dialogue présuppose une réciprocité en vue d'une coopération (Daniel & Schleifer, 1996 ; Daniel & Pallascio, 1997). Ses points de départ et d'arrivée se retrouvent dans l'expérience quotidienne (voir Dewey, 1916/1983). Le dialogue est le plus haut niveau d'échange, de même que l'intersubjectivité est le plus haut niveau de coopération.

7

CONCLUSION-SYNTHÈSE

En bref, il ressort de notre analyse qu'à l'intérieur de ce groupe d'élèves de 9-10 ans la coopération et le dialogue sont des processus gradués qui apparaissent en termes de degrés de complexification. La coopération à son degré minimal semble être un comportement quasi spontané dans ce groupe de 9-10 ans. Par contre, pour atteindre son degré maximal, la coopération requiert un apprentissage et une pratique régulière : premièrement, elle doit dépasser une période de conflits sociaux provoqués par la conscience de l'hétérogénéité ; c'est alors la conscience des similitudes entre les personnes (*vs* leurs différences) qui permet l'adaptation du groupe et mène la coopération à son niveau maximal, lequel se manifeste par la solidarité, la tolérance et le respect ; la présence de l'autorité verticale de l'adulte est essentielle pour guider les processus de pensée et les comportements moraux des élèves. Ces principes directeurs étant établis dans la communauté de recherche, le sens critique s'affine et le dialogue devient philosophique. La critique devient source de progrès, de même que l'entraide. La pensée de base évolue vers la pensée complexe. Les deux processus de coopération et de dialogue sont inter reliés et interdépendants. Pour se complexifier, la coopération se sert du dialogue, et inversement, le dialogue est de plus en plus critique et philosophique à mesure que s'installe la coopération.

CHAPITRE 12

Argumenter en mathématiques

Nicole Bouculat [1]

Dans notre recherche « Apprentissages mathématiques et argumentation au cycle 3 [2] », nous avons construit et expérimenté des situations où les apprentissages s'appuient de façon essentielle sur des phases de débat argumentatif : la valeur de vérité de proposition y est établie en faisant appel à des savoirs connus et à des règles de raisonnement. Le cas échéant ces propositions acquièrent ensuite un statut de savoir aux yeux des élèves. Nous avons également pu préciser certaines caractéristiques favorables pour ces situations, notamment : l'existence d'un enjeu explicite de preuve, la dévolution d'un travail de preuve, le rôle du maître pour organiser les phases de débat et pour garantir la vérité des propositions... [3]. La présente contribution vise à éclairer chacun de ces points pour donner quelques pistes de réflexion et/ou d'action à l'enseignant soucieux de conjuguer harmonieusement mathématique et argumentation.

---

1. PRCE de Mathématiques, IUFM d'Auvergne, Chercheur associé à l'INRP, équipe de Didactique des disciplines (mailto :Nbouculat@auvergne.iufm.fr).
2. Les recherches menées nous ont conduit à développer des dispositifs d'enseignement au cycle 2 et au cycle 3 de l'école primaire ; l'argumentation est prise en compte dans les ouvrages collectifs (Ermel, 1997, 1999a).
3. Ces quelques lignes sont largement imprégnées d'ouvrages publiés par l'équipe INRP.

1

QUELLES SONT LES CONDITIONS POUR METTRE EN PLACE UN DÉBAT ARGUMENTATIF EN MATHÉMATIQUES ?

La prise en compte de l'argumentation dans l'enseignement des mathématiques est relativement récente et les recherches concernées sont essentiellement centrées sur les problématiques d'apprentissage de la démonstration, alors que dans nos travaux, nous posons plutôt la question des conditions dans lesquelles le débat argumentatif peut contribuer à la construction des connaissances chez les élèves. Nous poursuivons deux pistes de travail : apprendre à argumenter *vs* argumenter pour apprendre.

Pour l'une nous formulons l'idée que l'apprentissage de l'argumentation dépend du champ disciplinaire, d'où 1) apprendre à argumenter est à envisager dans le domaine de rationalité propre aux mathématiques.

Pour la seconde, nous formalisons que l'argumentation est au service des apprentissages, d'où 2) argumenter pour apprendre est soumis à l'hypothèse que c'est en argumentant que les élèves prennent mieux conscience des notions et des propriétés mathématiques et peuvent être amenés à remettre en cause des convictions antérieures pour en établir de nouvelles.

Plusieurs questions se posent alors :
- Quels sont les raisonnements et les types de preuve mathématique que peuvent produire les élèves à l'occasion de ces débats ? Comment leur découverte peut-elle s'articuler avec l'approche du raisonnement déductif relevant du début du collège et l'apprentissage de la démonstration ?
- Comment ces preuves et leurs critiques peuvent-elles s'exprimer dans le langage naturel sans perdre leur spécificité de raisonnement mathématique ? Comment éviter la confusion entre les raisonnements produits lors de ces moments d'argumentation en mathématiques et ceux relevant de débats effectués dans d'autres disciplines, visant d'autres finalités ?
- À quelles conditions ces débats contribuent-ils à construire des éléments de rationalité, à établir un rapport aux mathématiques qui soit un rapport personnel à un domaine de connaissances et non un rapport à une activité scolaire où l'important serait de deviner quelles sont les attentes du maître ? Comment le maître peut-il gérer ces échanges ? Comment aider les élèves à prendre en charge ce travail de preuve, tout en étant garant de la vérité mathématique ?

Pour répondre à ces questions, nous résumerons tout d'abord quelques points essentiels de l'état des travaux (issus de domaines psychologique, didactique, épistémologique, logique et philosophique ou relatifs à la maîtrise de la langue...) en rapport avec l'argumentation en mathématique. Puis, nous préciserons de quelles compétences des élèves au cycle 3 disposent dans ces différents domaines. Enfin nous indiquerons les principales contraintes des situations didactiques favorisant le débat argumentatif.

2

EST-CE QU'ARGUMENTER ET DÉMONTRER C'EST LA MÊME CHOSE EN MATHÉMATIQUES ?

Le rôle de l'argumentation comme mode de raisonnement, a été remis en valeur récemment, notamment à la suite des travaux de Perelman qui considère l'argumentation mathématique comme un cas particulier du processus argumentatif : « *celui où la preuve de la vérité ou de la probabilité d'une thèse peut être administrée à l'intérieur d'un domaine formellement, scientifiquement ou techniquement circonscrit, d'un commun accord par tous les interlocuteurs. C'est alors seulement que la possibilité de prouver le pour et le contre est l'indice d'une contradiction qu'il faut éliminer* » (Perelman & Olbrechts-Tyteca, 1958).

Ce travail d'argumentation mathématique se distingue donc de celui de l'argumentation tel qu'il peut se développer dans d'autres domaines par son cadre, son objet et par les critères qui permettent d'évaluer les propositions.

La démonstration, qui est le seul outil de preuve ordinairement accepté par la communauté des mathématiciens, possède ses caractéristiques propres : elle apparaît comme complètement algorithmisée. L'accent est mis sur l'aspect du calcul logique à partir d'un ensemble d'énoncés, s'accompagnant d'une très forte insistance sur une forme stéréotypée (utilisation par exemple de « si...alors... »). C'est un objet d'enseignement largement indépendant des nécessités de la validation en mathématiques. Le raisonnement argumentatif en général et le raisonnement démonstratif diffèrent donc et, par le statut des propositions pour chacun d'entre eux, et, au plan de la nature même des relations entre ces propositions.

Cependant Perelman et aussi Duval (Perelman & Olbrechts-Pyteca, 1985 ; Duval, 1991, 1992) précisent bien que l'argumentation en mathématique obéit à des contraintes de validité. Elle a pour but de modifier la valeur épistémique d'une proposition (l'adhésion du sujet à cette proposition qui peut lui apparaître comme évidente, absurde, vraisemblable, nécessaire, possible, neutre...) et de déterminer sa valeur de vérité (vrai, faux ou indéterminé). L'enjeu du travail de preuve va être de permettre, à partir de la formulation des valeurs épistémiques individuelles, d'établir une valeur de vérité selon des critères qui soient ceux de la rationalité mathématique.

Des travaux de didactique, comme ceux de G.Arsac, de H.Barbin (Arsac, 1988 ; Barbin, 1993), faisant suite à des recherches en épistémologie ou en histoire des sciences, mettent alors en évidence l'importance primordiale des phases de recherche, de résolution de problèmes, dans l'activité du mathématicien. L'argumentation *heuristique*, celle qui sert la découverte, est développée dans des phases de recherche, à l'intérieur d'un champ de connaissance particulier ; elle est conduite pour progresser dans un problème. Une argumentation heuristique doit comporter des « sous-programmes » de raisonnement valide, même s'il n'est pas encore question de relier ces différents sous-programmes pour arriver à un arbre déductif complet. Tout mathématicien progresse dans ce sens de découverte, et l'argumentation est un outil pour cheminer dans cet espace problème. Argumenter n'est pas démontrer. Argumenter c'est cheminer, pour construire un raisonnement.

3

QUELS TYPES DE PREUVES AVANCENT ORDINAIREMENT LES ÉLÈVES EN FONCTION DE LEURS SAVOIRS ?

La capacité des élèves à développer des discours argumentatifs en mathématiques, dans le cadre de débat, dans des moments de synthèse, de mise en commun, est fonction de leurs connaissances mathématiques et de leur niveau de conceptualisation. Ces compétences se développent sur une longue période de temps. À la suite des travaux de Lakatos, ceux de Balacheff mettent en évidence chez les élèves différents types de preuve : l'empirisme naïf, l'appui sur l'expérience cruciale ou sur l'exemple générique, enfin l'expérience mentale. Nous détaillons ces quatre types de preuves en suivant.

LES QUATRE TYPES DE PREUVES

1. L'empirisme naïf consiste à assurer la validité d'un énoncé après sa vérification sur quelques cas. Par exemple un élève pourra affirmer que tous les nombres pairs sont divisibles par 4 après quelques vérifications qui « marchent » (8, 16, 40).
2. L'expérience cruciale amène l'élève, pour tester une hypothèse ou tenter de convaincre de la vérité d'une proposition, à choisir un cas particulier (exemple un grand

nombre pris dans un sens un peu au hasard) en (se) disant : « *si ça marche pour ce nombre (dans ce cas), ça marche tout le temps (c'est à dire c'est vrai)* ». Ce niveau de preuve se distingue du précédent, car l'élève pose explicitement le problème de la généralisation et le résout en pariant sur la réalisation d'un cas qu'il reconnaît pour aussi peu particulier que possible.
3. L'exemple générique consiste à montrer pourquoi une proposition est vraie en expliquant des transformations générales opérées sur un objet particulier. Pour reprendre l'exemple précédent, l'élève choisit un nombre (par exemple 524) pour décrire un procédé (je prends les deux derniers chiffres) et conclut que le nombre est divisible par 4 et que ça marche pour tous les nombres. « Le nombre constitué des deux derniers chiffres divisibles par 4 » est divisible par 4, puisque c'est « prouvé » avec 524.
4. L'expérience mentale invoque l'action en l'intériorisant et en la détachant de sa réalisation sur un représentant particulier.

Ce dernier type, l'expérience mentale, marque véritablement le passage des preuves pragmatiques (où les théorèmes en acte, que Vergnaud définit comme des propriétés que le sujet utilise dans la résolution de problèmes sans pour autant être capable de les énoncer, jouent un rôle central), aux preuves intellectuelles (notamment la démonstration). Ce passage repose, pour Balacheff, « *sur trois pôles qui interagissent fortement : le pôle des connaissances, le pôle langagier (pour élaborer des preuves formelles, le langage doit évoluer et requiert une décontextualisation, une dépersonnalisation, une détemporalisation) et le pôle de la validation (ou des types de rationalité qui sous-tendent les preuves produites)* » (Balacheff, 1988).

4

LORSQU'ILS DÉBATTENT, DANS QUEL TYPE DE RAPPORT AU SAVOIR MATHÉMATIQUE LES ÉLÈVES S'INSTALLENT-ILS ?

Il ne faudrait pas conclure qu'un élève est caractérisé par un seul niveau de preuve. Ce niveau va être notamment fonction des connaissances qu'il maîtrise. Comme le précise Margolinas, « *la question de la construction chez l'élève d'une rationalité conçue par lui comme rapport au savoir et à la vérité et non comme rapport à l'institution scolaire reste posée* » (Margolinas, 1993). L'élève doit s'installer dans une posture où il détient les clefs, non au nom d'une conformité, mais bien pour explorer, rechercher personnellement la preuve, la vérité. Ceci suppose notamment, ainsi que le précisent les travaux de l'IREM de Lyon (Arsac, Mante...) de permettre aux élèves de comprendre qu'un énoncé mathématique est soit vrai, soit faux, qu'un contre-exemple suffit pour invalider un énoncé, que des exemples qui vérifient un énoncé ne suffisent pas à prouver qu'un énoncé de géométrie est vrai... etc. Le rôle du maître est décisif pour conduire ce pôle de validation.

Enfin, le pôle strictement langagier a son importance. Même s'il s'agit de travailler sur les éléments et les procédés du débat en mathématiques, les travaux de recherche effectués dans le domaine de la maîtrise de la langue, fournissent des informations et des analyses pertinentes, en particulier sur les capacités des élèves à prendre en compte les arguments des autres. Des travaux notamment ceux de Golder ou Brassart portent sur les composantes cognitives entrant en jeu dans la mise en œuvre d'un dialogue argumentatif élaboré. Les capacités de décentration, requise pour gérer l'opération de la négociation (envisager le point de vue d'autrui) sont essentielles (Brassart, 1990 ; Golder, 1992). L'avancée sur ces trois pôles (connaissances, langagier, validation) installe progressivement l'élève dans un rapport au savoir particulier.

Les premiers résultats de notre recherche « Apprentissages mathématiques et argumentation au cycle 3 », reposant sur la mise en place de débats mathématiques, précisent quelles sont les compétences qu'acquièrent progressivement les élèves de cycle 3, et indiquent la possibilité de plusieurs types de progrès. Trois registres sont notamment retenus : le développement de compétences sociales, l'avènement d'une argumentation ayant les caractéristiques propres à la rationalité des mathématiques, enfin l'acquisition résultante de connaissances nouvelles.

TROIS REGISTRES POUR ÉVALUER LES PROGRÈS

1. Sur le plan de la conduite sociale des débats, l'écoute, le goût pour l'échange argumentatif se développent au cours de l'année.
2. L'argumentation mathématique elle-même apparaît. Dans leur recherche de preuves, les élèves distinguent progressivement la valeur de vérité d'un énoncé, et la valeur de vérité de l'argument qui le fonde. Par exemple, les élèves peuvent avancer que s'il est vrai que 424 se termine par 4, il est faux de dire que c'est pour cette raison qu'il est divisible par 4. Beaucoup aussi sont en mesure d'utiliser et de produire, à bon escient, un contre-exemple pour réfuter une généralisation fausse. Ils comprennent qu'un contre-exemple n'a pas le même statut qu'un exemple.
3. La construction de connaissances nouvelles et la clarification de procédures résultent des séances de débats mathématiques. Par exemple, pour la comparaison des décimaux, nous avons pu proposer aux élèves une situation où ils doivent justifier chaque comparaison de deux nombres. Les élèves explicitent alors leurs arguments. Ils évaluent et comparent les arguments produits. C'est un premier travail explicite sur le sujet.

Inscrit dans la durée, ce travail sur la recherche de preuve et l'argumentation en mathématique contribue à rendre les élèves de plus en plus autonomes et à faire évoluer leurs représentations des mathématiques. Ils intériorisent peu à peu l'idée qu'une proposition mathématique est vraie, non parce que le maître l'a dit mais parce qu'elle s'articule de manière nécessaire et logiquement organisée avec d'autres propositions.

Toutes les situations de débats, de paroles, fussent-elles inscrites dans le domaine générique des mathématiques, ne favorisent pas pour autant cette évolution décrite des compétences.

5

QUELLES SONT LES CARACTÉRISTIQUES DES SITUATIONS DIDACTIQUES FAVORISANT L'ARGUMENTATION ?

Nous préciserons quelques conditions concernant la conception et la mise en œuvre de situations didactiques. Celles-ci envisagent l'emploi de l'argumentation en mathématiques pour la construction de connaissances et l'appropriation de règles spécifiques du débat mathématique.

Ces situations présentent des problèmes dont la résolution pour les élèves constitue un réel enjeu. Cela implique que l'évidence ne fasse pas obstacle : il ne s'agit pas de prouver quelque chose dont l'élève est persuadé avant de chercher. Cela suppose, en revanche, l'existence d'un attendu ainsi que la possibilité de construire l'affirmation associée à cet attendu ainsi que sa négation. Ces situations peuvent être, selon les termes définis par Brousseau (voir Brousseau, 1998), des situations de validation où il y a production d'une preuve ou des situations de décision où cela n'est pas exigé explicitement, mais où le recours au débat permet de les transformer en situations de validation.

La dimension sociale de la preuve (entente mutuelle du groupe classe) est une caractéristique déterminante. Toutefois, on veillera à considérer que ce n'est pas forcément une condition nécessaire : la nécessité de prouver peut être rencontrée dans des phases heuristiques. De la même manière, elle n'est pas suffisante, car le débat pourrait amener à une synthèse sur d'autres critères que ceux de la rationalité mathématique. Il est donc de la responsabilité du maître d'assurer que le débat, établi sur la base d'un échange social, se fasse selon ces critères. Nous illustrons dans ce qui suit.

La situation proposée [4], « les trois nombres qui se suivent », n'a pas pour but l'acquisition de connaissances nouvelles, ni le réinvestissement

---

4. Extrait de la revue *Repères*, 17, Paris : Publications de l'INRP. La description des différentes situations, le bilan de leur expérimentation, ainsi que l'analyse des compétences argumentatives des élèves dans le domaine des mathématiques, et les enjeux spécifiques associés, sont exposés dans le collectif (Ermel, 1999b).

d'un modèle qui aurait été enseigné auparavant. Il s'agit d'un problème ouvert : trouver trois nombres qui se suivent dont la somme est donnée (par exemple, 96). L'objectif est d'apprendre à chercher. Ce problème admet une solution, si la somme proposée est un multiple de trois. Dans les autres cas, il est impossible de trouver trois nombres consécutifs correspondant à la somme donnée. La situation est organisée en plusieurs phases.

Les trois phases proposées

1. Dans la première phase, les données sont choisies de manière à ce que le problème admette une solution. Cette solution est le plus souvent obtenue par les élèves en utilisant une stratégie par essais successifs. Les objectifs de cette phase sont d'abord de permettre aux élèves de bien comprendre en quoi consiste le problème, en particulier d'identifier les deux contraintes. Cette première phase doit également les amener à améliorer la gestion de leurs essais, en prenant en compte les essais antérieurs, et en organisant la trace écrite de ces essais.
2. Dans un deuxième temps, les élèves sont confrontés à l'étude de cas où il n'y a pas de solution. Lors de la mise en commun qui suit la recherche, la question de la preuve est abordée. L'impossibilité de trouver les nombres répondant aux contraintes de l'énoncé est explicitement posée et débattue.
3. En troisième phase, les élèves cherchent à résoudre un autre problème qui découle du précédent : « Comment savoir si un nombre est ou non la somme de trois nombres qui se suivent ? »

Nous développerons, plus particulièrement, la deuxième phase.

6

FORMULER, CRITIQUER ET ARGUMENTER EN MATHÉMATIQUES : COMMENT CELA SE PASSE CONCRÈTEMENT EN CLASSE DE CM1 ?

Le maître propose une recherche individuelle de trois nombres dont la somme est égale à 25 (il n'y a pas de solution) et trois nombres dont la somme est 45 (il y a une solution). Les élèves découvrent alors qu'il n'est pas toujours possible de trouver trois nombres qui se suivent correspondant à une somme donnée. Mais il leur faut en général beaucoup d'essais pour commencer à douter de l'existence d'une solution. Un bilan collectif porte sur les résultats : le maître fait simplement formuler que, pour 45, on a trouvé une solution (14, 15, 16), et constater que pour 25 les solutions produites ne respectent pas les contraintes. Par exemple, on constate que les trois nombres ne se suivent pas : c'est le cas pour le trio 7+8+10 ou 8+8+9. Puis les élèves ont à répondre, par écrit, et individuellement, à la question : *pourquoi n'y a-t-il pas de solution pour 25 ?*

Les différentes propositions sont collectées par le maître et discutées par toute la classe. Certaines, éventuellement reformulées par leurs auteurs pour être mieux comprises, sont triées en plusieurs catégories et débattues :

a) Celles qui n'apportent pas de justification autre que la **conviction de l'impossibilité** ou qui sont redondantes :
ex : — *parce qu'on ne peut calculer.*

b) Celles dont on est sûr qu'elles sont fausses en faisant **appel à des connaissances reconnues** et qui peuvent être traitées immédiatement, notamment à partir d'un contre-exemple :
ex 1 : — *parce qu'il n'y a pas de zéro dans ce nombre.* Des élèves indiquent alors que des solutions ont été trouvées pour d'autres nombres qui ne comportent pas de zéro dans leur écriture.
ex 2 : — *25 est trop petit.* Un élève affirme alors : « *ce n'est pas vrai* », car au cours de ses recherches, il a trouvé que 15 est la somme de trois nombres qui se suivent (4, 5, 6) exprimant ainsi que, pour lui, ce n'est pas une raison valable.

c) Celles pour lesquelles il n'y a pas de certitude ou d'**accord sur leur valeur de vérité** mais qui **devront être débattues** :
ex 1 : — des propositions affirmant une propriété vraie pour le nombre en lui-même mais qui ne constitue pas une preuve de l'impossibilité pour ce nombre d'être la somme de trois nombres consécutifs. Par exemple, « *avec 25, il n'y a pas de solution parce que 25 est impair* » ou… « *parce que 25 n'a pas de moitié* » ou « *on peut y mettre deux nombres qui ne se suivent pas* ».

De telles propositions sous-entendent que seuls les nombres pairs sont solutions du problème. On voit qu'il y a confusion entre une propriété vraie (25 est bien un nombre impair), et l'inférence utilisant cette propriété (il est impossible de trouver trois nombres qui se suivent dont la somme est 25 parce que 25 est impair). Dans ce cas, certains élèves sont capables d'argumenter à partir de la parité, en proposant d'eux-mêmes un contre-exemple : on a trouvé pour 45… Ils manifestent ainsi qu'il existe bien des nombres impairs (au moins un !), par exemple 45, qui sont la somme de trois nombres qui se suivent.

ex 2 : — des propositions vraies, apportant la preuve, par exhaustivité des essais, que l'on ne peut pas trouver 3 nombres qui se suivent dont la somme est 25 : on trouve : 6+7+8=21 ; 7+8+9=24 ; 8+9+10=27 qui encadrent le nombre 25.

La collecte, le tri, la discussion sur chaque cas aménage un espace d'évolution, où le débat est sans cesse tendu vers la preuve, au sens mathématique du terme. Les élèves sont progressivement conduits à jouer de l'exemple, du contre-exemple, à raisonner logiquement sur la base d'une recherche consensuelle de vérité, qui prend appui sur la rationalité mathématique.

7

POUR CONCLURE : QUEL RÔLE POUR LE MAÎTRE ?

La recherche conduite par notre équipe a permis de préciser, pour le cycle 3, les caractéristiques de situations didactiques comportant des phases argumentatives. Ces dernières doivent comporter le traitement explicite à un moment d'une « situation de preuve ». Elles comportent nécessairement plusieurs moments, que l'on rappelle dans les cinq points suivants.

- Tout d'abord, après une première phase de recherche, les élèves ont à élaborer des propositions.
- Ces propositions, qui sont éventuellement reformulées pour pouvoir être débattues, sont triées en plusieurs catégories : celles dont on est sûr qu'elles sont vraies ou fausses en faisant appel à des connaissances reconnues, celles qui peuvent être traitées immédiatement collectivement, celles pour lesquelles il n'y a pas de certitude ou accord sur leur valeur de vérité mais qui pourront être étudiées au CM.
- Des propositions pour lesquelles il n'y a pas de certitude ou d'accord sur leur valeur de vérité, mais dont la preuve peut être établie par des élèves de CM. Elles sont choisies par le maître pour être débattues en groupes. Les moments de débat rendent nécessaire le passage de la valeur épistémique d'une proposition à sa valeur de vérité. Les élèves ont à se prononcer. Les propositions sont-elles vraies, fausses, et pourquoi ? Des groupes sont aménagés, qui associent des élèves qui ont pu émettre des avis différents, mais où les débats sont possibles.
- Une mise en commun, supervisée et conduite par le maître, permet de formuler les conclusions de chacun des groupes. Un débat collectif y est mené, axé sur la validité des propositions émises et justifiées.
- Au final, une synthèse peut être effectuée par le maître, qui est garant de la vérité des propositions et des raisonnements retenus par les élèves.

Le rôle du maître est donc différent selon les phases de ces situations. Dans certaines (formulations, débat en groupes ou collectifs), il organise le débat. Dans d'autres (tri de ces propositions, synthèse), il peut effectuer des choix et apporter des conclusions, en rappelant des savoirs connus des élèves dans ces moments. C'est en particulier, la distinction de ces différents rôles du maître dans le rapport à l'établissement de la vérité, et sa reconnaissance par les élèves, qui peut rendre la gestion de ces situations particulièrement délicate.

Le maître est toujours symboliquement présent, et joue un rôle crucial dans l'avancée des débats, tout en déléguant aux élèves leur responsabilité dans la construction de la preuve. Cela suppose de maîtriser, sur les trois pôles plus haut cités, des compétences professionnelles dans le domaine de la gestion pédagogique pour le rappel des connaissances de référence, dans le registre langagier pour savoir écouter, reprendre, proposer d'exemplifier, susciter des contre-arguments, et dans l'univers disciplinaire des mathématiques pour conduire efficacement l'avancée réflexive vers la vérité.

Comment faciliter l'argumentation au primaire ?

Anne Gombert [1]

Ces quinze dernières années, l'argumentation, en tant qu'objet d'étude, a suscité un regain d'intérêt. Les philosophes du langage (Grize, 1996), les linguistes (Plantin, 1990) et plus récemment les psycholinguistes (Akiguet, 1992 ; Coirier, 1991 ; Gombert, 1997 ; Roussey, Piolat & Gombert, 1998 ; Piolat, Roussey & Gombert, 2000) s'y sont intéressés. Sur l'ensemble de ces recherches trois points peuvent être mis en relief :

1. La distinction entre différentes activités langagières qui permettent de « convaincre » est maintenant établie. Argumenter ce n'est ni démontrer, ni ordonner, ni persuader, et « c'est plus » que seulement justifier (voir Gombert, 1997).
2. Les processus psychologiques et outils linguistiques spécifiques à la production argumentative orale et rédactionnelle sont identifiés (voir Akiguet, 1997 ; Coirier, Gaonac'h & Passerault, 1996 ; Schneuwly, 1988 ; Golder, 1996).
3. Les principales étapes d'installation de la compétence argumentative tant orale que rédactionnelle, ainsi que les « contextes » facilitant son expression sont précisés (Akiguet & Piolat, 1996 ; Eisenberg, 1987 ; Gombert, 1997 ; Pouit & Golder, 1996 ; Roussey & Gombert, 1996).

---

1. Maître de Conférences, Psychologie, IUFM Aix-Marseille. Centre PsyCLE, Psychologie de la Connaissance du Langage et de l'Émotion (EA 3273, Université de Provence) (*mailto* : agombert@aix-mrs.iufm.fr).

On peut penser que ces avancées théoriques ont contribué au changement opéré, depuis quelques années, dans les programmes scolaires de notre pays (France). En effet, enseigner l'argumentation n'est plus une prérogative « spécifique » des professeurs de lycée et cet objet a fait son apparition dans les textes officiels de l'école et du collège. Dès la classe de 6e, les enseignants de français doivent initier les élèves aux composantes de base du « texte argumentatif ». De la même manière, les professeurs d'école doivent faire acquérir aux enfants, dès la Grande Section Maternelle, des compétences transversales intrinsèquement liées aux phénomènes argumentatifs (ex : *Apprendre à communiquer, à dialoguer, à défendre des opinions, à écouter l'autre, etc.*). Enfin, l'argumentation a fait récemment une « nouvelle percée » en lycée par le biais de « l'Education Civique Juridique et Sociale », enseignement qui incite à entraîner les élèves au « débat argumenté ».

Force est de constater que l'argumentation n'est plus considérée comme un savoir à enseigner (compétence disciplinaire) mais l'est également comme un savoir-faire que l'élève doit acquérir et maîtriser pour devenir un futur « citoyen » (compétence transversale). Ainsi, la maîtrise de la compétence argumentative *via* l'apprentissage de l'argumentation est donc devenue, en quelques années, un enjeu de poids dans notre système éducatif. Pourtant, cette évolution semble poser des problèmes sur le « terrain » et, comme le souligne Masseron (1997), les formateurs se trouvent « dépourvus » face à cet objet. Plusieurs raisons peuvent expliquer ce phénomène. Premièrement, d'après l'auteur, « *la notion elle-même est, dans son application, compliquée à maîtriser : tous les discours peuvent être à un certain niveau considérés comme argumentatifs... et les concepts d'analyse ne sont pas toujours stabilisés dans le champ didactique* » (Masseron, 1997, 7). Par ailleurs, l'argumentation qui reste largement dépendante des genres scolaires qui lui sont apparenté (sujet de réflexion, dissertation) a du mal à trouver une place « autre ». Autrement dit, la suprématie de l'écrit argumentatif (que ce soit en compréhension et en production) ne laisserait pas ou peu de place aux pratiques visant à stimuler la compréhension ou la production orale. Comme le note Delcambre (1996) « *malgré un développement récent et abondant de la réflexion didactique sur les interactions, la prise en compte de l'oral en classe reste un phénomène d'exception* » (Delcambre, 1996, 106). L'auteur va même plus loin dans l'analyse et constate que la plupart des situations « d'oral argumentatif » mises en place dans les classes (i.e. jeu de rôle, débat polémique) ont principalement pour fonction de traiter des notions complexes de l'écrit et se présentent rarement comme un d'objet et un outil d'apprentissage à part entière. Troisièmement, et dans un autre registre, il apparaît que les professeurs d'école mais également de Collège et Lycée ne sont pas réellement préparés à enseigner l'argumentation.

Enfin, les « difficultés » des enseignants peuvent également être imputées à des raisons plus « idéologiques » et moins visibles. La théorie de Piaget a véhiculé l'idée selon laquelle les jeunes enfants ne pouvaient pas argumenter avant le stade des opérations formelles (13-14 ans). Cette idée court encore et bon nombre de formateurs affirment que le texte argumentatif est « trop compliqué » pour des jeunes élèves. De fait, il a clairement existé une primauté du texte narratif dans l'enseignement, texte censé être « cognitivement » plus abordable. Pourtant, en étudiant, d'une part, les « mécanismes généraux » qui guident l'acquisition de la compétence argumentative et, d'autre part, en mettant en évidence les principales étapes de l'installation de la maîtrise orale et rédactionnelle argumentative, les psycholinguistes ont montré que bien avant 13-14 ans les enfants peuvent argumenter aussi bien à l'oral qu'à l'écrit (Akiguet, 1997 ; Akiguet & Piolat, 1996 ; Brassart, 1991 ; Coirier & Marchand, 1994 ; Eisenberg, 1987 ; François, 1994 ; Gombert & Roussey, 1993 ; Roussey & Gombert, 1996 ; Roussey, Piolat & Gombert, 1999 ; Schneuwly, 1988).

Afin d'apporter aux enseignants quelques éléments de réponse et des pistes de réflexions pédagogiques, trois objectifs sont poursuivis. Dans un premier temps, un état des lieux sur « ce qu'est ou n'est pas l'argumentation » est présenté. Nous proposons ensuite des points de repère concernant le développement de la compétence argumentative orale en mettant l'accent sur des paramètres contextuels influençant la productivité des élèves. Enfin, nous présentons l'installation de la compétence argumentative rédactionnelle autour de la problématique de l'acquisition du schéma argumentatif.

1

QU'EST-CE QUE L'ARGUMENTATION OU QU'EST-CE QU'ELLE N'EST PAS ?

Un aspect important de la communication entre individus est la capacité à convaincre autrui, autrement dit, à communiquer avec un objectif finalisé qui est d'emporter l'adhésion d'un pair (Grize, 1996). Parmi les activités discursives qui visent un tel but (démonstration, persuasion, ordre) l'argumentation constitue la plus élaborée et vraisemblablement la plus complexe à maîtriser. Il convient donc de distinguer ses activités « voisines » pour définir leur spécificité.

1.1 – Argumenter ce n'est pas démontrer !

Grize (1996), distingue démonstration et argumentation en fonction du degré de certitude accordé aux prémisses qui en constituent le point de départ. Les prémisses sont « certaines » pour la démonstration, et seulement

« probables » pour l'argumentation. En raison de cette « certitude », la démonstration, contrairement à l'argumentation ne laisse pas « d'espace » où les arguments avancés, par l'un, peuvent être réfutés par l'autre. Selon Moeschler « *la propriété qu'a l'argumentation d'être soumise à réfutation semble être une de ses caractéristiques fondamentales et la distingue nettement de la démonstration ou de la déduction qui, à l'intérieur d'un système donné, se présentent comme irréfutables* » (Moeschler, 1985, 47). En tout état de cause, un discours argumentatif ne démontre pas, car il ne fonctionne pas sur les principes de la déduction logique et n'utilise pas les règles du raisonnement formel (Coirier, 1996). En fait, l'argumentation est soumise aux règles de la « logique naturelle » car, pour convaincre, l'individu qui argumente doit s'adapter, tenir compte de l'autre, de ses croyances, et principalement de ses *pré requis* culturels[2] (Grize, 1996).

1.2 – Argumenter ce n'est pas ordonner ou persuader !

Une différence cruciale doit être pointée entre l'argumentation, la persuasion et l'ordre. La caractéristique fondamentale de l'ordre est de laisser au destinataire très peu de moyens de réfuter. Celui qui ordonne, prétend avoir un statut supérieur au destinataire, non pas en raison de son savoir (cf. la démonstration), mais selon des critères institutionnels (Brassart, 1987). Ainsi l'ordre doit conduire à une modification immédiate du comportement du destinataire et porte des effets perlocutoires directs. Tout se passe comme si l'autre n'avait pas à « comprendre mais à faire ce qu'on lui dit de faire ».

De la même manière, la persuasion laisse peu de possibilités de réfutation (Cacioppo, Petty, Kao & Rodriguez, 1986). Elle vise à « obtenir » l'adhésion de l'interlocuteur par tous les moyens possibles. Moyens langagiers tels que le chantage, la menace mais aussi comportementaux comme l'agression physique, les pleurs etc (Coirier, 1996). Ainsi, le persuadeur n'utilise pas les mêmes « outils » que l'argumentateur pour parvenir à ses fins. En fait, la persuasion cherche à « persuader » et non pas à « convaincre » et n'est pas, contrairement à l'argumentation une conduite langagière !

1.3 – Argumenter c'est « un peu plus » que justifier !

Une distinction, plus subtile, doit également être opérée entre la justification et l'argumentation. Justifier, c'est « rendre » acceptable et crédible un point de vue à l'aide d'étayage(s) — propositions à l'appui —. Argumenter, c'est défendre un point de vue par la mise en perspective

---

2. Voir le chapitre 1 (9).

d'arguments et de contre-arguments (envisager des propositions contraires). Il ne s'agira donc pas seulement pour l'argumentateur d'étayer un point de vue, mais aussi d'objecter en « repoussant » à l'aide d'arguments et contre-arguments, les éventuelles objections. En tout état de cause, pour argumenter, l'individu doit forcément justifier. Mais, à elle seule, cette activité reste sur le registre du « monologique », car ne faisant entendre qu'une seule voix. Elle ne suffit pas à développer un raisonnement argumentatif enchaînant le « pour » et le « contre ». En revanche, l'argumentation est fondamentalement dialogique, c'est-à-dire qu'elle laisse un « espace de négociation » où une thèse présentée a la possibilité, à tout moment, d'être réfutée (Moeschler, 1985).

2

QUELLES SONT LES DISPOSITIONS D'UN BON ORATEUR-ARGUMENTATEUR ?

Voss et al. (Voss, 1991 ; Voss & Means, 1991) définissent un bon « argumentateur » selon, au moins, deux caractéristiques qui prennent clairement en compte l'aspect dialogique de l'argumentation. Premièrement, le locuteur doit être **analytique**. Il doit pouvoir évaluer et restructurer un argument. Il doit produire des arguments qui soutiennent son point de vue, prendre en compte d'éventuelles réfutations, être capable de rejeter ou de réévaluer ses positions, utiliser des qualificatifs modulables dans son discours. Deuxièmement, le locuteur doit être **flexible**. Il doit fournir plusieurs arguments pour défendre son point de vue et les relier de façon cohérente pour augmenter la pertinence de son discours. Il peut, par exemple, produire plusieurs sortes d'arguments : analogie, description, exemplification, référence au passé/présent/futur, etc.

En tout état de cause, l'argumentation « naît » forcément dans un espace conflictuel au sein duquel les interlocuteurs ont pour objectif « idéal » de se mettre d'accord. Par oral, elle est co-produite en alternance par deux ou plusieurs « opposants » qui prennent à leur charge chacun des points de vue avancés. La gestion des arguments *pour* et *contre* s'effectue à tour de rôle entre ces locuteurs. L'espace de négociation entre les opposants doit impérativement exister. En son absence, chacun développera son propre point de vue et la conversation prendra la forme d'un « dialogue de sourds » : il s'agira, là, d'une pseudo-argumentation, telle que fréquemment pointée dans l'échange entre hommes politiques ou même dans les conversations quotidiennes de chacun d'entre nous ! Le concept d'argumentation étant « cerné », la question est maintenant de savoir à quel âge les enfants sont capables d'argumenter en dialoguant (Golder, 1996 ; Gombert, 1997).

3

EXISTE-T-IL DES ÉTAPES DÉVELOPPEMENTALES POUR ARGUMENTER À L'ORAL ?

Des précurseurs ont étudié les comportements argumentatifs dans des situations de dilemmes moraux. Les dilemmes moraux sont des histoires courtes mettant en scène des conflits de normes morales. Employés au départ pour étudier le développement de la moralité (Piaget, 1932), ils furent réutilisés par les chercheurs pour analyser l'acquisition de l'argumentation.

Selon Piaget (1932), l'argumentation est un comportement discursif complexe qui nécessite que l'individu se décentre de son propre discours. En ce sens, les jeunes enfants argumenteraient de façon élaborée après avoir atteint le stade des opérations formelles qui favorise une telle décentration. Seuls les enfants de 12-13 ans seraient capables, simultanément, de défendre leur point de vue et de prendre en compte celui de leur opposant. Avant cet âge, leurs productions orales se caractériseraient par une certaine « pauvreté » et un manque de précision. Cet avis a été partagé par beaucoup de chercheurs. Plus précisément, grâce à l'analyse des interactions entre enfants de 6 à 12 ans, Berkowitz & Muller (1986), ont montré que :

- les enfants entre 6 et 8 ans, ne justifient pas spontanément leur position et attendent souvent la sollicitation de l'expérimentateur. Pour faire admettre leur point de vue, ils utilisent principalement la manipulation physique (agression) ou verbale (menace), sans recours à un discours collaboratif étayé. Ils ont donc recours à des stratégies plus persuasives qu'argumentatives.

- entre 9 et 11 ans, les locuteurs commencent à justifier leur point de vue, mais ont encore des difficultés pour réfuter les arguments de leur opposant.

- à 12 ans, enfin, les locuteurs s'engageraient dans un véritable discours argumenté et coopératif.

Ces résultats ont été contestés par d'autres chercheurs qui ont postulé que l'apparition tardive d'un discours argumentatif proviendrait principalement du choix du thème proposé par l'expérimentateur. L'utilisation d'une thématique d'adulte provoquerait une incompréhension ou une absence d'intérêt de la part des enfants et impliquerait ainsi un échec ou une performance amoindrie. En d'autres termes, la familiarité et l'intérêt aideraient les enfants à élaborer un discours argumentatif (Stein & Trabasso, 1982).

4

QUELS FACTEURS PÈSENT SUR LA CONDUITE ARGUMENTATIVE DES JEUNES ENFANTS ?

Stein et Miller (1993) proposent à des enfants de 7 à 14 ans de résoudre des dilemmes dans des domaines qui leurs sont familiers (par exemple : promesse de réparer ensemble une roue, avant d'aller faire du vélo). Les résultats de ces recherches montrent que dès 7 ans, les enfants prennent une position claire et la défendent. Ils détectent le conflit sans toutefois produire d'étayage en réponse à leur opposant : cette capacité apparaît plus tardivement dans le développement. Vers 11 ans, en revanche, ils produisent non seulement des étayages qui défendent explicitement leur point de vue mais aussi des énoncés référant au point de vue adverse. Toutefois, la capacité à « entrer dans de l'argumentation » est encore plus précoce peut-être dans des situations naturelles d'interaction où les enfants doivent être convaincants. François (1994) a montré, par exemple, que dans les cours de récréation, les enfants parviennent à justifier leur point de vue, et sont capables de s'opposer aux propos de leurs adversaires dès l'âge de 4-5 ans ! Ainsi, le dialogue « conflictuel réel », en raison de sa nature interactive et négociatoire, constituerait un support privilégié de l'activité argumentative. Eisenberg (1987) a d'ailleurs montré que l'âge de 3 ans semble être charnière dans la production de justifications. Avant cet âge, pour convaincre, les enfants utilisent plus de stratégies persuasives corporelles (agressivité gestuelle, pleurs) ou verbales (intimidation, menace, chantage) que de stratégies argumentatives (compromis).

Si la familiarité et l'intérêt portés au thème constituent bien une aide, d'autres facteurs influencent également la mise en oeuvre de stratégies argumentatives au cours du développement (Coirier, Coquin-Viennot, Golder & Passerault, 1990 ; Gombert, 1997). Par exemple, la prise en compte de points de vue adverses est sujette à variation en fonction du statut de l'interlocuteur. Ce phénomène est notable surtout chez les jeunes enfants (entre 5 et 12 ans). Ces derniers négocient mieux leur point de vue lorsqu'ils doivent convaincre : a) un adulte proche d'eux par rapport à un pair de leur âge ; b) un adulte par rapport à un adulte proche d'eux ; c) un adulte qui argumente son point de vue, par rapport à un adulte qui n'intervient pas dans le discours ; d) un pair ami par rapport à un pair inamical. Dans un autre registre, l'espace référentiel de la communication favorise plus ou moins la contre-argumentation. C'est le cas lorsque le thème est un sujet quotidien (discours naturel), et non un thème d'ordre scientifique, ou encore lorsque les enfants sont en situation de « jeu » plutôt qu'en situation de « classe ». Enfin, les stratégies mises en oeuvre dans une argumentation évoluent selon les croyances et convictions du locuteur (être « beaucoup » en faveur de la thèse, « pour » ou à l'inverse « contre » la thèse). Ces facteurs se retrouvent lorsque les enfants passent le cap de l'écrit.

5

À QUEL ÂGE SAIT-ON/PEUT-ON RÉDIGER DES TEXTES ARGUMENTATIFS ?

La question que l'on peut se poser, dès lors, et de savoir s'il suffit de savoir bien argumenter à l'oral pour être capable de rédiger un texte argumentatif cohérent et élaboré ?

Comparativement à celui qui argumente oralement, le rédacteur doit assumer seul et au sein d'un même texte la mise en confrontation dialogique des idées. Il doit anticiper les objections d'éventuels contre-argumentateurs (bien évidemment absents), et utiliser des moyens linguistiques cohérents qui lui permettent de relier les éléments de cette polyphonie d'informations. Il doit, entre autres choses, coordonner des étayages « pour » et « contre » du début à la fin de son texte et donc marquer la « dimension dialogique » de l'argumentation dans l'organisation formelle de son texte (Adam, 1992).

Pour faire ce travail, l'hypothèse est faite que le rédacteur maîtrise et utilise une connaissance textuelle particulière : un schéma argumentatif. Plus généralement, les *schémas de texte,* schémas particuliers parmi ceux possédés par les individus, sont des « connaissances » stockées en mémoire à long terme qui servent de guide à la compréhension et à la production d'un texte (Coirier, Gaonac'h & Passerault, 1996). Les schémas sont, en fait, des outils cognitifs qui permettent aux rédacteurs de structurer « globalement » leurs textes, à l'aide, par exemple, de marques de cohérence telles que les connecteurs textuels. Cette conception, bien que soumise à critique, est particulièrement féconde pour étudier le traitement et l'acquisition du texte narratif (Fayol & Monteil, 1988). Depuis sept ou huit ans, l'intérêt des chercheurs concernant l'acquisition et l'utilisation du schéma narratif s'est développé. À ce propos, il convient de signaler que les résultats des recherches sont apparemment contradictoires. En effet, certains chercheurs ont montré qu'avant 13-14 ans, les enfants ne rédigeaient pas des textes argumentatifs élaborés et avaient des difficultés pour coordonner des étayages *pour* et *contre* la thèse (Brassart, 1989 ; Golder & Coirier, 1994). D'autres, au contraire, ont montré que les enfants étaient capables d'articuler des énoncés oppositifs vers 11 ans (Akiguet, 1997 ; Roussey, Akiguet, Gombert & Piolat, 1995). Afin de comprendre ces variations, il faut pointer les moyens mis en œuvre par les chercheurs pour étudier l'utilisation du schéma argumentatif par les jeunes rédacteurs. Les performances varient en fonction de la nature des épreuves proposées.

6

QUEL TYPE DE TÂCHES AIDE À RÉDIGER UN TEXTE ARGUMENTATIF ?

Certaines tâches rédactionnelles sembleraient, plus que d'autres, inciter les enfants à utiliser un schéma pour structurer leur texte. Si l'on tente de résumer l'ensemble de ces recherches en prenant comme critère d'analyse les tâches proposées, deux points peuvent être mis en relief (Gombert, 1997 ; Piolat, Roussey & Gombert, 2000).

1. Avant 12-13 ans, en production non contrainte, dite « écologique », (consistant simplement à demander aux enfants de produire sur un thème donné), les enfants rédigent principalement des textes justificatifs. Ces textes comportent des étayages *en faveur* de leur point de vue. Lorsqu'ils intègrent dans leur texte des positions opposées, il leur est difficile de les coordonner. Pour donner de la cohérence à leur texte, ces enfants utilisent néanmoins différentes techniques et divers procédés linguistiques : listage des énoncés anti-orientés, dialogues mettant en scène un conflit, production de marques de négociation (Brassart, 1991 ; Feilke, 1996 ; Schneuwly, 1988).

2. Certaines situations permettent cependant d'améliorer cette compétence. Des enfants plus jeunes peuvent coordonner des opinions contraires dans un même texte, sous réserve de proposer certaines **conditions facilitantes**. On évoquera trois conditions « facilitantes ».

TROIS CONTEXTES PORTEURS DE RÉUSSITE

a. Les situations dites semi-contraintes sont de deux ordres.

La tâche « opinion opposée » consiste à demander aux élèves de rédiger une argumentation sur un thème donné sans imposer la thèse à défendre, en insistant toutefois sur le fait que ce thème est controversé. (Andriessen *et al.*, 1996 ; Coirier, 1996b ; De Bernardi & Antolini, 1996 ; Golder & Coirier, 1994).

La tâche « alpha-oméga [3] » consiste à imposer aux rédacteurs le début (prémisse) et la fin du texte (conclusion) à rédiger. Ces deux énoncés étant contrariés sémantiquement (ex : *des personnes pensent qu'il est bien de construire des autoroutes. Donc, il vaut mieux prendre le train*) (Brassart, 1992 ; Ferréol-Barbey & Gombert, sous presse). Dans ce cadre, des enfants de 11 ans peuvent rédiger un texte argumentatif élaboré.

---

3. Voir le chapitre 9.

b. Des conditions restreintes, où les enfants recomposent un texte argumentatif soit en ordonnant des phrases, soit en insérant des connecteurs. Il convient de noter que l'intérêt des tâches restreintes réside dans le fait qu'elles « allègent » certains traitements impliqués dans la tâche rédactionnelle (Piolat, Farioli & Roussey, 1989).

Lorsqu'ils reconstruisent un texte, les enfants ne cherchent pas des idées qu'ils doivent mettre en phrases. Ils choisissent des énoncés afin de les réordonner en un texte argumentatif.

Dans la tâche d'insertion, les enfants doivent choisir des connecteurs afin de les insérer dans un texte à « trous ». De ce fait, libérés d'un certain nombre de traitements coûteux (mise en texte, orthographe), les rédacteurs disposent de ressources attentionnelles pour davantage se focaliser sur le contenu et la structure du texte argumentatif.

Dans ces situations restreintes, des enfants de 10 ans articulent correctement des énoncés co- et anti-orientés. L'analyse des corrections et des procédures de réalisation de la tâche permet même de postuler qu'à cet âge l'acquisition de l'argumentation écrite est amorcée (Roussey & Gombert, 1992, 1996 ; Gombert & Roussey, 1993 ; Akiguet & Piolat, 1996 ; Akiguet, 1997).

c. Des conditions d'entraînement didactique pistant l'apprentissage des aspects structuraux du texte argumentatif permettent également d'améliorer les performances (ex : trouver des connecteurs co- et contre-orientés, réviser un brouillon argumentatif, réécrire un texte suivant la structure argumentative, relier des énoncés opposés et les mettre en texte, etc (Dolz, 1996 ; Zammuner, 1991).

Pour conclure, vers 10 ans, les enfants commenceraient à disposer du schéma argumentatif mais ne pourraient pas encore l'utiliser en production spontanée. Cet outil serait seulement mis en œuvre dans des tâches restreintes ou sous l'influence d'un entraînement didactique. À 11 ans, les enfants l'utiliseraient pour guider leur production, seulement dans des tâches qui sollicitent, de façon explicite, sa mise en œuvre (opinion opposée et alpha-oméga). À 12-13 ans, ils pourraient actualiser sa connaissance dans différentes tâches rédactionnelles.

7

QUELS CONTEXTES AIDENT À RÉDIGER UN TEXTE ARGUMENTATIF ?

La question est maintenant de savoir si, indépendamment des caractéristiques des tâches, d'autres paramètres contextuels jouent un rôle sur la capacité à rédiger une argumentation. À ce titre, certains chercheurs ont étudié, tout comme à l'oral, l'impact de la familiarité au thème sur la qualité d'un texte argumentatif (Pouit, 2000 ; Pouit & Golder, 1996). Les résultats de ces recherches concordent. D'une façon générale, lorsque les adolescents (dès 11 ans) rédigent à propos d'un thème familier, ils produisent des étayages *pour* et *contre* en les associant à de nombreuses marques de négociation. Tout se passe comme si, dès lors que les sujets connaissent le thème à développer, ils puissent mobiliser des connaissances sur les deux opinions contraires et marquer ainsi des oppositions au sein de leur texte.

Gombert (1997) a cherché à approfondir ces résultats en analysant l'effet de 3 facteurs contextuels combinés sur la structuration d'un texte argumentatif produit par des enfants de 10 à 13 ans. Ces facteurs étaient :

1. la pratique habituelle ou non d'une activité constituant le thème de la rédaction (notion de familiarité) ;
2. le consensus favorable ou non quant à l'exercice d'une activité (notion de croyance) ;
3. l'orientation du point de vue à défendre dans le texte (la défense « pour » ou « contre » la thèse).

Au total, huit contextes de production furent étudiés : quatre incitaient les rédacteurs à défendre une thèse en adéquation avec l'opinion consensuelle (*Manger des bonbons ce n'est pas bien ; Faire ses devoirs c'est bien ; Partir en voyage c'est bien ; Boire un verre d'alcool ce n'est pas bien*). Les quatre autres, en revanche, les contraignaient à défendre des opinions qu'ils n'auraient pas adoptées spontanément (*Manger des bonbons c'est bien ; Faire ses devoirs ce n'est pas bien ; Partir en voyage ce n'est pas bien ; Boire un verre d'alcool c'est bien*).

L'analyse structurelle des textes produits a été établie à partir de la notion de séquence argumentative développée par Adam (1992). En conséquence, trois types de structures argumentatives sont dégagés :

1. Les textes « **Oppositifs Structurés** » sont fortement organisés : les étayages *pour* et *contre* la thèse à défendre sont reliés entre eux par des marqueurs appropriés (connecteurs, marques de pronominalisation, thématisation, marques de négociation). Deux structures particulières peuvent caractériser ce type de textes. Dans les textes à structure duale, les étayages *pour* et *contre* sont regroupés en deux blocs distincts (modèle scolaire et classique d'argumentation). Dans les textes à structure enchâssée, les étayages *pour* et *contre* s'alternent et forment une « chaîne argumentative » (modèle plus « germanique » de l'argumentation et correspondant à la notion de séquentialité développée par Adam (1992).

2. Les textes « **Oppositifs Locaux** » sont moyennement organisés : les étayages *pour* et *contre* ne se sont pas tous coordonnés. La « chaîne argumentative » est donc rompue à un moment donné.

3. Les textes « **Oppositifs Sans Structure** » sont non organisés : les étayages anti-orientés ne sont jamais reliés entre eux.

D'une manière générale, l'étude des textes produits a montré que les rédacteurs s'ajustent aux contextes de production. Le type de contexte le plus favorable est celui où les enfants défendent des idées inadéquates à l'opinion consensuelle en faisant référence à une activité qu'ils pratiquent quotidiennement (ex : Ce serait bien que je mange des bonbons). Dans ce cas même les enfants les plus jeunes ont coordonné les étayages anti-orientés et ont rédigé des textes argumentatifs sous une forme enchâssée. Ainsi, dès l'âge de 10 ans, les enfants sont capables de rédiger des argumentations notablement élaborées, tout comme le font les rédacteurs de 13 ans. Tout se passe comme si, pour peu qu'on les mette dans des situations leurs permettant de le faire, dès l'âge de 10 ans, les enfants avaient la capacité d'être des « bons argumentateurs-rédacteurs ».

8

CODA

Au total, l'activité argumentative est une activité complexe qui nécessite la gestion simultanée de divers aspects. La compétence à argumenter ne serait donc pas une compétence « intrinsèque » mais dépendrait fortement des contextes de production. L'individu intègre des paramètres qui le conduisent à élaborer son activité de façon orientée (Piolat, 1990) et à mettre en place des actions langagières spécifiques (Bronckart, 1996).

L'enseignant de primaire peut donc sans retenue mettre en place des dispositifs pédagogiques propres à développer chez ses élèves les compétences argumentatives orales et rédactionnelles. L'important, semble-t-il, est de bien cibler les tâches et de faire varier les contextes de production en jouant sur les différentes dimensions du discours.

CHAPITRE 14

Vers le débat en classe. Exemple d'un projet didactique en CE2

Sylvie Amagat, Emmanuèle Auriac-Peyronnet
& Nicole Janicot

« Apprendre à discuter, à réfuter, à justifier ce que l'on pense, c'est une partie de l'éducation à laquelle personne ne peut renoncer sans renoncer aussi au titre d'"humaniste". Car il ne suffit pas de savoir s'exprimer avec clarté et précision (bien que cela soit primordial, autant par écrit qu'oralement), et se soumettre aux mêmes exigences d'intelligibilité que l'on demande aux autres : il faut encore développer la faculté d'écouter ce qui se dit dans l'agora. L'école n'a pas à breveter une communauté d'autistes jalousement enfermés dans leurs opinions "respectables", elle doit renforcer la disposition à participer loyalement à des colloques raisonnables et à rechercher en commun une vérité sans maître. Une vérité qui ne fabriquera pas d'esclaves ». L'auteur poursuit, en indiquant : « Il est alarmant de voir que si les maîtres de maternelle sont assaillis de questions, les professeurs d'université se plaignent de ce que leurs étudiants ne demandent jamais rien. Qu'est-il arrivé, pendant ces années qui séparent l'école de la faculté, qui ait éteint leur plaisir de s'informer ? » (Savater, 1998). Si la parole peut être à l'honneur, c'est l'écoute qui est au centre du et des débats de ce chapitre. Une écoute, au sens développé par Savater, établie comme faculté première à participer à une communauté, proche d'une communauté de recherche (Lipman, Sharp & Oscanyan, 1980 ; Daniel, 1992/1997 ; voir Lalanne, 1999 ; Schidlowsky, 1999, Auriac-Peyronnet, 2002a/b/c, 2003, voir Daniel, ici même). Écouter c'est entendre suffisamment ce que dit l'autre pour savoir ensuite se situer par rapport à ce dit.

> **EXTRAIT DE DÉBAT N° 1 :**
> M 1 : — Oui, non mais même, prendre un chewing-gum... faut quand même se laver les dents.
> C 1 : — Oui, je tiens compte de ton argument mais si on se lave pas les dents, c'est pas dramatique ; tu vas pas avoir vingt mille caries, puisque t'en a même pas vingt mille t'en a à peine vingt-quatre, j'sais même plus.
> M 2 : — Oui, non mais là, j'suis d'accord, mais faut quand même de temps en temps se laver les dents. Même après chaque repas c'est ce qui est le mieux, après chaque repas. Parce que tes dents, elles seront en forme, elles seront en forme pour mâcher. Euh... parce que si tu laves pas tes dents, elles seront toutes jaunes, et elles seront pas en forme pour mâcher, elles... euh...
> C 2 : — Oui, mais si c'est des dents de lait, après elles tombent ; après t'auras des nouvelles dents, les définitives
> M 3 : — Ben, oui, mais celles-là si... oui mais si tes dents de lait sont tombées déjà, et qu'elles aient repoussé, les autres, euh, si elles tombent, si elles tombent, après devant t'aura plus de dents pour mâcher, pour les photos, quand tu voudras sourire, ça sera pas génial, hein...
> C 3 : — Regarde, y'en a qu'ils l'ont, ça les gêne pas, ils mâchent sur les molaires, pas devant là, comme un lapin
> M 4 : — Oui, mais même, quand tu bois de l'Orangina, du Coca, des trucs comme... des boissons sucrées... quand tu bois des boissons sucrées, tu, euh... l'eau.. euh... la boisson sucrée, elle passe bien sur les dents, les dents de devant, et puis même, quand tu commences à mettre ta fourchette dans la bouche, t'as bien les aliments qui vont toucher...
> C 4 : — Ben, oui, mais euh... oui !
> M 5 : — Tes dents de devant... et puis même, ça...
> C 5 : — Je te comprends, mais, par exemple si tu prends par exemple de l'Orangina rouge, tu la bois à toute vitesse, ça va pas te tuer, puis après tu te ressers
>
> Extrait de débat entre deux enfants de 8 ans et demi.
> L'une M., doit défendre l'opinion « pour » se brosser les dents.
> L'autre, C., a tiré « la mauvaise carte » : il doit se faire contradicteur.

Ce débat entre enfants de huit ans est proprement « rhétorique ». Les élèves, suffisamment encadrés, parviennent, sans difficulté à jouer avec les opérations classiques et majeures de l'argumentation. Ils sont d'ailleurs très conscients de l'affaire (C1 : *Je tiens compte de ton argument*), preuve que l'enseignement est transparent pour les élèves : ils savent à quel jeu de langage on les convie. Ils jouent de l'exemplification (*M2 : même après chaque repas*). Ils maîtrisent la contre argumentation, utilisant une technique de spécification sur le thème traité (*C2 : oui mais si c'est des dents de lait*). Ils honorent même quelques coups stratégiques, comme le procès de ridiculisation (*C3 : ... comme un lapin*) ou le glissement d'objet dans une même proposition (*M3 : ... t'auras plus de dents pour mâcher pour les photos quand tu voudras sourire...*). Enfin, ils manient la modulation (*C5 : ça va pas te tuer*) ce qui indique qu'ils sont en train de travailler leur jugement moral. Bref on peut avancer qu'ils sont habiles dans cette situation. Ils sont compétents, ce que visent les instructions officielles Le silence d'écoute de la classe qui a encadré cette discussion de controverse a surpris les stagiaires (bande audio). Alors comment en sont-ils arrivés là ?

Avant de développer l'analyse de ce qui s'est fait, dans cette classe de CE2 [1], nous rappellerons brièvement les indicateurs du fonctionnement qualitativement réussi d'un discours argumentatif chez des enfants jeunes.

1

À QUOI FAUT-IL ÊTRE ATTENTIF QUAND ILS ARGUMENTENT ?

Si le dialogue argumentatif peut se définir « *en tant qu'activité finalisée, (qui) suppose l'existence de buts communicatifs qui constitueront un paramètre décisif dans l'analyse des situations discursives : faire rire, comprendre ou convaincre…* » (Coirier, 1989), la maîtrise de cette conduite langagière relève de trois champs (Golder, 1990) : 1) les opérations [2] d'objets, 2) les opérations de prise en charge, et 3) les opérations de composition.

Par opération d'objet, on entend a) la pose d'objet (savoir de quoi on parle ; on parle en référence à quelque chose de « précis », « circonstancié » dans le discours lui-même), b) l'enrichissement (déplacement, élargissement, restriction du référent), et c) la spécification (le locuteur précise que c'est de cela et non d'autre chose dont il parle).

La prise en charge du discours concerne la façon dont le discours doit être entendu : il s'agit alors a) de désigner la source d'informations (le locuteur ou quelqu'un d'autre, déterminé, indéterminé, la télévision…), b) de préciser à qui s'adresse le discours (à qui parle t-on : ex : « *non mais là je parlais juste pour les parents…pas pour nous* »), c) d'introduire une certaine attitude, et/ou le marquage de degrés de distance (méfiance, certitude, doute, croyance : les verbes modaux — croire, devoir, falloir — indiquent souvent ces attitudes.)

Enfin, à propos de la composition, les informations sont hiérarchisées dans le discours : on trouve des indications tout à la fois de succession dans les thèmes abordés et d'enchaînements des points de vue présentés en association à ces thèmes. Le locuteur exploite à proprement parler « l'espace » du discours pour a) présenter des thèmes, 2) exprimer ses positions, c) justifier, négocier ses positions.

Les opérations de justification (utiliser les thèmes non seulement pour les exposer mais pour les exploiter afin de se situer par rapport à

---

1. Classe de Mmes S. Amagat & N. Janicot. Les enseignants ont enregistré et décrypté le corpus.
2. La notion d'opération est à entendre ici d'un point de vue cognitif. C'est l'univers mental de l'individu qui est décrit : plusieurs opérations cognitives interviennent simultanément.

eux, donner son opinion) et de négociation (utiliser l'interlocuteur, qu'il soit réel ou fictif comme déterminant dans la présentation stratégique de ces justifications) sont les deux opérations de base pour argumenter (Golder, 1996a ; Gombert, ici-même). La connaissance du thème/support pour argumenter, et la plus ou moins grande familiarité avec l'interlocuteur sont déterminants pour réussir à dialoguer argumentativement. Comme Golder le précise, « *les arguments que j'utilise face à mon conjoint lorsque j'en ai assez de faire la vaisselle ne sont pas de même nature que ceux que j'utilise face à mes collègues lorsque je leur fais part de mes obligations familiales... la familiarité du destinataire constitue probablement un des facteurs déterminant des formes argumentatives* » (Golder, 1996a, 139).

2

UN PROJET DE CLASSE : À QUOI BON ?

Les enseignantes ont travaillé dans le but d'accroître les compétences à argumenter chez leurs élèves. Elles ont particulièrement tenu compte de la nécessité d'ancrer les thèmes des débats en inscrivant les activités dans un « réel » projet de classe. Elles se sont saisies de l'opportunité de mettre en place des groupes de travail coopératif, pour faire évoluer chez les élèves les compétences de base à communiquer ; le profit que les élèves en tirent est une meilleure connaissance de leurs pairs. Le dialogue avec un pair que l'on connaît est alors facilité. Enfin, les élèves se sont parallèlement investis dans des ateliers à l'intérieur d'une séquence didactique destinée au maniement des différentes composantes textuelles des discours argumentatifs. Les supports de travail proposés dans ces ateliers sont toujours en rapport avec le projet de la classe. Ce dernier concerne la citoyenneté et la santé. Il s'inscrit dans le projet plus général de l'école. Les deux pôles de l'argumentation et de la coopération se croisent, et les activités scolaires s'y rattachent. Dans les nombreuses activités, effectuées et intégrées dans plusieurs disciplines (histoire-géographie, éducation civique, connaissance du monde, mathématiques, maîtrise de la langue, français, ...), les enseignantes ont le souci, lorsque c'est possible, de proposer un support en liaison avec le projet de la classe. Les activités vont de l'enquête au sein de l'école ou auprès de correspondants maghrébins, aux résultats traités de ces enquêtes, à la communication des résultats dans le journal de l'école[3]. Les élèves ont par exemple élaboré eux-mêmes un petit questionnaire à l'intention des familles à propos des habitudes alimentaires de chacun. Ils en retirent de

---

3. Toutes les activités de la classe ne sont pas systématiquement associées au projet, ce qui épuiserait littéralement le thème et le désir d'investissement.

nombreuses informations sur les écarts de choix entre les familles, sur le fait que « se laver les dents », « tous les jours » ou « après chaque repas » n'est pas très répandu... C'est une première étape dans la formation au relativisme du point de vue.

EXTRAIT DU QUESTIONNAIRE SUR LA SANTÉ ÉLABORÉ PAR LES ÉLÈVES

Que buvez-vous le plus souvent ? de l'eau ____ des boissons sucrées
Mangez-vous des aliments que vous n'aimez pas ? toujours ____ jamais ____ parfois
Vous lavez-vous les mains avant de manger ? jamais ____ parfois ____ toujours
Combien de fois par jour vous brossez-vous les dents ? ...... fois par jour
Avez-vous déjà eu des caries ? oui — non
Combien de fois par semaine vous lavez-vous entièrement ? ...... fois par semaine

Les informations recueillies par les élèves prennent un statut particulier dans l'appropriation du savoir : ce sont de « vraies » informations... qui donnent plus à réfléchir que les informations qu'on trouve dans les livres. Il y a là matière à questionnement, pour élucider pourquoi certaines personnes ne jugent pas nécessaire de se brosser les dents, et à argumentation en faveur des gens qui se lavent plus ou moins fréquemment les dents. Comme l'explique Golder, « *Les thèmes (référents) qui sont l'objet des discours argumentatifs font intervenir fortement les systèmes de valeurs des locuteurs. Ils sont donc plus "discutables" que des référents formels (problèmes technico-scientifiques) qui eux, sont relativement peu discutables dans la mesure où ils donnent lieu à des représentations peu modifiables* » (Golder, 1996a, 33). On retrouve la caractéristique éducative importante qui est de donner une « réelle » finalité aux activités scolaires. On « parle pour de vrai »... et c'est même pour cela que l'on pourra en « rire »... La production d'écrit argumentatif, comme les phases de discussion en groupes coopératifs, prennent alors un sens. On y parle de pratiques réelles ou attendues, souhaitables, négociables, en fonction de ce que l'on a réellement appris.

3

COMMENT DIVERSIFIER LES GROUPES COOPÉRATIFS ? L'EXEMPLE DES TOURNOIS

À partir du constat effectué l'année passée d'une possibilité de dérive négative, voire destructrice, lorsque ce sont les mêmes élèves qui se réunissent[4], les enseignantes misent sur le changement. La répartition des

---

4. Voir le cas d'Anna dans la partie précédente, au chapitre 10.

élèves dans les groupes est variable, selon les activités, les matières. Les dispositifs exploités sont la coopération simple, souvent soumise au seul enjeu de former des groupes d'appartenance, le dispositif de type Jigsaw-teaching avec différentes variantes pour favoriser l'implication des acteurs sur des points particuliers et lorsque le travail se prête à l'élaboration non coûteuse d'un matériel pour la phase d'expertise, et enfin, des tournois coopératifs pour rendre aux débats leur dimension de joute oratoire où les élèves s'affrontent en toute quiétude. Pour ces tournois, la classe est divisée en six groupes. Trois thèmes sont définis, en rapport avec l'accroche générale de l'éducation à la santé. Les groupes s'affrontent deux à deux, en déléguant un élève représentant le groupe.

a) **Coopération** à l'intérieur des groupes pour rechercher les arguments *pour* et *contre*.
b) **Affrontement** entre les groupes (1 enfant est le représentant de chaque groupe).

TABLEAU 14.1
Dispositif pour mettre en place des tournois coopératifs en cycle III, CE2 (La santé).

THÈME 1		THÈME 2		THÈME 3	
A B C D	E F G **H**	I **J** K L	**M** N O P	Q R **S** T	U V **W** X
groupe 1 coopération : recherche d'arguments pour et contre	groupe 2 coopération : recherche d'arguments pour et contre	groupe 3 coopération : recherche d'arguments pour et contre	groupe 4 coopération : recherche d'arguments pour et contre	groupe 5 coopération : recherche d'arguments pour et contre	groupe 6 coopération : recherche d'arguments pour et contre

Un enfant est tiré au sort dans chaque groupe : A / H — J / M — S / W *
L'orientation argumentative (pour ou contre) de la requête est également tirée au sort :
A sera *pour* (H sera donc *contre*) — J sera *contre* — S sera *contre*
* variante : l'enfant est choisi par son groupe

| A affronte H | **puis** J affronte M | **puis** S affronte W |

Établi par S. Amagat & N. Janicot, 1998.
Voir la contribution de M.C. Toczek-Cappelle, ici-même.

Les lettres désignent les élèves de la classe. Chaque tiers de classe travaille sur un thème différent (l'intérêt de se brosser les dents, etc).

Pendant l'affrontement de A et de H[5], les groupes 3, 4, 5, 6, sont observateurs. La dimension de l'écoute est privilégiée. On n'apprend pas à argumenter seulement en discutant, mais aussi en observant les façons d'agir des autres, en anticipant sur ce que l'autre pourrait dire. L'écoute est en soi une activité cognitive. À la fin de la requête argumentative[6], chaque enfant de ces quatre groupes vient se placer derrière celui (A ou H) qu'il a jugé le plus convaincant. Apprendre à argumenter, c'est aussi savoir évaluer (et être capable de justifier) si un débat tourne à la faveur d'un des deux protagonistes. Selon le climat général de la classe, on peut préférer à cette formule celle du vote secret. Le groupe gagnant est celui qui totalise le plus grand nombre d'enfants derrière son représentant. Les groupes 3 et 4, puis 5 et 6, s'affrontent sur le même mode.

4

CONCRÈTEMENT EN QUOI A CONSISTÉ L'ENSEIGNEMENT DE L'ARGUMENTATION ?

On a longuement exploré le domaine de l'argumentation et la nécessité de passer par un enseignement qui permette le développement harmonieux de cette conduite langagière. Dans ce projet (n° 6), les enseignantes ont organisé une séquence didactique sur la base des résultats acquis l'an passé (projet n° 3), et dans le souci double d'une adaptation au niveau de leurs élèves et d'un ajustement aux propositions de Gombert (ici même). Les différents ateliers proposés aux élèves ont pour but une « sensibilisation » à l'argumentation sur deux plans. Ils sont orientés soit sur la connaissance de la structure canonique du texte argumentatif (le schéma), soit sur la gestion d'une orientation argumentative. Cette dernière est plus particulièrement travaillée dans le sens d'une prise de conscience progressive des paramètres de l'interaction sociale (qui parle, à qui, dans quel lieu en fonction de quel but ?).

---

5. On donne un exemple de ces joutes plus loin dans le chapitre.
6. L'expression « requête argumentative » désigne l'atelier dans lequel ont lieu les « joutes oratoires ».

TABLEAU 14.2
Synopsis des séquences de travail concernant l'enseignement/
apprentissage de l'argumentation au CE2.

Structure argumentative textuelle						Orientation argumentative			
Atelier n° 1	Atelier n° 2	Atelier n° 3	Atelier n° 4	Atelier n° 5	Atelier n° 6	Atelier n° 7	Atelier n° 8	Atelier n° 9	Atelier n° 10
Tri de textes	Travail sur les marques du discours	Énoncé pour et contre analyse	Structurer un texte désordonné	Rédact. d'un texte non contraint	Réécrire en suivant le schéma	Tri de phrases	Justifier son point de vue J'aime/ Je n'aime pas	Recherches d'arguments Requêtes argumentalives	Recherche d'arguments pour ou contre
Coop Jigsaw	Coop ou Ind.	Trav. Individ.	Trav. Individ.	Coop simple	Trav. Individ.	Trav. en dyades	Selon la vie de classe	En dyade, opposition	Trav. en collectif

Établi par S. Amagat & N. Janicot, 1998.

Parmi les ateliers ayant pour objectif la structure argumentative, dans l'atelier n° 1, le travail en expertise permet de reconnaître et caractériser le texte argumentatif comme l'un des textes parmi les différents types existants et proposés. Les élèves deviennent experts en « narratif et rhétorique » ou « injonctif et descriptif », etc. Par le jeu d'échange en groupe d'appartenance, chacun des élèves dispose de la fiche de critères établis dans les groupes d'experts, et se forme à reconnaître le texte argumentatif. Seule la fiche du texte argumentatif est ensuite conservée comme aide mémoire pour les travaux suivants[7]. Tous les textes proposés avaient pour thème : l'alimentation.

TABLEAU 14.3
Détail de l'organisation de la séquence sur le tri de texte.

Le tri de texte				
Groupes d'experts	Narratif et rhétorique	Injonctif et descriptif	Argumentatif	Explicatif et informatif
Objectif	**Établir des critères** correspondant à ces textes			
Groupe d'appartenance	Trier différents textes selon leur catégorie d'appartenance : narratif, injonctif, argumentatif, etc.			
Objectif	**Reformuler les critères** sur sa fiche pour en faire profiter les autres lors du tri			

Établi par S. Amagat & N. Janicot, 1998.

---

7. Les élèves travaillent bien entendu tout au long de l'année sur d'autres types de textes : contes, récits, recettes, etc.

Le thème de l'alimentation[8] est reconduit pour l'atelier n° 2. Les élèves, parmi les différents exercices de l'atelier sur les marques du discours argumentatif, eurent à compléter un texte.

4.1 – Détail de l'atelier n° 2

CONSIGNE :

Voici une liste de petits mots importants quand on veut écrire un texte argumentatif : *en effet, or, de plus, et, cependant, par contre, néanmoins, donc, car, parce que, par exemple, puisque, alors, c'est pourquoi, enfin*.
Complète les phrases suivantes avec le ou les mots qui conviennent :

Il y a de nombreux aliments à base de lait............................... les yaourts.
Simon ne peut plus manger de sucreries............................... il a des caries.
.... les produits laitiers contiennent du calcium ; il faut en manger pour grandir.
J'aime la viande............................... je n'aime pas les légumes.
Simon prend un bon petit déjeuner le matin............................... il est en forme toute la journée.
Les fruits contiennent des vitamines............................... il faut en manger souvent.
Les aliments trop gras font grossir............................... ils ne sont pas bons pour la santé.
Les bonbons ont très bon goût............................... il ne faut pas en abuser.

Pour l'atelier n° 3, les enseignants ont inventé un texte qui corresponde à leur thème, car il est très difficile de trouver dans la littérature scolaire des textes argumentatifs adaptés aux jeunes enfants. Il s'agit d'une publicité pour un chewing-gum : « *Aurélia a testé pour vous le nouveau chewing-gum Topbulle* ». Les élèves doivent trier les arguments, et se positionner.

4.2 – Détail de l'atelier n° 3

CONSIGNE N° 1 DE TRI :
1. Aurélia donne divers arguments : des arguments POUR le chewing-gum « Topbulle » et des arguments CONTRE. Souligne en rouge les arguments POUR. Souligne en bleu les arguments CONTRE.

---

8. Il n'est pas possible d'indiquer le contenu de tous les exercices. Nous précisons que les thèmes d'accroche ont pu être : l'hygiène, le sport, les maladies…

Consigne n° 2 d'écriture :
2. Après lecture de ce **TEXTE ARGUMENTATIF**, ☐ tu aimerais adopter « Top Bulle » ;
☐ tu n'aimerais pas adopter « Top Bulle ».
Explique ton choix :
_____
_____
_____

etc.

Pour l'atelier n° 4 les élèves devaient reconstituer un texte. On leur fournit les phrases manquantes.

4.3 – Détail de l'atelier n° 4

Consigne
Dans ce texte, écris les phrases manquantes sur les pointillés en les organisant de façon à obtenir un texte cohérent.

Phrases manquantes
- Mais la plupart des gens pensent que les bonbons provoquent des caries et qu'ils font grossir.
- En effet, ils trouvent leur goût délicieux.
- Par ailleurs, le sucre qu'ils contiennent donne de l'énergie.
- Ils contiennent aussi des colorants qui sont mauvais pour la santé.
- On peut ainsi en avoir toujours dans sa poche et en offrir à ses amis.
- En outre, les bonbons sont faciles à transporter.
- De plus, mangés à toute heure, ils coupent l'appétit.
- On peut donc être plus efficace dans son travail.

Page texte
Les enfants aiment bien manger des bonbons.
_____
_____

Par conséquent, il vaut mieux ne pas abuser des bonbons et garder ce petit plaisir pour de rares occasions.

Les ateliers n° 5 et n° 6 invitent les élèves à rédiger un texte. L'un est non contraint (n° 5) : le thème sera défini en fonction des résultats des questionnaires et des thèmes débattus lors des tournois. Pour la ré-écriture contrainte (n° 6), on impose aux élèves de respecter la structure canonique d'Adam (1992) : — position initiale ; — arguments ; — contre-arguments ; — conclusion.

Parmi les ateliers ayant pour objectif le travail sur l'orientation argumentative, l'atelier n° 7 propose un tri de phrases en opposant les arguments pour et contre. On trouve ce type d'exercice dans la littérature scolaire. Les enseignants l'ont adapté au thème de la santé, en reprenant les phrases manquantes de l'atelier n° 4.

4.4 – Détail de l'atelier n° 7

Consigne :
Place les phrases proposées dans la colonne qui convient.

TABLEAU 14.4
Feuille de réponses fournie aux élèves en accompagnement du texte.

Pour les bonbons	Contre les bonbons
– – – etc.	– – – etc.

Les élèves doivent renseigner le tableau en reformulant les arguments qu'ils repèrent et trient en option « pour » ou « contre » la thèse.

Pour les requêtes argumentatives de l'atelier n° 10, les thèmes retenus sont : a) manger des aliments que l'on n'aime pas, b) regarder la télévision le soir, c) se brosser les dents après chaque repas, d) faire du sport après l'école… D'autres thèmes en liaison avec la vie de classe sont exploités (poésie, musique, peinture…). Ces requêtes sont toujours précédées d'une recherche d'arguments *pour* ou *contre*, en groupes coopérants à l'oral, et/ou après travail individuel de recherche, avant la joute verbale (tournois coopératifs). Les élèves sont volontaires pour ces joutes.

5

COMMENT FURENT ÉVALUÉES LES COMPÉTENCES ARGUMENTATIVES ?

La séquence didactique est encadrée par une évaluation (pré-test et post-test) en production écrite dans une tâche inspirée des travaux de Gombert (1997). Les élèves doivent développer un texte argumentatif contraint par une position en début de texte — alpha — qu'il faudra contrer pour s'orienter vers une seconde position à la fin du texte — oméga — (adapté de Brassart, 1987 ; Gombert, 1997, voir Gombert, ici-même).

5.1 – Pré-test de production d'écrit

CONSIGNE D'ÉCRITURE
Simon écrit à ses parents pour les convaincre : il veut un chien mais ses parents préfèrent un chat. Aide-le à faire sa lettre.

Chers parents,
Je sais bien que vous voulez m'acheter un chat.

Vous voyez bien que ce serait mieux si j'avais un chien.
Je vous embrasse !

NB : *9 lignes sont matérialisées pour contrôler la dimension des textes* [9]

Le post-test est construit à l'identique sur le thème suivant : « **Je sais bien que vous voulez m'acheter un jeu de société... Vous voyez bien que ce serait mieux si j'avais une boîte de peinture.** »

Les enseignantes ont établi une grille d'analyse des productions des élèves. Sur la base d'une part de la méthode d'analyse exploitée pour les projets n° 3 et n° 8 dans une visée de recherche, mais aussi d'après les apports théoriques croisés de Gombert (Roussey & Gombert, 1992 ; Gombert, 1997), de Brassart (Brassart, 1985, 1990, 1991) et de Golder (notamment, Golder, 1992b, 1996c). La grille d'évaluation a servi à analyser comparativement la classe expérimentale et une classe contrôle.

---

9. Le contrôle de la longueur des textes est une nécessité pour la recherche. L'avantage d'un point de vue didactique est de forcer l'élève à équilibrer son texte, non à produire en longueur.

TABLEAU 14.5
Grille d'analyse établie par les enseignantes pour évaluer les textes écrits par les élèves.

ÉCHEC	niveau 1	• pas d'étayage • pour alpha
	niveau 2	• contre alpha • pour oméga • pour alpha et pour oméga • contre alpha et contre oméga • pour et contre oméga
SEMI-RÉUSSITE	niveau 3	• contre alpha et pour oméga • pour alpha ; pour et contre oméga
RÉUSSITE	niveau 4	• contre alpha ; pour et contre oméga • contre et pour alpha ; pour oméga
	niveau 5	• contre et pour alpha ; pour et contre oméga

Établi par S. Amagat & N. Janicot, 1998, inspiré par Brassart (1987, 1990), Golder (1996a/b) & Gombert (1997).

Alpha et oméga désignent respectivement le point de vue à combattre et celui à défendre imposés aux élèves dans un texte dit « contraint ». Les niveaux d'échec et de réussite sont déterminés en fonction de la présence de l'opération de justification (étayage pour alpha et pour oméga), de la négociation (étayage contre oméga) et de l'orientation du texte (équilibre général du texte).

Les résultats mettent en évidence de nets progrès chez les élèves, puisque à la fin de la séquence didactique, 17 élèves sur les 21 sont en mesure de réussir leur texte, c'est à dire proposer un texte orienté sur la position finale, et qui comprend, de plus, une gestion cohérente des arguments et contre-arguments en regard des deux positions.

TABLEAU 14.6
Résultats établis par les enseignantes concernant les textes écrits par les élèves de CE2 de la classe expérimentale.

Résultats Classe expérimentale CE2	
PRÉ-TEST	**POST-TEST**
8 ÉCHEC 12 SEMI-RÉUSSITE 1 RÉUSSITE	1 ÉCHEC 3 SEMI-RÉUSSITE 17 RÉUSSITE

Analysés par S. Amagat & N. Janicot, 1999.

On indique le nombre de textes (soit d'élèves) concernés par catégories à chacun des pré- et post-tests.

Les résultats sur la classe contrôle sont donnés pour 16 textes traités.

TABLEAU 14.7
Résultats établis par les enseignantes concernant les textes écrits
par les élèves de CE2 de la classe contrôle.

Résultats Classe contrôle CE2	
PRÉ-TEST	POST-TEST
9 ÉCHEC 11 SEMI-RÉUSSITE 0 RÉUSSITE	7 ÉCHEC 12 SEMI-RÉUSSITE 1 RÉUSSITE

Analysés par S. Amagat & N. Janicot, 1999.

On indique le nombre de textes (soit d'élèves) concernés par catégories à chacun des pré- et post-tests.

Commentaire : La classe contrôle appartient à la même circonscription géographique. Les enfants sont d'un milieu socioprofessionnel similaire.

Contrairement aux résultats obtenus antérieurement dans les classes de CM2, les élèves de CE2, non entraînés (classe contrôle), ne progressent pas. Il faut dire que les critères d'évaluation sont très draconiens, puisque les enseignants évaluent comme réussis uniquement les textes qui font la preuve d'une réelle orientation argumentative.

6

À QUOI RESSEMBLE UNE CONTROVERSE BIEN MENÉE ENTRE ENFANTS DE HUIT ANS ?

Nous illustrons les compétences des élèves dans l'un des exercices [10] de joute verbale (atelier n° 10). Les élèves s'affrontent sur le thème : *à quoi bon se brosser les dents après chaque repas ?* Nous reproduisons volontairement un large extrait de la joute, pour rendre compte de l'évolution des thèmes, de la constitution du dialogue argumentatif saisissable seulement dans cette amplitude de données (Hudelot, 1999). La situation de travail proposée correspond « *à une prise de parole construite, beaucoup plus longue que les interventions habituelles dans la classe, (qui peut) favoriser l'acquisition de savoirs sociaux indispensables* » (Boissinot, 1999 [11]). L'extrait pourrait servir, à lui seul, d'exemplification.

---

10. L'extrait suit celui inséré au début de ce chapitre.
11. Boissinot oppose les pratiques de classes où la prise de parole individuelle et préparée est brève (2-4 min.) se limitant « souvent à l'élaboration d'un écrit qui est appris et oralisé », à des « pratiques » qui « sont plus efficaces » et où « la distribution des rôles n'est pas figée » (Boissinot, 1999, 27).

6.1 – Extrait de débat n° 2

(…)

M 6 : Non mais… et puis même, c'est pas bon pour les dents, euh…

C 6 : Après tu vas avoir un peu mal au ventre après tu vas faire quelques rots et après ça va aller (!)

M 7 : Ben oui mais ça bon c'est pas poli d'faire ça, c'est… ça c'est pas poli, vaut mieux… vaut mieux s'laver les dents euh… mais si t'as une bonne… p'tite amie qui vient t'voir et qu'elle a pas les dents propres et qu't'as pas les dents propres toi elle va pas être spécialement contente, elle va être elle va être un peu dégoûtée et toi… euh… tu l'as invitée et toi… tu… ça… enfin après elle s'dit Oh ben zut, maman m'attend désolée euh j'vais aller m'laver les dents… toi tu vas être… un elle va te dire ça et toi tu vas être pas content qu'elle parte et deux toi tu verras qu'elle a dit qu'elle va aller se laver les dents si…

C 7 : Tu le fais dans ta chambre tout seul

M 8 : <u>petite amie</u>

C 8 : Oui elle elle a dit pas moi (!)

M 9 : Oui mais toi bon oui (!) XX… vienne aider

C 9 : XX qu'il vienne aider

M 10 : XX parce que quand on…

C 10 : Y'en a plein comme moi qui… qui aiment pas s'laver les dents et qui s'les lavent pas hein…

M 11 : Oui ben oui non mais même si y'en a plein qui s'lavent pas les dents et tout, ça fera plein de gens qui sont moches quand ils sourient. Quand on va leur demander de faire une photo quand ils passent dans le journal, euh…

C 11 : Ouais tu parles, ils vont pas tout le temps le faire (!)

M 12 : Non mais même les artistes comme Johnny Halliday, Céline Dion, s'ils se lavent pas les dents tous ceux-là quand ils vont faire des photos quand ils vont faire des… des.. euh… (rire) quand ils vont quand ils vont chanter ils sont bien obligés de… d'ouvrir la bouche pour chanter qu'ils vont pas XX

C 12 : Tu parles les autres ils sont au moins à vingt-huit mètres (!)

M 13 : Oui non mais quand… quand… t'es sur une photo en couleur et qu'tu souries là les stars euh… elles vont peut-être pas être pas être… que maintenant après si… si… si elle a si ils sont si les dents sont jaunes à mon avis euh… ça va être euh…

C 13 : T'en a qui sourissent… qui sourient sans ouvrir la bouche

M 14 : Oui mais ça fait un sourire ça fait un sourire de Mickey (!) Ça fait euh ça fait comme si tu voulais pas montrer tes dents parce qu'elles étaient euh sales

C 14 : Si tu les montres à peine euh deux trois dents t'sais ça va pas XX les dents jaunes

M 15 : Oui non mais si on te demande de faire un sourire euh…

C 15 : Mais sur le journal c'est pas c'est pas en couleur c'est en noir et blanc (!)

M 16 : Oui ben mais si oui non mais dans les catalogues celles qui font t'sais les catalogues comme les Trois Suisses ça euh ça c'est bien en couleur elles sont bien obligées de sourire si t'as vu dans les catalogues euh…

C 16 : Elles regardent pas elles des fois par exemple si… si c'est un blouson euh elle est vers la mer elle regarde la mer elle va pas nous regarder nous et sourire

M 17 : Ben oui mais du coup si c'est une pub pour le maquillage si c'est pour le maquillage elle est bien obligée de te regarder et puis même elle aura beaucoup de rouge à lèvres peut-être que...
C 17 : Mais là elle se nettoie les dents juste avant et puis hop (!)
M 18 : Ben oui mais là elle se lave les dents (!)
C 18 : XX oui mais qu'une fois (!)
M 19 : Oui mais bon si elle se les lave qu'une fois dans tous les catalogues qu'elle va faire... si ça se trouve elle va faire une petite pause elle va manger et après elle a pas sa brosse à dents elle a pas son dentifrice euh... dis donc... elle pourra pas euh elle pourra pas se brosser les dents parce que si...
C 19 : Oui je te comprends mais euh on peut pas tout le temps se brosser les dents... par exemple regarde par exemple aujourd'hui moi je mange à la cantine j'vais pas me laver les dents (!)
M 20 : Ben t'as qu'à tu... les dames de service elles veulent que t'emmènes ta brosse à dents mais euh oui mais aussi peut-être XX
C 20 : Pas tout le temps (!) Tu peux pas te... amener ta brosse à dents un jour la prendre l'autre c'est jamais pareil.
M 21 : Non mais les dames de la cantine elles les gardent les brosses à dents toi tu demandes à tes parents de te la prêter la brosse à dents c'est pas...
C 21 : Oui quand même mais oh ça va (!) eux par exemple qui ont qui vont carrément mettre leurs microbes y vont mettre les aliments qu'ils ont mâchés c'est pas mauvais XX
M 22 : Ben oui mais mais après tu la rinces la brosse à dents tu la rinces la brosse à dents.
C 22 : Je la crache après je la redonne à mon papa qui la mange ça va pas être...
M 23 : Non mais tu... la brosse à dents c'est pas la même chose... c'est que tu... la brosse à dents tu la laves et puis même avec le dentifrice ça va (!) La brosse à dents elle sera j'sais pas moi ma brosse à dents elle est toujours euh... y'a jamais un petit grain d'aliment même un grain de dentifrice au fond...
C 23 : Ben si (!) Et les microbes (?) Tu les vois pas (!) Ils sont microscopiques (!)
M 24 : Ben oui mais si tu rinces ta brosse à dents ?
C 24 : Eh ben (?)
M 25 : Si tu la rinces ta brosse à dents...
C 25 : Y'en a qui vont rester...
M 26 : Tu peux bien frotter dessus tu....
C26 : Frotter (!) Mais si elle est neuve (?) Et t'as pas envie de l'abîmer y vont être carrément euh...
M 27 : Oui non mais bon... C'est... et qu'elle soit neuve (?) Ça c'est ça c'est c'est pas grave que tu veuilles pas l'ab... l'abîmer c'est pas grave tout ce qu'il faut c'est que tu sois en bonne santé que tes dents soient en bonne santé que tu sois... si tu fais des photos de classe si le lend... si l'après-midi là tu fais ta photo de classe ben tu... c'est vrai ça va pas être génial t'auras les dents jaunes euh... le petit garçon qui s'est pas lavé les dents...
C 27 : Tu parles (!) quel petit garçon (?) si je le connais pas... tu sais c'est qui c'ui-là (?)
M 28 : Oui ben justement (!) ça va être encore plus choquant parce que enfin non plus choquant non ça va être... j'sais pas... tu le connais pas il s'lave pas les dents euh bon ben c'ui-là les parents ils doivent pas être euh...

C 28 : Moi mes parents des fois ils me disent ça ben je me couche direct hein j'me les lave pas les dents (!)
M 29 : Ben oui tu te les laves pas les dents les parents ils ont pas une très bonne responsabilité de l'enfant y disent pas « Va te laver les dents (!) » il faut qu'ils... si ils voient qu'il s'est pas lavé les dents il faut qu'ils regardent tous les soirs euh... si y doit regarder tous les soirs si il s'est lavé les dents... Si vers dix heures du soir « Va te laver les dents (!) » faudrait être faudrait quand même parce que bon des parents qui disent pas à leur enfant...
C 29 : Si t'es chez un ami tu vas pas être obligé puisque c'est pas tes parents les parents de...
M 30 : Ben oui mais... Ils voudront quand même parce que si chez toi t'as l'habitude de te laver les dents chez les...
C 30 : J'ai pas l'habitude de me laver les dents (!)...
M 31 : Eh ben mais justement (!) si t'as pas l'habitude ils vont te dire... ils vont voir que tu t'es pas lavé les dents (!) ils vont dire « va te laver les dents (!) fais comme ton copain ta copine. »
C 31 : Ben tu parles tu vas le faire qu'une fois chez eux
M 32 : Oui mais comme ça c'est fait (!) après t'as les dents propres (!) elles sont plus solides tu te sentiras mieux pour les photos tu voudras les faire tu te sentiras mieux...
C 32 : Pfff (!) je me sentirai mieux (!)... c'est pareil hein (!)...
(...)

Nous proposons une analyse fondée sur la reconnaissance de la présence des arguments et contre arguments, la liaison des arguments entre eux, et les marques caractéristiques de la progression de l'argumentaire en cours. Si, comme le précise Boissinot « *très souvent on intitule débat ce qui n'est qu'un simple échange, sans s'attacher à définir une situation qui constitue un enjeu, sans veiller à ce que l'interlocution soit conduite vers les objectifs définis, sans prendre la mesure de l'importance des contraintes cognitives imposées par l'exercice (accepter le principe de non-contradiction, argumenter, etc.) ou en les limitant à des contraintes comportementales (attendre son tour de parole, écouter son interlocuteur, etc.)* » (Boissinot, 1999, 27), on s'aperçoit ici du contraire.

L'exigence de « ne pas parler pour ne rien dire » est tenue : chaque prise de parole est longue et propose véritablement l'exposé d'une opinion. Elle répond aux exigences d'une maîtrise de l'exercice de controverse. Les incises caractéristiques de la communication argumentative sont très présentes : « oui, mais » (Cadiot & Chevalier, 1979). La contre argumentation est active : exemples, *M6* — « *ben oui mais c'est pas poli d'faire ça* », *C11* : « *ouais tu parles y vont pas tout le temps le faire* » ; *C12* : « *Tu parles y sont au moins à vingt huit mètres* » ; *C18* : « *oui mais qu'une fois* », etc. La contre-argumentation prend même parfois des détours très ingénieux : « *C16 : Elles regardent pas, elles, des fois par exemple, si... si un blouson, euh, elle est vers la mer, elle regarde la mer, elle va pas nous regarder nous et sourire* ». Dans cette intervention C formule véritablement son idée, au pas à pas, en construisant son contre-exemple : on voit qu'il ne s'agit absolument pas d'un exercice préparé dans le sens où l'enfant doit faire des efforts d'explicitation, de positionnement. La riposte contre argumentative qui suit utilise le même procédé : « *M16* : « *ben oui, mais du coup, si c'est une pub pour le maquillage, si c'est pour le maquillage, elle est bien obligée de te regarder, et puis, même, elle aura beaucoup de rouge à lèvres, peut-être que...* ». M manie le contre-exemple très naturellement et use de la répétition comme effet d'insistance. La richesse des arguments et contre arguments est patente : les deux enfants exploitent de nombreux thèmes, ceux de la chute des dents de lait (C2), du mode alimentaire : les boissons sucrées (M4), de la maladie (C6 : mal au ventre), de la politesse (M7), des rapports socio-affectifs (*M7 : avec ta petite amie... elle va être dégoûtée*), de la loi du nombre (*C10 : y'en a plein comme moi*), de la beauté (*M11 : y sont moches*), du statut de certains : les vedettes (M12), des contraintes de l'institution scolaire (C19), de l'hygiène : les microbes (C21), du soin pour ses affaires (M27), de la responsabilité des parents (M29), des contraintes d'obligation sociale (C29, M31), de la sensation de bien-être (M32), et bien sûr du paraître : beau, propre et en bonne santé (argument réitéré de la photo !). Tous ces arguments, bien qu'étayés sur la liste établie dans le groupe de travail préalable, s'harmonisent pour construire le discours. On sait d'ailleurs qu'une liste d'arguments n'est pas forcément un soulagement à la constitution d'un argumentaire à cet âge (Pouit & Golder, 1997 [12]). Si bien que les élèves trouvent de nouveaux arguments au cours de la discussion : c'est le dialogue qui génère l'argumentaire. La liaison des thématiques se fait par glissement (*M27 : abîmer sa brosse/faire une photo de classe*), par rupture, par chaînage de contre-exemples, sur le mode de l'implicite (préjugés socio-culturels : du propre sur lui pour la photo (M12, M13, M32) à « *ç'ui là, les parents ils doivent pas être eux...* » qui pousse le dialogue à l'exigence de préciser ses propos et ses sources : C27 : « *quel petit garçon ? si je le connais pas tu sais c'est qui çui-là...* ». On passe donc du mode de l'exemplaire *d'un* qui ne se lave pas les dents, à « *la classe sociale* » des gens qui ne se lavent pas les dents, propos qui trouvent un rebondissement en amont de la conversation sur la « preuve vivante » que l'on ne peut quand même pas en « mourir » (*C1 : c'est pas dramatique ; C5 : ça va pas te tuer*). Le locuteur incarne lui-même les propos (*C28 : moi mes parents des fois y m'disent ça ben je me couche direct » ; C30 : j'ai pas l'habitude de me laver les dents !*). L'exercice joué produit même des arguments très techniques : « *C13 — t'en as qui sourissent qui sourient sans ouvrir la bouche* »...

---

12. Les auteurs montrent qu'avant 17 ans les enfants ne profitent pas d'une liste préalable pour organiser leur texte (Pouit & Golder, 1997).

7

EN QUOI LA PAROLE EST-ELLE UN TREMPLIN POUR PENSER ?

On sent tout le poids du travail en amont, mais aussi tout le poids du travail possible en aval sur d'autres formes de débat. Il suffirait de poser la question : *Pourquoi y a-t-il des gens qui sourient bouche ouverte et d'autres bouche fermée ?* Le débat deviendrait alors un autre « jeu de langage », de l'ordre de la discussion plus « philosophique » (Daniel, ici même). Les thèmes du libre arbitre, de la contrainte sociale, du beau, de l'apparence... pourraient y être abordés. Autant de thèmes auxquels on doit au philosophe Matthew Lipman d'en avoir démontré l'abord possible auprès de jeunes enfants. Il pose bien en quoi le jugement moral est *« une osmose mal expliquée où « le raisonnement et le jugement se mêlent »*, car *« c'est grâce à l'action combinée du jugement critique et du jugement créatif que l'on a prise sur les choses »* (Lipman & Decostre, 1995). On touche aux franges du dispositif mis en place dans cette classe de CE2 où l'on a appris dans des cadres précis à parler, à coopérer et à argumenter, mais pas encore dans des cadres aussi précis à pousser la pensée... Peut-être alors développant davantage l'exercice de la pensée on réconcilierait véritablement la didactique de l'oral avec la didactique du philosopher luttant contre *« l'une (de ces) raisons des insuffisances du système éducatif dans le domaine de l'oral, (qui) est sans doute le profond scepticisme des élèves quant à la nécessité même de communiquer »* car *« s'interroger sur l'oral, c'est aussitôt s'interroger sur les raisons que l'on a de s'exprimer ou de débattre »* (Boissinot, 1999). Il faut alors plus que s'exercer. Il faut des enjeux réels de discussion (Auriac-Peyronnet, 2002c/d).

CHAPITRE 15

Pour ne pas conclure…

Emmanuèle Auriac-Peyronnet

Que dire ? Deux mots, reliant ce qui est déjà du passé à ce qui pourrait advenir, en croisant quelques voix où l'écho des dialogues convoquent quelque polyphonie de plus.

1

À PROPOS DE LA RECHERCHE ET DE L'ENSEIGNEMENT

> « Socrate : — C'est donc au sujet des choses que tu connais que tu es de bon conseil ?
>
> Alcibiade : — Comment n'en serait-il pas ainsi ?
>
> Socrate : — Ces choses, les connais-tu uniquement par d'autres ou les as-tu découvertes par toi-même ?
>
> Alcibiade : — Que saurais-je d'autre que cela ?
>
> Socrate : — Se peut-il donc qu'un jour tu aies appris ou trouvé quelque chose sans vouloir ni l'apprendre ni le chercher toi-même ?
>
> Alcibiade : — Cela ne se peut pas.
>
> Socrate : — Par ailleurs, aurais-tu voulu chercher ou apprendre ce que tu croyais savoir ? »
>
> Dialogues de Platon, *Alcibiade*, GF Flammarion, pp. 106-107.

Du couple maudit, enseignant-chercheur, est-on passé au couple modifiable ? Avons nous seulement appris ? La réponse serait plutôt oui. Mais quoi ? Le livre le dit. Mais qui a appris de qui ? La réponse est moins claire. La volonté partagée de chercher pour apprendre, d'apprendre à chercher, d'apprendre pour chercher a su canaliser un flux de relations plus humaines que spécialisées au bout du compte. Dans les liens tissés mais non durables, les spécialités de chacun, enseignant, chercheur, auront su avoir raison de leur technicité, sans tomber dans l'allure d'une schizologique, ou pire d'un amalgame mou...Ce n'est pas le moins significatif des résultats à présenter, tant l'ère actuelle de la spécialisation, comme le rappelle ci-après Brénifier, charrie quelques pièges dans lesquels nous pensons ne pas être tombés. « *Au lieu d'être une simple activité qui se confronte à ce qu'elle n'est pas, la fonction se spécialise à outrance, se gonfle et ne connaît plus qu'elle-même. L'humilité de l'artisan, qui dans sa pratique quotidienne se doit d'allier art et science, cède la place à l'orgueil de l'artiste, aux certitudes du scientifique, chacun glorifiant sans vergogne — sans toujours le savoir et en tout cas sans l'avouer — la fonction qu'il prétend incarner, fonction qui l'amène à ignorer ou mépriser ce qu'il n'est pas. Chacun tente à sa façon d'éclater le monde afin de s'emparer d'une parcelle et d'y établir la forteresse où il règnera en seigneur et maître, incontesté et incontestable. À trop vouloir exister, ils s'enferment et étouffent à petit feu* » (Brenifier, 1999, 13). Nonobstant jusqu'où y a t-il eu dia-logue entre chercheurs et enseignants ? L'avenir le dira peut-être.

Des conversations entre chercheurs et enseignants, nous rebondissons sur les dilogues [1] scolaires.

2

PLAIDOYER POUR FORMER LES ENSEIGNANTS À... *DIA*-LOGUER

> « Le professeur : — Je voudrais avoir une autorité spontanée : qu'ils se taisent quand je parle, qu'ils s'intéressent à ce que je dis, qu'ils travaillent sans que j'aie besoin d'insister, qu'ils comprennent sans que je répète... ah ! J'oubliais... Qu'ils puissent se passer... de moi »
> Un élève : — au fond on est sans cesse sur des malentendus ! »
> D'après une illustration de F. Malnuit, Tiré de Salomé, (1997), *Pour ne plus vivre sur la planète TAIRE*, p. 274.

---

1. Le dilogue correspond à une conversation à deux voix, comme le trilogue est celle à trois voix, etc. Un dilogue n'est pas nécessairement un dialogue !

Pour ne pas conclure…

Le dilogue, comme le trilogue est une régulation de la parole par la seule alternance des tours, sans pouvoir assurer ce qui fonde le dialogue. Aussi, former les enseignants à *dia*-loguer avec leurs élèves nous semble une juste revendication à l'issue de ce parcours. On l'a vu, le dispositif d'enseignement/apprentissage n'est pas sans conséquence sur l'avènement de communications plus ou moins présentes, riches, argumentées, philosophiques… entre les élèves. Chaque jeu de langage renferme ses règles. Chaque coopération draine son lot d'effets et d'affects. De même chaque parole prononcée, oubliée par le maître fait écho au contrat communicationnel qui rend la classe, vivante, absente, menteuse, sournoise, révoltée, complice, bienveillante, rigoureuse, instable, chaleureuse… Ne parle t-on pas de climat de classe ? Il en va de même des classes scolaires et des milieux sociaux : il en est « à structuration faible », « rigide » ou « souple » (Lautrey, 1980, voir Troadec, 1999). Or, *« les sujets (français) élevés dans un environnement souplement structuré auraient moins de résistances à prendre les perturbations cognitives en considération et seraient ainsi plus fréquemment conduits à la construction de structures cognitives nouvelles »* (Lautrey, 1980, 240). Si l'on reprend, pour l'appliquer au scolaire, la catégorisation de Lautrey, dans une classe à « structuration faible », l'élève ne saurait pas trop « s'il peut ou non faire ceci ou cela ». Que faire lorsque l'on ne sait pas ce qu'il faut faire ? ou Dire ? Dans une classe à structuration « rigide », l'élève se comporterait (ou non) conformément à des règles, intangibles : une fois établies, en début d'année par exemple, il devient alors inutile d'en parler. Que faire lorsqu'on n'a pas compris les règles ? Dans les classes à structuration « souple », les relations entre maître et élèves seraient « modulé(es) par les évènements, que l'on peut reconnaître ». Il en irait alors dans ces classes des exercices scolaires comme de la télévision dans les milieux familiaux souples : *« par exemple, l'enfant regarde habituellement la télévision jusqu'à 20h30. Mais cette règle peut être aménagée. Ainsi, l'enfant peut veiller un peu plus tard s'il n'a pas d'école le lendemain »*. Savoir moduler sa parole en fonction de la « modulation » des évènements scolaires n'est pas chose facile. Encore faut-il au préalable « reconnaître » ces évènements, ce qui fait évènement, du côté de l'élève (et qu'il sache donc le communiquer), du côté du maître (et qu'il sache donc en parler). Plus la classe fait place aux « évènements » et plus la classe se structure souplement. Les programmes imposent suffisamment de structure pour que les enseignants n'aient pas à craindre que ces évènements fassent « bruit »… Ils sont au contraire la chance que l'artifice ne gagne pas du terrain, que les objets scolaires soient correctement circonscrits, parce qu'ils doivent de premier chef être ce « à propos de quoi » on cause. Parler, en classe, du rapport à la chose scolaire est primordial pour que s'installe le rapport au savoir avec le rapport au maître. Pour advenir distancié dans un rapport réflexif ce rapport au scolaire doit avant tout « être objet » de dia-logue.

3

À L'ÉCOUTE DE VYGOTSKI...

Enfin, nous laisserons la troisième voix, voie d'ouverture, à celui qui s'impose assurément dans le domaine d'une réflexion sur l'articulation fructueuse entre langage et pensée (voir Vergnaud, 2000). Les écrits de Vygotski sont actuellement revisités par un nombre croissant d'auteurs. Mais l'écrit source mérite d'être exploré ! Car l'auteur présente l'avantage de définir pour les unir aux possibilités toujours plus complexe de pensée chez l'être humain différentes formes de langage : le langage se fait social ou égocentrique ou encore intérieur... Explorant ces formes différenciées de langage, au sens fonctionnel et non descriptif du terme, Vygotski fait la démonstration qu'il reste à défricher et à découvrir derrière l'émission de simples mots des univers entiers. Personne ne peut détenir la clef royale, le sésame évident, de ce qui se trame de manière essentiellement privée chez chaque sujet entre ce qu'il dit et ce qu'il pense. Derrière un seul mot, chaque élève, chaque maître comprend différemment le monde parce que justement les mots servent autant à créer des mondes que les mondes sociaux poussent à créer de nouveaux mots. L'essentiel réside alors dans l'idée de considérer et instruire cette affaire à l'aide de modèles dynamiques qui ne sacrifient pas la complexité. Et, en ce cas, c'est aussi à chaque sujet que revient la possibilité de dynamiser son propre parcours.

> La découverte que les significations de mots ne sont pas immuables, constantes, invariables et qu'elles se développent est une découverte capitale, qui seule peut sortir toute la théorie de la pensée et du langage de l'impasse où elle est engagée. La signification du mot n'est pas immuable. Elle se modifie au cours du développement de l'enfant. Elle varie aussi avec les différents modes de fonctionnement de la pensée. C'est une formation plus dynamique que statique (...) Si la signification du mot peut se modifier dans sa nature interne, c'est donc que le rapport de la pensée et du mot se modifie aussi.
>
> Lev Vygotski, *Pensée et Langage*, Traduction française, La Dispute/SNEDIT, Paris, 1997, 427.

Nous n'avons accompli, dans l'étude des figures croisées de la coopération et de l'argumentation, qu'un tour parmi d'autres. Espérons que le chemin est ouvert pour pister, traquer, exemplifier d'autres ajustements productifs entre l'aménagement de dispositifs d'enseignement/apprentissage correctement définis et la mise en œuvre de compétences langagières clairement repérées.

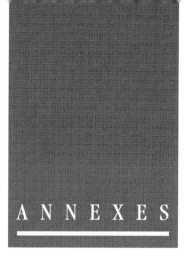

ANNEXES

Résumé des projets didactiques

La première vague de projet (n° 1 à n° 3) constitue une année exploratoire. Est visée la mise en place de différents dispositifs coopératifs dans leurs impacts possibles sur l'évolution des savoirs.

1

PROJET N° 1 (CLASSES DE CYCLE II : DEUX CLASSES DE CP, UNE CLASSE DE CP-CE1 ; DEUX GROUPES D'ÉLÈVES PRIS EN CHARGE PAR UN MAÎTRE E)

Ambroise Corinne, École Léon Dhermain, Cournon.
Bonnin Nathalie, École publique, Messeix.
Connot Laure, École annexe IUFM, Clermont.
Gatignol Catherine, École Simone Godard, Gerzat.

Le projet porte sur une vérification de l'impact d'une situation de coopération de type « Jisaw-teaching II », avec deux conditions (avec et sans récompense) sur les compétences à structurer le récit. Quatre livres de littérature jeunesse sont exploités pour servir de support efficace pour les activités de groupe. Deux Q.C.M. sont inventés par les enseignants pour vérifier des progrès acquis. Une classe témoin est utilisée pour la comparaison. Les enseignantes veulent de plus avoir une idée des capacités argumentatives de leurs élèves, ainsi que de l'impact des situations de coopérations mises en place sur l'évolution des compétences argumentatives individuelles. Huit élèves par classe (quatre pour les deux groupes d'élèves suivis par le maître E) font l'objet d'un suivi particulier quant à l'évolution de leurs compétences à expliquer et justifier leur choix. Un support construit par les enseignants, — il s'agit d'images entretenant un rapport d'incongruité croissant avec l'histoire —, est utilisé pour interroger chaque élève dans une passation individualisée, et conduite par l'enseignante. Un groupe d'élèves dans chacune des classes de CP et deux groupes d'élèves pris en charge par le maître E sont systématiquement filmés lors des quatre situations d'apprentissages coopératifs.

2

PROJET N° 2 (CLASSES DE CYCLE III : DEUX CE2, LES ÉLÈVES ISSUS DES CLASSES FRÉQUENTÉES PAR UNE ZILIENNE)

Amagat Sylvie, École Louise Michel, Romagnat.
Sudre Véronique, École N. Perret, Clermont.
Chavagnac Guylène, zilienne, Secteur de La Roche Blanche.

Le projet consiste en une étude de cas d'élèves jugés petits parleurs. Les enseignantes sont intéressées par l'évolution de ces élèves, au fil des situations d'apprentissages coopératifs proposées. Est-ce qu'un dispositif de groupe peut influer sur le comportement d'enfants timides âgés de 8 ans ? Le thème de l'apprentissage est le conte. Les différentes situations d'apprentissages coopératifs de type « Jigsaw-teaching II » sont encadrées par une situation de coopération simple destinée à évaluer les progrès des « petits parleurs » quant à leur inscription dans le circuit de l'échange. Les situations de coopération simple, pré et post test, sont filmées, ainsi que deux situations d'apprentissage de type « Jigsaw-teaching » sur les cinq proposées. Le suivi longitudinal concerne quatre élèves, pris dans les deux classes.

Résumé des projets didactiques

3

PROJET N° 3 (CLASSES DE CYCLE III : UNE CLASSE DE CM1 CLASSE COOPÉRATIVE, UNE CLASSE DE CM1-CM2 ET UNE CLASSE DE CM2)

Laussine Betty, École Henri Barbusse, Le Cendre.
Lyan Pierre, École publique, Thuret.
Rage François, École Léon Dhermain, Cournon.

Dans ce projet, il s'agit d'apprendre à argumenter pour mieux coopérer. Aussi le projet se centre t-il sur l'enseignement préalable de l'argumentation en vue de comparer deux situations d'apprentissages coopératifs. Les élèves sont dans un premier temps formés pour être capables d'argumenter à travers divers ateliers basés essentiellement sur des jeux de rôles. Ensuite on compare des groupes d'élèves placés en situation de coopération simple avec des groupes d'élèves engagés dans une situation coopérative de type « Jigsaw-teaching II ». Le projet vise à étudier la perméabilité des élèves de cet âge à un enseignement de l'argumentation presque uniquement basé sur l'oral. Les enseignantes ont construit ces ateliers en s'inspirant d'une documentation diverse.

L'intérêt du projet porte également sur la mise en évidence d'une différence du processus général d'argumentation comparativement dans les deux situations de coopération. La comparaison entre des classes traditionnelles et la classe coopérative est retenue sans faire l'objet d'une étude particulière. Les douze séquences correspondant au travail coopératif (une par condition — coopération simple *vs* « Jigsaw-teaching II » — dans chacune des trois classes) sont filmées lorsqu'ils travaillent en phase de retour en groupe d'appartenance.

La seconde vague de projet a une visée d'approfondissement. Il s'agit de se centrer sur le seul dispositif Jigsaw (sauf pour le projet n° 6), en particulier la phase d'expertise, et de construire des matériaux d'évaluation.

ANNEXES

4

PROJET N° 4 (CLASSES DE CYCLE II : DEUX CLASSES DE CP, UNE CLASSE DE CE1, LES ÉLÈVES DE CE1 D'UNE CLASSE À PLUSIEURS NIVEAUX)

Chavagnac Guylène, École publique, Trézioux.
Loubet Nicole, École publique, St Amand Tallende.
Fèvre Liliane, École publique, St Amand Tallende.
Bonnin Nathalie, École publique, Messeix.

Dans ce projet, les enseignantes ont expérimenté le dispositif d'apprentissage coopératif de type Jigsaw-teaching II, et/ou comparé le travail individuel à un dispositif de coopération simple. Le but, à chaque fois, est de favoriser l'émergence ainsi que la verbalisation de type métacognitive des procédures que les élèves utilisent lorsqu'ils ont à « mémoriser ». On propose aux élèves de discuter, en petit groupe, sur les différentes « méthodes » qu'ils utilisent pour « savoir-écrire » sous la dictée des mots pré-testés « à risque ». Le dispositif est aussi adapté, dans une classe de cours préparatoire, sur un matériel « iconique » (code de la route). L'intérêt du projet se situe non pas au seul niveau des effets attendus en terme d'apprentissage (forcément restreints dans ce type de protocole), mais dans l'observation des comportements des élèves.

5

PROJET N° 5 (CLASSE DE CYCLE II : DEUX CLASSES DE CP DONT UNE CLASSE SITUÉE EN EN ZEP)

Ambroise Corinne, École Léon Dhermain, Cournon.
Connot Laure, École Jules Vallès, Clermont.

Le développement du jugement moral (Piaget, Kohlberg) est au centre de ce projet. Dans la continuité des acquis du projet n° 1, après avoir vérifié que les élèves de C.P. sont capables d'argumenter lorsque le dispositif d'enseignement est suffisamment contraint, la perspective envisagée ici est d'exploiter le dispositif coopératif Jigsaw-teaching II. On propose aux élèves de résoudre différents dilemmes moraux (inventés pour les besoins par les enseignants), en pratiquant des « jeux de rôles » dont on attend une dynamique de décentration progressive. La nécessité de « porter un jugement » d'une part, de « porter un jugement au nom d'un statut particulier » d'autre part (élèves, victime, directeur, maître), la nécessité enfin de se confronter à la norme du groupe d'appartenance sont autant de situations qui interagissent pour favoriser le développement du jugement moral. Une comparaison des comportements entre une classe traditionnelle placée en milieu semi-favorisé et une classe située en Z.E.P. offre l'avantage d'un certain nombre de « repositionnements » quant aux représentations *a-priori* des enseignants eux-mêmes sur la caractérisation de ces deux milieux.

6

PROJET N° 6 (CLASSE DE CYCLE III : 1 CE2 AVEC DEUX ENSEIGNANTS À MI-TEMPS SUR LA MÊME CLASSE)

Amagat Sylvie, École Louise Michel, Romagnat.
Janicot Nicole, École Louise Michel, Romagnat.

Le projet didactique mis en place s'intègre dans un projet d'école plus vaste concernant le thème de la santé. Les enseignantes explorent différents types de dispositifs coopératifs en fonction de leur finalité (coopération simple, « Jigsaw », « tournois »). Elles centrent néanmoins le projet didactique sur l'évolution des compétences argumentatives, à l'orée du cycle III. Largement inspiré des travaux de Brassac, Golder, dans la continuité du projet n° 3, et retravaillé dans une perspective proche des travaux de Gombert sur le « schéma argumentatif », les ateliers proposés conduisent les élèves à étendre leurs compétences, jusque dans l'aménagement de débats publics assez équilibrés. Une comparaison avec une classe témoin est aménagée pour interpréter les tendances de certains résultats concernant les progrès acquis au plan de la production d'écrits. Les débats sont enregistrés sur bande audio et décryptés par les enseignantes.

7

PROJET N° 7 (CLASSES DE CYCLE III : UNE CLASSE DE CE2, UNE CLASSE DE CM1)

Milien Annie, École publique, St Amant Tallende.
Robin Fabienne, École publique, St Amand Tallende.

Situé dans le cadre d'une amélioration de l'enseignement/apprentissage de la résolution de problème en mathématique, ce projet touche plutôt au domaine d'évolution des compétences transversales touchant au « traitement de l'information » (Instructions officielles françaises, 1989). On mise sur l'aménagement d'un dispositif d'apprentissage « Jigsaw-teaching II » tournant, pour former graduellement chaque élève dans un champ d'expertise quant à sa compétence à « trier des informations pertinentes ». Les problèmes, entièrement élaborés par les enseignants, présentent les caractéristiques d'un matériel expérimental élaboré, pour répondre aux besoins tant thématiques que de reproductibilité. Deux groupes témoins — autres classes — sont utilisés pour vérifier les dispositifs de tests initial et final conçus par les enseignants. Quatre séquences sont filmées dans les classes expérimentales, lorsque les élèves travaillent en phase de retour en groupe d'appartenance.

8

PROJET N° 8 (CLASSES DE CYCLE III : DEUX CLASSES DE CM2)

Conche Véronique, École publique, Les Martres de Veyre.
Laussine Betty, École Henri Barbusse, Le Cendre.

Le projet est en filiation directe avec le projet n° 3. L'aménagement d'une séquence didactique destinée à former les élèves à l'argumentation est reconduite sans changement, en raison des résultats plutôt positifs acquis sur l'année précédente. La construction d'un dispositif coopératif de type « Jigsaw-teaching II », testé auparavant dans le domaine de la réalisation d'une affiche collective, est repris pour affiner en particulier la phase d'expertise. Cette année l'objectif concerne un préalable à la réalisation de l'affiche qui cible la capacité à déchiffrer, à comprendre, à gérer les différents niveaux d'informations dans une affiche. L'objectif d'apprentissage porte sur l'évolution des compétences des élèves à « hiérarchiser » des niveaux d'informations pour être capables d'interpréter de manière critique une affiche publicitaire. Trois domaines d'expertise sont ciblés : l'image, le texte, la composition de l'affiche. Un « juge » sanctionne au final les réalisations d'affiches effectuées par les élèves dans une compétition intergroupe, en tenant compte de la capacité du groupe à expliquer et argumenter ses choix. Deux groupes d'élèves sont filmés par les enseignantes lorsqu'ils travaillent en phase de retour en groupe d'appartenance.

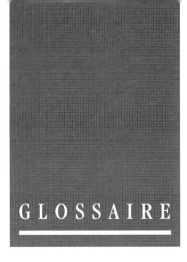

GLOSSAIRE

Argumentation

L'argumentation est une conduite langagière qui repose sur deux opérations cognitives : la justification (trouver des arguments et exemples à l'appui d'une position personnelle), et la négociation (tenir compte des éventuelles positions d'un interlocuteur fictif). L'argumentation suppose que la justification et la négociation soient menées sur la base d'une orientation en faveur de la réussite de celui qui argumente. Il parvient à ses fins, en tenant compte de l'autre.

Aspects processuels

Ce sont tous les aspects, repérables, à l'occasion d'une activité donnée, qui relèvent de la dynamique même de l'activité saisie dans son déroulement. Les chercheurs parlent souvent à ce propos de processus « on-line ». L'aspect processuel c'est ce qui est saisi « on-line » (en temps réel) et rend de plus compte de l'aspect temporel, dynamique, du pas à pas de l'activité.

Aspects résultants

Ce sont les éléments qui résultent de l'activité, une fois qu'elle est achevée. On cherche par exemple des aspects résultants à l'issue d'une séquence d'enseignement.

Conduite langagière

La conduite langagière correspond à tout comportement qui repose en tout ou en partie sur l'utilisation du registre verbal dans une situation particularisée. On peut opposer la conduite langagière de récit à la conduite langagière d'argumentation qui reposent toutes deux sur des situations différentes quant au contexte de production. Les conduites langagières se développent chez l'individu comme un répertoire de plus en plus adapté aux situations de langage qu'il rencontre, auxquelles il doit faire face.

Coopération simple

Lorsque des élèves sont regroupés pour effectuer une tâche commune, sans autre objectif, on appelle ce mode de regroupement une coopération simple.

Dévolution

C'est un processus par lequel un maître délègue à ses élèves la responsabilité de l'apprentissage. Les élèves deviennent maître du problème.

Dialogal

Désigne tout ce qui relève du dialogue par opposition au monologue. Une interaction dialogale est une conversation dans laquelle au moins deux interlocuteurs échangent. Ils échangent des propos, mais pas nécessairement leurs vues (voir ci-dessous la notion de dia-logique). Lorsque plus de trois interlocuteurs discutent on parlera de trilogue, etc.

Dialogique

Le dialogique s'oppose au monologique comme le dialogue s'oppose au monologue. Dans l'espace dialogique on considère indissociablement deux points de vues possibles : le sien, et celui d'autrui. La langue fonctionne obligatoirement sur cet espace à double point de vue. On ne peut parler sans envisager, logiquement (ce qui ne signifie pas consciemment), un autrui potentiel, auquel on s'adresse.

Dispositif expérimental

C'est une forme d'organisation, ici pédagogique, suffisamment précise et précisée pour en décrire tous les aspects (matériels, facteurs d'influence,etc.) et pouvoir émettre des hypothèses sur ses effets.

Étayage

Dans le champ de l'étude du discours, la notion d'étayage désigne l'opération intellectuelle qui consiste à enrichir un argument en effectuant des propositions nouvelles qui viennent renforcer l'idée d'appui.

Groupe d'appartenance

Les élèves sont placés en groupe d'appartenance quand ils font partie d'un groupe qui les situe comme responsables de ce groupe : ils appartiennent effectivement à ce groupe pour un travail à long terme, mêmes s'ils sont amenés à le quitter pour certaines tâches. Ils sont des membres représentatifs du groupe. La seule nomination dans ce groupe permet d'attribuer cette appartenance symbolique. C'est un regroupement centré sur les liens de cohésion entre les membres.

Groupe d'experts

Lorsque les élèves travaillent en groupe d'experts, ils font en sorte que le travail augmente leur compétence dans un domaine bien circonscrit. Le but du groupe d'experts est d'obtenir après plusieurs séances de regroupement, une qualification des élèves dans un domaine. Les élèves peuvent à leur tour faire part de leur expertise à d'autres parce qu'ils l'ont acquise, construite. C'est un regroupement centré sur le savoir, l'augmentation du savoir.

Habileté de pensée

C'est une expression fréquemment employée par les Québécois pour désigner les aptitudes, capacités et compétences à penser. On peut le traduire par aptitudes cognitives.

Interlocutoire

Désigne l'espace crée par deux interlocuteurs. Un acte interlocutoire est un acte de parole qui prend sens dans l'espace de l'échange (inter) entre deux personnes. C'est donc un espace de parole qui se situe à l'intersection, représente le composé complexe, issu des paroles de l'un et de l'autre.

Inter-psychique

L'espace inter-psychique est délimité par les actions, activités gérées en partenariat avec quelqu'un. Lorsqu'un adulte lit une histoire à un enfant, les deux sujets collaborent à la compréhension, tant et si bien, que l'on ne peut dire ce qui provient de l'un ou de l'autre. On est dans un espace inter-psychique.

Intra-psychique

Cette notion est souvent rattachée aux travaux théoriques de Vygotski. Pour cet auteur l'individu apprend dans une première phase de partage avec autrui (inter-psychique) puis est capable de résoudre seul les situations parce qu'il dispose en second lieu de processus cognitifs personnels, privés suffisants (espace intra-psychique). L'intra-psychique désigne l'espace mental d'un individu quant à ses capacités privées.

Jigsaw-teaching II

C'est une variante du dispositif classique Jigsaw.

Jigsaw-teaching

C'est une forme de dispositif d'enseignement/apprentissage proposée par Aronson, qui suppose deux phases distinctes. L'une sert à rendre les élèves « experts » dans un domaine. Dans l'autre le regroupement permet de réaliser une tâche commune avec les experts de domaines différents, pour que chaque membre soit utile au groupe. On nomme aussi parfois ce type de dispositif « la coopération puzzle », chaque membre du groupe composant une partie du puzzle.

Langagier

Aspects concernant le langage, soit au-delà de la langue (linguistique), son usage, les aspects d'adaptation au contexte (pragmatique), voire les éléments qui ne font pas strictement appel au verbal (sémiologie).

Linguistique

Aspects concernant strictement la langue.

Glossaire

Locutoire
Désigne l'espace créé par celui qui parle. Le locuteur est celui qui dit. Un acte locutoire est un acte de parole.

Logique formelle
La logique formelle repose sur le champ logico-mathématique. Il s'agit de tirer des conclusions valides à partir de prémisses diverses. Lorsque l'on possède une logique formelle on est capable de faire fonctionner un système de règles sur ces prémisses. Les êtres humains, spontanément, n'utilisent pas une logique formelle bien qu'ils soient aptes à le faire si on les guide dans cette voie.

Logique naturelle
La logique naturelle s'oppose à la logique formelle. Bien que des individus soient capables d'utiliser leur logique avec un degré suffisant de formalisme, dans les faits, les sujets humains utilisent souvent d'autres formes de logiques. L'individu humain use fréquemment de raccourcis intellectuels, qui peuvent constituer des biais en regard de la logique formelle.

Monologal
Tout monologue est l'espace d'une parole déployée par un unique locuteur. On désigne sous l'adjectif monologal les productions se rapportant à une seule personne, que celle-ci envisage ou non des points de vue d'autres personnes dans son propos.

Monologique
Le monologique est un espace où l'on n'envisage pas d'autre point de vue que le sien. C'est un espace unidimensionnel. La langue dément sans arrêt cette possibilité de pouvoir fonctionner sans le recours, logique, au point de vue de l'autre.

Objets de discours
Le discours parle des choses du monde, donc découpe le monde en plusieurs objets dont on parle. Lorsqu'il y a plusieurs interlocuteurs, ces derniers partagent (ou non) ces objets de discours : ce sont eux qui les produisent en parlant.

Paramètres de l'interaction sociale
Communiquer suppose plusieurs formes de référents. On nomme paramètres de l'interaction sociale les éléments dont un sujet doit tenir compte pour s'ajuster à une situation réelle de communication : le public (ses interlocuteurs), le lieu social (institutionnel, informel…) éventuellement lié au temps (conversation rapide, exposé d'une heure…), l'auteur/énonciateur du discours (auto-représentation de la position qu'il occupe pour parler), le but de sa communication (finalité, enjeux de sa parole…).

Perlocutoire
Désigne l'espace d'action sur l'interlocuteur. Un acte perlocutoire est un acte qui produit de l'effet sur l'auditeur. Si je donne un ordre conformément à ma position institutionnelle, l'auditeur l'exécute. Il n'a pas d'autre choix en regard des positions sociales occupées par chacun : maître/esclave, juge/accusé, parents/enfants, etc. Le discours peut donc être la cause du changement de comportement chez autrui.

Polyphonie
On dit d'un discours qu'il est polyphonique lorsqu'il contient plusieurs « voix ». Un discours peut, en effet, présenter simultanément une somme de points de vue. L'apparente unité d'un texte, sa linéarité, cache en fait, l'espace d'un déploiement de plusieurs co-auteurs. Lorsqu'un texte fait référence à plusieurs auteurs ou autres livres, toutes ces voix s'entremêlent pour produire un discours *poly*-phonique.

Prémisses
En logique formelle on oppose trois phases : la phase de présentation des prémisses, la phase d'application de règles logiques et la phase de conclusion. Dans la résolution des syllogismes, les prémisses sont les deux premières phrases sur lesquelles on s'appuie pour trouver si la dernière est vraie ou fausse. Autrement dit les prémisses sont les connaissances nécessaires et suffisantes d'appui pour résoudre un problème dans un champ circonscrit.

Pré-requis culturels
La notion de pré-requis fait appel à tout ce qu'un individu a acquis, de façon privée, au titre de ses diverses expériences. Lorsque deux personnes se rencontrent, elles peuvent partager une partie de ces expériences, mais aussi doser l'écart entre les pré-requis « culturels » de chacune. La langue véhicule souvent, implicitement, nos pré-requis culturels.

Prise en charge

Un discours est toujours « porté » par quelqu'un. Le locuteur « prend en charge » une certaine partie des dires : il se responsabilise (emploi du *je* par exemple) ou bien il implique les autres (emploi du *tu* par exemple). On nomme prise en charge cette opération cognitive qui fixe le degré d'appropriation/désappropriation des dires par son auteur.

Processus cognitif sous-jacent

Lorsque des individus se comportent (parlent par exemple) leurs comportements sont reliés à des mécanismes sous-jacents (dont on aperçoit que la résultante). Ces mécanismes peuvent être simulés dans un modèle théorique où l'on décrit alors des processus correspondant aux comportements observés. On décrit (de façon hypothétique) ce qu'il y a « à l'intérieur de la boîte noire ».

Processus

Dynamique, généralement cognitive, qui permet lorsqu'elle est décrite ou simulée dans un modèle théorique, d'expliquer une conduite, une activité.

Représentation mentale

La notion de représentation mentale renvoie au système dynamique qu'un sujet met en place dans une situation, cognitivement, mentalement. Une représentation est toujours complexe et combine plusieurs sources d'informations, qu'elle coordonne en situation : image mentale, règle d'action, topographie des éléments présents dans le contexte, rappel de souvenirs appropriés...

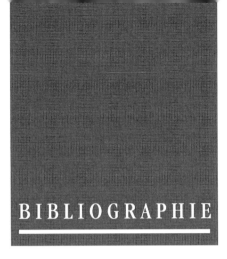

BIBLIOGRAPHIE

ADAM, J.-M., (1992), *Les textes : types et prototypes. Récit, description, argumentation, explication et dialogue,* Paris : Nathan.

AKIGUET, S., (1992), *Le traitement de l'argumentation écrite par l'enfant de 9 à 11 ans. Rôle des connecteurs et du schéma prototypique,* Thèse de Doctorat. Université de Provence, Aix-en-Provence.

AKIGUET, S., (1997), « Amorce de la compétence argumentative écrite chez des enfants de neuf, dix et onze ans », *Archives de Psychologie,* 65, 29-48.

AKIGUET, S. & PIOLAT, A., (1996), « Insertion of connectives by 9-to 11-year-old children in an argumentative text », *Argumentation,* 10, 253-270.

ALI-BOUACHA, A., (1981), « « Alors » dans le discours pédagogique : épiphénomène ou trace d'opérations discursives ? », *Langue Française,* 50, mai 1981, 39-52.

AMES, C. & AMES, R., (1984), « Systems of student and teacher motivation : Toward a qualitative definition », *Journal of Educational Psychology,* 76, 535-536.

ANDRIESSEN, J., COIRIER, P., ROOS, L., PASSERAULT, J.M. & BERT-ERBOUL, A., (1996), « Thematic and structural planning in constrained argumentative text production », In R. Rijlaarsdam, H. van den Berg, M. Couzijn (Eds), *Current Trends in Writing Research : What is writing ? Theories, Models and Methodology,* Amsterdam : Amsterdam University Press, pp. 237-251.

ANNIS, L., (1979), « The processes and effects of peer tutoring », *Human Learning,* 2, 39-47.

ARONSON, E., BLANEY, N., STEPHAN, C., SIKES, J., & SNAPP, M., (1978), *The Jigsaw classroom.* Beverly Hills, CA : Sage.

ARSAC, G., (1988), « Les recherches actuelles sur l'apprentissage de la démonstration et les phénomènes de validation en France », *Recherches en Didactique des mathématiques,* vol. 9, 9.3.

AUCHLIN, A., (1981a), « Mais heu, pis bon, ben alors voilà, quoi ! Marqueurs de structuration de la conversation et complétude », *Cahiers de linguistique française,* 141-159.

AUCHLIN, A., (1981b), « Réflexion sur les marqueurs de structuration de la conversation », *Étude de Linguistique Appliquée*, 44, « L'analyse des conversations authentiques », octobre-décembre, 88-103.

AURIAC-PEYRONNET, E., (1995), *« De l'usage du « bon » médiateur. Étude développementale de l'opérateur « bon » en situation de communication référentielle chez des enfants de 5 à 9 ans »*, Thèse de Psychologie nouveau régime. Nancy II.

AURIAC-PEYRONNET, E., (1996), « Construction d'un rôle d'autorité autour du fonctionnement de l'opérateur discursif « bon » dans l'échange conversationnel, *Interaction et cognitions*, Vol. 1 (2-3), 293-327.

AURIAC-PEYRONNET, E., (2001), The impact of an oral training on argumentative texts produced by ten-and eleven-year-old children : exploring the relation between narration and argumentation, *European Journal of Psychology of Education*, Vol XVI, n° 2, 299-317.

AURIAC-PEYRONNET, E., (2002a), « De quelques précautions pour penser des dispositifs de formation à la Philosophie pour enfants (P.P.E.) », in M. Tozzi (dir), *La discussion philosophique à l'école primaire*, Montpellier : CRDP Languedoc-Roussillon, 42-52.

AURIAC-PEYRONNET, E., (2002b), « L'écoute dans la discussion philosophique », in M. Tozzi (dir), *Nouvelles pratiques philosophiques en classe : enjeux et démarches*, Rennes : CRDP de Bretagne, Coll. Documents, actes et rapports pour l'Éducation, 65-71.

AURIAC-PEYRONNET, E., (2002c), Un oral pour apprendre à penser : le cas des discussions « philosophiques » au primaire, Actes du Colloque : *Les didactiques de l'oral*, La Grande-Motte, 14-15 Juin 2002.

AURIAC-PEYRONNET, E., (2002d), « The impact of regular philosophical discussion on argumentative abilities : reflection about education in primary school », In I. Negro & L. Chanquoy, Symposium *Reflection and Metacognition in Primary School : 8th International Conference of EARLI, Writing 02*, Stafford, United Kingdom : Livre des résumés, 146.

AURIAC-PEYRONNET, E., (à paraître, 2003), Prendre en compte une opposition de forces dans la discussion philosophique. *Diotime L'Agora*, 13, Montpellier : Publications du CRDP.

AURIAC-PEYRONNET, E. & DANIEL, M.F., (à paraître), Apprendre à dialoguer avec des élèves : le cas des dialogues philosophiques. *Psychologie de l'Interaction*. Paris : L'Harmattan.

AURIAC-PEYRONNET, E., TOCZEK-CAPELLE, M.C., AMAGAT, S. & SUDRE, V., (2002), Les petits parleurs au CE2. Effet d'une situation d'apprentissage coopératif sur l'évolution de la participation verbale de trois « petits parleurs ». *Psychologie de l'Éducation*, 48, 13-34

AVRON, C., BOUBLI, M., ANG, B., GUÉRIN, C., LECOURT, GIMENEZ, G., LAVANCO, G., GNAMBA, A.P., KAÊS, R., DESPINOY-TROUVÉ, S., BRUSSET, B., LEMAIRE, J.G., ROBERT, P., di MARIA, F. & CHOUVIER, B., (1996), « Activité de pense en groupe », *Revue de psychothérapie psychanalytique de groupe*, 27, Paris : Érès.

BALACHEFF, N., (1987), « Processus de preuve et situations de validation », *Educational Studies in Mathematics*, 18.

BALACHEFF, N., (1988), *Une étude du processus de preuve en mathématiques chez les élèves de collège*, Thèse, Université Joseph Fourier, Grenoble.

BALLY, C., (1930), *La crise du français. Notre langue maternelle à l'école*, Paris, Neuchâtel : Delachaux & Niestlé.

BARBIN, E., (1993), « Quelles conceptions épistémologiques de la démonstration pour quels apprentissages ? », *Repères IREM* n° 12.

Bibliographie

BARGH, J., & SCHUL, Y., (1980), « On the cognitive benefits of teaching », *Journal of Educational Psychology*, 72, 593-604.

BARLOW, M., (1993), *Le travail en groupe des élèves*, Paris : A. Colin.

BEAUDICHON, J. & ROUSSEAU, J., (1971), « Rôle du langage dans une situation de résolution de problème », *Bulletin de Psychologie*, 16-18, 1038-1047.

BELLENGER, L., (1984), *La négociation*, Paris : Que sais-je ? Presses Universitaires de France.

BENVENISTE, E., (1966), *Problèmes de linguistique générale*, Paris : Gallimard.

BERKOWITZ, M.W. & MULLER, C.W., (1986), « Moral reasoning and judgments of aggression », *Journal of Personnality and Social Psychology*, 51, 4, 885-891.

BERNICOT, J., CARON-PARGUE, J. & TROGNON, A., (1997), *Conversation, Interaction et Fonctionnement cognitif*, Nancy : Presses Universitaires de Nancy.

BLANCHARD-LAVILLE, C., (1999), « L'approche clinique d'inspiration psychanalytique : enjeux théoriques et méthodologiques », *Revue Française de Pédagogie*, n° 127, avril-mai-juin 1999, 9-2.

BLANCHE-BENVÉNISTE, C., (1997), *Approches de la langue parlée en français*, Paris : Ophrys.

BLANCHE-BENVÉNISTE, C et al. (1991), *Le français parlé, études grammaticales*, Paris : Ed. du CNRS.

BLANCHET, A. & TROGNON, A., (1994), *La psychologie des groupes*, Paris : Nathan Université, coll. 128.

BOISSINOT, A., (1999), *La place de l'oral dans les enseignements : de l'école primaire au lycée*, Rapport n° 99-023, Paris : Ministère de l'éducation nationale, de la recherche et de la technologie.

BRASSART, D.-G., (1985), « Les Enfants comprennent-ils des Énoncés Argumentatifs ? », *Repères*, 65, 15-21.

BRASSART, D.-G., (1987). *Le Développement des Capacités Discursives chez l'enfant de 8 à 12 ans : Le Discours Argumentatif : étude didactique*, Strasbourg : Thèse de doctorat.

BRASSART, D.-G., (1989), « La gestion des contre arguments dans le texte argumentatif écrit chez les élèves de 8 à 12 ans et les adultes compétents », *Journal Européen de Psychologie de l'éducation*, 4, 51-69.

BRASSART, D.-G., (1990), « Le développement des capacités discursives chez l'enfant de 8 à 12 ans », *Revue Française de Pédagogie*, 110.

BRASSART, D.-G., (1991), « Les débuts de la rédaction argumentative. Approche psycho-linguistique didactique », In M. Fayol, R. Alii (Eds.), *La production d'écrits de l'école maternelle au collège*, Dijon : CRDP, pp. 95-124.

BRENIFIER, O., (1999), « Pauvres intellectuels », *Singulier/Pluriel*, 6, 6-13.

BRETON, P., (1997), *La parole manipulée*, Eds La découverte, Syros. Paris.

BRIGAUDIOT, M., (1996), « Apprendre à parler ou pouvoir dire : plaidoyer pour la petite section », *Cahiers pédagogiques*, N° spécial Ecole maternelle.

BRIGAUDIOT, M, & EWALD, H., (1990), Construction du récit en section de petits, *Repères*, 2.

BRIXHE, D., (1991), « Contextualisations en jeu », *Connexions*, 57, 81-96.

BRIXHE D., (1992), *Aspects processuels interactifs dans l'élaboration de la coréférence chez l'enfant (10-12 ans) en situation d'explication de jeu*, Nancy : Thèse Doctorat Nouveau Régime, Université de Nancy II.

BRIXHE, D., (dir), (1996), Savoirs et compétences en construction, *Interaction et Cognitions*, 1, Paris : L'Harmattan.

BRIXHE, D., MARRO-CLÉMENT, P. & PICARD, A.F., (1996), « Gestion interactive de séquences explicatives », *Interaction et cognitions*, 1, 425-456.

BRONCKART, J.-P., (1996), *Activités langagières, textes et discours*, Lausanne : Delachaux & Niestlé.

BRONCKART, J.-P., et al., (1985), *Le fonctionnement des discours, un modèle psychologique et une méthode d'analyse*, Neuchâtel : Delachaux & Nieslé.

BROUSSEAU, G., (1998), *Théorie des situations didactiques*, Grenoble : La pensée sauvage Ed.

BRUN, J., (1985), *L'homme et le langage*, Paris : Presses Universitaires de France.

BRUNER, S.J.,(1991),*...car la culture donne forme à l'esprit, de la révolution cognitive à la psychologie culturelle*, Paris : Ed. Eshel, trad. *Acts of Meanings* (1990), Harvard : University Press.

CACIOPPO, J.-T., KAO, C.-F., PETTY, R.-E. & RODIGUEZ, R., (1986), « Central and peripheral routes to persuasion : an individual difference perspective », *Journal of Personnality and Social Psychology, 51, 5,* 1032-1043.

CADIOT, A. & CHEVALIER J.-C., (1979), « Oui mais, non mais, où il y a dialogue et dialogue », *Langue française, 42,* 94-102.

CAHIERS PÉDAGOGIQUES (Les), (1997), *Dossier : le travail de groupe*, N° 356, septembre 1997.

CARON, J., (1983), « L'élaboration d'une situation discursive : Analyse d'un discours d'enfant », *Rééducation orthophonique,* 21, octobre 1983, 133, 453-466.

CARON, J., (1984), « Les opérateurs discursifs comme instructions de traitement », *Verbum, N° spécial : l'interlocution,* 7, 149-164.

CARON, J., (1987), « Que peut apporter la psycholinguistique expérimentale à l'analyse de l'interaction ? », *Communication présentée aux Journées sur L'Interaction*, Paris, 3-4 avril 1987.

CARON, J., (1988), « Comment aborder l'interaction verbale dans un modèle linguistique ? », in Cosnier, Kerbrat-Orecchioni, *Echanges sur la conversation*, CNRS, Lyon : Presses Universitaires.

CARON, J., (1989), « Le traitement du langage est-il modulaire ? », *L'enseignement philosophique*, 1, 40ᵉ année, 32-47.

CARON, J., (1989), *Précis de psycholinguistique*, Paris : Presses Universitaires de France.

CARON-PARGUE, J. & CARON, J., (1995), « La fonction cognitive des interjections », *Faits de Langue,* 3.

CARON-PARGUE, J. & AURIAC, E., (1997), « Étude psycholinguistique de la marque conversationnelle *bon* dans une interaction cognitive », in *Conversation, interaction et fonctionnement cognitif*, Nancy : Presses Universitaires de Nancy, 151-185.

CAUTERMAN, P., (1997), « Interactions, apprentissages », *Recherche,* 27, 67-83.

Bibliographie

CAVERNI, J.-P., (1988), « La verbalisation comme source d'observables pour l'étude du fonctionnement cognitif », in : J.P. Caverni (Ed), *Psychologie cognitive, modèles et méthodes*, Grenoble : P.U. de Grenoble.

CHABROL, C., (1991a), « L'interaction et ses modèles », *Connexion*, 57, 1, 41-54.

CHABROL, C., (1991b), « Stratégies dans la gestion des interactions discordantes », *Communications au Colloque international « L'analyse des interactions »*, Organisé par le Groupe de recherche sur l'Acquisition des Langues de l'Université de Provence, La Baume-Lès-Aix, 12-14 septembre 1991.

CHABROL, C. & CAMUS-MALAVERGNE, O., (1989), « La conversation », *Connexion*, 53, 40-68.

CHAREAUDEAU, P., (1984), « L'interlocution comme interaction de stratégies discursives », *Verbum, N°spécial : l'interlocution*, 165-183.

CHAREAUDEAU, P., (1989), « Le dispositif socio-communicatif des échanges langagiers », *Verbum, XII*, 13-25.

CHARAUDEAU, P. et al., (1992), *La télévision « Apostrophes »*, Paris : Didier Érudition.

CHAROLLES, M., (dir), (1980), Dossier : L'argumentation en chantier, *Pratiques*, 28.

CHOMBART DE LAUWE, M.J. (1971), *Un monde autre : l'enfance de ses représentations à son mythe*, Paris : Payot.

COIRIER, P., (1989), « Production of argumentative discourse : the textual function of statements considered important by the speaker », in G. Denhière & J.P. Rossi (Eds.), *Texts and text processing*, Amsterdam : Norh-Holland.

COIRIER, P., (1991), « Production of argumentative discourse : the textual function of statements considered important by the speaker », In G. Denhière, & J.P. Rossi (Eds.), *Texts and Text processing*, Amsterdam : North Holland, pp. 363-374.

COIRIER, P., (1996a), *Des types de textes ? Une approche de psychologie cognitive,*. Habilitation à diriger des recherches, Poitiers : Université de Poitiers.

COIRIER, P., (1996b), « Composing argumentative texts : cognitive and/or textual complexity », In R. Rijlaarsdam, H. van den Berg, M. Couzijn (Eds.), *Current Trends in Writing Research : What is writing ? Theories, Models and Methodology*, Amsterdam : Amsterdam University Press, 317-338.

COIRIER, P., COQUIN-VIENNOT, D., GOLDER, C. & PASSERAULT, J.-M., (1990), « Le traitement du discours argumentatif : recherches en production et en compréhension », *Archives de Psychologie, 58*, 315-348.

COIRIER, P. & GOLDER, C., (1993), « Writing argumentative text : a developmental study of acquisition of supporting structures », *European Journal of Psychology of Education, 2*, 169-181.

COIRIER, P. & MARCHAND E., (1994), « Writing argumentative texts : A typological and structural approach », In G. Eigler, & T. Jechle (Eds.), *Writing : Current Trends in European Research*, Freiburg : Hochschul Verlag, pp. 163-181.

COIRIER, P., GAONAC'H, D. & PASSERAULT, J.-M., (1996), *Psycholinguistique textuelle. Approche cognitive de la compréhension et de la production des textes*, Paris : Armand Colin.

COIRIER, P., FAVART, M. & CHANQUOY, L., (2002), Ordering and structuring ideas in text : From conceptual organization to linguistic formulation. *European Journal of Psychology of Education, XVII*, 2.

COLLECTIF, (1995), Parler, *Recherches*, 22, Lilles : AFEF.

COLLECTIF, (1997), *Apprentissages numériques et résolution de problèmes,* Paris : Ed. Hatier, collection Ermel CM1.

COLLECTIF, (1997), Dispositifs d'apprentissages, *Recherches,* 27, Lilles : AFEF.

COLLECTIF, (1999a), *Apprentissages numériques et résolution de problèmes,* Paris : Ed. Hatier, collection Ermel CM2.

COLLECTIF, (1999b), *Vrai ? Faux ?... On en débat, De l'argumentation vers la preuve en mathématiques au cycle 3,* Paris : Publications de l'INRP, coll. Ermel.

CONCHE, M., (1982/1993), *Le fondement de la morale,* Eds de Mégare, réed, 1993, Paris : Presses Universitaires de France.

COOPER, L., JOHNSON, D.-W., JOHNSON, R., & WILDERSON, F., (1980), « Effects of cooperative, competitive, and individualistic experiences on interpersonal attraction among heterogeneous peers », *Journal of Social Psychology, 111,* 243-252.

COQUIN-VIENNOT, D., (1996), « Lire une image pour produire un énoncé de problème arithmétique. », *Séminaire international UCIS'96,* Poitiers : Actes du colloque, 215-219.

COQUIN-VIENNOT, D., (1998), « Production of story problems. Effect of the topical introduction on the invention of questions. », Communication à la Conférence Européenne sur l'écriture 1998 : *Écrire et apprendre à écrire à l'aube du XXIe siècle,* Poitiers : Livre des résumés, Laco-CNRS, 68.

CROZIER, M. & FRIEDBERG, E., (1977), *L'acteur et le système,* Paris : Seuil.

CULIOLI, A., (1990), *Pour une linguistique de l'énonciation, Opérations et représentations,* Tome 1, Paris : Ophrys.

CYRULNIK, B., (1997), *L'ensorcellement du monde,* Paris : Ed. O. Jacob.

DANIEL, M.-F., (1992), « Reflections on teacher formation : When school and university enter together in a process of continuous thinking », *Analytic Teaching,* 12 (2), p. 39-45.

DANIEL, M.-F., (1992/1997), *La philosophie et les enfants,* Montréal : Logiques/ Bruxelles : De Boeck Université.

DANIEL, M.-F., (1996), « La dimension morale de la coopération », in Daniel M.F. & Schleifer M. (dir), *La coopération dans la classe,* Montréal : Les Éditions Logiques, 19-48.

DANIEL, M.-F., (1997), *La philosophie et les enfants,* Montréal : Logiques/ Bruxelles : De Boeck Université.

DANIEL, M.-F. & SCHLEIFER, M., (1996), *La coopération dans la classe.* Montreal : Les Éditions Logiques.

DANIEL, M.-F. & PALLASCIO, R., (1997), « Community of inquiry and community of philosophical inquiry ». *Inquiry, Critical Thinking across Disciplines,* XVII (1), 51-67.

DANIEL, M.-F., LAFORTUNE, L., PALLASCIO, R. & SCHLEIFFER, M. (1999), « Philosophical reflection and cooperative practices in elementary mathematrics classroom », *Canadian Journal of Education /Revue canadienne de l'Éducation,* 24 (4), 426-441.

DAUNAY, B., DELCAMBRE, I., MARGUET, S. & SAUVAGE, C., (1995), « Pratiques d'oral dans le travail de groupe », *Recherches, 22,* 75-176.

DE BEAUVOIR, S. (1944/1974), *Pour une morale de l'ambiguïté,* France : Gallimard.

DE BERNARDI, B. & ANTOLINI, E., (1996), « Structural differences in the production of written arguments », *Argumentation, 10, 2,* 175-196.

DE BOYSSON-BARDIES, B., (1996), *Comment la parole vient aux enfants*, Paris : Ed. O. Jacob.

DEFRANCE, B., (1992, 1997), *Le plaisir d'enseigner*, Paris : Syros.

DELCAMBRE, I., (1996), « Quelles fonction donner au travail oral dans l'élaboration d'un écrit argumentatif ? », *Langue française, 112*, 106-123.

DESGAGNÉ, S., (1997), « le concept de recherche collaborative : l'idée d'un rapprochement entre chercheurs universitaires et praticiens enseignants », *Revue des sciences de l'éducation*, vol. XXIII, n° 2, 371-393.

DESMARCHELIER, D., (1989), « Dénomination, définition ou comment les enfants nous renseignent sur la langue », *Education enfantine*, n° 5, Janvier 1989, 29-30.

DEUTSCH, M., (1949), « A theory of cooperation and competition », *Human Relations, 2*, 129-152.

DEUTSCH, M., (1973), *The Resolution of Conflict : Constructive and Destructive Processes*, New Haven, CT : Yale University Press.

DEVRIES, D.-L., & SLAVIN, R.-E., (1978), « Teams-Games-Tournament : Review of ten classroom experiments », *Journal of Research and Development in Education, 12*, 28-38.

DEWEY, J., (1908/1980), *Theory of the moral life*, New York : Irvington Publishers.

DEWEY, J., (1916/1983), *Démocratie et éducation* (trans. G. Deledalle). Artigues-près-Bordeaux : L'Age d'Homme, *Democracy and Education,* New York : MacMillan.

DOISE, W., (1992), *Dissensions et Consensus*, Paris : Presses Universitaires de France.

DOISE, W. & MUGNY, G., (1991), « Le jeu coopératif et la coordination d'actions interdépendantes », *dans W.* Doise et G. Mugny (dir.) : *Le développement social de l'intelligence*, Paris : Interéditions, pp. 45-70.

DOISE, W. & MOSCOVICI, S., (1998), « Comment se crée consensus, entretien avec Willem Doise », dans Cabin (coord.), *La communication. Etat des savoirs*, Paris : Ed. Sciences Humaines, 277-280.

DOLZ, J., (1996), « Learning argumentative capacities. A study of the effects of a systematic and intensive teaching of argumentative discourse in 11-12 year old children », *Argumentation, 10, 2*, 227-251.

DOLZ, J. & PASQUIER, A., (1994), « Enseignement de l'argumentation et retour sur le texte », *Repères*, n° 10, 163-177.

DOLZ, J. & SCHNEUWLY, B., (1998), *Pour un enseignement de l'oral, Initiation aux genres formels à l'école*, Paris : ESF Ed.

DOUDIN, P.-A. & MARTIN D., (1999), « Conception du développement de l'intelligence et formation des enseignants », *Revue Française de pédagogie*, n° 126, 121-132.

DUBET, F., (1988), « Peut-on gérer le métier d'enseignant ? », *Animation et Education*, Mars-Avril, n° 143, 4-5.

DURRER, S., (1998), *Introduction à la linguistique de Charles Bally*, Lausanne, Paris : Delachaux et Niestlé.

DUVAL, F., (1994), « L'accomplissement du rôle d'animateur dans un débat télévisé », *Psychologie Française*, 40-2.

DUVAL, R., (1991), « Structure du raisonnement déductif et apprentissage de la démonstration », *Educational Studies in Mathematics*, 22.

DUVAL, R., (1992), « Argumenter, démontrer, expliquer : continuité ou rupture cognitive », *Petit x,* 31.

EHRLICH, M.-F., TARDIEU, H. & CAVAZZA, M., (coord), (1993), *Les modèles mentaux. Approche cognitive des représentations,* Paris : Masson.

EHRLICH, S., (1988), L'installation du découragement, *Science et Vie,* n° spécial, L'enfant et l'échec scolaire.

EHRLICH, S. & FLORIN, A., (1989), Ne pas décourager l'élève, *Revue française de pédagogie,* 35-48.

EISENBERG, A., (1987), « Learning to argue with parents and peers ». *Argumentation, 1,* 113-125.

ESCARABAJAL, M.-C., (1988), « Schémas d'interprétation et résolution de problèmes arithmétiques », *Revue française de Pédagogie,* 82.

ESPÉRET, E., (1990), « De l'acquisition du langage à la construction des conduites langagières », in Gaby Netchine-Grynberg, *Développement et fonctionnement cognitifs chez l'enfant,* Presses Universitaires de France, 121-135.

ESPÉRET, E., (1995), « L'enseignant et la recherche en psychologie », *Manuel de psychologie pour l'enseignement,* Paris : Hachette Éducation.

FAYOL, M., (1997), *Des idées au texte. Psychologie cognitive de la production verbale, orale et écrite,* Paris : Presses Universitaires de France.

FAYOL, M. & MONTEIL, J.-M., (1988), « The notion of script : From general to developpemental and social psychology », *Cahier de Psychologie Cognitive, 8,* 335-361.

FAYOL, M. & JAFFRÉ, J.-P., (1999), « L'acquisition/apprentissage de l'orthographe, Note de synthèse », *Revue Française de pédagogie,* n° 126, Janvier-férvrier-mars 1999, 143-170.

FEILKE, H., (1996), « From syntactical to textual strategies of argumentation. Syntactical development in written argumentation texts by students aged 10 to 22 », *Argumentation, 10, 2,* 197-212.

FERRÉOL-BARBEY, M. & GOMBERT, A., (sous presse), « Production d'un texte argumentatif par des enfants de 10-11 ans : mémoire de travail et longueur du texte », *Enfance.*

FLAHAULT, F., (1978), *La parole intermédiaire,* Paris : Seuil.

FLORIN, A., (1991), *Pratiques du langage à l'école maternelle et prédiction de la réussite scolaire,* Paris : Presses Universitaires de France.

FLORIN, A., (1995a), *Parler ensemble en maternelle. La maîtrise de l'oral,* l'initiation à l'écrit, Paris : Ellipses.

FLORIN, A., (1995b), « Psychologie de la petite enfance », in D. Gaonac'h, & C. Golder, *Manuel de psychologie pour l'enseignant,* Paris : Hachette Éducation, 168-195.

FLORIN, A., BRAUN-LAMESCH & BRAMAUD DU BOUCHERON G., (1985), *Le langage à l'école maternelle,* Bruxelles : P. Mardaga.

FLORIN, A., KHOMSI, A., GUIMARD, P. ÉCALLE, J. & GUÉGAN, J.F., (1999), Maîtrise de l'oral en grande section de maternelle et conceptualisation de la langue écrite en début de cours préparatoire, *Revue Française de Pédagogie,* 126, 71-82.

FONTAINE, R. & JACQUES, S., (1997), « L'efficacité pédagogique de l'alternance classe coopérative-classe hiérarchique avec des élèves opposants et démotivés », *Apprentissage et socialisation,* vol.18, n° 1 et 2, 89-99.

FRANÇOIS, F.,(1994), *Morale et mises en mots,* Paris : L'Harmattan.

FRANÇOIS, F., HUDELOT, C. & SABEAU-JOUHANET E., (1984), *Conduites linguistiques chez le jeune enfant,* Paris : Presses Universitaires de France.

FYNN, (1974), *Anna et Mister God,* Paris : Seuil.

GAONAC'H, D. & GOLDER C., (1995), *Manuel de psychologie pour l'enseignant,* Paris : Hachette Éducation.

GARITTE, C., (1989), « Réciprocité des perspectives dans la conversation d'enfants », *Connexion,* 53, 1, 91-102.

GARITTE, C., (1998), *Le développement de la conversation chez l'enfant,* Bruxelles : De Boeck Université.

GAUTHIER, C., (1999), « Sortir des idées reçues sur l'enseignement », *Vie pédagogique,* n° 106, Février-Mars

GAUTHIER, C *et al.*, (1997), *Pour une théorie de la pédagogie. Recherches contemporaines sur le savoir des enseignants,* Bruxelles : De Boeck Université/ Québec : Presses Universitaires de Laval.

GELAS, N., COSNIER, J. & KERBRAT-ORECCHIONI, C., (1988), *Echanges sur la conversation,* Lyon : Presses Universitaires.

GHIGLIONE, R. & TROGNON, A., (1993), *Où va la pragmatique, de la pragmatique à la psychologie sociale,* Presses Universitaires de Grenoble.

GILLIGAN, C., (1982), *In a Different Voice : Psychological Theory and Women Development,* Cambridge : Harvard university Press.

GILLY, M., ROUX, J.P. & TROGNON, A., (1999), *Apprendre dans l'interaction,* Nancy : Presses Universitaires de Nancy, Aix-en-Provence : Presses Universitaires de Provence.

GOIGOUX R., (1999), « A propos de formation continue dans le premier degré », *Interview : La Lettre du Monde de l'éducation,* 3 novembre.

GOLDER, C., (1990), *Mise en place de la conduite de dialogue argumentatif,* Thèse de Psychologie, ss. la dir. M.Brossard, Poitiers, Laboratoire de Psychologie du Langage, URA CNRS 666.

GOLDER, C., (1992a), « Argumenter : de la justification à la négociation », *Archives de Psychologie,* Vol.60, n° 232, Ed. Médecine et Hygiène, Genève.

GOLDER, C., (1992b), « Justification et négociation en situation monogérée et polygérée dans les discours argumentatifs », *Enfance, 46,* 99-112.

GOLDER, C., (1993), « Savez-vous Argumenter à la Mode… à la mode des Petits ? », *Enfance,* 47, 359-376.

GOLDER, C., (1996a), *Le développement des discours argumentatifs,* Lausanne : Delachaux & Nieslé.

GOLDER, C., (1996b), « La production de discours argumentatifs : revue de questions », *Revue Française de pédagogie,* n° 116, Juillet-Août-Septembre 1996, 119-134.

GOLDER, C., (1996c), « Peut-on faciliter l'argumentation écrite ? Effets d'un schéma de texte, d'une liste d'idées et d'un thème familier », *Archives de Psychologie, 64,* 179-199.

GOLDER, C. & COIRIER, P., (1994), « Argumentative text writing : Developmental trends », *Discourse Processes, 18,* 187-210.

GOLDER, C. & POUIT, D., (1999), « Il ne suffit pas d'argumenter pour avoir raison. Les difficultés du discours argumentatif : point de vue de psycholinguiste », in collectif, *Vrai ?*

Faux ?...on en débat ! De l'argumentation vers la preuve en mathématiques au cycle 3, Paris : Publications de l'INRP, coll. Ermel 191-203.

GOLOPENTJA, S., (1988), « Interaction et histoire conversationnelles », in N. Gelas, J. Cosnier & C. Kerbrat-Orecchioni, *Echanges sur la conversation*, Lyon : Presses Universitaires, 69-81.

GOMBERT, A., (1997), *Comment les rédacteurs de 10 à 13 ans justifient-ils et argumentent-ils ? Rôle du thème rédactionnel, de l'opinion consensuelle et de la thèse à défendre*, Thèse de Doctorat. Université de Provence.

GOMBERT, A. & ROUSSEY, J.-Y., (1993), « Computer-assisted training effects on argumentative text writing skills in children », In G. Eigler, T. Jechle (Eds.), *Writing. Current trends in European Research*, Freiburg : Hochschul Verlag, pp. 183-196.

GOUPIL, G. & LUSIGNAN, G., (1993), *Apprentissage et enseignement en milieu scolaire*. Montréal : Gaëtan Morin Ed..

GRIZE, J.-B., (1990), *Logique et langage*, Paris : Ophrys.

GRIZE, J.-B., (1996), *Logique naturelle et communications*. Paris : Presses Universitaires de France.

HALTÉ, J.-F. (coord), (1999), Interactions et apprentissage, *Pratiques*, n° 103-104, Metz.

HILL, G., (1982), « Group versus individual performance : Are N+1 heads better than one ? », *Psychological Bulletin, 91*, 517-539.

HOCQUARD, A., (1996), *Eduquer, à quoi bon ?*, Paris : Presses Universitaires de France.

HUDELOT, C., (1999), « Étayage langagier de l'enseignant dans le dialogue maître-élève », In M. Gilly, J.P. Roux & A. Trognon (Eds.), *Apprendre dans l'interaction. Analyse des médiations sémiotiques*. Aix-Nancy : Presses Universitaires de Provence et de Nancy.

J.P., CAVERNI, (Ed), (1988), *Psychologie cognitive, modèles et méthodes*, Grenoble : Presses Universitaires de Grenoble.

JACQUES, F., (1982), *Différence et subjectivité*, Paris : Aubier Montaigne.

JACQUES, F., (1988), « Trois stratégies interactionnelles conversation, négociation, dialogue », in Gelas, Cosnier, Kerbrat-Orecchioni, *Échanges sur la conversation*, Lyon : Presses Universitaires, 45-67.

JOHNSON, D. & JOHNSON, R., (1986), *Circles of Learning : Cooperation in the Classroom*, Englewood Cliffs, NJ : Prentice-Hall.

JOHNSON, D.-W., JOHNSON, R.-T. & SKON, L., (1979), « Student achievement on different types of tasks under cooperative, competitive, and individualistic conditions », *Contemporary Educational Psychology, 4*, 99-106.

JOHNSON, D.-W. & JOHNSON, R.-T., (1981), « Effects of cooperative and individualistic learning experiences on interethnic interaction », *Journal of Educational Psychology, 73*, 444-449.

JOHNSON, D.-W. & JOHNSON, R., (1983), « The socialization and achievement crises : Are cooperative learning experiences the solution ? » In L. Bickman (Ed.), *Applied Social Psychology Annual 4*, Beverly Hills, CA : Sage, pp. 119-164.

JOHNSON, D.-W. & JOHNSON, R., (1989), « Collaboration and cognition », In *Developing Minds : A Ressource Book For Teaching Thinking*, Alexandria, VA : ASCD.

JOHNSON, D.-W. & JOHNSON, F.-P., (1991), *Joining together : Group theory and group skills* (ed.), Englewood Cliffs, NJ : Prentice-Hall.

Bibliographie

JOHNSON, D.-W. & JOHNSON, R., ROY, P., & ZAIDMAN, B., (1985), « Oral interaction in cooperative learning groups : Speaking, listening, and the nature of statements made by high-medium-, and low-achievement students », *Journal of Psychology, 119*, 303-321.

JOHNSON, D.-W. & JOHNSON, R.-T., (1989), *Cooperation and Competition : Theory and Research*, Edina, MN : Interaction Book Company.

JOHNSON-LAIRD, P.-N., (1983), *Mental models : Towards a cognitive science of language, inference, and consciousness*, Cambridge : Cambridge University Press.

JOLIBERT, B., (1997), *L'éducation d'une émotion. Trac, timidité, intimidation dans la littérature*, Paris : L'Harmattan.

JUVING, C., (1999), « Les aléas des interactions langagières au sein d'un groupe d'élèves de cycle 3 », *Pratiques*, 103-104, p. 115.

KAËS, R., (1999), *Les théories psychanalytiques du groupe*, Paris : Que sais-je ?, Presses Universitaires de France.

KERBRAT-ORECCHIONI, C., (1986), « "Nouvelle communication" et "analyse conversationnelle" », *Langue française*, 70, mai 1986, Communication et enseignement, 7-25.

KERBRAT-ORECCHIONI, C., (1987), « La mise en places », in Cosnier et Kerbrat Orecchioni, *Décrire la conversation*, Lyon : Presses Universitaires, 319-352.

KERBRAT-ORECCHIONI, C., (1988), « La notion de « place » interactionnelle ou les taxèmes qu'est-ce que ça ? », in N. Gelas, J. Cosnier & C. Kerbrat-Orecchioni, *Échanges sur la conversation*, Lyon : Presses Universitaires, 185-198.

KERBRAT-ORECCHIONI, C., (1990), *Les interactions verbales*, Tome I, A. Colin, Paris.

KERBRAT-ORECCHIONI, C., (1992), *Les interactions verbales*, Tome II, A. Colin, Paris.

LAKATOS I., (1976), *Preuves et réfutations*, Paris : Hermann.

LALANNE, A., (1999), « Une expérience de philosophie à l'école primaire », *Diotime L'agora, 3*, Montpellier : Publications du CRDP, 18-26.

LAUGHLIN, P., BRANCH, L. & JOHNSON, H., (1969), « Individual versus triadic performance on a unidimensional complementary task as a function of initial ability level », *Journal of Personality and Social Psychology, 12*, 144-150.

LAUTREY, J., (1980), *Classe sociale, milieu familial, intelligence*, Paris : Presses Universitaires de France.

LECLAIRE, S., (1975), *On tue un enfant*, Paris : Seuil, coll. Points.

LERBET, G., (1970), *Piaget*, Paris : Editions Universitaires, coll. Psychothèque.

LE ROY, J., ROUCHY J.-C., BROWN, D.-G., PUGET, J., DACHER, M., PETER, D., KAËS, R., ANCONA, L., HUSEMANN, K., LECOURT, E. & DUFOUR, R.-Y., (1987), « L'espace imaginaire des groupes : culture, psychanalyse, éthnologie », *Revue de psychothérapie psychanalytique de groupe*, 9-10, Paris : Érès.

LIEURY, A., (1991/1993), *Mémoire et réussite scolaire*, Paris : Dunod.

LIEURY, A., (1996), « Les portes de la mémoire », *Sciences Humaines*, HS n° 12, Fév-Mars.

LIEURY, A. & FENOUILLET, F., (1996), *Motivation et réussite scolaire*, Paris : Dunod.

LIPIANSKY, G., (1996), L'influence du groupe sur les apprentissages et les processus cognitifs, in collectif : *Savoir Former. Bilans et perspectives des recherches sur l'acquisition et la transmission des savoirs*. Auxerre : Les éd. Demos, Sciences Humaines, 121-129.

LIPMAN, M., (1991), *Thinking in education*, Cambridge, MA : Cambridge University Press.

LIPMAN, M., SHARP, A.-M. & OSCANYAN, F.-S., (1980), *Philosophy in the Classroom*, Temple University Press.

LIPMAN, M. & DECOSTRE, N., (1995), trad, *A l'école de la pensée*, Bruxelles : De Boeck Université.

LURÇAT, L., (1981), *L'enfant et les autres à l'école maternelle ou comment on devient un écolier*, Paris : ESF.

MADDEN, N.-A., & SLAVIN, R.-E., (1983), « Mainstreaming students with mild academic handicaps : Academic and social outcomes », *Review of Educational Research, 84*, 131-138.

MANES GALLO, M.-C. & VERNANT, D., (1997), « Pour une réévaluation pragmatique de l'assertion », *Interaction et cognitions*, Vol II-1/2, 7-41.

MARGOLINAS, C., (1993), *De l'importance du vrai et du faux dans la classe de mathématiques*, Grenoble : Éditions de la pensée sauvage.

MARGOLINAS, C., (1997), « Des recherches visant à modéliser le rôle de l'enseignant », *Recherches en Didactiques des Mathématiques, Vol 17, n° 3*, 7-16.

MARYNIAK, L. & SELOSSE, J., (1985), « Représentation de la punition attribuée par le sujet et par autrui dans des conduites d'appréciation morale chez l'enfant », in J. Bideaud & M. Richelle, *Psychologie développementale. Problèmes et réalités*, Bruxelles : P. Mardaga, 263-279

MASSERON, C., (1997), « Pour une didactique de l'argumentation (écrite) : problèmes, objets, propositions », *Pratiques, n° spécial Enseigner l'argumentation, 96*, 7-34.

MAUGER, G., POLIAK, C. & PUDAL, B., (1999), *Histoires de lecteurs,* Paris : Nathan

MEIRIEU, P., (1992, 4éd), *Apprendre en groupe ?,* tome I : *Itinéraires des pédagogies de groupe ;* tome II : *Outils pour apprendre en groupe,* Lyon : Chroniques sociales.

MEIRIEU, P., (1999), *L'aventure des savoirs, Sciences humaines, HS 24*, 41-43,

MOESCHLER, J., (1985), *Argumentation et conversation. Eléments pour une analyse pragmatique du discours,* Paris : Hatier-Credif.

MOESSINGER, P., (1989/1996), *La psychologie morale,* réed corrigée en 1996, Paris : Que sais-je ?, Presses Universitaires de France.

MONTEIL, J.-M., (1989), *Eduquer et former. Perspectives psychosociales,* Grenoble : Presses Universitaires de Grenoble.

MONTEIL, J.-M., (1993a), *Comparaison sociale, coopération, compétition,* In J. Houssaye (Ed), *La pédagogie : une encyclopédie pour aujourd'hui,* Paris : ESF.

MONTEIL, J.-M., (1993b), « Interactions sociales », in, M. Richelle M. Robert et J.Requin, *Traité de Psychologie expérimentale,* Paris : Presses Universitaires de France.

MONTEIL, J.-M., (1993c), *Soi et le contexte,* Paris : A. Colin.

MOREAU, S. & COQUIN-VIENNOT, D., (1996), « Les informations utiles pour comprendre un énoncé de problème arithmétique. », *Séminaire international UCIS'96,* Poitiers : Actes du colloque, 126-133.

MOSCONI, N., (1998), « Des rapports de la théorie et de la pratique en éducation », *L'acte éducatif, une pensée en action... ?, BUC Ressources-Sauvegarde de l'Enfance et de l'Adolescence des Yvelines,* Janvier.

MUCCHIELLI, A., (1983), *Les jeux de rôles*, Paris : Que sais-je ? Presses Universitaires de France.

NODDINGS, N., (1984), *Caring : A feminine approach to ethics and moral education.* Berkeley : CA : University of California Press.

NONNON, E., (1999), « L'enseignement de l'oral et les interactions verbales en classe : champs de référence et problématiques (Aperçu des ressources en langue française) », *Revue Française de Pédagogie*, 129, 87-131.

PARKER, R., (1985), « Small-group cooperative learning », *The Education Digest, 51*, 44-46.

PEDINIELLI, H., (1998), « La psychologie clinique, regard global sur l'individu », *Sciences Humaines*, HS n° 17, 16-17

PERELMAN, C. & OLBRECHTS-TYTECA, L., (1958), *Traité de l'argumentation*, Bruxelles : Editions Universitaires.

PERRENOUD, P., (1997), *Construire des compétences dès l'école*, Paris : ESF.

PERRET-CLERMONT, A.-N., SCHUBAUER-LEONI, M.-L. & TROGNON, A., (1992), « L'extorsion des réponses en situation asymétrique », *Verbum*, 1-2, *Conversations adulte/enfants*, Nancy : Presses Universitaires de Nancy, 3-32

PETERSON, P. L., JANICKI, T. C., & SWING, S., (1981), « Ability x treatment interaction effects on children's learning in large-group and small-group approaches », *American Educational Research Journal, 18*, 453-473.

PIAGET, J., (1932), *Le jugement moral chez l'enfant*, Paris : Presses Universitaires de France.

PIAGET, J., (1932), *The Moral Judgment of the Child*, London and New York : Routledge.

PIAGET, J., (1966), Autobiographie, *Cahiers Vilfredo Pareto*, 136-137.

PIOLAT, A., (1990), *Vers l'amélioration de la rédaction écrite. Apport des Technologies Nouvelles pour la Recherche et l'Apprentissage*, Habilitation à diriger des recherches. Université de Provence. Aix-en-Provence.

PIOLAT, A., FARIOLI, F. & ROUSSEY, J.-Y., (1989), « La production de texte assistée par ordinateur », In G. Monteil, M. Fayol (Eds.), *La psychologie scientifique et ses applications*, Grenoble : Presses Universitaires de Grenoble, pp. 177-184

PIOLAT, A., & PÉLISSIER, A., (1998), *La rédaction de textes. Approches cognitives*, Paris : Delachaux & Niestlé.

PIOLAT, A., ROUSSEY J-Y. & GOMBERT, A., (2000), « Developmental cues of argumentative writing », In J.E.B. Andriessen & P. Coirier (Eds.), *Fundation of argumentative text processing*, Amsterdam : Amsterdam University Press, pp. 117-135.

PLANTIN, C., (1990), *Essais sur l'argumentation. Introduction à l'étude linguistique de la parole argumentative*, Paris : Kimé.

PLÉTY, R., (1996), *L'apprentissage coopérant*, Lyon : Presses Universitaires de Lyon.

POUIT, D. & GOLDER, C., (1996), « Peut-on faciliter l'argumentation écrite ? Effets d'un schéma de texte, d'une liste d'idées et d'un thème familier », *Archives de Psychologie, 64*, 179-199.

POUIT, D. & GOLDER, C., (1997), « Il ne suffit pas d'avoir des idées pour défendre un point de vue. La récupération des idées peut-elle faciliter la production écrite d'une argumentation chez des enfants de 11 à 17 ans », *Revue de Psychologie de l'éducation*, 3, 33-52.

POUIT, D., (2000), *La planification dans la production écrite du texte argumentatif. Aspects développementaux*, Thèse de Doctorat. Université de Poitiers.

PY, J., SOMAT, A. & BAILLÉ, J., (1998), *Psychologie sociale et formation professionnelle*, Rennes : Presses Universitaires de Rennes.

REED, R., (1992), *When We Talk : Essays on Classroom Conversation*. Forth Worth, TX : Analytic Teaching Press.

REUSSER, K. & STEBLER, R., (1997), Every word problem has a solution — The social rationality of mathematical modeling in schools, *Learning and Instructions, 7,* 309-328.

RICHARD, J.-F., (1990/1998), *Les activités mentales ; Comprendre, raisonner, trouver des solutions*, Paris : A. Colin.

RICHARD, J.-F., 1996, Les activités mentales, *Cahiers Pédagogiques,* 344-345.

RONDAL, J.-A., (1983), *L'interaction adulte-enfant et la construction du langage,* Bruxelles : P. Mardaga.

RORTY, R., (1989), *Contingency, Irony, and Solidarity,* Cambridge : Cambridge University Press.

ROULET, E., et al., (1985), *L'articulation du discours en français contemporain,* Berne Francfort s/Main : Peter Lang,.

ROUSSEY, J.-Y. & GOMBERT, A., (1992), « Ecriture en dyade d'un texte argumentatif par des enfants de 8 ans », *Archives de Psychologie, 60,* 297-315.

ROUSSEY, J.-Y. & GOMBERT, A., (1996), « Improving argumentative writing skills : effect of two types of aids », *Argumentation, 10,* 283-300.

ROUSSEY, J-Y., FARIOLI, F. & PIOLAT, A., (1992), Effects of social regulation and computer assistance on the monitoring of writing, *European Journal of Psychology of Education, 7, 4,* 295-309.

ROUSSEY, J.-Y., AKIGUET, S., GOMBERT, A. & PIOLAT, A., (1995), « Etude de l'utilisation du schéma argumentatif par des rédacteurs âgés de 8 à 11 ans ». *Enfance, 2,* 205-214.

ROUSSEY, J.-Y., PIOLAT, A., & GOMBERT, A., (1999), « Contextes de production et justification écrite d'un point de vue par des enfants âgés de 10 à 13 ans », *Revue canadienne des sciences du comportement, 31, 3,* 176-187

SALAZAR-ORVIG, A. & HUDELOT, C., (1989), « Enchaînements, continuités et déplacements dialogiques chez le jeune enfant », *Verbum, XII, 1,* 99-115.

SALOMÉ, J., (1997), *Pour ne plus vivre sur la planète TAIRE,* Paris : A. Michel,

SARTRE, J.-P., (1960), *La critique de la raison dialectique,* Paris : Gallimard.

SAVATER, F., (1998), *Pour l'éducation,* Paris : Manuels Payot.

SCHIDLOWSKY, H, (1999), La philosophie pour enfants : une éducation au bonheur et à la démocratie, *Diotime L'agora,* 3, 58-63.

SCHLEIFER, M. & FITCH, T., (1993). *The development of the concept of cooperation,* Society for Research in Child Development, New Orleans, April, (Abstracts IX, p. 585).

SCHLEIFER, M., DANIEL, M.-F., PALLASCIO, R. & LAFORTUNE, L. (1999), Concepts of cooperation in the classroom, *Paideusis,* 12 (2), 45-56.

SCHNEUWLY, B., (1988), *Le langage écrit chez l'enfant. La production des textes informatifs et argumentatifs,* Paris : Delachaux & Niestlé.

SCHUBAUER-LEONI, M.-L., (1994), « Construction cognitives dans l'interaction : quatre élèves et un problème de distances : approche didactique de l'analyse des interactions », In A. Trognon, U. Dausendschön-Gay, U. Krafft, U. & C. Riboni, *La construction interactive du quotidien,* Nancy : Presses Universiatires de Nancy, Coll. Forum de l'I.F.R.A.S., 77-102.

SCHUBAUER-LEONI, M.-L., (1997), « Interactions didactiques et interactions sociales : quels phénomènes et quelles constructions conceptuelles ? », *Skholé, 7,* 103-134.

SENSÉVY, B., (1999), « L'action et le discours sur l'action du professeur. Sémantique *naturelle* et langage *théorique.* », *Troisième congrès AECSE,* Bordeaux, 28-30 juin 1999, Livre des résumés.

SHARAN, S & HERTZ-LAZAROWITZ, R., (1980), « A group-investigation method of cooperative learning in the classroom », in S. Sharan *et al.* (dir.), *Cooperation in Education,* Provo, UT : Brigham Young University Pess, 14-47.

SHARP, A.-M., (1987), « What is a community of inquiry ? », *Analytic Teaching,* 8(1), 13-19.

SHARP, A.-M., (1990), The community of inquiry, In Caron, A. (ed.) *Philosophie et pensée chez l'enfant,* Quebec : Agence d'Arc.

SLAVIN, R.-E., (1978), « Student teams and achievement divisions », *Journal of Research and Development in Education, 12,* 39-49.

SLAVIN, R.-E., (1980), « Effects of student teams and peer tutoring on academic achievement and time on-task », *Journal of Experimental Education, 48,* 252-257.

SLAVIN, R.-E., (1983), « When does cooperative learning increase student achievement ? », *Psychological Bulletin, 94,* 429-445.

SLAVIN, R.-E., (1983), *Cooperative Learning,* New York : Longman.

SLAVIN, R.-E., (1984), « Students motivating students to excel : cooperative incentives, cooperative tasks, and student achievement. », *The Elementary School Journal, 85* (1), 53-63.

SLAVIN, R.-E., (1985), Learning to cooperate, cooperating to learn. *International Association for the Study of Cooperation in Education,* New York : Plenum.

SLAVIN, R.-E., (1990a), *Cooperative Learning : Theory, Research, and Pratice,* (ed.) Prentice-Hall International Editions.

SLAVIN, R.-E., (1990b), « Cooperative learning : engineering social psychology in the classroom », In R. S. Feldman, *The Social Psychology of Education : Current research and theory,* New York : Cambridge University Press, pp. 153-171.

SLAVIN, R.-E., (1991a), « Group Rewards Make Groupwork Work. Response to Kohn », *Educational Leadership, 48 (50),* 89-91.

SLAVIN, R.-E., (1991b), « Synthesis of research on cooperative learning. », *Educational Leadership, 48,* 71-82.

SLAVIN, R.-E., LEAVEY, M., & MADDEN, N.-A., (1984), « Combining cooperative learning and individualized instruction : Effects on student mathematics achievement, attitudes, and behaviors », *Elementary School Journal, 84,* 409-422.

SLAVIN, R.-E., MADDEN, N.-A., & LEAVEY, M., (1984), « Effects of team Assisted Individualization on the mathematics achievement of academically handicaped and non-handicaped students », *Journal of Education Psychology, 76,* 813-819.

SLAVIN, R.-E., & KARWEIT, N.-L., (1985), « Effects of whole class, ability grouped, and individualized instruction on mathematics achievement », *American Educational Research Journal, 22,* 351-367.

SORSANA, C., (1996), « Relations affinitaires et co-résolution de problème : Analyse des interactions entre enfants de six-huit ans », *Interaction et Cognitives, Vol 1 (2-3)*, 263-291.

SORSANA, C., (1999), *Psychologie des interactions sociocognitives*, Paris : A. Colin.

STARR, R., & SCHUERMAN, C., (1974), « An experiment in small-group learning », *The American Biology Teacher*, 173-175.

STEIN, N.-L. & MILLER, C.A., (1993), « A theory of argumentative understanding : relationships among position preference, judgments of goodness, memory and reasoning », *Argumentation, 7*, 183-204.

TARDIF, J. & PRESSEAU, A., (1998), « Quelques contributions de la recherche pour favoriser le transfert des apprentissages », *Vie pédagogique*, 108, Septembre-Octobre, 39-44.

TARDIF, J., (1999), *Le transfert des apprentissages*, Montréal, Québec : Editions Logiques.

THAYER-BACON, B., (1993), « Caring and its relationship to critical thinking », *Educational Theory*, 43 (3), 323-340.

THOMAS, M. & MICHEL, L., (1994), *Théories du développement de l'enfant. Etudes comparatives*, Bruxelles : De Boeck Université.

THORNDIKE, R.-L., (1938), « On what type of task will a group do well ? », *Journal of Abnormal and Social Psychology*, 9, 507-533.

TISSERON, S., (1995/1997), *Psychanalyse de l'image. Des premiers traits au virtuel*, Paris : Dunod.

TISSERON, S., (1996), *Le bonheur dans l'image*, Le Plessis-Robinson : Ed. Synthélabo.

TISSERON, S., (1998), *Y a t-il un pilote dans l'image ?*, Paris : Aubier.

TOZZI, M., (coord.), (1999), *L'oral argumentatif en philosophie*, Montpellier : C.R.D.P. Languedoc-Roussillon.

TRAVERSO, C., (1999), *L'analyse des conversations*, Paris : Nathan Université.

TRIPLETT, N., (1897), « The dynamogenic factors in pace-making and competition », *American Journal of Psychology, 33*, 409-413.

TROADEC, B., (1999), *Psychologie culturelle du développement*, Paris : A. Colin.

TROGER, V., (1999), « Figures de Lecteurs », *Sciences Humaines*, n° 95, 12-15.

TROGNON, A., (1991), « L'interaction en général : sujets, groupes, cognitions, représentations sociales », *Connexion*, 57, 1, 9-25.

TROGNON, A., (1993), « La négociation du sens dans l'interaction », in J.F. Haltié, *Interaction*, Université de Metz, coll. Didactique des textes, 91-120.

TROGNON, A., (1994), « Théories et modèles de la construction interactive. Sur la théorie de la construction interactive du quotidien », in A. Trognon, U. Dausendschön-Gay, U. Krafft & C. Riboni, *La construction interactive du quotidien*, Nancy : Presses Universitaires de Nancy, 7-52.

TROGNON, A., (1995), « La fonction des actes de langage dans l'interaction : l'exemple de l'intercompréhension en conversation », *Lidil, Revue de linguistique et de didactique des langues, L'interaction en question*, 12, 67-85.

TROGNON, A., (1997), « Conversation et raisonnements », in J. Bernicot, J. Caron-Pargue & A. Trognon, *Conversation, interaction et fonctionnement cognitif*, Nancy : Presses Universitaires de Nancy, 253-282.

TROGNON, A. & BRASSAC C., (1992), « L'enchaînement conversationnel », *Cahiers de linguistique française*, 13, Université de Genève, 76-107.

TROGNON, A., DAUSENDSCHON-GAY, U., KRAFFT, U. & RIBONI, C., (1994), *La construction interactive du quotidien*, Coll. Forum de l'I.F.R.A.S., Nancy : Presses Universitaires de Nancy.

VAYER, P. & RONCIN, C., (1987), *L'enfant et le groupe*, Paris : Presses Universitaires de France, Educateur.

VENEZIANO, E., (1996), « De la co-référence contextualisée à la co-référence déplacée : les bienfaits du manque de correspondance dans la situation immédiate, in Brixhe (dir), *Savoirs et compétences en construction, Interaction et Cognitions*, 1, 457-479.

VENEZIANO, E., (dir), (1999), *La conversation : instrument, objet et source de connaissance*, Psychologie de l'Interaction, Paris : L'Harmattan.

VERGNAUD, G., (1999), A quoi sert la didactique ?, *Sciences humaines, HS 24*, 48-54.

VERGNAUD, G., (2000), *Lev Vygotski. Pédagogue et penseur de notre temps*, Paris : Hachette Education.

VERNANT, J.-P., (1962), *Les origines de la pensée grecque*, Paris : Presses Universitaires de France.

VIAU, R., (1994), *La motivation en contexte scolaire*, Bruxelles : De Boeck Université.

VIGNAUX, G., (1988), *Le discours acteur du monde. Enonciation, argumentation et cognition*, Paris : Ophrys.

VIGNAUX, G., (1999), *L'argumentation*, Paris : Hatier, Optiques.

VION, R., (1992), *La communication verbale, Analyse des interactions*, Paris : Hachette, Supérieur.

VOSS, J., (1991), « Informal reasoning and international relations », In J.F. Voss, D.N. Perkins, J. Segal (Eds.), *Informal Reasoning and Education,*. Hillsdale, N.J. : Lawrence Erlbaum, pp. 37-58

VOSS, J.-F. & MEANS, M.-L., (1991), « Learning to reason via instruction in argumentation », *Learning and Instruction, 1*, 337-350.

VOSS, J.-F., WILEY, J. & SANDAK, R., (1999), Argumentative Narrativity, in S. Goldman, A. Graesser & P. von den Broek (Eds.), *Narrative, Comprehnsion, Causality and Coherence : Essays in honor of Tom Trebasso*, Manweh, New Jersey : Erlbaum, 235-252.

VYGOTSKI, L., (1962/1984), *Thought and language* (trans. E. Hanfmann, G. Vakar), Cambridge : The M.I.T. Press.

VYGOTSKI, L., (1997), *Pensée et langage*, traduction française de Françoise Sève, Paris : La dispute.

WAKSMAN, V., (1998), « What we talk about when we talk about tolerance ». *Thinking*, 13 (4), 46-50.

WALLON H., (1945), *Les origines de la pensée chez l'enfant*, Paris : Presses Universitaires de France.

WALLON, H., (1941/1968), *L'évolution psychologique de l'enfant*, Paris : A. Colin.

WEISS, J., (à paraître), *Chercheur, un métier entre science et action*, Paris : INRP.

WINNYKAMEN, F., (1990), *Apprendre en imitant*, Paris : Presses Universitaires de France.

YAGER, S., JOHNSON, D.-W. & JOHNSON, R., SNIDER, B., (1985), « Oral discussion, group to individual transfer, and achievement in cooperative learning groups », *Journal of Educational Psychology, 77*, 60-66.

YAGER, S., JOHNSON, D.-W., & JOHNSON, R., (1986), « The impact of group processing on achievement in cooperative learning groups », *The Journal of Social Psychology, 126,* 389-397.

ZAKHARTCHOUK, J.-M., (1999), *L'enseignant, un passeur culturel,* Paris : ESF.

ZAMMUNER, L., (1991), « Children's Writing of Argumentative Texts : Effects of Indirect Instruction », *European Journal of Education, VI, 2,* 243-256.

ZAZZO, R., (1997), « La psychologie comme science et comme profession ? », Conférence d'ouverture au Congrès Professionnel des Psychologues de Galice (Espagne), Saint-Jacques de Compostelle, octobre 1986, *Revue de Psychologie de l'éducation,* 1, 39-54.

ZIEGLER, S., (1981), « The effectiveness of cooperative learning teams for increasing cross-ethnic friendship : Additional evidence », *Human Organization, 40,* 264-268.

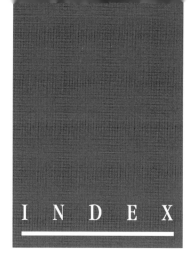

INDEX

A

acquisition 62, 70, 73, 88, 129, 256-257, 265, 268, 270, 272, 288
acte de langage 71, 234
ADAM 270, 273, 284
affinitaires 21, 222, 229
AKIGUET 169, 263, 265, 270, 272
ALI-BOUACHA 91, 154
AMAGAT 11, 117, 300, 303
AMBROISE 11, 97-98, 124, 299, 302
AMES 52
analyse d'image 110
ancrage 36, 95, 159, 163, 190, 193, 195, 199
ANDRIESSEN 271
ANNIS 65
ANTOLINI 184, 271
ANTONELLI 169
ANZIEU 232
apprentissage 18, 21, 23-24, 30, 32-33, 37, 45-46, 48, 51-54, 57-59, 62-65, 68-69, 73, 83, 87, 89-90, 95, 101-102, 104, 109-110, 113, 121-122, 126, 129, 132, 134-135, 169, 184, 189, 218-219, 221, 231, 234, 239, 241, 249, 252, 264, 272, 297-298, 300, 302, 304-305, 308
argumentation 6, 7, 23-24, 38, 68, 74, 119, 125-126, 145, 147-148, 168-169, 171, 177, 181, 183, 192-193, 198, 203, 245-246, 251-254, 256-257, 263-273, 276, 278-279, 281, 291, 298, 301, 304, 307
argumentation contrainte 183, 193
argumenter 23-24, 27, 33, 83, 110, 113, 120, 137, 156, 161, 168, 170-171, 177, 181-183, 198, 202-203, 206, 252-254, 258-259, 263, 265-268, 270, 274, 278, 281, 291, 293, 301-302, 305
ARONSON 54, 308
ARSAC 254, 255
AURIAC-PEYRONNET 6-7, 80, 117, 133, 208, 219-221, 275, 293
AVRON 232

B

BALACHEFF 254-255
BALLY 203
BARBIN 254
BARGH 65
BATHKINE 70
BELLENGER 141- 143, 149
BENVÉNISTE 70, 80
BERKOWITZ 268
BERNICOT 75
BLANCHARD-LAVILLE 48
BLANCHE-BENVÉNISTE 11
BLANCHET 126-127, 232
BLANEY 54, 139
BOISSINOT 39, 207, 216, 288, 291, 293
BONNIN 11, 97-98, 130, 299, 302
BOUCULAT 251
BRANCH 54
BRASSAC 70, 74, 161, 303
BRASSART 169, 183, 256, 265-266, 270-271, 286
BRÉNIFIER 296
BRETON 169-170, 202

BRIGAUDIOT 210
BRIXHE 219
BRONCKART 183, 199, 274
BROUSSEAU 89-90, 257
BRUN 235
BRUNER 196

C

C.P. 27-28, 33, 97-99, 101, 128, 171, 300, 302
CACIOPPO 266
CADIOT 291
CAMUS-MALAVERGNE 70, 150, 222
capacités 27, 35, 82, 163, 170, 181, 209, 224, 256, 300, 305
CARON 70, 80, 91
CARON-PARGUE 80
CAUTERMAN 91-92
CAVERNI 49
CE1 130, 132, 146, 242, 299, 302
CE2 27, 76, 100, 102, 107-109, 115, 117, 209-214, 219-223, 234, 275, 287-288
CHABROL 70, 150, 215-216, 222
CHARAUDEAU 70, 216-217
CHAROLLES 23
CHAVAGNAC 11, 59, 150, 219-220, 300, 302
CHEVALIER 291
CHOMBART DE LAUWE 171
circuit de l'échange 215, 300
CM1 36, 100, 102, 108-109, 140, 181, 184, 190, 192-193, 198, 258, 301, 304
CM2 28, 87, 110-111, 132, 140, 150, 181, 184-185, 190, 192-193, 196-198, 201-202, 288, 301, 304
cognition 65, 67, 160, 208, 218
cognitive 33, 48-49, 65, 71, 75, 80, 112, 126, 135, 147, 160, 162, 183, 187, 206, 219, 221, 232, 240, 281
COIRIER 49, 169, 184, 263, 266, 269-270, 277
communauté de recherche 241, 275
communication 31, 53, 68, 143, 151, 216-217, 240, 248-249, 265, 269, 291
compétence 23, 27, 31-33, 38-39, 58, 101, 108, 303
compétences transversales 101, 103, 207, 209, 304
compétition 51, 53-54, 57, 61-64, 152, 231, 305
comportement 37, 52, 82, 209, 212, 214, 240, 244, 247, 249, 266, 268, 300
CONCHE 11, 111-113, 205-206, 208, 304
conduite langagière 73, 170, 277, 281
confiance 87, 92, 135, 149, 218

conflit 23, 32, 121, 149, 269, 271
connaissances 24, 26, 29, 47, 131, 171, 183, 187, 252, 254-257, 259-260, 270
connecteurs 70, 148, 182, 270, 272
CONNOT 11, 97-98, 123-124, 299, 302
contre-argumentation 158, 162, 192-193, 198, 269, 291
convaincre 111, 158, 168-169, 182, 254, 263, 265-266, 269, 277, 286
conversation 70, 74-76, 78, 82, 147, 153, 160-163, 208, 215, 219, 223, 231, 267, 292
COOPER 54
coopération 21, 23-24, 29, 32, 38, 48, 51-53, 57-58, 61, 63, 65, 87, 90, 94-95, 99, 103, 111, 121, 123, 132, 139, 143-144, 146, 150, 152-153, 155, 158, 160-161, 167-168, 182, 201-202, 221-222, 231, 239-241, 244, 248-249, 278, 280, 297, 299-303
coopération intra-groupe 57
coopération simple 48, 53, 103, 132, 139-140, 143-146, 152-153, 155, 158, 160-161, 167-168, 201, 221, 231, 280, 300-303
coopérativité 78, 99, 169-172, 210, 227
coopérativité dialogale 99, 170-172, 202
coopérer 23, 51, 55, 65, 83, 293, 301
COQUIN-VIENNOT 101, 269
corpus 23, 28, 35, 39, 49, 55, 59, 72, 76, 99, 133, 153, 167, 171, 230
CP 27, 87, 128, 155, 299, 300, 302
CROZIER 216
CULIOLI 70, 80
culture 110, 166, 196
CYRULNIK 206

D

DANIEL 87, 133-134, 139, 220-221, 239-240, 245, 249, 275, 293
DAUNAY 91, 218, 219
DE BEAUVOIR 248
DE BERNARDI 169, 184, 271
DE BOYSSON-BARDIES 67
débat 25, 36, 49, 71, 76, 83, 143, 167, 169, 182, 208-209, 221, 251-254, 256-257, 260, 275-276, 281, 291, 293, 303
débattre 168, 170, 293
décision 37, 53, 90, 120, 123, 125, 127, 140, 141, 143, 145-147, 248, 257
DECOSTRE 293
DEFRANCE 19
DELCAMBRE 218, 264
démonstration 252, 253, 255, 265, 266
DESGAGNÉ 10
DESMARCHELIER 166

Index

DEUTSCH 52, 240
développement 23, 38, 48, 73, 82, 95, 101, 115, 119, 121, 128, 131, 154, 181, 203, 206-207, 215, 220, 239-240, 244, 247, 248, 268-269, 281, 302
DEVRIES 57
DEWEY 240, 249
dialogal 172, 199, 200
dialogique 172, 183, 244-246, 267, 270
dialogue 73-74, 82, 91, 172, 220, 234, 241, 248-250, 256, 267, 269, 277, 288, 292
didactique 24-27, 36-40, 72, 89-90, 98, 101-102, 107, 110-111, 130, 169, 181, 254, 275, 278, 281, 285-287, 293, 303-304
dilemmes 121, 127, 268-269, 303
dilemmes moraux 120, 268, 303
discours 35, 68-74, 76-78, 80-83, 90, 126, 150, 154, 158, 160, 162-163, 168-169, 172, 181-182, 184, 199, 205-207, 215-216, 218-221, 224, 230, 244, 254, 266-269, 277-279, 282-283, 292
discours argumentatifs 169, 181, 184, 254, 278-279
dispositifs d'enseignement 51, 65
DOISE 143, 151, 240
DOLZ 25, 26, 169, 170, 184, 193, 207, 218, 272
DOUDIN 39
DUBET 40, 41
DURER 203
DUVAL 151, 253
dynamique 24, 47, 48, 70, 75, 80, 83, 87, 95, 111, 153, 239, 248, 303
dynamique interactive 48, 80

E

échange 20, 22, 25, 28, 32, 74, 77, 100, 116-117, 121, 132, 146-147, 151, 154, 159, 163, 182, 215, 217, 222, 226, 231, 244, 246, 248-249, 256, 282, 291
écrit 25, 53, 91-92, 99-100, 114, 132, 169, 171, 181-183, 198, 245, 275, 286, 288
EDWARDS 57
EHRLICH 37, 94-95, 107, 187
EISENBERG 263, 265, 269
enchaînement conversationnel 27, 69, 160
enseignement 10, 20, 23, 28, 41, 45, 48-49, 51-53, 55, 57-59, 63, 65, 89, 102, 109-110, 139, 150, 161, 163, 168-170, 181, 183, 186, 193, 195-196, 201, 205, 207-208, 218, 251-253, 276, 281, 295, 297, 301-302, 304
épreuves 62, 270

ERMEL 257
ESCARABAJAL 101
ESPÉRET 19, 24, 73
estime de soi 59, 95, 139
étude de cas 27, 29, 48, 82, 231, 244, 258, 300
évaluation 19-20, 24, 26-27, 33-34, 37-38, 55, 90, 103, 107, 114, 120, 182, 184, 186, 245, 285-286, 288
EWALD 210
exemplification 82, 189, 201, 202, 267, 276, 288
expérimentation 23, 27, 29, 47, 63, 150, 220, 247, 257
expert 59, 88-89, 94-95, 97-99, 103-106, 112, 115-116, 121-123, 125, 127, 129-130, 132, 134-135, 171

F

FAYOL 129, 188, 270
FEILKE 271
FENOUILLET 95, 131, 135
FERRÉOL-BARBEY 271
FÈVRE 11, 130, 302
FITCH 239
FLAHAULT 215
FLANAGAN 36
FLORIN 38, 94, 107, 208, 209
FONTAINE 121, 128
français 11, 18, 25, 118, 166, 264, 278
FRANÇOIS 72, 74, 170, 206, 265, 269, 301
FRIEDBERG 216

G

GAONAC'H 19, 49, 263, 270
GARITTE 82, 215
GATIGNOL 11, 97, 98, 299
GAUTHIER 45, 47
GEFFNER 139
GEROFSKY 101
GHIGLIONE 71, 72
GILLIGAN 249
GILLY 46
GOIGOUX 28, 39, 40, 210
GOLDER 19, 35, 167, 169, 171, 172, 181, 184, 193, 256, 263, 267, 270, 277, 278, 279, 286, 292, 303
GOLOPENTJA 219
GOMBERT 169, 172, 181, 185, 198, 263, 265, 267, 269, 270, 271, 272, 273, 281, 285, 286, 303
GRIZE 31, 69, 73, 263, 265
groupe 18, 21-24, 27-30, 32, 37, 47-49, 52-

65, 67-69, 72-73, 82-83, 88-89, 91-92, 94, 97-99, 103-104, 106, 110-113, 116-117, 120-123, 125-132, 139-146, 150-153, 155, 164-167, 182, 201, 209, 211, 218-219, 222, 224-225, 227-229, 231-234, 240, 245-246, 248-249, 260, 278-282, 285, 292, 299-305
groupe coopérant 155
groupes 21, 26-27, 29, 47, 103, 120, 130-131

H

habiletés de pensée 244-246, 248
HALTÉ 46
HILL 54
HOCQUARD 92
HUDELOT 170, 215, 288
hypothèse 78, 82, 121, 128, 146, 193, 202, 252, 254, 270

I

implication 38, 82, 128, 150, 158, 168, 280
INHELDER 183
interaction 48, 52, 57-58, 68-71, 76, 78, 139, 147, 151, 153, 159, 183, 199, 219, 222, 269, 281
interlocution 31-32, 79, 117, 161-162, 291
interlocutoire 69, 74, 117, 160-161, 229
intersubjectivité 232, 249

J

JACQUES 74, 121, 128
JAFFRÉ 129, 188
JANICKI 54
JANICOT 11, 303
JEANNIN 21
jeux de rôles 36, 121, 125, 301, 303
jigsaw 21, 27, 48, 54-55, 115, 139-140, 143-146, 152, 155-156, 167-168, 201-202, 231-232, 282, 303
JOHNSON 52, 53, 54, 65, 240
JOHNSON-LAIRD 187
JOLIBERT 217, 218
joutes oratoires 281
jugement moral 29, 119, 120, 121, 276, 293, 302
justification 30, 33-35, 171-172, 182, 185, 193, 259, 266, 277
JUVING 46

K

KAO 266
KERBRAT-ORRECHIONI 215
KOHLBERG 121, 125, 128, 302

L

LAFORTUNE 239, 245
LAKATOS 254
LALANNE 275
langage 31, 67, 71, 73, 75, 78, 82, 115, 163, 168, 206, 208, 219, 234, 241, 246, 252, 255, 263, 276, 293, 297
langagier 68, 73-74, 208, 216-217, 255
langue 170, 253, 256, 278
LAUGHLIN 54
LAUSSINE 11, 111-113, 181, 301, 304
LAUTREY 297
LAZAROWITZ 87
LE ROY 232
LEAVEY 58
LECLAIRE 215
LERBET 183
LIEURY 94-95, 129, 131, 135
linguistique 67-68, 184, 188, 235
LIPIANSKY 22, 67, 68
LIPMAN 239-240, 242, 249, 275, 293
LOUBET 11, 130, 242-243, 302
LURÇAT 121, 128-129
LYAN 11, 181, 301

M

MADDEN 58
MANES GALLO 163
MARCHAND 265
MARGOLINAS 36, 89-90, 255
MARGUET 91, 218
marqueurs 167, 70, 195
MARTIN 39
MARYNIAK 128
MASSERON 264
mathématique 29, 73, 90, 101, 105, 185-186, 252-253, 256-257, 304
MAUGER 209
MEANS 267
MÉARD 248
MEIRIEU 10, 208, 234
MILIEN 11, 102, 304
MILLER 269
MISRAHI 92
modèle mental 187, 193
MOESCHLER 266-267
MOESSINGER 121
monologique 172, 244-246, 267
monologue 244
MONTEIL 75, 95, 270
MOREAU 101
MOSCONI 10, 18

MOSCOVICI 143
motivation 38, 93, 95, 121, 247
MUCCHIELLI 36
MUGNY 240
MULLER 268
MYERS 127

N

négociation 23, 35, 141-142, 146, 149-150, 171-172, 182-183, 185, 222, 249, 256, 267, 271, 278
NODDINGS 249
NOËL 21, 178
NONNON 207

O

OLBRECHTS-TYTECA 253
oppositif local 185
oppositif structuré 185
oral 30, 39, 49, 80, 91, 116, 150, 168, 170-171, 181-182, 205, 207-208, 210, 216, 218, 267, 285, 293, 301
organisateurs textuels 70
OSCANYAN 240, 275

P

PALLASCIO 239, 245, 249
PARKER 87
parler 18, 36, 40, 49, 67, 71-73, 76, 151-152, 163, 168, 170, 205-206, 208, 216-217, 234-235, 248, 277, 291, 293, 297
parole 71-72, 74, 76-77, 82, 91, 115, 147, 150-152, 156, 169-170, 202, 205-209, 212-218, 222-223, 225-226, 228-229, 231-234, 275, 288, 291, 297
PASQUIER 25-26, 169, 184, 193
PASSERAULT 49, 263, 269-270
pédagogie 10, 23, 38, 45, 47, 87, 139-140, 183, 241
pédagogique 21, 25, 27, 38-39, 69, 90-91, 184
PEDINIELLI 49
pensée 39, 67, 70-71, 73, 76, 81, 91, 114, 162, 168, 206, 208, 219-220, 241, 244, 246, 249-250, 293
PERELMAN 253
performance 25, 45, 135, 268
PERRENOUD 183
PETERSON 54
petits parleurs 27, 29, 206, 209-210, 216, 219, 221, 224, 232, 300
PETTY 266

phase d'expertise 60, 64, 88, 98, 101, 104, 110, 114, 121-122, 129, 131, 135, 280, 304
phase de spécialisation 121
philosophie pour enfants 239-240
PIAGET 19, 121, 164, 171, 183, 208, 240, 268, 302
PIOLAT 169, 263, 265, 270-272, 274
place 10, 18, 22, 24-26, 28, 30-31, 33, 36-40, 59, 65, 67, 82, 88-90, 99, 101, 117, 121-122, 126, 128, 134, 147, 150-152, 154, 161, 169, 197, 205, 207, 210, 214-215, 222-223, 230-231, 234, 241, 285, 293, 296, 300, 303
place interactionnelle 151
PLANTIN 263
PLÉTY 219
POUIT 184, 193, 263, 272, 292
pragmatique 68, 70-72, 75, 234
PRESSEAU 102
preuve 149, 162-163, 230, 251-260, 276, 292
prise en charge 35, 98, 156, 193, 199, 277
problèmes 10, 29, 49, 51, 57, 59, 101-103, 118, 132, 247-248, 254-255, 257, 279, 304
procédure 94, 118, 128-129, 132, 143, 159-160, 163
processuel 26, 50, 70
processus 18, 21, 24, 30, 32, 36-38, 40, 48-49, 53, 68-69, 89-90, 140-141, 143, 146-147, 153, 160, 163, 217, 219, 223, 234, 241, 244, 247-250, 253, 263, 301
production 49, 62, 75, 101-103, 107, 111, 115, 120, 140, 146, 169, 182-184, 187, 189, 195, 209, 223, 257, 263, 269, 270-271, 285-286, 303
projet 20-21, 23-27, 29-31, 36-37, 72, 88, 98-102, 110-111, 115, 121, 125, 129, 140, 144-146, 149, 161, 164, 166, 168, 181, 203, 221, 275, 278, 281, 286, 299-304
protocole expérimental 59
psycholinguistique 47, 50, 67, 143
psychologie clinique 49
psychologie sociale 23, 48, 51-52, 69

R

RAGE 11, 181, 301
raisonnement 65, 103, 142, 251-254, 266-267, 293
recherche 10, 12, 18-20, 24-27, 30, 32, 36-40, 45, 47, 55, 63, 68, 82, 101, 111, 120, 129, 144, 182, 184, 216, 240-241, 243-245, 247, 250-251, 254, 256, 258, 260, 275, 280, 282, 285-286, 295

recherche-action 24-27, 29, 36-38, 40, 47, 109, 112-113, 117, 123-124, 220, 237
REED 248
représentation 31, 70, 102, 106, 183, 187
REUSSER 101
RICHARD 48, 187
ROBIN 11, 102, 304
RODRIGUEZ 266
rôles 69-70, 82, 120, 122, 132, 140, 150-151, 153, 163, 216-217, 222, 245, 247-248, 261, 288
rôles communicationnels 70, 82, 140, 150-151
rôles sociaux 122, 150, 152, 216
RONCIN 22-23, 232
RONDAL 223
RORTY 248
ROULET 70, 172
ROUSSEY 169, 263, 265, 270-272, 286
ROUX 46

S

SALAZAR-ORVIG 215
SALOMÉ 115, 296
SARTRE 248
SAUVAGE 91, 218
SAVATER 275
schéma argumentatif 270, 303
SCHLEIFER 239, 245, 249
SCHNEUWLY 25, 170, 207, 218, 263, 265, 271
SCHUBAUER-LEONI 219
SCHUERMAN 54
SCHUL 65
SELOSSE 128
SENSÉVY 36
séquences 10, 20, 23, 27, 32, 125-126, 128, 301, 304
SHARAN 87
SHARP 240, 249, 275
SIKES 54
SKON 54
SLAVIN 54- 55, 57-58, 87, 240
SNAPP 54
SNIDER 54
SORSANA 222, 232
STARR 54
STEBLER 101
STEIN 268-269
STEPHAN 54

SUDRE 11, 117, 300
SWING 54

T

TARDIF 102
test 33, 109, 195, 210, 232, 234, 300
THAYER-BACON 249
THORNDIKE 52
timidité 217-218
TISSERON 110, 166
TOCZEK-CAPELLE 59, 62, 150, 219-220, 222
tournois coopératifs 48, 280, 284, 303
TRABASSO 268
transfert 102, 131
travail de groupe 21, 23-24, 31, 65, 92, 134, 167, 184, 219
TRIPLETT 51
TROGNON 5, 7, 46, 70-72, 74-75, 126-127, 161, 208, 232

V

VAYER 22, 23, 232
VENEZIANO 215
verbalisation 131-132, 134, 302
verbatims 244
VERGNAUD 208, 255, 298
VERNANT 163, 203
VIAU 93
VIGNAUX 168
VOSS 196, 267
VYGOTSKI 208, 248-249, 298, 308

W

WAKSMAN 249
WALLON 171, 180-181
WEISS 18
WILDERSON 54
WYNNYKAMMEN 132

Y

YAGER 54, 65

Z

ZAKHARTCHOUK 166, 209
ZAMMUNER 272
ZAZZO 9
ZIEGLER 57

TABLE DES MATIÈRES

Préface
Faire de la recherche en psychologie en IUFM 5
Alain Trognon

Avant-propos 9

Sigles 13

Première partie
Histoire d'une recherche-formation 15

Chapitre 1
Le couple « enseignant-chercheur » est-il « maudit » ? 17
Emmanuèle Auriac-Peyronnet

1. Qu'est-ce que le paradigme de recherche-action ? 17
2. Peut-on se former par la recherche ? 18
3. À quelles conditions des enseignants et des chercheurs peuvent-ils s'entendre ? ... 20
4. Comment faire naître un projet de collaboration ? 21
5. Comment synchroniser les actions des uns et des autres ? 24
6. Quels types de projets mettre en place ? 25
7. À quoi ressemble et comment évolue le partenariat ? 27
8. Pourquoi faut-il écrire les projets ? 30
9. Qui reste maître d'œuvre ? 31
   9.1 Carnet de bord : Cycle II 32

10. Comment négocier concrètement l'avancée des travaux ? 33
11. Quels types de résultats peut-on attendre ? 36
12. Quelles sont les craintes pour l'avenir des IUFM ? 38
13. Conclusion 40

Deuxième partie
Apprendre dans l'interaction 43

Chapitre 2
L'approche dispositif-processus-produit 45
Emmanuèle Auriac-Peyronnet

1. Quels liens peut-on penser entre apprentissage et interaction ? 46
2. Qu'est-ce qui fait l'intérêt de l'approche dispositif-processus-produit ? 47

Chapitre 3
La coopération en classe : quels dispositifs ?
Perspective psychosociale 51
Marie Christine Toczek-Capelle

1. Que nous apprennent les premières recherches sur la coopération ? 51
2. Quels sont les éléments de base pour installer un apprentissage coopératif ? 52
3. Quels sont les effets reconnus de ces dispositifs ? 53
4. Qu'est-ce qui fait l'intérêt de la coopération puzzle ? 54
   4.1 *Exemple de déroulement d'une séquence d'enseignement* 56
5. Comment croiser coopération et compétition pour concevoir de nouveaux dispositifs ? 57
6. Comment apprendre en étant assisté par une équipe ? 58
7. L'exemple d'une étude expérimentale dans une classe de CE2 59
   7.1 *Document dont disposent les trois enfants coopérant en phase 3* 61
8. Comment évaluer les effets d'un tel dispositif ? 62
9. Pour conclure 65

Chapitre 4
Comment étudier ce qu'ils disent ?
Perspective psycholinguistique 67
Emmanuèle Auriac-Peyronnet

1. Quelles précautions sont nécessaires pour aborder les communications ? 68
2. Avec quels outils interpréter les discours ? 69
3. En quoi parler se rapproche d'un jeu de cartes ? 71

	3.1 Exemple d'échange type	72
4.	En quoi le dialogue est-il doublement prototypique ?	73
5.	En quoi la conversation est-elle la matrice de nos cognitions ?	75
6.	Comment découper une conversation ?	76
	6.1 Le régime schizophrénique	76
	6.2 Co'oparler	77
7.	Comment rendre compte de la logique sous-jacente d'un discours ?	78
	7.1 Extrait de discussion	78
8.	Comment un sujet marque t-il le discours de sa présence ?	80
9.	Quelques pistes pour l'enseignant	82

TROISIÈME PARTIE
L'ÉTUDE DU DISPOSITIF DANS UNE PERSPECTIVE PÉDAGOGIQUE ... 85

CHAPITRE 5
La tension éducative ... 87
EMMANUÈLE AURIAC-PEYRONNET

1.	Quel est le dispositif commun à tous les projets ?	88
2.	Qu'est-ce qui tend la relation éducative ?	89
3.	Comment fonctionne la dévolution ?	90
4.	Pourquoi enseigner est-ce toujours perdre ses cadres sécuritaires ?	90
5.	Quelques mots valent mieux qu'un long discours	91
6.	À quoi ça sert de se sentir compétent ?	93
	6.1 Un modèle des mécanismes de la motivation en contexte scolaire	93
7.	À quoi bon s'estimer ?	95

CHAPITRE 6
Comment former des « petits experts » ? ... 97
EMMANUÈLE AURIAC-PEYRONNET

1.	Comment devenir expert sans savoir lire ?	97
	1.1 Séquence didactique : apprendre à structurer un récit au C.P. (projet n° 1)	98
2.	Comment le désaccord entre pairs peut-il être formateur ?	99
3.	Peut-on lier expertise et transfert ?	100
4.	Comment devenir expert en lecture de problèmes ?	102
	4.1 Séquence didactique : Mieux lire un énoncé de mathématique, mieux trier les informations (projet n° 7)	102
	4.2 Les différents types de tri	104
	4.3 Exemple de présentation du problème pour le tri IS	104

    4.4   *Extrait des textes concernant la phase de tri en groupe d'appartenance* 105
5. Pourquoi les couleurs ne sont-elles pas de l'habillage ? 105
6. Qu'est-ce que la surenchère évaluative des enseignants ? 107
    6.1   *Résultats en CE2 : capacité à trier des informations pertinentes* 107
    6.2   *Résultats en CM1 : capacité à trier des informations pertinentes* 108
7. Comment devenir expert en lecture d'affiche publicitaire ? 110
    7.1   *Séquence didactique : Réalisation d'une affiche pour inciter à utiliser les poubelles de l'école (projet n° 8)* 111
8. Comment le maître suit-il concrètement les travaux de groupe ? 112
    8.1   *Questionnaire pour devenir expert Image* 112
    8.2   *Fiche synthèse d'expert Textes* 113
    8.3   *Évaluation initiale et finale* 114
9. Comment devenir expert en conte merveilleux ? 114
10. Détenir le *skeptron* à quoi ça sert ? 115
    10.1 *Tarot des contes* 116
    10.2 *Les symboles choisis pour le tarot des contes* 116
11. Comment un petit parleur participe quand le dispositif l'y autorise ? 116
12. Pour conclure : à quelle fin devenir écolier-expert ? 118

Chapitre 7
À propos de la verbalisation en groupe d'experts 119
Emmanuèle Auriac-Peyronnet

1. Comment former des petits experts en jugement moral ? 119
2. En quoi envisager le point de vue d'autrui conduit à moduler son jugement ? 121
3. Concrètement, comment entraîner de jeunes enfants à tenir des rôles sociaux ? . 122
    3.1   *Déroulement d'une séquence d'apprentissage sur le jugement moral* 122
4. Comment tester les progrès ? 123
    4.1   *Pré-test et post-test jugement moral C.P. (I)* 123
    4.2   *Pré-test et post-test jugement moral C.P. (II)* 124
5. Faut-il toujours parler pour penser ? 125
6. Qu'est-ce que la « polarisation des opinions » dans un groupe ? 126
7. Quand de jeunes enfants envisagent la sanction est-ce bien normal ? 128
8. Pourquoi s'interroger en groupe sur ses stratégies de mémorisation ? 129
    8.1   *Exemple I : Séquence didactique — mieux connaître les stratégies des autres pour écrire juste au CP et au CE1- (la dictée de mots)* 130
    8.2   *Exemple II : mémoriser des pictogrammes* 130
9. Peut-on toujours verbaliser ? 131
10. Sait-on bien ce qu'est une stratégie lorsqu'on est élève… ou maître ? 133

10.1 *Extrait de corpus* 133
10.2 *Définitions diverses de la notion de stratégie* 134
11. Pour conclure : il y a expertise et expertise… 134

QUATRIÈME PARTIE
À QUELLES CONDITIONS PEUT-ON PARLER À L'ÉCOLE AUJOURD'HUI ? 137

CHAPITRE 8
La mise en regard de deux dispositifs de coopération 139
EMMANUÈLE AURIAC-PEYRONNET

1. Qu'est-ce que l'on compare exactement ? 140
2. Quel processus conduit ordinairement à la décision dans un groupe ? ... 141
3. Le temps de parole indique-t-il comment fonctionne le groupe ? 143
4. Comment se construit la décision ? 145
5. Comment se négocient les choix ? 146
   5.1 *Extrait de discussion n° 1* 146
   5.2 *Extrait de discussion n° 2* 148
6. Comment se construisent les rôles ? 150
   6.1 *Évolution du capital parole de Ma durant trois phases de l'interaction* ... 151
7. En quoi le dispositif distord les enjeux habituels de pouvoir ? 152
   7.1 *Étude du capital parole (comparatif des situations simple et Jigsaw-teaching II)* ... 152
8. Qu'est-ce qu'un rôle « stéréotypé » ? 153
   8.1 *Le rôle du leader AS* 153
   8.2 *L'idée fixe de V : écrire* 154
   8.3 *Le rôle du gardien de vote M* 154
   8.4 *F' le « soumis, malmené »* 155
9. Comment les élèves traitent-ils le thème ? 155
   9.1 *F : Idée expertisée, la télévision* 156
   9.2 *PA : Idée expertisée, peindre l'école* 157
10. Comment enchaîne-t-on ses propos dans un groupe classique ? 158
    10.1 *Étude d'une situation de coopération simple : 3 min.* 158
    10.2 *Extrait de discussion n° 1* 159
    10.3 *Extrait de discussion n° 2* 159
11. En quoi le dispositif alimente la discussion ? 160
    11.1 *Extrait de discussion n° 1* 161

11.2 Extrait de discussion n° 2 162
11.3 Extrait de discussion n° 3 162
12. Se comporte-t-on différemment en fonction de l'enjeu ? 163
   12.1 Questionnaire du juge 164
   12.2 Une comparaison des classes avec et sans effet juge 165
13. Conclusion : on argumente bien lorsqu'on peut s'impliquer 167

CHAPITRE 9
L'évaluation des compétences argumentatives 169
EMMANUÈLE AURIAC-PEYRONNET

1. Pourquoi s'appuyer sur la coopérativité dialogale ? 170
2. Est-ce que l'on sait argumenter au C.P. ? 171
   2.1 Extrait de discussion (démarrage) 172
3. Qu'est-ce qui pose problème aux élèves en difficulté scolaire ? 173
   3.1 Corpus Séance 1 élèves en difficulté scolaire 173
   3.2 Étape 1 : Mise en ordre des trois morceaux d'histoire 173
   3.3 Étape 2 : Élaboration d'un consensus pour choisir une fin 175
4. Comment évaluer les progrès au cycle 2 ? 177
   4.1 Les justifications des élèves 178
   4.2 Les justifications données par les élèves « tout venant » 178
   4.3 Les justifications données par les élèves en difficulté scolaire 179
5. Comment s'exercer pour apprendre à argumenter ? 181
   5.1 Apprendre à argumenter au cycle 3 182
6. Pourquoi standardiser une tâche pour évaluer les progrès ? 183
   6.1 Déroulement des différentes phases d'apprentissage et d'écriture ... 184
7. Pourquoi prendre en compte la dimension cognitive ? 186
   7.1 Exemple d'un phénomène de « surcharge cognitive », élève de CM2 ... 188
8. Quels critères retenir pour analyser des textes d'un point de vue pédagogique ? ... 188
9. En quoi les élèves s'adaptent aux exercices en dehors des effets
   de l'enseignement ? 190
   9.1 Résultats en classe de CM2 191
   9.2 Résultats en classe de CM1 192
   9.3 Exemple d'un texte entièrement « controversé » 192
10. En quoi l'argumentatif et le narratif sont-ils concurrents ? 193
    10.1 Le nombre d'arguments produits dans les textes 194
    10.2 Exemples de texte à tendance « narrative/argumentative » 197
    10.3 Exemples de texte à tendance « argumentative » pure 197
11. Quelles difficultés rencontrent chercheurs et pédagogues
    pour évaluer les progrès ? 197

12. Que se passe-t-il en classe coopérative ? 198
13. Le maniement de l'exemplification 201
14. Faut-il coopérer pour argumenter ou argumenter pour coopérer ? 202

CHAPITRE 10
L'oral comme finalité. Le cas des « petits parleurs » au CE2 205
EMMANUÈLE AURIAC-PEYRONNET

1. Pourquoi faut-il fonder le droit à la parole ? 206
2. Faut-il considérer l'oral comme une finalité éducative ? 207
3. N'y a-t-il de « petits parleurs » qu'à l'école maternelle ? 209
4. Comment repérer et déterminer les « petits parleurs » ? 209
   4.1 Le jeu du crayon attaché 210
5. Pourquoi est-ce important de prendre place dans le circuit de l'échange ? 215
6. Quels sont les différents niveaux dans un discours ? 216
7. Comment et pourquoi devient-on timide ? 217
8. Peut-on faire de l'oral un espace d'apprentissage ? 218
9. Comment tester l'impact du dispositif sur les « petits parleurs » ? 221
10. Comment Eliot et Fynn s'insèrent-ils dans l'échange des pairs ? 223
    10.1 Pré-test suivi de Fynn 224
    10.2 Pré-test suivi d'Eliot 225
    10.3 Post-test de Fynn 226
    10.4 Post-test d'Eliot 227
11. Est-ce que le niveau scolaire détermine les progrès langagiers ? 227
12. En quoi autrui aide à construire son rôle du parleur ? 229
13. Le groupe est-il toujours la solution miracle ? 231
14. Groupes affinitaires ou tournants ? 234

CINQUIÈME PARTIE
COOPÉRER ET ARGUMENTER EN CONTEXTE SCOLAIRE 237

CHAPITRE 11
Une coopération de haut niveau :
l'exemple de la philosophie pour enfants 239
MARIE-FRANCE DANIEL

1. Quels sont les différents niveaux de coopération ? 239
2. Qu'est-ce que l'approche de la philosophie pour enfants ? 240
3. Comment se vivent concrètement les étapes de la philosophie pour enfants ? 242

    3.1 Cueillette de questions : CE1, première séance de dialogue philosophique .. 242
4. Comment s'est élaborée notre recherche ? 243
5. Les habiletés de pensée et les comportements coopératifs
des élèves ont-ils évolué ? 245
    *5.1 Pourcentages comparatifs entre le premier et le dernier corpus
    de discussion* 246
6. Par quelles étapes passent les élèves pour parvenir à un degré élevé
de coopération ? 247
7. Conclusion-synthèse 249

Chapitre 12
Argumenter en mathématiques 251
Nicole Bouculat

1. Quelles sont les conditions pour mettre en place un débat argumentatif
en mathématiques ? 252
2. Est-ce qu'argumenter et démontrer c'est la même chose en mathématiques ? 253
3. Quels types de preuves avancent ordinairement les élèves
en fonction de leurs savoirs ? 254
4. Lorsqu'ils débattent, dans quel type de rapport au savoir mathématique
les élèves s'installent-ils ? 255
5. Quelles sont les caractéristiques des situations didactiques
favorisant l'argumentation ? 257
6. Formuler, critiquer et argumenter en mathématiques :
comment cela se passe concrètement en classe de CM1 ? 258
7. Pour conclure : quel rôle pour le maître ? 260

Chapitre 13
Comment faciliter l'argumentation au primaire ? 263
Anne Gombert

1. Qu'est-ce que l'argumentation ou qu'est-ce qu'elle n'est pas ? 265
    1.1 Argumenter ce n'est pas démontrer ! 265
    1.2 Argumenter ce n'est pas ordonner ou persuader ! 266
    1.3 Argumenter c'est « un peu plus » que justifier ! 266
2. Quelles sont les dispositions d'un bon orateur-argumentateur ? 267
3. Existe-t-il des étapes développementales pour argumenter à l'oral ? 268
4. Quels facteurs pèsent sur la conduite argumentative des jeunes enfants ? 269
5. À quel âge sait-on/peut-on rédiger des textes argumentatifs ? 270
6. Quel type de tâches aide à rédiger un texte argumentatif ? 271

7. Quels contextes aident à rédiger un texte argumentatif ? 272
8. Coda 274

CHAPITRE 14
Vers le débat en classe. Exemple d'un projet didactique en CE2 275
Sylvie Amagat, Emmanuèle Auriac-Peyronnet & Nicole Janicot

1. À quoi faut-il être attentif quand ils argumentent ? 277
2. Un projet de classe : à quoi bon ? 278
3. Comment diversifier les groupes coopératifs ? L'exemple des tournois 279
4. Concrètement en quoi a consisté l'enseignement de l'argumentation ? 281
   4.1 Détail de l'atelier n° 2 283
   4.2 Détail de l'atelier n° 3 283
   4.3 Détail de l'atelier n° 4 284
   4.4 Détail de l'atelier n° 7 285
5. Comment furent évaluées les compétences argumentatives ? 285
   5.1 Pré-test de production d'écrit 286
6. À quoi ressemble une controverse bien menée entre enfants de huit ans ? 288
   6.1 Extrait de débat n° 2 289
7. En quoi la parole est-elle un tremplin pour penser ? 293

CHAPITRE 15
Pour ne pas conclure… 295
Emmanuèle Auriac-Peyronnet

1. À propos de la recherche et de l'enseignement 295
2. Plaidoyer pour former les enseignants à… *dia*-loguer 296
3. À l'écoute de Vygotski… 298

ANNEXES
Résumé des projets didactiques 299

1. Projet n° 1 (Classes de cycle II : deux classes de CP, une classe de CP-CE1 ;
   deux groupes d'élèves pris en charge par un maître E) 299
2. Projet n° 2 (Classes de cycle III : deux CE2, les élèves issus des classes
   fréquentées par une zilienne) 300
3. Projet n° 3 (Classes de cycle III : une classe de CM1 classe coopérative,
   une classe de CM1-CM2 et une classe de CM2) 301
4. Projet n° 4 (Classes de cycle II : deux classes de CP, une classe de CE1,
   les élèves de CE1 d'une classe à plusieurs niveaux) 302
5. Projet n° 5 (Classe de cycle II : deux classes de CP dont une classe
   située en en ZEP) 302

6. Projet n° 6 (Classe de cycle III : 1 CE2 avec deux enseignants à mi-temps sur la même classe) 303
7. Projet n° 7 (Classes de cycle III : une classe de CE2, une classe de CM1) 304
8. Projet n° 8 (Classes de cycle III : deux classes de CM2) 304

GLOSSAIRE 307

BIBLIOGRAPHIE 311

INDEX 329

PRATIQUES PÉDAGOGIQUES

Robert ANCIAUX, Pierre BOULANGIER, *Ali, Mehmed et les autres voudraient réussir*

Jean-Pierre ASTOLFI (éd.), *Mots clés de la didactique des sciences. Repères, définitions, bibliographie*

Jean-Pierre ASTOLFI (éd.), *Pratiques de formation en didactique des sciences*

Emmanuèle AURIAC-PEYRONNET (sous la direction de), *Je parle, tu parles, nous apprenons. Coopération et argumentation au service des apprentissages*

Jacques BAIR, Gentiane HAESBROECK, Jean-Jacques HAESBROECK, *Formation mathématique par la résolution de problèmes*

Christine BARRÉ-DE MINIAC (éd.), *Vers une didactique de l'écriture. Pour une approche pluridisciplinaire*

Christine BARRÉ-DE MINIAC, Bernard LÉTÉ (éds), *L'illettrisme. De la prévention chez l'enfant à la prise en charge chez l'adulte*

Georges BASTIN, Antoine ROOSEN, *L'école malade de l'échec.* (Épuisé)

Alain BAUDRIT, *Le tutorat. Richesses d'une méthode pédagogique*

Christiane BLONDIN, Michel CANDELIER, Peter EDELENBOS, Richard JOHNSTONE, Angelika KUBANEK-GERMAN, Traute TAESCHNER, *Les langues étrangères dès l'école maternelle ou primaire. Conditions et résultats*

Jacques BOISVERT, *La formation de la pensée critique. Théorie et pratique*

Alain BRAUN, Germaine FORGES, Pascale WLOMAINCK, *Écrire en français au primaire. Quelles performances pour les enfants issus de l'immigration?*

Alain BRAUN, Germaine FORGES, *Enseigner et apprendre la langue de l'école. Vers une culture de la réussite pour tous*

Michel CANDELIER, *L'éveil aux langues à l'école primaire*

Jean CARDINET, *Pour apprécier le travail des élèves.* (Épuisé)

Ghislain CARLIER, Jean-Pierre RENARD, Léopold PAQUAY (éds), *La formation continue des enseignants. Enjeux, innovation et réflexivité*

C.M. CHARLES, *La discipline en classe. Modèles, doctrines et conduites*

Bernadette CHARLIER, *Apprendre et changer sa pratique d'enseignement. Expériences d'enseignants*

Évelyne CHARLIER, Bernadette CHARLIER, *La formation au cœur de la pratique. Analyse d'une formation continuée d'enseignants*

Chiara CURONICI, Patricia MCCULLOCH, *Psychologues et enseignants. Regards systémiques sur les difficultés scolaires*

Jean-Marc DEFAYS, Marielle MARÉCHAL, Solange MÉLON (éds), *La maîtrise du français. Du niveau secondaire au niveau supérieur*

Pol DUPONT, *Faire des enseignants*

Nicole DE GRANDMONT, *Pédagogie du jeu. Jouer pour apprendre*

Pierre-André DOUDIN, Miriam ERKOHEN-MARKÜS (éds), *Violences à l'école. Fatalité ou défi?*

Pol DUPONT, *Faire des enseignants*

Susan FOUNTAIN, *Éducation pour le développement. Un outil pour un apprentissage global.* Traduit de l'anglais par François-Marie Gerard

Bernard GAILLARD, *Suivi et accompagnement psychologiques en milieu scolaire. Approches cliniques*

Hélène GAUTHIER, *Faire du théâtre dès cinq ans*

Jocelyne GIASSON, *La compréhension en lecture*

Philippe JONNAERT, *De l'intention au projet*

Anne JORRO, *L'enseignant et l'évaluation. Des gestes évaluatifs en question*

Louise LAFORTUNE, Lise SAINT-PIERRE, *Affectivité et métacognition dans la classe. Des idées et des applications concrètes pour l'enseignant*

Marie-Claire LANDRY, *La créativité des enfants. Malgré ou grâce à l'éducation*

Daniel MORISSETTE, *Guide pratique de l'évaluation sommative. Gestion des épreuves et des examens*

Hélène POISSANT, *L'alphabétisation. Métacognitions et interventions*

Marie-Christine POLLET, *Pour une didactique des discours universitaires. Étudiants et système de communication à l'université*

Xavier ROEGIERS, *Les mathématiques à l'école élémentaire. Tome 1: Cadre de référence et contenus mathématiques*

Xavier ROEGIERS, *Les mathématiques à l'école élémentaire. Tome 2: Contenus mathématiques*

Jean-Pierre RYNGAERT, *Le jeu dramatique en milieu scolaire*

Gérard SCALLON, *L'évaluation formative*

Claude SIMARD, *Éléments de didactique du français langue première*

Christiane STRAUVEN, *Construire une formation. Définition des objectifs pédagogiques et exercices d'application*

Alain THIRY, Yves LELLOUCHE, *Apprendre à apprendre avec la PNL. Les stratégies PNL d'apprentissage à l'usage des enseignants du primaire*

Laurence VIENNOT, *Enseigner la physique*

Laurence VIENNOT, *Raisonner en physique. La part du sens commun*

Luc VILLEPONTOUX, *Aider les enfants en difficulté à l'école. L'apprentissage du lire-écrire*

Danielle ZAY, *Enseignants et partenaires de l'école. Démarches et instruments pour travailler ensemble*